一个大学校长的探索

YIGE DAXUE XIAOZHANG DE TANSUO

刘人怀　著

高等教育出版社·北京

HIGHER EDUCATION PRESS　BEIJING

内容简介

　　本书由著者20多年在大学领导岗位上所发表的有关大学管理的文章和讲话汇编而成,内容涉及办学理念、发展战略、改革措施、特色办学、人才培养、教学科研和社会服务等内容,既有分析,又有结论,适于阅读与应用,可供从事高等教育管理和研究的人员借鉴参考。

图书在版编目（CIP）数据

一个大学校长的探索/刘人怀著. —北京:高等教育出版社,2011.9
ISBN 978 - 7 - 04 - 032739 - 7

Ⅰ. ① 一… Ⅱ. ① 刘… Ⅲ. ① 高等学校 - 学校管理 - 研究
Ⅳ. ① G647

中国版本图书馆 CIP 数据核字(2011)第 113002 号

策划编辑	陈琪琳	责任编辑	葛　心	封面设计	张申申	版式设计	王艳红
责任校对	刘春萍	责任印制	毛斯璐				

出版发行	高等教育出版社		咨询电话	400 - 810 - 0598
社　　址	北京市西城区德外大街 4 号		网　　址	http://www.hep.edu.cn
邮政编码	100120			http://www.hep.com.cn
印　　刷	北京中科印刷有限公司		网上订购	http://www.landraco.com
开　　本	787mm×960mm　1/16			http://www.landraco.com.cn
印　　张	25.5		版　　次	2011 年 9 月第 1 版
字　　数	480 千字		印　　次	2011 年 9 月第 1 次印刷
购书热线	010 - 58581118		定　　价	53.00 元

序

　　我们的祖国正处于盛世时代，又处于前所未有的战略机遇期，经济和社会正在高速向前发展。大学是国家的坚强柱石，是国家发展前进的人才库和智慧库，对国家的生存和发展起着举足轻重的作用。纵观世界近代历史，显而易见，可以得到这样的结论：没有大学就没有人类的现代文明。因此，办好我们国家的大学，这将是中华民族崛起的关键。

　　从1944年9月四岁开始，笔者进入小学读书。直至现在，一生都在学校里学习和工作，转眼已有66年。笔者先后在兰州大学、中国科技大学、上海工业大学（现为上海大学）和暨南大学任教；作为西德在中国首批挑选的洪堡研究会员在鲁尔大学进行科研，随后又在加拿大卡尔加里大学进修；访问参观过一些世界著名大学，如哈佛大学、麻省理工学院、剑桥大学、牛津大学、哥廷根大学、圣彼得堡大学等；在上海工业大学担任过副校长兼经济管理学院首任院长；在暨南大学担任过副校长、校长和党委书记；兼任过澳门科技大学常务副校长等职。在校领导岗位上工作前后达22年之久，回忆在学校任教和从事管理的经历，令人感慨万千。

　　笔者在青年时代就抱定科教兴国理想，从事科教事业近50年来，在祖国和人民的培养和关怀下一直保持着积极的进取精神，教书育人、著书立说，获得了一些成果：于1985年7月升任教授，1999年11月当选为中国工程院机械与运载工程学部院士，2000年9月再当选为中国工程院工程管理学部首批院士。担任校领导后，笔者把大部分时间花在党政领导岗位上，事务繁杂，教学科研专业工作几乎不得不成为副业，但在忙碌劳顿之时，仍然受到振兴中华这一强大信念的鼓舞。凭着对祖国和人民的忠诚，凭着对教育事业的热爱，用改革的精神、用创新的思维、用观察世界所得的心得、用自己的心血，去办好大学，为国家、为人民作更多的贡献。

　　概括说来，特别是在暨南大学任校长的10年时间里，笔者首先确立了"侨校十名校"的战略目标和"严、法、实"（即从严治校、从严治教、从严治学，依法治校和实事求是）的办学原则，并在采用分口分级负责制抓好日常工作的同时，实施了一些在全国高校中具有首创性的改革措施，制定了327个管理制度，其主要目的是为了做好两件事：一是竭力提升学校的品牌，使学校学风、教风和校风变好，成为国际化、现代化、综合化的高水平研究型大学，为中华文化的更好传播、祖国统一大业的更快完成和现代化建设的早日实现作更大贡献；二是大力改善师生员工的工作和生活条件，使大家生活得更幸福。现在，这两件事均有了比较满意的结果，令笔者感到欣慰。为此，将这一时期的治校文稿，其中绝大部分是任暨南大学校长时的文稿进行梳理。整理之时，忆起许多领导、老师的关爱和教诲，想到许多身边同志的倾心协助，想起师生员工的积极支持，不由要再对他们说声"感谢"！笔者期望这本大学校长谈治校的书对关心我国高等教育发展的人有所裨益。

刘人怀
2011 年 2 月 20 日于明湖苑

目　　录

接任暨南大学校长时的讲话
——发挥优势　深化改革　保证重点
改善条件　提高质量

今天，国务院侨办刘泽彭副主任在此宣读了任命决定，又听了赵阳司长语重心长的讲话，对此，我深深地感谢领导和同志们对我的信任、关怀和支持！

我来暨大已经 4 年多了，在领导和同志们的支持和帮助下，做了一些工作。现在又要承担更重的担子，深感自己能力不够，担子太重，真是诚惶诚恐！

办好一所大学，实在太不容易了。面对这一重担，我只有坚持务实的精神，尽心尽力，鞠躬尽瘁，团结好班子内的全体同事，团结好全校师生员工，将党和人民交给的任务完成好！

我们学校是国内 1080 所高校中最悠久的学校之一，建校 90 年来，特别是1978 年复办以来，在国务院侨办的直接领导下，我校各方面工作有了许多可喜的进步，取得了许多成就，为国家包括港澳台地区以及各国华侨、华人社会培养了数万人才，在国内外已成为一所有一定影响和知名度的华侨最高学府。

按照"面向海外，面向港澳"的办学方针，我校担负着培养华侨、华人社会以及国家包括港澳台地区的高级专门人才的重要任务。面对这一任务，根据国内外一流大学和我校多年办学过程中积累的办学经验及形成的办学特色，我们应该积极探索新时期社会主义华侨大学的办学模式，突出教学中心和科研中心，争取在建校 100 周年(2006 年)或稍长一些时间内，将我校建设成中国以及东南亚的著名大学，以至国际有影响的一所大学。

为了达到这个目标，我们需要客观地认识自身的优势和不足。90 年发展过程中所形成的我校的特色和优势，概括起来讲有以下五个方面：

1. 有一支较强的教师队伍。教师的质量决定学校的水平。现在，我校 1036名教师中有国家级突出贡献专家 1 人，博士生导师 13 人，教授 134 人，副教授325 人。

2. 学科比较齐全，是我国第一所拥有医科的综合大学。全校有 31 个本科专业,53个硕士专业,加上两个博士生培养点,共9个博士生专业。我校研究生专业数大约排在全国50名左右。有一个国家重点建设的文科基地,是国家试办高水平运动队的学校。省部级重点学科11个,省重点课程4门。

3. 拥有一定水平的教学和科研设施,有各类实验室47个,省级重点实验室1个,特别在1995年全省实验室评估中,我校是第一所合格高校,在1995年全省电化教学评估中,也列为全省第一名,计算机校园网络已经建成,广东省高教厅即将在本月对我校校园网络进行验收,也是第一所验收学校。获得国家自然科学基金多少是衡量一个学校学术水平高低的重要标准,1995年申报国家自然科学基金项目获准数是1994年的3倍多,命中率在全国高校中排第3位。同时,我们还拥有一座藏书丰富,达130万册的图书馆,一座华侨医院,以及一座现代化的邵逸夫体育馆。

4. 我校的国际性质。我校校友遍布世界五大洲。同时,在港澳台地区有众多校友。这是全国其他高校所没有的自己的特色。仅本学年度,就有27个国家和地区的学生来我校求学,学生来源于五大洲主要国家和地区。

同时,我校与美、英、德、日以及东南亚许多大学有紧密学术交往,从而使我校的学术水平跻身于国际行列。

5. 90年办学中,形成了侨校的办学特色和传统,积累了较丰富的办学经验,特别是校董事会的设置更具特色。我校在国内外已有一定的声誉和影响。

上述优势和特色,正是我们暨大以后进入"211工程",成为创办著名大学的基础和条件。

与此同时,也应清醒看到,与国内外一流大学相比,与国家对我们的要求相比,我校还存在很大差距和许多困难。主要是:

1. 我校的教育经费偏少,不仅远少于国外知名大学,就连广东省几所大学,如中大、华工、华师、广工,我们也比不上。

2. 我校的教风、学风还不够好,有待根本好转。

3. 我校的教育质量、科学研究和管理水平也不够理想,有待进一步提高。

这些差距和困难说明,暨南大学今年要完成"211工程"预审,用较短时间来成为一流大学,任务是十分艰巨的,需要我们作艰苦的努力。

按照上述情况,我们应该实行20字方针,即"发挥优势,深化改革,保证重点,改善条件,提高质量"。

发挥优势——就是要发扬暨大90年积累的优良传统,从总体上以较少的经费,获得最好的办学效益。

深化改革——就是继续深化教学、科研、后勤以及管理体制的改革,使学校的发展更能符合客观规律的要求。当前,要研究学校基金分配制度的改革,要把学分制搞得更好,抓专业改革,向应用型专业发展,并采取措施使科研管理有利于学校学术水平的提高，同时，理顺后勤保障系统。

保证重点——就是把有限的人力、物力和财力，用在重点建设和发展关系全局的方面，确保重点学科、重点实验室、重点课程、博士点建设、重点师资，特别是营造使中青年优秀人才脱颖而出的环境和条件，以带动全校各方面的建设和发展。同时，抓好基础课建设，特别是"三语"（汉语、英语、计算机语言）课程，其中首要的是大学英语课程。

改善条件——就是尽最大努力，改善师生员工的工作条件、学习条件和生活条件。首先，搞好校园规划，使校园卫生、文明、美丽，减少校园商业气氛，使暨南园成为读书的校园。同时，使教室、实验室、图书馆条件改善，并抓好学生宿舍和教师住宅的建设。

关心师生员工生活，以便最大限度地调动教职员工的办学积极性。

提高质量——办学质量是学校的生命。因此，我们必须坚持"三严"的办学方针，即从严治校、从严治教、从严治学。努力提高人才质量、科研质量和学校管理水平，坚持法制，不搞人治。

以上是个人的一点初步想法，我上任之时，不烧三把火，只要扎扎实实地工作。我们工作目标就是多方筹措经费，提高学校管理水平，与党委一起，抓住机遇，千方百计，为把暨南大学办成广大华侨、华人、港澳台地区以及国内青年求学的好地方而努力奋斗！

同志们，我衷心希望得到何校长、周校长以及全体老同志的支持，虚心向他们学习宝贵的管理经验。在国务院侨办的领导下，团结全体同志，把工作搞好。我衷心希望全校师生员工加强团结，振奋精神，从我做起，做好本职工作，采用务实精神，一步一个脚印的前进，使暨南大学在本世纪最后的几年中，为祖国的统一大业，为祖国的现代化和繁荣富强，为培养更多更优秀的德智体全面发展的人才，做出我们应做的最大的贡献。

（1996年1月4日在暨南大学校长任职仪式上的讲话。原载《暨南大学校报》，第 197 期，1996年1月15日。）

第一章 办学理念

弘扬暨南传统 再铸辉煌未来

历史悠悠,学府巍巍。值此世纪之交,暨南大学顺利通过"211 工程"部门预审之际,暨南儿女满怀深情迎来了母校 90 华诞。

从创办之日起,暨南大学就以弘扬中华文化、培养华侨子女为己任,学校先后在南京、上海、福建建阳办学,今日之暨南大学坐落在南国大都市广州。暨南大学的前身暨南学堂于清朝光绪三十二年(1906 年)在南京创办,这是中国历史上第一所由国家创办的华侨学校,其宗旨是"宏教泽而系侨情"。1921 年,国立暨南学校与东南大学在上海合办了当时国内第一所商科大学——上海商科大学,这是当时全国仅有的 5 所国立大学之一。1927 年国立暨南大学在上海成立,这是我国成立较早的少数的著名国立大学之一。在民国高教史上,暨大在南京政府国立大学排序中一直位居 10 名之内。暨大不仅为海外培养了大量人才,而且积极指导、推动海外华侨教育事业的发展,在南洋研究、华侨研究方面做了大量开创性工作,硕果累累,成就卓著。在抗日战争的艰难岁月里,弦歌不辍,在华东沦陷区独力维系我国的华侨高等教育,被誉为"东南民主堡垒"。

1958 年,暨南大学在广州重建,成为新中国第一所华侨高等学府。在不到 10 年的时间里,暨南大学就发展成为一所初具规模的综合性大学。华侨学生占全校学生总数的 75% 以上,在党和政府的关怀、爱护和学校的培养教育下,广大华侨学生茁壮成长。暨南大学被誉为"华侨学生的摇篮"。1978 年以后,学校进入了一个新的发展时期。遵循中央关于办好暨南大学的指示和"面向海外、面向港澳"的办学方针,经全校师生员工的团结拼搏,学校建设蓬勃发展,办学条件日臻完善,教学科研水平不断提高,对外学术交流日益扩大。今日的暨南大学已发展成为一所实力雄厚,学科齐全,涵盖文、史、经、管、法、理、工、医的多科性综合大学,形成了从研究生、本科到专科、预科等多层次的办学格局,实行全方位、多形式对外办学,吸引了众多的华侨、华人、港澳、台湾学生前来求学。现全校在读的华侨、华人、港澳和台湾学生达 2 849 人。仅 1978 至 1995 年学校就培养了华侨、华人、港澳、台湾毕业生 5 096 人,海外学生来自世界五大洲 64 个国家和地区。

在科研工作中,学校充分发挥综合大学的学科优势和侨校特色,重视基础研究,大力发展交叉学科、新兴学科和高新技术的研究和开发,面向经济建设主战场,积极为地方经济和社会发展服务,取得丰硕成果,仅 1986 至 1995 年的统计,我校获国家有关部委和省、市奖励的科研成果有 285 项。

暨南大学素称华侨最高学府,人才辈出,声誉远播。建校 90 年来,已培养 5万余名暨南学子。他们分布于世界五大洲,祖国各省、市、区,为祖国和居住地的社会进步、经济振兴和文教、科技事业的发展作出了重要贡献。

暨南经历了晚清、民国和新中国三个不同的发展时期,尽管饱经沧桑,但它总是矢志不移,开拓前进。在世纪之交的今天,我校全体师生员工和海内外校友将以顺利通过“211 工程”部门预审和欢庆母校 90 周年校庆为契机,总结过去,开创未来。经过全面实施“211 工程”总体建设规划,我们有信心,有能力到 21世纪初叶,使暨南大学的办学水平和整体实力进入国内高校先进行列,成为我国面向海外、面向港澳办学和培养高层次专门人才及传播中华文化的重要基地,在香港、澳门、台湾地区和海外华侨华人社会具有重要影响的社会主义综合性华侨大学。

(原载《暨南大学校报》,第 204 期,1996 年 6 月 15 日。)

弘扬暨南精神　创办一流大学

暨南大学的前身是 1906 年在南京创办的暨南学堂,是我国建立的第一所华侨学校。建校以来,受到了历届政府的重视,有着辉煌的过去。新中国成立以后,党和国家非常重视暨大在华侨教育事业方面的作用。1958 年国务院批准在广州重建暨大,由中共中央中南局书记陶铸兼任校长,并被定为高教部重点大学。

"文革"期间,暨大蒙受劫难,一度停办。在新的历史条件下,暨大的特殊地位和作用愈见突出,党中央、国务院下令于 1978 年复办暨大;1983 年将之列为"国家重点扶持大学",还为进一步办好暨大颁发了一系列文件,给予相应的特殊政策和灵活措施。今年,江泽民主席、李鹏总理、乔石委员长、全国政协主席李瑞环、国家副主席荣毅仁、李岚清副总理、钱其琛副总理、李铁映国务委员及中共中央政治局委员、广东省委书记谢非、全国政协副主席吴学谦、钱伟长、霍英东、马万祺和广东省省长卢瑞华等领导人纷纷题词祝贺暨南大学建校 90 周年。暨大办学始终得到国家教委、国务院侨务办公室、国务院港澳事务办公室和台湾事务办公室、新华社香港分社和澳门分社及广东省和广州市人民政府的大力支持。今年 6 月,暨大通过了国家"211 工程"部门预审,在国内外产生了更广泛的影响,在中国高等教育界的特殊地位进一步增强。

至 1990 年,经过几代暨南人的辛勤耕耘,暨大已培养出 5 万余名学子,其中海外华人、华侨及港澳台学生 18 000 人。从学校复办以来,先后有世界五大洲 64 个国家和地区的学生来校求学,并作为国家批准招收海外及港澳台研究生最早的高校,在港澳分别设立了 MBA 研究生教学点。

暨大在近一个世纪的风雨历程中积累了丰富的教学经验,教学质量在社会上享有良好声誉,为海内外输送了大量人才,为弘扬中华文化、繁荣中国和海外学生居住地建设作出了巨大的贡献。在世纪之交的今天,为了进一步办好华侨高等教育,提高教学质量,使暨大的建设事业在"九五"规划时期再上新台阶,以崭新的姿态迎接 21 世纪的挑战,暨大坚持"面向海外、面向港澳"的办学方针,不断开拓教学管理的新方法和新路子,一方面注意根据侨校办学任务开展教学改革,增强教学外向性,努力使对外办学向高层次、多形式发展;另一方面坚持从严治校,重视基础课教学,不断提高教学质量,并利用综合性大学的优势,在教学中给学生以比较广博的知识,使学生毕业后能够适应社会变化的需要,能够适应当今科技变化与发展的需求。针对暨大的现状和未来发展方向,今后教学及管理改革的重点是:

一、重视基础课教学

(一)调整专业结构

专业是构成高校教学的基本单元,专业要适应社会主义市场经济和未来科学技术发展的需要。根据暨大特殊的办学任务和具体情况,应坚持"应用性和涉外性"的原则,努力拓宽专业口径。纯理科和冷门专业要逐步缩小,理工结合,以工为主,向应用方向转移。对一些专业面过窄或招生分配困难的老专业,应视不同情况采取减少招生、停止招生等措施,并积极创造条件新设一些社会急需的专业。在实行市场经济的今天,专业调整的任务非常紧迫,也非常艰巨,既要保证学校的长远发展,也要考虑社会的需要与学生的意向。

(二) 突出"三语"、"两课"教学

"三语"指大学语文、英语和计算机应用基础;"两课"指政治理论课、德育课,目的是培养学生具有良好的品德。这五门课是学校覆盖面最广的课程,是每一个暨大学生都应该学好的课程。抓好这五门课的教学,对于提高人才培养质量、树立暨大在海外的声誉至关重要。如果从暨大毕业的学生熟练掌握了英语和中文,加之象征21世纪文明的计算机语言,又拥有良好的品德修养,暨大在海内外肯定会赢得更高的评价。

(三) 坚持教授上基础课

教授上基础课对提高教学质量,激发学生的学习兴趣有积极作用,要坚持下去,使之成为制度。同时要进一步完善学分制,部分专业课逐步采用英语教学。

二、树立良好校风学风

(一) 建设好教师队伍

中国有句古话:严师出高徒。只有从严才能建设优良的校风、学风和教风,培养出高质量的学生。提高高校毕业生质量,是世界各国面向21世纪共同思考的主题。办学质量是学校的生命,没有质量就没有效益,在激烈的竞争中就会无立足之地。因此,暨大要坚持以从严治校、从严治教、从严治学来管理学校。而强调"三严"的关键是要处理好教与学的关系,首先要有一支结构合理、素质较高的教师队伍,这是保障教学质量的前提条件,学校要始终不懈地抓教风建设,抓师资培训,一方面要求教师为人师表,敬业、乐业、精业、奉献;一方面创造条件鼓励教师进修学习,不断提高自己的理论水平和业务水平,更新知识结构;同时严格教学管理,对工作不负责任、误人子弟者要给予相应的处理;对工作成绩卓著者予以重奖。

(二) 一切为了学生

办大学的目的是为了培养、造就高素质的人才,在大学里学生应该排在第一位,是学校一切工作的中心。暨大是一所华侨学府,学生从世界各地来这里求学,是为了接受中华文化的熏陶,同时掌握相关的专业知识。因此,在教学态度上,应本着"有教无类"的中国传统教育思想,无论生源、成绩,对学生都给予一视同仁;在教学方法上,要根据侨校学生不同的文化背景、不同的知识结构,因材施

教;在教学管理上,实行高标准、严要求,杜绝各类歪风邪气,以维护正常的教学和科研秩序,使得学生能够健康成长。"给学生以机会"、"给学生以关怀"、"给学生创造环境"、"一切为了学生"、"使学生全面发展",是我们必须遵循的原则,只有让学生真正学有所成,暨大才会成为海内外莘莘学子向往的求学胜地。

(三)从严管理,依法治校

要办好学校,离不开严格、科学化的管理。制定出的规章制度应严格执行、人人遵守,形成一套自上而下的法制机制。在管理流程方面,实施"分口分级管理"的原则,在明确各级领导、各个部门的责、权、利基础上,责任落实,层层把关、环环相扣,避免漏洞、杜绝"真空",使得学校管理能出效益、上水平,既科学化又规范化,形成一套既有侨校特色、时代特色又具可操作性的现代侨校管理模式。

三、以科研促教学

要进一步提高教学质量,必须大力提高教学水平。教学与科研是互相联系、互相促进的。一流大学要出一流人才,而一流人才的培养必须在一流的科研氛围中进行。因此,建设一流大学的关键是科学研究。在科学技术一日千里飞速发展的今天,如果一位教师不从事科研工作,不进行知识的更新,不深入到学科的最前沿,要想提高教学水平,开阔学生的视野,激发学生的思维,是不可想象的事情。只有从事科研工作,才能转变教学思想,更新教育观念,吸收最新教学内容,改革课程体系,使课程结构和内容整体优化,从而把学生培养成为有较强的自学、适应能力和知识结构合理的高素质人才。学校今后的工作重点之一就是研究如何在市场经济条件下,培养教育全校教学、科研人员树立热爱科学、献身科学的精神,以科研促进教学水平的提高。

要提高学校的办学水平,办法和措施还有很多。我作为一校之长,深感责任重大。暨大作为"华侨最高学府"和成立较早的少有的著名的国立大学之一,在我国高等教育史上占有不可或缺的重要一席,我们应该站在这样一个定位上,立志把暨大办成国内一流,并在海外享有良好声誉的著名高等学府。在面临世纪之交之际,暨大迎来了90华诞,国家实施"211工程",而1996年又是"九五"规划开局之年,加之国家即将对港澳恢复行使主权,学校又一次面临着重大的发展机遇。

暨南大学已走过了90年的沧桑历程。暨大的事业是美好的、永恒的。在今天,办好华侨高等教育,挑战与机遇、困难与希望同在。我们要振奋精神、励精图治。抓住"天时、地利、人和"的难得机遇,为海内外培养高素质人才,把一所声誉卓著、水平一流的暨大带入21世纪,为我国华侨高等教育事业在21世纪初叶的飞速发展奠定坚实的基础。

(原载《中国高教研究》,1996(6):28-30。)

用现代化管理促进高等教育事业的发展

"有朋自远方来,不亦乐乎!"这是出自中国的儒家经典《论语》中的一句话。今天,我有幸能与来自万里之遥的英国以及省内的同行,欢聚一堂,共同切磋高等教育管理方面的问题,的确是一件"不亦乐乎"的事情。

英国是世界工业革命的摇篮。英国的高等教育对世界各国都产生了重要影响,牛津大学、剑桥大学是享誉世界的名牌学府。去年,我曾访问过英国的几所大学,尽管来去匆匆,但英国高等教育科学、有序的管理方式,仍给我留下了深刻的印象。成书于中国春秋时代的《诗经》中,有"它山之石,可以攻玉"一词,我们在这里借用这个典故来说明,要以英国山上之石,用做琢磨我国玉器的砺石,意即中国要借鉴、学习英国高等教育的成功经验。

人类即将步入下一个世纪和下一个千年,传授、创新知识与作育人才的高等教育,对一个国家的兴盛发展与综合国力的提高,起着越来越重要的作用。随社会经济的发展和高等教育功能的扩展,高校已走出昔日的"象牙之塔",与社会经济、政治、科技、文化的联系越来越密切。高等教育正由社会的边缘进入社会活动中心,日益成为以知识为基础的"知识经济"时代社会发展和进步的重要推动力。

借此机会,我想结合暨南大学的实际,谈一谈我对高等教育管理方面的认识,目的是抛砖引玉。

首先,请允许我简要介绍一下暨南大学的情况。

暨南大学创办于 1906 年,先后在南京、上海、福建建阳和广州办学。暨大校名源自《尚书·禹贡》:"朔南暨,声教讫于四海。"意思是说要向海外尤其是南洋传播中华文化。作为"华侨最高学府",暨南大学有着辉煌的过去,在中国现代高等教育史上占有不可或缺的独特地位。1921 年,暨南学校与东南大学合办的上海商科大学,为当时中国仅有的 5 所国立大学之一。1927 年,升格为国立大学,是当时少有的成立较早的国立大学之一,在当时的国立大学排序中,暨大位居 10 名之内。在抗日战争的艰难岁月里,学校先是在上海租界坚持办学,1941 年太平洋战争爆发后又迁至福建建阳办学,弦歌不辍,为东南一带大学教育守最后之壁垒。特别值得一提的是,英国著名的中国科技史专家李约瑟博士曾到建阳暨大访问。1958 年,暨大在广州重建。经过几代暨南人的辛勤耕耘,今日之暨大已发展成为一所涵盖文、史、法、教育、经、管、理、工、医诸学科的综合性华侨大学。暨南大学凭借其侨校特色和综合实力,已先后通过国家"211 工程"部门预审和立项论证,现正进入建设阶段。所谓"211 工程",是指面向 21 世纪中国重点建设 100 所高校和一批重点学科。

在中国 1 020 所普通高校中,暨大有着自己的特色与优势。综括起来主要有以下三点:

其一,"侨"字是最大的特色。暨大贯彻"面向海外,面向港澳台"的办学方针,生源来自海外、港澳台地区和中国内地。自 1978 年以来,学生来源于五大洲 67 个国家和地区。本学年度,来自 31 个国家和港澳台地区的学生达到近 3 000人,约占全日制在校生的 1/3。这种特色即是暨大的优势所在。

其二,暨大办学历史悠久,学科门类比较齐全,是中国最早建立的国立大学之一。建校 92 年来,已为海内外培养了 6 万余名高素质人才。暨大声誉远播,桃李遍五洲。

其三,暨大是一所开放型的国际性大学,这主要表现在以下五个方面:一是生源来自世界各地,从她成立的第一天开始,即招收华侨学生;二是暨大与欧美、东南亚等地的十多所高校建立了学术交流协议;三是课程及专业设置具有涉外性;四是实施标准学分制,提倡英语授课;五是实行春秋两季招生制度。

我认为,要办好一所高校,除了具备一流的师资、拥有大师级的学者、充裕的办学经费外,一流的管理是至关重要的。而在管理的实施过程中,校长处于枢纽地位。一所高校要高效、有序地运作,既要有行之有效的规章制度,又有赖于校长的果断、学术威望与人格魅力。我在管理暨大时,实行"分口分级"的管理原则,做到权力的逐级分解与条块有机结合,避免办事互相推诿。在具体实施过程中,可以用"严"、"法"、"实"三个字来概括我的管理高校的理念。"严"指"从严治校、从严治教、从严治学",用严来保证教学质量的提高。"法"指要"依法治校",搞法治,不搞人治,既要遵守国家的法规,又要完善校内规章制度,规范和约束学校的办学行为。"实"指要实事求是,要务实,踏实,不要搞形式主义,不要搞浮夸风。

成天下之才者在教化,教化之所本者在学校。我认为,大学生是一所高校的主人。在教育过程中,要提倡"有教无类"的思想,使每一个学生拥有平等受教育的机会。同时,对大学生除了实施专业素质与人文、科学以及心理素质教育外,还要帮助学生学会如何做人,如何与人相处,从而具备儒家所推崇的"修身齐家治国平天下"的本领。

教学工作是高校工作永恒的主旋律。重视教学工作,一切以教学工作为中心,是一个成功的高校管理者所应具备的素质。同时,要大力开展科研工作,合理配置在基础研究、开发研究与应用研究方面的资源,使教师进入学科最前沿,具备广阔的学术视野和雄厚的学术实力,从而促进教学水平的提高。要管理好高校,还要善于弹钢琴,要抓住主要矛盾,要抓住重点。以"211 工程"建设为中心,搞好7个重点学科建设就是暨大工作的重中之重,一切工作要围绕并服务于这一全局性的工作。

"知识经济"时代已经悄然来临,高等教育可谓任重道远。一个国家要实现现代化,离不开教育与科技的现代化。21世纪是教育的世纪,高等教育将肩负起更加重要的社会职责,社会亦将更加重视高校的特殊作用,社会经济的发展在更大的程度上依赖于高校积极主动的参与及其卓越贡献。

当然,高校在走出"象牙塔"之后,在积极主动适应社会经济发展之际,还具有引导、促进经济社会发展以及人类自身日臻完善的职责。大学是思想最活跃、最富创造力和活力的学术殿堂。作为人类神圣的精神家园,大学有着更崇高的理想与追求,这就是《诗经》中所描述的"高山景行"的美好境界,"虽不能至,心向往之。"让我们以此共勉吧。

(1998年4月7日在中英高等教育管理研讨会上的发言,广州。原载《暨南教育》,1998(1):80-88。)

面向新世纪的创新教育

暨南大学是中国第一所由国家创办的华侨学府,"暨南"二字出自《尚书·禹贡》"朔南暨,声教讫于四海",意即将中华文化远远传播到海外。学校的前身是1906年(清光绪三十二年)由清政府创立于南京的暨南学堂。1921年与东南大学在上海合办中国首所商科大学——上海商科大学。1927年在上海建成国立暨南大学。暨南大学素有"华侨最高学府"之称。早在建校初期,学校即制定校训:"忠信笃敬",注重以中华民族优秀的传统道德文化培养造就人才。多年来,学校贯彻"面向海外、面向港澳台"的办学方针,从1978年以来共培养各层次毕业生5万余人,其中培养海外、港澳台地区各类层次的学生1万余人,他们来自世界五大洲72个国家和港澳台地区,堪称桃李满天下。

今天,面向新世纪办好国际化、现代化的华侨大学,我们要适应世界教育发展的新趋势,转变教育观念,不仅要重视高等教育的规模扩大,更要强调教育质量的同步变革,着力开展创新教育。

一、新的观念:全面推进创新教育

21世纪是以知识创新和应用为重要特征的新经济时代,创新精神和实践能力已成为能否在国际竞争中赢得主动权的关键因素。教育在培育民族创新精神和培养创造性人才方面,肩负着特殊使命。

在中国建设一流的华侨大学,必须面向世界、面向未来、面向现代化,适应世界教育发展的趋势,树立先进的创新教育思路。为此,我们一定要适应社会、经济、科技发展提出的新的要求,迎接新的机遇和挑战。20世纪80年代以来,不少国家以"国情咨文"、"白皮书"、"蓝皮书"等形式表达了对21世纪高等教育发展趋势的关注,国际间关于科技教育的学术交流十分频繁。一系列教育创新的文件及活动,向我们展示了高等教育的发展新趋势,新的教育思路和教育观念。例如,在人才培养上更加注重能力、素质的培养,特别是创新能力的培养;在课程设置上注重人文及广博知识的教育,推崇"通识教育";在教学过程中,倡导科学精神与人文精神的融通;在教学方法上,注重灵活性和启发性,倡导"和谐教育";在学习的时间与空间跨度上,延伸教育的功能,发展远程教育,倡导终身教育等。为了适应世界教育的新趋势,形成先进的教育理念,暨南大学从1998年至1999年,在全校开展了"面向新世纪的暨南创新教育"大讨论,力求从传统的教育模式束缚下解脱出来,认识新世纪大学的功能、使命和作用,积极培养适应世界经济、社会、科学技术发展要求的创造性人才。

我们要在全校形成一种教育的新观念：一是把人才培养作为系统工程，真正把提高人才培养质量当作学校生存和发展的价值目标。二是树立尊重个性、鼓励个性发展的观念，把实施素质教育、培养拔尖人才作为衡量学校教育质量、教学水平的重要指标。三是树立大教育观，将人才培养融入整个社会背景之中，课内和课外结合、校内和校外结合、当前和未来结合，为人才成长提供广阔的舞台。

我们借鉴世界著名大学的经验，根据高等教育发展规律和暨南大学的实际情况，提出了"综合性、教学科研型、国际性"的办学模式。

综合性是大学的基础。世界一流大学多是综合大学，现在中国大陆重点大学亦逐步走向综合。就世界趋势而言，综合化已成为当今世界科学技术发展的主要特征。大学的学科门类的设置与科学技术文化的发展趋势应该是一致的。从教育规律来讲，学生在各种学科互相渗透，各种文化互相耦合的环境下才能较好地发展全面素质，深厚的文化底蕴和强大的学科综合是建设一流华侨大学必不可少的条件。暨南大学一直是学科门类比较齐全的综合大学，且是全国第一所有医学院的大学。近年，暨南大学按照综合性的要求进行学科调整和建设，提出要"发展文经管已有优势，突出生命学科和医学科，加强理科特别是工科的建设"的方针，进一步优化学校的综合性学科设置。

教学科研型是主导。为实现培养海内外杰出人才的目标，我们把教学科研并重放在突出地位，强调科研与教学相结合，在不断做出科技创新成果的同时，培养出众多有创造性的学生。我们认为只有从事创造性科学和技术探索工作的教师，才能教出好的学生。我们明确提出：不从事科学研究的教师是残疾的教师。我们还从管理制度及分配制度上引导教师积极从事科学研究，实施了优劳优酬的校内工资分配制度。我们还在提高研究生特别是博士生培养质量的同时，进一步增大研究生和本科生的比例，在校博士生、硕士生与本科生之比例由1995年的1/6增加到目前的2/9，研究生总数增加了3倍多。同时，我们还积极探索本科生早期参与科学研究的途径，推行大学生科研活动计划。

国际性办学是学校的特色所在。一方面是向世界开放，向港澳台开放，吸引更多海外学子来校学习，成为东西方文化和科学技术交流的桥梁；另一方面是向国内开放，把学校的发展与国家和地区的经济、社会发展紧密结合，使学校不仅成为培养人才的基地，而且成为新思想、新技术的源泉和信息汇集的交流中心。近几年，学校坚持办学的国际性，来自五大洲30个国家和地区的海外及港澳台学生已达4 000人，占学生总数的4成，且频繁开展国际学术交流与合作，与39所世界知名大学建立"姐妹学校"关系，互派访问学者及相互交换学生。我们还在深圳、珠海两个对外开放的窗口设立学院，更便捷地为港澳台地区培养各类人才，使学校的功能在时间和空间上都大为拓展。

二、新的突破:教学科研互动发展

暨南大学有悠久的历史,其建设和发展得到国家的高度重视和亲切关怀。1996年90周年校庆,江泽民同志为我校亲笔题词:"爱国爱校,团结奋进"。目前,学校全日制在校学生已达11 000人,其中研究生超过2 000人。学校重视师资队伍建设,注意培养学术骨干和学科带头人,师资结构质量已名列全国师资最优的25所高校行列,排名第13位。我们完全有基础、有条件、有能力、有信心,将学校办成具有先进水平和侨校特色的一流大学。

构筑面向21世纪一流的学科专业体系、建设一流的学科专业体系是一流大学的基础和龙头。目前,我校拥有"211工程"建设的7个重点项目,在文、史、法、经、管、教育、理、工、医等9个学科门类中覆盖了1个博士后流动站,12个博士学科专业,59个硕士学科专业。这些学科专业具有鲜明的前沿学科和华侨教育特色,但与一流大学所要求的综合协调发展、整体水平高的标准衡量还有一定差距。我们将根据21世纪科学技术发展的趋势和国家现代化建设对人才的需要,在现有的基础上精心设计、科学规划,加强基础学科,培植新兴学科,扶持重点学科,大力推进学科的综合发展和整体水平的不断提高,逐步构建和形成特色鲜明、层次清晰、融会贯通、发展空间大的一流大学的学科专业体系。

实施"高层次创造性人才工程",努力将学校办成培养海内外高层次、高水平、高素质人才的基地。我国现代化建设和华侨在国际上的地位提高需要大量各类优秀人才,尤其是高层次的创造人才。我校的办学思路定位于:积极拓展研究生教育,稳步发展本科生教育。我们要通过认真实施"高层次创造性人才工程",进一步解放办学思想,挖掘办学潜力,拓宽办学渠道,提高办学质量。要在坚持办好本科基础教育的同时,大力发展研究生教育,特别是要积极发展博士生教育,办好博士后科研流动站,为国家和海外华侨、华人社会培养出大批能够适应将来社会发展的高级人才和抢占高科技前瞻的科技帅才。

积极参与国家科技创新体系的建设,努力将学校办成高科技研究和社会科学研究基地。我校确立了"重视基础,突出应用"科研指导原则,科学研究面向世界科技前沿,面向国家与地区的国民经济主战场,紧密结合"211工程"建设和人才培养等工作,无论在广度和深度都得到了长足的发展。我校认真贯彻"科教兴国"的战略,坚持以教学科研为中心,建立健全科技进步机制,形成教育科研相互促进的良性循环。我校要进一步立足前沿,面向海外,面向港澳台,突出重点,在高科技和社会综合发展的交叉学科领域开展攻坚,并将研究成果尽快转化为生产力,为国家的科技进步、知识创新作出应有的贡献。

优化教师队伍,培育一流教师。争创一流大学必须具有一流的教师队伍。我校制定和实施吸引和稳定高级人才的优惠政策,采取送学深造、在岗锻炼、重点培养等措施,造就出一批教育家和学术学科带头人。江泽民同志在教育工作会议上要求,"教育者必先受教育,不仅要学专业知识、科学文化知识,还要学政治知识、实践知识,以不断丰实和提高教师的教书育人的水平"。21世纪所需的教师素质,既包括高水平的思想政治素质,敬业爱岗的职业道德,也要求教师通过不断地学习和接受培育,充实和更新知识,提高水平和能力,成为教书育人的专家和从事教育教学研究的复合型人才。在教学过程中,教师既要发挥主导性作用,又要大力弘扬"教学相长"的优良传统,建立相互学习、相互切磋、相互启发、相互激励的和谐的师生关系,这是全面实施素质教育至关重要的环节。

三、新的姿态:开拓进取培育人才

一所大学能否在社会中产生重大影响,关键看它培养出的人才能否具有很强的创新精神和创新能力,在知识创新、科技进步和社会发展中有所作为,成为开创国家未来的杰出人才。正如江泽民同志所指出的"综观国内外大学的历史情况,各国的著名大学为数不多,其所以著名,固然有各方面的条件。如经费、师资、实验室、校舍等,但归根到底,要靠其培养出来的学生在社会上建功立业,日久天长,形成社会公认的信誉"。我们争创一流大学,重中之重的工作,就是培养和造就出大批高素质的创造性人才。

强化素质教育。素质教育是培养创造性人才的基础。素质教育不是着眼某一方面或某几方面的素质,而是全面发展的综合素质,是思想道德素质、文化素质、业务素质、身体和心理素质的整体提高。综合素质的培养要面向全体学生,而不是部分有兴趣、有愿望的学生或少数尖子学生;同时,我校要造就浓厚的氛围和良好的环境,以促进每一个学生的综合素质的提高。综合素质的培养要注重个性的发展,要鼓励学生充分发展自己的个性,结合自身的特点来发展自己的素质强项,有所侧重地进行综合素质的培养和提高。我校要因材施教,积极培育学生兴趣,调动学习积极性;我校要不断加大课程改革力度,尽可能多传授新知识、新技术、新信息,让学生不断接受高新技术前沿的熏陶;我校要进一步改革教学方法和手段,大胆探索启发式教学、讨论式教学和直观形象教学的有效方式。课堂讲授要突出重点,少而精,给学生留下充足的思维空间,引导学生独立思考;我校要加强人文科学和美育等方面的教育,激发学生的灵感,培养学生的洞察力、想象力,以开阔视野,活跃思维,触类旁通。我校要积极在大学生中开展学术活动,如学术讲座、科技影展、出版学生学术刊物等,引导学生热爱科学。设立大学生创新活动专项基金、鼓励科研实践。继续开展高品位、高层次的人文社科系列讲座、高雅艺术活动、读书活动等,营造浓郁的校园文化氛围。坚持开展社会实践活动,加强科技下乡、技术推广活动,为大学生提供创新的舞台。

突出办学特色。"侨"字是我校的特色,为侨服务是我校的主要任务,学校各方面的工作都应立足"侨"字。一要针对学生特点，深化教学改革。要特别重视教学手段和教学方法的改革，压缩学时要通过利用网络技术和多媒体技术来解决。我校要始终把抓好"三语"（中文、英文、计算机语言）教学作为提高教学质量的关键。要根据华侨、港澳台学生和华人学生的不同情况，进一步完善分层教学。二要多层次发展华文教育，使我校成为国家开展华文教育的重要基地。三要积极扩大对外招生，坚持稳定香港和澳门招生，拓展海外招生的工作思路，逐年增加外招生数量。四要发挥侨校优势，服务侨务工作。学校"211 工程"获准立项的 7个项目中，已有 3 个项目直接服务于侨务工作，学校的教学科研要尽力为侨务工作服务，更多地面向海外及港澳办学，更多地将科研成果运用于侨务工作。

加快"211 工程"建设。我校要坚定不移地将"211 工程"建设作为全校的中心工作，并将重点学科作为龙头带动其他方面的建设。在人才培养方面，更加注重培养学生适应时代要求的整体素质和综合能力，建立新型的人才培养机制；在学科建设方面，优先发展领先学科，重点建设优势学科，积极组建学科群体，进一步强化文、史、经、管、法、理、工、医相互渗透，探索在提高综合实力的基础上建立边缘学科和新兴学科，重组我校学科的体系；在科学研究方面，强化研究工作在学校建设与发展中的地位，充分发挥科学研究在提高教学质量、推动学科建设、增强办学实力中的主导作用；在队伍建设方面重点培养和造就一支高素质、高水平，以中青年教师为骨干的师资队伍，同时，建立一支精干、优良、高效的管理干部队伍，使两支队伍成为办好暨南大学的中坚力量；在管理体制改革方面，积极探索与国外高校管理模式接轨，充分发挥董事会的作用，进一步完善校长负责制，健全校、院、系三级管理体制，推进干部人事制度、校内分配制度及后勤社会化的改革，充分体现华侨大学的管理特色。

提高学校的办学品位。学校的校风、学风对于学生的整体素质提高，特别是文化素质的提高非常重要。学校的文化氛围、人文环境会对学生产生极大的潜移默化的影响。我校提出：从严治校、从严治学、从严治教就是为了优化学校的文化氛围，提高学校的办学品位。一个学校的办学品位是长期积累，逐步优化的结果。我们既要注意发挥课堂主渠道对加强大学生文化素质教育的作用，也要注意发挥校园文化的教育功能，把校园文化氛围和校园环境建设作为文化素质教育重要而潜在的课堂，将文化素质教育渗透到学生丰富多彩的校园文化生活中。

再经过 6 年时间，学校将迎来 100 周年校庆。学校力争用 6 年左右的时间，在教育观念、教育模式、教学内容、课程体系、管理体制、教育方法和技术等方面在改革上有新的突破，初步形成暨南大学培养高素质创新人才的新体制、新机制。

（2000 年 10 月 22 日在海峡两岸面向 21 世纪科技教育创新研讨会上的发言，武汉。原载《海峡两岸面向21 世纪科技教育创新研讨会论文集》(华中科技大学和台湾大学主编)，2000：15 – 18。）

暨南大学国际化之路

今天有幸在这里演讲,我感到非常高兴,谢谢贵校校长的周到安排和热情接待,谢谢大家出席这次演讲会。今天我所讲的题目是"暨南大学国际化之路"。

阿尔弗雷德·诺斯·怀特黑德(英国哲学家、数学家)在其《大学和它的职责》一文中指出,"大学的任务是将想象力和经验融合在一起。"那么我想,从一个大学国际化的角度出发,我们同样可以说"大学的任务是将不同的文化融合在一起。"同时,提供一个地方,让来自不同文化背景、有着不同思维方式、经历和生活习惯的人们可以相互了解,相互尊重,并且相互欣赏。

现在越来越多的人士,无论是教育界还是工商界,都逐渐认识到让他的毕业生或雇员有一个"国际化视野"的重要性,因为只有通过这一点,他们才能从保守、封闭的惯性思维中解放出来,而代之以一种灵活、开放的思维,也只有通过这样的方式,他才能够跟上今天这个更加开放的国际社会的潮流,跟上当今网络时代的脚步。

所以,现在我们面临的问题就是:如何实现国际化?我认为,一个大学的国际化就像一部交响乐,大概可以分为下面几个乐章。第一步,应该打开校门,在意识和作风上实现开放;第二步,在自己与外部的大学和其他机构之间搭建起交流的桥梁,把自己同外部世界联系起来,用今天的话说,也就是"上网"。任何一个大学都应该认识到没有谁可以独立发展。当这些外部的条件成熟后,下一步要做的工作就是创造。它应该通过吸收来自不同地方的文化,创造自己独特的校园文化,"海纳百川,有容乃大"。只有通过国际化,一个大学才能够不断地前进和发展。

在这里,我想以"暨南大学外招生的教育和管理"为侧重点,简单介绍一下暨南大学国际化的成功经验,并希望通过此次的交流与更多的学校建立起广泛的联系。

暨南大学成立于1906年,是中国历史最悠久的几所大学之一。自成立第一天起,他就是以招收海外华人子弟和传播中华文化为己任。"面向海外、面向港澳"是暨南大学的办学方针。在中国的教育史上,暨南大学是一所招收海外留学生的高等学府,也是中国第一所设立医学院的综合大学。现在全校设10个学院:文学院、理工学院、生命科技学院、医学院、经济学院、管理学院、华文学院、教育学院、中旅学院、珠海学院;有5所大学附属医院。学生20 000多名,其中全日制学生11 000名(包括1 680名博士和硕士研究生),3 600名来自港澳地区和世界五大洲 30 多个国家(包括秘鲁)的海外学生,约占全日制学生总数的 1/3。迄今为止,已经先后有来自世界上 72 个国家的学生在暨南大学求学。他们中有很多人在毕业后成为他们所在国家的栋梁之才,其中包括泰国前议会主席、曼谷银行董事长许敦茂先生,国立新加坡大学首任校长李光前先生,以及其他许多政府、工商界和文教界的著名人士。仅在过去的 20 年中,暨南大学就已经培养海外及港澳等地区各类层次的学生一万多人,堪称门生遍五洲,桃李满天下。每年暨大招收的港澳及海外学生人数比国内其他大学外招生的总人数都要多。暨南大学,作为中国国际化程度最高的高等院校之一,正在海内外,特别是东南亚地区赢得了越来越高的声誉。

暨南大学对外开放的办学传统,临近港澳近 100 多公里的地理位置为他的国际化提供了得天独厚的条件。国际化不仅是他过去和现在吸引海外学子的原因,而且也是他自身的发展目标。为了实现这个目的,暨大采取了一系列行之有效的措施。在外招生方面,暨大实行春秋两季招生,并在香港、澳门等地区设立了办事处。学校还有组织的派招生工作组前往东南亚国家了解生源情况,扩大对外宣传,这使得暨南大学在学生工作的第一个环节上实现了时空双重意义上的开放。为了同国际惯例接轨,暨大在国内率先实行了学分制,并取消了补考制度,使优秀的同学可以提前毕业。语言是交流的基础,语言教学在暨南大学受到了高度的重视,大学内开设有英、法、德、日、葡等语种的课程。学校加强了对国内学生的英语教程,规定每个专业至少有两门课程要用英语授课。外语不仅是学生顺利毕业获得学位的要求,同时也是授课教师晋升职称的标准。学校还聘用了多名外籍教师教授外国语言及文化,向中国学生介绍国际学术、科技界的最新动态。

学校下设华文学院、专门对来中国学习的留学生教授中国语言文化,课程内容包括普通话、粤语、书法、美术、中国哲学、中国历史、中国社会、妇女问题等诸多方面。学校还不定期地邀请有经验的教师进行讲座,使外国学生能充分了解中国文化的精髓。

在做好校内工作的同时,暨南大学还积极在海外传播中华文化,真正实现暨南大学“声教迄于四海”的创校理念。华文学院为北美地区和柬埔寨国家的华文学校编纂了汉语教材,仅在美国就有 170 多间学校采用,并在当地受到极大的欢迎。因此可以说,暨南大学已成为一扇窗口,中国大学生从这里看见一个无限广阔的世界,海外大学生也透过这里看到了中国。

因为港澳及海外生在暨南大学学生人数中占了很大比重,因此暨大的教学管理呈现出了自己独特的风格。简而言之,就是一种“求同存异”的校园文化。根据学生不同来源和不同要求,我们设置了相应的课程,并根据学生入学时的不同层次,在授课时采取分流教学,使学生根据不同的起点,可以选听不同程度的课程,使得他们能够在不同的起点起飞,却飞翔在同一片天空下。

在学习中,内地生和港澳及海外生奋飞在同一片蓝天里;在生活中,他们也可能居住在同一宿舍里。根据外来学生的要求,他们可以选择同国内生住在一起。这种同住的宽松氛围,可以使彼此之间不再陌生,更加充分的交流。

不同产生了文化的多元,而相同则是和谐的来源。来自西方国家的学生,来自中西方文化交融共生的港澳地区的学生,与在中华传统文化背景下成长起来的中国内地学生在一起,创造出暨南大学独特的校园文化风景。海外学生举办的"迷你马来西亚风土人情","泰国文化风情展"等文化活动使国内学生不出国门就感受到异国的风土人情,而同时国外学生也被博大精深的中华文化文明深深吸引着。这种双向流动的交流在促进国际凝聚力,增强国际一致性方面所起的作用是不可低估的。

除了上面所说的这些软环境之外,暨大同时注重改善硬件设施,使学生可以通过现代科技实现真正意义上的国际化,所以暨大再次率先在国内行动,正着手将国际互联网接入学校宿舍,使学生能随时随地置身于国际社会日新月异的发展变化之中。现代科技在学生管理和教育方面的应用,再一次缩短了学校与学校之间,国家与国家之间的距离。

在国际化的进程中,暨大还努力开拓与国外学术界的合作。截止到目前为止,它已与国际上超过 30 所规格较高的文化科研机构建立了交流关系。交流形式包括科研项目合作、教授互访活动及学生交换项目,等等。在学生交换项目中,学校注入了很多精力,提供了很大的便利,使得更多的中国学生有机会走出国门,走向世界。

"路漫漫其修远兮,吾将上下而求索"。迈向国际化的道路是漫长的,充满了竞争与挑战,但它也是一条充满机遇和激情的道路。暨大有着悠久的开放传统,并且一直在这条实现学校现代化的必由之路上坚定的前进着,我坚信,暨南大学一定会有更加美好的未来。我衷心希望这次对贵校的访问,与贵校结成姐妹学校,将会促进暨南大学更进一步国际化,将会促进两校学术的繁荣和进步!

(2000 年 5 月 25 日在秘鲁首都利马暨南大学与圣马丁大学合作签约仪式上的演讲。)

(日本)新世纪中文电视学校校长致辞

在跨入 21 世纪之际,新世纪中文电视学校应运而生,这是华侨华文教育史上具有重要意义的大事,对推动海外华文教育的进一步发展,必将产生积极而深远的影响。

中华语言文化具有五千年的历史,博大精深,对人类社会的进步作出了伟大的贡献。中华民族素有重视教育的传统。开展海外华文教育,是关系到中华语言文化能否在海外三千万华人华侨中传承和延续的问题,对他们的生存、发展具有重要意义,对华侨、华人侨居(入籍)国多元化文化的发展和经济繁荣、社会进步也必将起到积极的促进作用。

最近二十多年来,中国实行改革开放政策,经济建设取得举世瞩目的成就,与各国的友好关系和经济、文化交流不断发展,中华语言文化的国际地位日益提高,海外华文教育重现生机,并有了新的发展,在世界范围内出现了"华文热"。

当今时代,科学技术突飞猛进。新世纪中文电视学校采用现代化手段,进行华文教育,为广大海外华人华侨子女以及其他族裔人士学习中华语言文化创造了更加良好的条件,这对弘扬中华语言文化,对促进中国人民与世界各国人民的友谊和文化交流,必将作出重要贡献。

暨南大学是一所具有 93 年历史的华侨高等学府,一向以弘扬中华文化、培养华人华侨子女为己任,致力促进海外华文教育的发展。我们希望海外华侨华人子女在中、小学阶段努力打好中华语言文化基础,将来前来暨南大学求学。

祝愿新世纪中文电视学校面向新世纪,不断开拓进取,为海外华文教育多作贡献!

祝同学们好好学习,天天向上!

(原载《中文导报(日本)》,2000 年 3 月 16 日(新世纪中文电视学校是海外第一所中文电视学校,作者兼任校长)。)

狠抓办学质量 走"侨校＋名校"之路

教学是高校的主旋律，是我们的生命线，是基础。从宏观讲，我们暨大如何发展，教学工作如何做，当前工作的重点是什么，应该引起学校各级领导和广大师生的高度重视。

一、发挥科技与教育的作用，任重道远

（一）科技的力量，推动人类文明

邓小平同志曾多次反复说过：实现社会主义现代化，科技是关键，教育是基础。这讲到科技与教育在我国现代化建设中的重要意义。中央已确定，我国到2050年要基本实现现代化。我们暨大只有按中央领导同志高瞻远瞩的决策来确定学校的发展思路，才能很好完成中央给我校的办学任务。

世纪之交，江泽民同志说：当今世界，以信息技术为主要标志的科技进步日新月异，科技成果向现实生产力的转化越来越快，初见端倪的知识经济预示人类的经济社会生活将越来越取决于教育的发展、科学技术和知识创新的水平。因此，教育将始终处于优先发展的战略地位。可见，科技和教育在社会经济发展中的重大作用。

科学技术的发展是一个国家、民族文明的标志，进步的象征。科技和教育工作者实际上是在从事人类文明与进步的工作。科学的每一项发现，都使人类发生翻天覆地的变化。过去的20世纪，归纳起来有三项伟大科学成就：一是相对论的发现，二是量子力学的发现，三是DNA螺旋结构生命学的发现。这三大发现带来整个20世纪人类文明。大家看古代史，漫长的人类社会，五六千年人类文明史，到20世纪才有翻天覆地的腾飞。简单举一例，看北京故宫，可知今天有些普通百姓的生活比当时皇帝的生活还好，这是因为发明创造带动了社会进步，推动了人类文明。

20世纪文明从哪里开始？过去中国人突出的成就，使我们在世界上有独特的地位。在过去的20个世纪，中国人领先了14个世纪。到了15世纪下半叶，世界科技中心从中国转到英国，使之成为第二个科技中心。英国很小，物产资源也不丰富，但从文艺复兴时期开始，英国的科技上去了，工业化使英国号称"日不落"帝国。英国大学有四五百年历史，剑桥、牛津这些名校，一个学校就培养出三四十个诺贝尔奖获得者，即使在今天也会叹为观止。19世纪后半叶到20世纪初中心转到德国。德国是仅相当于我们广东省那么大的国家，但其科技的发达，

以哥廷根学派为首的科技核心集中了现代科技的精英,其中有著名的物理学家麦克斯·普朗克,有爱因斯坦这些大科学家,从而使整个世界发生巨变,推动了文明的进程。20 世纪 20 年代后,科技中心转到美国,世界三大发现推动了美国科技发展,产生了计算机、人造卫星、宇宙飞船、原子弹、氢弹高精尖技术。现在科技的中心仍在美国。20 世纪带给人类无数福音和喜悦的变迁中,科技与教育立下了汗马功劳。

(二) 教育的责任,追赶世界身影

教育培养的是"未来人",教育应该是超前的,至少应该与世界同步、如影随形。顺应 21 世纪发展战略,创建学科更加齐全、结构更加优化、综合实力更强、办学效益更高的大学的重任摆在了我们每一所大学面前。目前,全国 1 000 多所高校,吹响了改革的号角。关注中央电视台和各大报刊关于高校的报道就可知道,各校都在拼搏:特别是《人民日报》最近轮番介绍名牌大学情况,更透视出全国高校处于白热化竞争之中;冲击世界一流大学成为从中央高层到学校、从学界到政府的一种理想,一个热点。广东省委、省政府也确定要建两所全国一流、世界著名的大学。在这种情况下,我们暨大的路如何走? 值得我们所有干部、所有教职工深思。

21 世纪已走过了几个月,大家是否注意到新世纪前沿科学是什么? 作为大学老师,不能只看到自己的一份工作,更要看到国家和世界的大趋势。我们要清楚,前沿科学是什么,前沿研究的是什么。高校如果抓不住前沿,永远在传统学科里跋涉,是没有前途的。每个老师、科技工作者如果不清楚世界在发展什么,人家在干什么,只固守在自己原来学的领域里,也是没有前途的。那我们暨大在这场竞争中就要失败,就会淘汰出局。所以,我们学校一定要清楚前沿、盯住前沿、发展前沿。

那么,今天的科技前沿是什么? 目前归纳起来有信息科学、生命科学、环境科学、材料科学。21 世纪信息科学发展,将使世界每 10 年一大变。学校培养的是适应社会发展的"未来人"。如果跟不上发展的步伐,许多东西都不会有用。在 20 世纪 50 年代我读大学时,还是手摇计算机时代,甚至有些大学都还在用算盘。当时中国大概只几台 M3 型计算机,一台就有一层楼面大,但功能远不如今天一台微机。但到 20 世纪末,计算机的发展一年、半年一次更新。目前美国计算机最快的已达每秒 12.7 亿次运算速度,但我国最快的只有 7 千多万次,与其差距很大。科技跟不上,就无法实现中国的现代化。如何赶上去,就要从教育抓起。追赶世界的前沿是教育的责任,是我们暨南大学每位教师、科技工作者的责任。

二、珍惜暨南大学的闪光点,知己知彼

在世界科技迅猛发展、高校竞争日益激烈的态势下,我们暨大走什么样的路? 教学工作是基础,我们如何走? 这要看暨大今天的位置而定。不能盲目骄傲,也不能盲目悲观。不要一味埋怨,埋怨不能使人进步,埋怨更使人看不到暨大的闪光之处。要了解自己的优势,要看到我们暨南大学在全国 1 000 多所普通高校中至少有 10 个闪光点,也就是 10 个中国第一! 一所大学,有一样东西能在全国数第一,都了不起,而我校就有 10 个第一! 因此,不要盲目悲观、盲目气馁。我校师生,特别今天在座的干部是学校的核心层,应该了解这些特色、这些优势。

(1) 全国第一所侨校。暨南大学的前身是 1906 年清政府创办的暨南学堂,是当时的中国政府以"弘教泽而系侨情"为宗旨创办的第一所华侨学校。校名"暨南"二字,源出《尚书·禹贡》:"东渐于海,西被于流沙,朔南暨,声教讫于四海。"意思是中华民族的优良道德风范和文化教育,东到大海,西到大漠,并从北到南,到达四海。自清政府建暨南学堂,迄今已 95 周年了。一所 95 年历史的大学,在中国来讲是值得骄傲的。因为世界一流大学都有较长的历史,名大学必须有沉淀。在中国教育史上,暨大的历史排在前十位。

(2) 全国第一所开放型大学。暨南大学不是封闭办学,是全国第一所招收留学生的学校。一流名校,必须是国际化的学校,要在世界上产生影响,要跨越国界吸引优秀学生,培养具有世界意识的人才。如果只招本国学生,哪怕都是拔尖人才,也不能成世界名校。华侨是一个特殊的群体,中国人到了国外,非常向往自己的故乡,希望祖国开办一所为他们服务的学校。暨南学堂应运而生。1907 年印尼的侨生乘船来求学,那时中国大学也刚开始办,我校创办之初就招了海外的学生,是第一所招收留学生的大学。

(3) 全国高校中招收海外及港澳台学生最多的大学。在近年对外招生没有任何特惠政策,并与大陆 140 多所高校的公平竞争中,暨南大学以学风好、环境好、专业好等优势,在校海外及港澳台学生人数稳居内地高校第一,招收海外及港澳台研究生人数占国内高校的 1/4。目前在校海外及港澳台学生 4 401 名,来自五大洲 34 个国家和港澳台地区。最近,学校在教学大楼旁建造了一堵"万国墙"作纪念,记载从 1978 年以来在暨大读书的校友的国籍,建成学校一景。近 20 多年来,暨大学生来自五大洲 79 个国家和港澳台地区,这在全国大大超前,在世界也属突出,成为暨南大学迈向国际化的显性特征。

(4) 全国第一所设立董事会的学校。暨大从 1922 年开始设立董事会,历史悠久,校董分布广泛。我们现任的董事不仅内地有、港澳有,日本、美国、秘鲁、欧洲也有,这是暨大董事会特色,有博采众长、海纳百川的优势。

（5）新中国第一所设立医学院的综合性大学。人才素质高低与学校所设专业多寡有很大关联，单科性大学难以培养杰出人才，多学科大学对培养高素质人才有很好的作用。国内好多学校近年合并才有医学院，有医学院的高校多数只有一两年历史，而我校学科齐全，设立医学院已有20多年的历史。

（6）全国第一所春秋两季招生的学校。暨大从1997年就开始实行春秋两季招生，实行与国际接轨的标准学分制，春季入学学生将与在校学生一道进行选课，修完规定学分，即可毕业。现在其他学校才逐步开始两季招生，我们走在了全国招生改革的前面。

（7）全国第一所取消补考的学校。暨大从1993年开始取消补考，实行不及格学生的重修制度，重修生要按学分另交费。以重修制代替补考制，让每位学生都保质保量地完成每一门课程的学习。认真纠正考场的不正之风，杜绝考场舞弊现象。考试实行A、B卷，学生作弊一经发现，该科成绩以零分计，修业期满不授予学位。还结合课程改革加快试题库建设，逐步实现"教考分离"，确保考试的公正、严明。这种在贯彻学分制中实行的现代化管理办法，创造了既严且宽的体制，使学风、考风大为改观。而有的学校现在才开始这样做。

（8）全国第一所派出选手参加国际奥运会体育竞赛项目的高校。1936年柏林第11届国际奥运会上，我校有14名选手参赛，这在全国高校中绝无仅有，我校体育有特色，新中国成立前、后到现在体育一直都保持突出的优势。

（9）名流荟萃、英才辈出，全国第一所培养了中外领导人的学校。暨南大学培养的人才有两个特点：一是人才的数量之多、分布广。暨南大学95年历史培养了7万多名人才，分布在近80个国家和地区。由于学科门类齐全，所培养的人才不仅在地域广，在行业的分布也较广，以澳门为例，暨南大学的毕业生遍及澳门所有行业。二是人才的质量高、成就大。精英的标志是培养了政治家、社会领袖，如哈佛大学培养了多少总统，清华大学培养了多少部长。迄今，暨大培养了3位中、外副总理。如我国的吴学谦，先后两次在暨大读书共8年，后来成为外交部长、副总理；李岚清，因暨大的经济会计有名而投考我校，后因暨大停办合并到复旦大学，他从复旦毕业，但还是算暨大校友，现任中央政治局常委、副总理；泰国的副总理、议长巴实·干扎那越先生（中文名许敦茂），也是暨大的校友。学校的老师（不包括董事会的），就有6位校友新中国成立后成为副委员长，1位成为副总理。他们是严济慈、周谷城、周建人、楚图南、许德珩、胡愈之；1位副总理，黄炎培先生。暨大有4名学生成为中国科学院和中国工程院的院士。由于重视素质教育，多学科、多方式培养学生的创新能力、应用能力，学生毕业后能较快适应社会需要，短时间内就有所作为。不少人成为具有一定社会知名度的专家、学者、社会活动家、政府和商界要员这绝非偶然，是学校办得好的结果。

（10）管理体制率先国际化。我校行政架构现代化，与国际上通行的大学体制一样,实行校、院、系一体化的管理体制。国内高校原来基本上无学院,近年才逐步设立,我校管理体制国际化走在全国前列。

总之,要在一千多所高校中排一个第一不容易,以上这些说明暨大有自己的基础,有值得自豪和珍惜的地方。我们要在此基础上找准自己的位置,树立信心、向前发展,知己知彼,百战不殆!

三、洞察暨大的发展近况,励精图治

这几年,在全校教职工的努力下,学校有了较大发展,我们在教育创新方面,进行了一些探索和尝试。

(一)分层次发展,办学重心上移

办专科不可能成为一流大学,办学重心必须上移。因此,我们确定大力发展研究生教育、适度发展本科教育、稳定成人教育规模,使暨大向高层次发展。从1996年起暨大校本部不再招收专科学生,从2001年起全校不再招收专科生;本科规模在扩大,1995年全校本科生5 377人,现在9 498人,增加近1倍;研究生规模增幅更大,硕士生从1995年的563人发展到2001年的1 839人,是原来的3倍;博士生从1995年的52人发展到2001年的188人,是原来的3倍。现在全校研究生共2 027人,在全国排第32位。

博士点和硕士点在这5年有长足发展,排在全国高校第42位。博士点由7个发展到14个,翻了一番。其中还增加了一个一级学科博士点,可包含多个二级学科博士点,增加的7个大于原来的7个的覆盖面;硕士点由50个发展到66个,数量上看只增加了16个,但实际上增加了20个硕士点,是由于医学的三级学科硕士点取消、合并了。本科专业由30个发展到39个,增加了应用性、科学前沿性的专业。学校专业面在扩大,体现侨校特色的外招生数有了很大增长。外招生数1995年为1 982人,现在为4 401人,翻了一番多。现有外招研究生413人,占全国同类生的1/4,具有举足轻重的分量。

(二)院系调整,焕发生机

学院由1995年的7个发展到今天的16个,这是适应21世纪科技发展变化的需要。哪个是热门领域、哪个是发展领域、哪个是关键领域,学科分界更加清晰。《高等教育法》的实施,使我校取得院系审批权,加快了我校进行院系调整的步伐。

为什么先成立生命科技学院?因为它是领先学科。生命科技学院组建两年来,发展的生机勃勃,很有风采;来访的领导、外宾首先参观生命科技学院,检验我校的水平;同时,他们也取得了许多研究经费,为学校增了光。在这里,表扬生命科技学院的领导和老师们。

管理学院,也很有特色。该院研究生人数占全校研究生总数的近一半,本

26

科、研究生的比例1：1。管理学科在今天是非常重要的学科。我们中国在过去50年中发生的许多重大失误可以说都是管理上的。一个领导人如果有错误思维、错误决策，影响就非常之大，有时就会给国家带来灾难。如当年的大跃进，提出几年赶超日本、几年赶超美国，这样的口号使全国上下热情高涨，似乎很快实现共产主义；但目标的设定怎么样呢，没有经过科学的分析和预测，使得1960年以后整个国家陷入经济困难、生活困难。1958年全国还把麻雀当害虫驱打。当时有人出主意，中国人多，每人同时拿一根竹竿，拿一个盆子敲，驱赶麻雀，使麻雀不能休息，全国从南到北、从东到西驱赶，麻雀累了就会掉下来。《刘少奇回忆录》中记载，当时北京中南海也赶麻雀，只有刘少奇主席没有出来赶，躲在书房看书。今天看来，这些是大笑话。从环保看，一个地方如果没有了鸟叫，是件很糟糕的事，说明环境很差。这些历史败笔说明了管理科学的重要性。改革开放前，全国几乎没有管理专业。管理学院的成立，提升了学校形象，促进了学校发展；特别是我们的MBA（工商管理），广受赞誉，是暨南大学的光荣和特色。

值得一提的是，我们的国际学院也已成立。我们是侨校，要特别注重国际性，要与世界高等教育发展的潮流接轨。尽管中文是世界上最多人使用的语言，但学生回到当地不可能马上使用，世界语言是英语。所以，我们要成为一流的侨校，在世界上立足，必须用英文授课，提倡双语教学。这几年每个专业都有用英语讲授的课程，有进步，但步子还不够快。因此，我们改换思维，成立国际学院。在这个学院全部用英语教学，中文作第二语言。这是件很有难度的事。现已有医学院、管理学院和经济学院报名参加。希望全校各学院支持，争取能在今年九月份开学，成为现代化学院，办成暨大的招牌。

信息科学是21世纪的核心学科，国家和广东省都十分重视。我们组建信息科技学院，要使之成为暨大的龙头。

新闻学院、外语学院、法学院、药学院、珠海学院都是新办的，新学院需要老学院的支持。珠海学院是我校最大的学院，将发展到5 000人的规模。虽然目前条件尚不成熟，但环境工程学院、材料工程学院这些世界前沿学科的学院将是我们未来发展的重点；希望这些学科的教师努力。今后一定要发展新兴学科，要在国际前沿学科创新，暨大才会有飞跃。

（三）多方面积累，快速发展

校区从过去的3个发展到4个，并各有侧重。附属医院发展到了5家，分布在广州、深圳、珠海、清远，覆盖面比较大，有效地改善了医学教学条件。去年还吸收了交通部信息科学研究所，成为我校的研究所。学校的土地变多了。经过努力，珠海市政府无偿赠送我校市区土地。至此，我校的面积由1995年的110万平方米增至现在的161万平方米，还有蓝色图保护区10多万平方米。土地增加了，是造福子孙后代的巨大财产。学校资产增加了，5年来学校的固定资产有很大增长。全校固定资产由 1995 年的 2.167 亿元发展到现在的 13.322 9 亿元;仪器设备由 4 949 万元发展到 1.081 5 亿元。学生情况有了好转。去年从二表招生变成全国一表招生,从一般大学招生变成重点大学招生。我校在广东早几年已是重点招生,在全国从去年才开始作为重点招生。科研经费由原来的 300 万元增加到去年的 5 356 万元,增长了近 17 倍。学科建设和学科水平取得突破性进展,有许多是零的突破。现有国家级生物医药工程中心、国家级华侨华人人文社科基地、教育部文艺学科基地、一个教育部重点实验室、二个博士后流动站。省重点学科由 2 个发展到 10 个,目前正在冲刺国家级重点学科。学校的专业、系在调整,学校土地在扩大,学院在扩大,学生素质在提高,办学重心在上移,学校经费也在增加,通过这些努力,才总体上使暨大在全国的排位从 1998 年的第 87 位上升到 1999 年的第 72 位、2000 年的第 60 位,这些数字说明暨大在快速发展。

我们从 1996 年进入"211 工程",成为全国 100 所重点大学之一,才有这些"零"的突破,极大地提升了学校地位。人家称我们暨大是目前中国高校的一匹黑马,跑得很快、跑得很前。在创办名校的过程中,暨大在各个方面都更上一层楼,学校排名的提前,在海内外声誉大增。5 月 31 日《光明日报》上刊登了一篇《声誉——渐成高校竞争焦点》的文章,第二个学校就谈到我们暨大。最近,中央电视台播 70 所名校,暨大也位列其中。现在许多有关高校的重要报道都提及我校,大家从中可感受到暨大在国内高校中的形象正不断攀升,这是全校上下、全校党政共同努力的结果。

四、明确暨大的发展战略,继往开来

暨大发展到现阶段,今后是进还是退? 我想大家的一致意见是进,继续前进! 我们有 10 个中国第一的特色,有这么好的基础,理所当然要继续往前走。最重要的核心的问题是什么,是质量,办学的质量是关键;是战略,战略是发展的逻辑起点。所以,我们要狠抓办学质量,走"侨校+名校"发展战略之路。

(一)"侨校+名校"的发展战略

我们要成为一流大学,有什么战略? 简言之,就是"侨校+名校"的战略。

首先,暨大的性质是侨校。95 年来政府定我校为侨校,我们不能把"侨"字丢掉,没有"侨",学校就将失去活力;相反,我们要使"侨"字特色更加鲜明,侨生、海外生要多;要从培养模式、管理工作中各个方面体现侨校特色。每位领导、每个方面,都要时刻想到"侨"校的特殊性,哪怕搞差一点,都可能酿成大错。

其次,暨大的目标是名校。办成名校才有号召力,才能吸引优秀学生。不然,学生家长为什么要送子女不远万里来暨大读书? 现在有些领导、教师困惑,感到侨生成绩不理想;但只要办成名校,生源质量问题就能迎刃而解,就能招到

更多优秀学生。只有名校办成了，才能办好侨校的事情，这是相辅相成的；所以艰苦卓绝地努力把暨大办成名校，办成名校是我们义无反顾的责任。

何谓名校、一流大学？有三条：第一，要有许多一流的学科；第二，要有名师，大学者、名教授；第三，要有高素质、高质量的学生。拥有这三条才能成为名校。暨大还有差距，需要扎实努力才能实现。现在全国都在打造品牌。计划经济下不需要品牌，市场经济下要靠品牌生存。《高等教育法》颁布后，高校进入市场。品牌战略成为高校在白热化竞争中的终极武器。学校的声望是学生的财富和烙印，入校后一辈子也离不开这个学校的名称。一所学校追求名牌战略成功的话，就能站稳脚跟，不仅有优秀的新鲜血液，而且毕业生紧俏抢手。所以，我们把毕业生分配受不受欢迎作为学校品牌的一个检验。我校近年来发展是上升的，凭学校品牌用人单位愿意接收，学生一次就业率高，毕业生受欢迎程度在全国网上排名第 18 位。

我校对港澳办学任务并不因港澳回归而减轻。当年培养港澳人才，是为了港澳回归；回归后，港澳作为社会主义中国的特别行政区，更需要我校为他们培养人才。今天，面对与大陆尚未实现统一的台湾，面对中华民族统一大业的头号政治任务，暨大要做什么？要义不容辞地承担起和平统一台湾的有关任务，培养台湾学生成为爱国者，成为反对"台独"的人、有能力的人；要使更多华侨华人精英学子来我校读书，使世界华侨社会心向祖国，反对"台独"分子。所以，我们的责任很大，只有走"侨校＋名校"的道路才能完成任务。

（二）坚持"三字方针"，走"三化道路"

近年来提出的若干办学措施、原则，都是为了推动学校前进。为了办好暨大，在创名牌、树品牌过程中，仍然要坚持"严、法、实"三个字。

严，治校"四从严"。从严治党、从严治校、从严治教、从严治学。"严"的核心就是使质量有可靠保证。我们的毕业生是合格的、科研成果是高质量的，"放水"不对。从入学，中间过程直到毕业，每一关都要严格，不能只重视招生关；无论考试、各项制度、校风、教风、学风、管理等都要严格，不允许学术腐败；要创造学术氛围，讲求学术民主。

法，依法治校。学校所有业务领域，教学，科研，研究生、本科生、成人教育，以至党的系统，这些年都在制定各方面的制度。这次教学工作会议拟定了 11 个制度文件，已原则上通过，就是要依法治校，不搞人治，要法治。

实，实事求是。虚的、假的东西是没有价值的，最后要出问题的。只有扎扎实实做事，才能把学校搞上去。

在继续坚持"严、法、实"的同时，要走"三化"道路：现代化、国际化、综合化。

现代化：无论办学条件、办学思想、管理方法，都要现代化。大家看到校园在绿化、美化，就是搞现代化，还要修一些大楼、游泳池，等等，住房、生活条件、教室、运动场也要现代化。校本部、珠海学院都在搞一系列基建,是搞硬件现代化。同时,软件、管理也要逐步现代化。

国际化:接轨国际的办学理念,走国际化道路。我们要进行国际学术交流,"三类"学生的教学目标要明晰,教学内容国际化。本次教学工作会议要面对现实集中研究,弄清楚华侨、港澳台生、内地生和外国留学生三类学生的教学方向。要因材施教,把各种学生培养成才;有教无类,德智体全面发展。特别是德育要强调,做人教育是第一位的。大学教知识,更重要的要教会学生做人。让学生学会学习、学会做人、学会生活。"三类"生的德育要分类,不能混为一谈:对持外国护照的学生不宜用马列、四项基本原则教育他们,对他们要进行了解中华教育,让他们了解中华文化博大精深,与中国友好,遵纪守法;侨生、港澳生虽然持中国护照,但他们生活在资本主义制度下,也不能按内地生教法教四项基本原则,要教育他们热爱祖国;对内地生,要培养成社会主义事业建设者和接班人,强调思想政治教育。"三类生"教育必须科学化,要有针对性。由于文化背景各不相同,应采取混合与分流授课相结合的方式,辅以相应的学分制,使这些基础不一的学生各有所获。国际化内容很多,教务工作、行政工作,方方面面都要注意这个特色。国际化还体现在专业设置和学科知识上,教材要先进,要用外文原版教材。

综合化:暨大是由国务院侨务办公室、国家教育部领导的一所具有文、史、理、工、医、经、管、法等学科的综合性大学。作为综合性大学,在学科设置上要以"加强基础、突出应用"为方针,优化学科结构,强调综合化。学科要发展热门的、前沿的、国际化的,不要抱着冷门传统学科不放,要适应时代要求,不断调整。

(三)维护校誉,责无旁贷

学校在发展中会遇到很多困难。一些名校申请国家重点学科很容易,我们就很难;经费不足,我们没有特殊经费,政府投入只占学校经费的1/3;投入少,又要办好学校,如何办? 只能艰苦奋斗。

钱多不一定能办好事情,但钱少了,办不成名校。我们搞"211工程"就比其他学校困难,进到前100名内,日子才好过一点,发展才有生命力。下一个五年,我们要争取使学校进到前50名。所以,要爱护学校,要像爱护生命一样维护校誉。有人说学校没有钱了,我告诉大家,学校财政状况很好,至今还没有借过国家一分钱。学校与银行签订了10亿元授信合同,就是贷10亿元不要担保。这是考虑学校发展,预支未来经费,是现代办法。有一幅漫画,说东西方两个老太太谈天。东方老太太说,现在很高兴,人老了,终于住上了新房子。几十年节衣缩食,七八十岁了,快死了,终于有了一套自己的新房子。西方老太太说,我从二三十岁就住上了新房子,一直住到现在,是分期付款、贷款方式买的新房子。一个二三十岁就住上了新房子,一个到七八十岁才住上新房子,你说谁的日子过得好? 这是观念问题。学校坚持新观念,把未来的钱提前用,尽快改善师生的生活、教学条件，使学校尽早现代化。但有的人非但不理解，还讽刺挖苦，用不正确的观点攻击正确的做法。

我们从1993年就全面实施了教师教学评估制度。每学期对任课教师进行学生评估、专家评估和领导评估三重评估，评估结果与教师的考核、奖惩、晋级等挂钩。要坚持"三重评估"制度，不能丢掉这一特色，学生评估老师一定要坚持。

这次教学工作会议还听到有人不同意学生评老师，说"学生评老师不公"。我看，好老师绝对不会怕学生评，只有教得不好的老师才会怕。一个严格的老师、高水平的老师，学生会终生尊敬你、感谢你。我们回想一下，自己今天当了老师、当了领导，怀念什么样的老师？怀念小学、中学、大学的好老师。好老师是严格的、有人格魅力的、为人师表的！如果是"放水"的老师，考试时学生要多少分就给多少分，连试题也给，这样的老师在学生心目中是没有尊严的，是一钱不值的。只有把关严格、优秀的教师才会得到学生爱戴、敬重，才会师恩难忘！所以，一定要坚持严格评估制度，对那些错误的言论大家要勇于批驳，不能让不正确的思想和谣言满天飞而不加制止。我们全体领导要坚持原则，以正视听，才能把学校办好。

现在回过头来看，学校的一些改革成功了，是在有些阻力中成功的。所以，要支持新生事物，全校师生员工要互相理解，增强凝聚力，学校才能发展得更快。如果有人给暨大抹黑，要去掉污点，消除影响就要花很大精力。要提倡爱国爱校，团结奋进。要将自己的荣辱与学校联系起来，因为你是暨南人，你在暨南大学毕业或工作过，即便离校，也与这所学校的声名休戚相关。要使我校成为校风、教风、学风好的学校，要靠在座的各级领导身体力行，克服一切困难做好自己的本职工作，不仅要维护校誉，而且要提升校誉，以暨大为荣。这样，我们就能更好实现学校"十五"规划。

（四）创新思维，勇为人先

暨大这几年为什么发展很快？为什么声誉日隆？是我们这几年中采取了若干超前的、勇为人先的改革措施。我们"侨校＋名校"的发展战略有两个指标比例。首先，关于侨校的问题。国家要求我校侨生比例达到50％。侨生一般是以2∶1或3∶1的比例录取，成绩太差的不能录取，否则影响学校声誉。所以，既要增加侨生数量，又要保证侨生质量，任务非常艰巨。

要完成侨校的任务必须充分发挥自身优势，拓展思维，创新地解决这个矛盾。如柬埔寨华文教育只到初中，每年有5 000名华文初中毕业生。我们能否把预科部办低些，扩大到初中，学生可来预科部读高中，再上大学？办预科部初级、中级、高级班。初级班相当于高一的学生，从高一开始培养。这是一种思路，预科和华文学院要加紧做这件事，作为一件大事来抓。

海外华文教育是暨大的核心学科，暨大开展华文教育有一定的历史及办学条件。华文学院的前身是原广州华侨学生补习学校和暨南大学对外汉语教学系及预科部。成立于1958年的预科部,是中国历史最久、规模最大的大学预科教学专门机构。我们要继续面向海外开展华文教育和对外汉语教学,弘扬中华文化,高质量、高水平培养海外优秀人才。

其次,关于名校的问题。名校就要走研究型大学之路,研究生与本科生的比例达到1∶2。目前我们强调教学、科研双中心,把教学、科研紧密结合。这次是教学工作会议,就是强调全校要把教学质量搞上去,要有很多具体措施。会议讨论的11个制度,核心是"标准学分制"。要通过计算机选课拦住那些成绩差的学生,成绩差的禁止超学分选修;不及格的要及时重修。学分制是既严又宽的制度,有利于提高教学质量,特别符合我校学生的实际情况,要认真执行下去。同时,辅以其他制度,如考试制度,还有名师授课制度。我校从1993年开始推出了"正教授为本科生上基础课"的举措,采取切实措施鼓励和保证教授上基础课和带基础实验。强调教授要上本科基础课,不能只上研究生课,这样才能使暨大学生得到高素质的培养。最近教育部根据李岚清副总理的指示,把教授上基础课作为大工程来抓。我们这项工作已抓了8年。各院、系要再次强调这一点,教授一定要上本科基础课,这是提高办学质量的关键。

办法、条文不适合的可修改,但教学事故的处理要及时、从严,教学上的基本原则一定要坚决把握。有人提出是否允许教师坐着讲课,这种提法不合适。全世界的老师都是站着的,这是当老师的规矩;如果生病站不了,可以坐着,那是例外;正常情况下都要站着讲课。如允许坐着讲课,我们暨大的声誉肯定一落千丈。要注意学生是第一,从我校长开始,所有老师、所有领导,都是在为学生服务,学生是主体。一切学校工作都要为学生服务,没有学生成不了大学,"皮之不存,毛将焉附"? 老师起主导作用,一所学校办得成不成功,老师是关键。教学工作会议任务要落实到老师身上。老师要选好教材,备好课,上好课。

这个体系如何保障? 首先,要改善办学条件、教学工作条件,同时继续搞好促进教改的三重评估体系建设。这次教学工作会议,我反复强调教学质量、讲学分制、讲教学思想。请大家注意,教学这个基础必须通过若干严格化的过程管理才能成功,光靠学分制不够,要综合管理、长效管理。

教学是主旋律,是基础。只有通过制度建设,科学化管理才能做好。这是个系统工程,一朝一夕难以实现,还须奋斗若干年。"211工程"第一期即将结束验收,还要迈向"211工程"第二阶段;我们还要接受教学评优的考验。大家都希望学校往前走,在激烈的高校竞争中能脱颖而出。

我们要紧紧盯住两个指标:一个是侨生指标,一个是研究生和本科生指标。我们设计近期达到3 000名研究生,进而再达到4 000名,然后发展到6 000名;本科生稳定在12 000人多一点;研究生与本科生的比例达到1∶2。以这个指标为导向,发展成为研究型大学,使暨大能走到全国高校前 50 名,再往前,到 40 名、30 名都是可能的,一定能成功的。

我们的责任是"面向海外、面向港澳",开创侨校高等教育的新天地。希望大家围绕暨大"侨校＋名校"的发展战略,做好本职工作;从校领导班子到各院系领导班子、各部处领导班子,团结一致,努力把自己管理的工作做好;狠抓办学质量,无论教学、科研、管理都要上一个新水平。我想,我们暨南大学一定能成功,一定能胜利。

(在暨南大学 2001 年度教学工作会议闭幕式上的讲话(按录音整理)。原载《暨南高教研究》,2001(2): 10 -19。)

当代科技发展与大学理念和人才培养

　　人类进入 21 世纪,世界各国都给予高度重视,从政府首脑到黎民百姓,从专家学者到仁人志士,无不关注未来世界政治、经济、社会、文化、教育的走向。在这共同的思考之中,人们从不同的视角,以不同的思维和方式来研究与探讨今后国际社会发展的趋势。尽管,在我们眼中的当今世界仍有局部战争、恐怖主义、贫困饥荒、环境污染等困扰的存在,但我们还是应该看到"和平与发展"仍然是世界的两大主题。建立世界政治经济新秩序,共同对付已经出现或可能出现的各种危机,通过科技与经济、科技与社会、科技与教育结合谋求更大的发展,以满足人们日益增长的物质文化生活需要,这是世界各国人民的共同愿望。作为创造思想、发展科技与培养人才的摇篮——现代大学,既面临着经济全球化和科技经济一体化所带来的发展机遇,又需应对结构调整、社会转型、观念变化所带来的严峻挑战。如何抓住 21 世纪给我们带来的发展机遇,重塑现代大学的精神与理念,需要我们大家共同面对和共同探讨。

一、现代科学技术发展的特点与趋势

　　现代大学对莘莘学子进行科技教育,培养他们的科学素养,增强科技意识,提高科技水平和创新能力,除了一般地了解科学技术发展的历史和规律外,还应该懂得和掌握现代科学技术发展的特点与趋势,从而使现代大学的科技教育适应社会的发展,满足 21 世纪现代科技对人才的需要。

　　19 世纪末开始的物理学革命拉开了现代科技的帷幕。以相对论和量子力学的一系列突破性进展为先导,现代自然科学在广度和深度上、在思想方式和研究方法上、在学科体系结构上、在科学与技术及科学与社会的关系等方面都出现了质的飞跃。现代高新技术不仅以基础科学为先导,还以某种方式同基础科学、技术科学联成一体。科学的整体化、技术的综合化和科技一体化等已成为现代科学技术发展过程中新的特点和主要趋势[1]。

(一) 现代科学发展的主要趋势

　　目前,自然科学发展中呈现的第一个主要趋势为:一方面物质科学继续揭示自然界更深、更广、更久远的层次和各种极限状态下的物质运动规律;另一方面系统科学与生命科学正逐步阐明与人类的关系更密切的各类复杂系统的行为规律。由于物质科学、生命科学和系统科学这三大综合性科学内部和相互之间各个分支学科的相互渗透,使得现代科学发展出现第二个主要趋势:即现代科学在高度分化的基础上产生了高度的综合,综合表现为多层次、多维度的学科交叉与渗透,表现为横向学科和综合性的学科群不断涌现。

(二)现代技术发展的主要趋势

第一,以基础自然科学新成果为先导的高新技术成为现代技术体系的带头技术,如信息技术的基础是微电子技术。第二,各门类技术相互渗透,相互促进,并在某些技术领域围绕一个重大问题或重大目标形成庞大的综合性技术群。光通信技术就是激光技术与通信技术相互渗透的产物。第三,综合应用多种门类技术的复杂大系统的研制开发成为技术发展的主要途径之一。美国空间技术发展史上的两个里程碑——阿波罗登月飞船和航天飞机的研制成功,都涉及数千个技术开发项目,其范围囊括了现代技术所有主要领域。第四,以软科学为理论基础的多种社会技术成为现代科技体系门类。管理技术、决策技术、经济运行宏观调控技术等已超越了经验加随机应变的前技术化阶段,初步实现了理论指导下的优化的程式操作。第五,大多数技术创新出现于新产品的研制过程。

(三)科学技术一体化的趋势

首先,科学的技术化。科学活动中包含着大量的技术科学研究,技术发展研究和技术应用研究作为其辅助部分。这些辅助的技术活动并非用于科学研究成果向相应技术领域的转化,而是服务于科学研究活动自身的需要。其次,技术的科学化。技术上升到技术科学,通过相应基础科学的指导,形成系统的技术知识体系,反过来完善和提高已有的技术。最后,科学技术连续体的形成。一般通过两种途径:一是科学的技术化与技术的科学化两个过程相对展开,衔接后由于实践需要的推动相互渗透与融合而成;二是由于科学实验装置的技术原理符合某种实践需要,科学的技术化连续演变成新技术。

(四)科学技术与人文科学相结合的趋势

当代社会历史的客观进程以及当代任何重大的科学技术问题、经济问题、社会问题和环境问题等所具有的高度的综合性质,不仅要求自然科学、技术科学和社会科学的各主要部门进行多方面的广泛合作,综合运用多学科的知识和方法,而且要求把自然科学、技术和人文社会科学知识结合成为一个创造性的综合体。当代人类面临需要解决的问题的高度综合性质,决定了当代自然科学和技术与人文社会科学结合,这是当今科学技术发展的新趋势和新特点。

二、大学科技教育的改革与发展

现代大学开展科技教育是随着现代科学技术的进程而随之变化。当现代科技呈现科学与技术、科技与社会、科技与人文以及理论与应用相互融合、渗透并相互促进等特征的时候,世界各国大学的科技教育也正从组织到机构,内容到形式发生了相应的变化。单科性大学向多科性直至综合性发展,狭窄性向宽口径、厚基础专业演变;单一的人才模式向复合型、创新型转化,文理渗透、理工医交叉,跨学科培养人才,已成为现代科技教育改革与发展的新潮流。

(一) 单科性大学向多科性或综合性大学发展

大学是培养高层次人才的摇篮,人才的规格、类型与大学的类型密切相关。有什么样的大学,就可能培养出什么样的人才。纵观世界各国,特别是发达国家高等学校类型的变化,其轨迹与现代科技的变化几乎同出一辙。现代科技从宏观到微观,又从微观到它们之间的融合、交叉形成中观,再逐步发展成为新的宏观。同样从少数大学的产生,随着经济社会的发展,出现大量单科性的高等院校;然后,单科性大学又逐步向多科性或综合性大学发展。我国高校同样经历过这种变化。1949 年,仅有高校 205 所,综合大学 49 所,工业院校 28 所,农业院校 18 所,医药院校 22 所,师范院校 12 所,语文院校 11 所,财经院校 11 所,体艺院校 18 所,其他院校 29 所。[2]1952 年为重点培养工业建设人才和师资,发展了一些专门院校;1958 年建立了一批以物质资源为代表的新的工科院校,如航空学院、邮电学院、钢铁学院、石油学院、地质学院等。20 世纪 60～80 年代地方办学和行业办学有了很大的发展,这对于满足地方经济和行业人才的需求起了积极的作用。但它带来了单科性院校过多,人才培养模式单一的矛盾。这不仅与科学技术教育的精神相悖,阻碍高校学科发展和科研水平的提高,更由于人才培养模式的单一,发展后劲不足,不能适应现代化建设的需要。进入 90 年代,加快了高校结构、类型的改革步伐。从 1992 年到 2000 年的 8 年间有 450 所高校(其中普通高校 319 所,成人高校 131 所)合并组建为 188 所高校(其中普通高校 181 所,成人高校 7 所)。[3]北大与北医合并、复旦与上医大、浙大与浙医、浙农、杭大合并,等等,通过合并、重组建立起了一大批真正意义上的综合性大学。最近两年,随着高等教育管理体制改革的深化,高校的结构、类型有了很大的调整,不少单科性、小规模的院校进行了合并、重组,多科性、综合性的大学在增加,总体的高校数量得到控制,到目前为止,我国共有高校 1 042 所。暨南大学在 70年代末就依据世界高等教育和科学技术发展的趋势,在大学内设立了医学院,是国内改革开放后设立医学院最早的高校。现在暨南大学拥有理、工、医、文、史、经、管、法、教育等 9 大学科门类,16 个学院。学科间文理渗透、理工医结合,为培养厚基础、宽口径、高素质的复合型人才提供了良好的条件。

(二) 狭窄性专业向宽广性拓展

随着人类对物质世界的认识和科学技术的发展以及社会经济生活中部门、行业的分工,大学的教育逐步建立在门类、学科、专业之上,专业教育和专门人才的培养成为了高等教育的基本特征。而专业的设置大都又依据各国的国情,不同的经济结构、产业结构需要不同的人才结构和专业结构。我国的专业划分主要是根据学科门类,专业的设置是根据国家建设事业的需要。从 20 世纪 50 年代初到 80 年代初本科专业从 215 个增加到 1 039 个,其中文科由 19 个增加到 60 个,理科 16 个增加到 158 个,工科 107 个增加到 537 个,农科 16 个增加到 60 个,林科 5 个增加到 22 个,医科 4 个增加到 29 个,师范 21 个增加到 40 个,财经 13 个增加到 40 个,政法 2 个增加到 8 个,体育 1 个增加到 8 个,艺术 11 个增加到 63 个。[4]这些专业的设立在特定的形势下,适应了当时社会各项事业对应用型人才的急需,形成了以培养实用人才为主的教育模式。但同时暴露出了存在的缺陷,一是专业口径狭窄;二是知识结构单一;三是培养规格统一。为了解决这些不适应科技教育和人才培养的矛盾,我国先后于 1987 年、1993 年对本科专业目录进行了两次大的修订,目录内专业由原来的 1 400 多种缩减到 500 余种。但是,仍然存在着专业划分过细过窄、专业宏观结构不尽合理等方面的不足。1998 年再次对本科专业目录进行修订,本次修订遵循科学性、适应性和规范性的原则,从社会对高等学校人才的需要出发,按照教育规律,结合国情和教改实际,吸收和借鉴国外有益的经验,进一步拓宽专业口径,增强专业的适应性。在不影响增设一些新兴学科、边缘学科和交叉学科专业的前提下,使本科专业由 504 种减少至 249 种,调减幅度为 50.6%。本次专业主要是按 11 个学科门类进行划分,其中哲学 3 种专业,经济学 4 种,法学 12 种,教育学 9 种,文学 66 种,历史学 5 种,理学 30 种,工学 70 种,农学 16 种,医学 16 种,管理学 18 种。[5]实施 4 年后新的专业目录逐步显示出它的优越性,它将为培养出基础扎实、知识面宽、能力强、素质高适应社会需要的人才奠定基础。

(三) 人文教育与科学教育相融合,培养学生的全面素质

人文教育与科学教育是现代教育不可或缺的重要组成部分。人文教育指的是培养人文精神的教育,它是以人格教育和道德教育为主要内容;而科学教育是指以征服和改造自然,促进物质财富增长和社会发展为目的,向人们传授自然科学技术知识、开发人的智力的教育。从人类教育发展的历史轨迹可以看出,人文教育与科学教育是不可分割的,科学教育注重教育的直接社会功能,开拓了人的智慧与知识,拓展了人们的认识领域,促进了生产力的发展,使人类在开发自然的过程中获得了巨大的物质财富;人文教育重视人性的完善,提升人的道德精神,对促进人们确立正确的世界观、人生观和价值观具有重要的作用。因此,科学教育和人文教育在促进人的全面发展中具有不同的功能和作用。

科学技术本身是一种与人类理想和自由密切相关的高层次文化,它集中体现了人类对知识和真理的追求,是人类文明的重要组成部分。一个人的科技知识素养在很大程度体现了这个人的文化素养和整体素质。而科学技术活动作为一种理性活动,对于推动人的理性思维和智力发展有着巨大而深远的作用。在科学发展过程中形成的科学精神和科学方法不仅缔造了科学本身,推动了技术发展,而且改变了人的认识能力,创造了现代文明。21 世纪在现代大学中科技教育与人文教育的界限将会不断淡化,无论理科的学生,还是文科的学生,了解对方的知识,懂得对方的理论将会成为他们学习知识的需要。从 20 世纪 90 年代开始,我国的高校高度重视在大学生中同时进行科技教育和人文社科教育,一些理工科院校大多建立了素质教育基地,成立了人文学院或教育学院,为大学生系统地开设人文社会科学课程,社会心理学、公共关系学、社会环境学等成为理工科学生选修的课程;而高等数学、科技发展史、计算机科学与技术、网络技术等已成为文科学生的公共基础课程。大学不仅在学科建设、课程设置上充分考虑科技知识与人文知识的传授,而且在教学过程中广大教师也十分注重从社会背景和科技、经济等因素去提出问题、分析问题、研究问题,使学生能够全方位的思考问题和解决问题。暨南大学是一所综合性大学,在全校学生中同时进行科技和人文教育有着得天独厚的条件,9 大学科可任学生选课。除此外,暨南大学的学生还可在石牌地区 6 所高校(如华南理工大学、华南师范大学、华南农业大学等)选课。选课的自由度,体现了学生学习的自主性,充分拓展了他们的知识面。

实践表明,科技教育对大学生的素质发展起着积极的作用。第一,在生理素质方面,科技教育帮助大学生正确认识人体结构及其各器官的生长特性和发展规律,从而形成正确的生活方式,开展有效的体育锻炼,促进生理素质发展。第二,在心理素质方面,科技教育能够促进大学生的智商发展,提高认知能力和直觉思维能力,培养他们的创造能力;同时科技教育还可以激发学生探索真理的热情和对科学事业的崇敬感,促进优良性格的形成。第三,在社会文化素质方面,科技教育有利于增强学生的社会责任感。科技应用的社会效应具有两面性,即能给人类带来幸福,也能给人类带来灾难。科技功能的两面性要求每一个从事科学活动的人都具有强烈的社会责任感,以便保证科学技术沿着人类服务的方向发展。科技教育对学生审美素质发展也能起着促进作用。科学活动,包括科学学习,导致科学活动主体美感的产生。这种美感来源于科学活动的对象(自然现象和事物)、科学活动的结果(科学理论、概念、定律等)、科学方法本身所具有的审美特征。学生在科学学习、科学研究的过程中必然受到美的熏陶,形成科学美感。第四,科技教育还具有思想教育的功能。科技教育可以为学生科学世界观的形成提供充分的科学依据,因为科学理论课程中的"知识内容是在基本世界观思想的概念结构基础上加以组织的,这些世界观原理按照各基本学科系列间与系列内的联系加以了条理化的分类"。[6] 所以,学习科学知识能够促进科学世界观的形成。

(四) 理论与应用相结合,造就具有创新精神和实践能力的人才

大学生对科学技术的认识,主要还是通过自己的学习和教师的传授,掌握书本知识和前人的经验。而这种对事物的认识只是停留在一种理性认识之上,他们通过思维,运用概念、定义、逻辑、推理、演绎来分析、判断事物。在人类对事物的认识中需要这种认识方法,但仅仅限于这种认识方法又是很不够的。人们要获得真知灼见必须经过由感性认识到理性认识,再从理性认识到实践的二次飞跃。因此,实践对于大学生掌握知识极其重要。所谓实践,就是学生们将自己所学到的理论知识应用于解决实际问题之中。目前,学生在大学的实践,主要还是通过科学实验。但是,我们现在的这种实验大多又是验证性的,而且还是教师设计由学生来完成的实验。在开初的时候可以这样做,但到了大学三四年级,如果还是这样,我们培养的学生只会照葫芦画瓢,缺乏独立动手解决实际问题的能力。21世纪需要的是具有创新精神和实践能力的人才。如果现代大学的教育教学改革最终不能解决这个问题,那要落伍于现代科学技术和现代社会。

造就大学生的创新精神,我认为就是要培养学生具有创造性的思维、创造性的品格和创造性的能力。创新精神不要当作一般的口号来提,而是要在大学整个的教育教学过程中得到实实在在地落实。首先,解决思维的模式问题。我们现在的思维方式,包括教师和学生大多是形式逻辑,程式性地思维,想问题、做事情都是按部就班,不敢有突破,不敢有超越,非常缺乏发散性的思维。诚然,思维方式不仅仅就是在大学形成,从小学到中学,一直到大学,养成了目前的思维习惯。其次,改革教学方法。目前陈旧、刻板的教学方法是现代大学培养创新人才的最大障碍之一。学生很多的思维习惯、思维方法都是受到课堂教学的影响,如果课堂教学没有创新,不进行深刻的变革,培养创新精神难以奏效。第三,大学生的实践问题。现在普遍认为内地的大学生与国外大学生相比,主要差距在动手能力和创造能力方面。我们回顾一下,大学4年,学生真正接触社会实践和科学实验有多少时间?只要检查一下教学计划就可以看到学生的大部分时间和主要精力是用于理论学习。再看看学生的毕业论文就可知道他们的科研水平和实践能力。因此,培养创新精神和实践能力是现代大学与传统大学的根本区别,是当今科技教育要达到的根本目的。

三、21世纪现代大学的理念

理念是一个精神、意识层面的综合性结构的哲学概念,是人们经过长期的理性思考及实践所形成的思想观念、精神向往、理想追求和哲学信仰的抽象概括。一般是指人们对于某一事物或现象的理性认识、理想追求及所持的思想观念或哲学观点。因此,大学理念应该是人们对大学的理性认识、理想追求及其所持的大学教育思想观念和哲学观念。[7]

(一)大学理念的内涵

大学理念包含了大学理想、大学观念、大学精神、大学使命和大学目标。大学理想既是空灵抽象的,又是现实具体的。它既是牵引大学各项工作的精神力量,又是与具体工作融合在一起的。大学理想的实现有赖于每一位学生和教师的实践。对于大学理想的认识,不同的国度、不同民族的学者,由于其不同的价值观形成了多种分类。有的认为大学理想是人文主义理想、功利主义理想、科学研究理想、教育机会均等理想以及科学民主民族的理想,等等。大学理念是一种教育思想观念,是人们通过观察和思考而获得的对教育现象的理性认识。它实际上是大学的办学指导思想,是观察、分析、论述和处理大学改革与发展问题时所处的角度或采取的态度,包括大学价值观、质量观和发展观。

大学精神是一所大学整体面貌、水平、特色及凝聚力、感染力和号召力的集中反映,是大学的理想、信念、情操、行为、价值和道德水平的标志,是一所大学的支柱和灵魂。广义的大学精神是指大学所普遍存在的优良校风、相对稳定的群体心理优势和精神状态;狭义的大学精神是一所大学在长期的教育实践中沉淀的特定的人格化和个性化精神最富典型意义的特征。有的学者将"学术自由、文化创新、真理至上"作为大学精神,但更多的高校是结合学校的历史沉淀、办学风格、治学态度和育人标准而形成具有自身特色的大学精神。大学使命,最根本的是以新的思想引导和推动社会,以新的人才和新的知识成果服务于社会。21世纪赋予大学的历史使命更具有强烈的社会性、时代性和国际性。为了不辱使命,现代大学必须立于信息革命和知识经济的前列,不断创造新思想和新知识,以引导社会沿着人类可持续发展的道路前进;应注重高质量人才的培养,使他们具有创新精神和实践能力,能够跟上时代发展步伐,掌握社会需求的知识技能,逐步成为社会发展的领导力量。大学目标,是指大学培养人才所特有的种类、层次、规格和要求。它是国家总体教育目的在高等教育领域的具体化,具有鲜明的时代特征。不少的专家学者提出大学教育要做到:通识教育与专才教育、授业解惑与启思导创、人文教育与科学教育、全面发展与个性培养、学校教育与社会教育相结合。大学应追求的目标是,培养通专结合,既有人文精神又有科学素养,能够适应复杂多变的未来社会的国际性通用型的创新人才。

(二)大学校长的教育理念

讨论现代大学理念的同时,我们不可不研究大学校长的教育理念。大学校长的教育理念对于办学治校有着重要的影响。大学校长的教育理念:一是对现代大学的价值判断,要回答"大学是什么? 大学干什么?",大学的使命与校长的责任是否形成一致? 二是对现代大学的地位确立,进入21世纪高等学校的三大功能在社会进步中将发挥更加积极的作用。但是,具体对于自身的学校应该办成为一个什么样的大学,达到什么样的水平,形成什么样的特色,在校长的教育理念中应该有一个清晰的思路和明确的目标。三是对现代大学精神的认识标准,大学的灵魂是什么? 大学的精神支柱是什么? 大学校长对于自己所领导的大学该用什么思想来统一全体师生的意志和信念,以什么精神来形成全校性的凝聚力、感召力和推动力。四是对现代大学办学目的的客观评价,人才培养、科学研究和社会服务,既是大学的使命,也是办学的目的。但对于某一所大学,由于类型不同、基础不一样,其办学的目的则有所侧重,有的以科研为主体;有的是科研与教学并重;还有的以教学为主。大学校长将依据自己的教育理念作出抉择,确定学校的发展方向。五是对现代大学人才模式的准确设计,"通用型、创新型和国际型"是 21 世纪人才模式的新标准,随着科学技术一体化和经济全球化对人才培养的类型、规格提出了更高的要求,作为一校之长对自己大学培养什么样的人才应该"心中有数",从概念设计到教育实践,以及所涉及的培养目标、专业设置、教学内容、教学方法等都要有一个科学的设计和正确的选择。六是对现代大学科学民主管理的实施,现代管理是现代大学的标志之一。大学是一个结构和功能复杂、其工作任务和组织成员充分体现了智力劳动特性的学术教育机构。这导致就大学管理自身而言,不仅是一个实际操作问题,也是一个需要整体思维、宏观把握的管理哲学问题。大学校长若无明确的治校理念,其学校不乱也难以有效率。[8]校长用人的标准、处事的方式、平日的作风、个人的品格等在其办学与治校的过程中都将分体现出来。现代大学的理念需要大学校长予以理解、接受并转化成自己的思想、观念,且在办学与治校的实践中不断地深化和提高,最终形成自己的教育理念和管理行为。

四、科技教育与现代大学理念

今天,科学技术已成为推动社会发展的力量源泉和重要动力,无论是经济增长,还是人民群众物质文化生活的改善都离不开科学技术的贡献。科学技术与人类社会的关系越来越紧密。生活在这个现代社会的青年,是这个时代的接班人和建设者,掌握与应用现代科学技术将成为现代人的基本任务和必要的技能,也是他们未来生存与发展的必备条件。现代大学是向社会培养和输送人才的"工厂",向青年传授科学知识和生产技术已成为大学的使命,让每一位大学生具有科学素养与实践能力,使他们能更好地服务于社会,造福于人类。科技教育的这种目的是与大学理念中的大学目的是一致的。正因为有了科技教育对人才培养所达到的良好效果,才使大学哲学的思想、观念有着牢固的现实基础。

科学技术是一项事业,热爱并献身于这项伟大的事业,要有一种强烈的事业心和社会责任感以及甘于奉献的思想品质,缺乏这种信念是难以在科学事业中有所作为、有所成就。当大学生踏入科学殿堂的第一步就要有足够的思想准备,否则的话,那只有另做选择。今天,进入现代大学第一天的青年就要立志,就要坚定不移地树立热爱科学,热爱专业的思想,没有这个思想基础就不能成"大器"。科学技术研究和应用也是一项十分艰巨的工作,要耐得住寂寞,"十年磨一剑",要有百折不挠的精神和坚忍不拔的毅力,切忌浮躁、急功近利。这种在科学实践中所培养的脚踏实地的作风,既是科技工作者的风范,也是大学生们所要追求的精神境界。这种科学精神与大学理念中的大学精神是完全吻合的,大学精神从某种意义上说是科学精神的升华,一代又一代的师生不断传承与发扬光大,使之铸成了今天的大学精神。

从事科学技术还要有一种不惟书、不惟上、不信邪的信念,只相信被客观事实所证实的真理。追求真理,既是科学技术的目的,也是科技工作者的目标。在年复一年的科技实验中,这种信念就像一盏明灯一样引领科技工作者刻苦钻研、不断拼搏,渐渐地形成了他们应有的品格与道德。在科技教育中向大学生灌输这种意识、思想和观念,并在实践中让他们体会、感受,得到熏陶,逐步成为他们的行为准则。久而久之,一代代的沉淀就形成了大学的精神和理念。一所大学要立于世界大学之林,除了具有一定的物质条件外,最重要的还是这所大学的精神和理念。这是用再多钱也买不来的,它是靠几十年,甚至几百年积累,靠成千上万人的品格、作风、思想、精神、业绩、成就所铸造的。21 世纪的今天,我们要弘扬现代大学的精神,重塑现代大学的理念。

参考文献

[1] 刘大椿,何立松.现代科技导论[M].北京:中国人民大学出版社,1998.

[2] 余立.中国高等教育史[M].上海:华东师范大学出版社,1994.

[3] 左春明.一场深刻的历史性变革[N].中国教育报,2000 - 05 - 25.

[4] 中国教育年鉴(1949—1981)[M].北京:中国大百科全书出版社,1984.

[5] 中国教育部教育司.普通高等学校本科专业目录[M].北京:高等教育出版社,1998.

[6] B.M.梅德维杰夫.培养学生世界观的综合方法[A]∥苏联德育心理论集[C].北京:教育科学出版社,1989.

[7] 潘懋元.多学科观点的高等教育研究[M].上海:上海教育出版社,2001.

[8] 眭依凡.大学校长的教育理念及其与治校的关系[J].教育研究,2000(7).

(原载《暨南高教研究》,2002(1):1-8。)

浅谈高等学校科学管理"三"字经

引　言

如何做一个管理者,如何把一所大学的管理工作做好,笔者想从个人的经历谈谈这个问题,而不是谈书本上那些理论。大学管理有它的特殊性。大学里面还有不同的大学,有研究型大学、教学型大学、本科大学、职业学院,每个学校的定位不一样,管理也不一样。但是,没有一本专门的书讲这些问题。特别是在中国,管理更是很长时期没有能得到重视。在 20 世纪 80 年代以前,中国就不强调这个问题,大学不培养管理人才,学管理的地方都没有。任何人,比如管理岗位让你做,你就上来做领导,马上就处理事情,那时的管理基本上是凭脑袋凭经验。

实际上,真正好的管理者是需要理论指导的。管理科学本身又随不同民族、不同国家、不同时代、不同体制而有所不同。管理是科学,但是管理相当多又是艺术,七分科学,三分艺术。每个人的管理方法都不一样。比如说今天是刘书记执政,学校可能是这样管理,明天换了一个书记,可能又是另外一种管理,人世间找不到完全同类型的管理。怎么能把事做好,这要看管理方面的本事。管理科学理论用得好,这所学校必定发展得快,品牌好、知名度高,培养的学生质量高,受社会欢迎。

笔者年轻时候喜欢读书,古今中外,都有涉猎,以后又读了一些管理方面的书。实践经验是从学生时代开始得到的。当老师后,又先后担任室、系、院和校各级领导职务,并在国内外 6 所大学工作过。

担任这些职务并有这些经历,便知样能把高校搞好。当然这些想法也不是一开始就形成的,形成最后的理念时,已到了 50 多岁。因为我们这代人,比较简单,就是唯上,领导讲的就绝对是正确的,从来没去怀疑过哪一点不对。过去是唯上,现在是既要唯上,同时又要唯真理。归纳起来,笔者拙见,作为一个高校的管理人员,要把学校办好,就必须具备以下四方面条件。

一、学校管理人员必须具有三个"心"

(一) 要有爱心

一个人当领导,无论是当学校里哪级领导,首先要有爱心,这是必须具备的,没有这个爱心就做不好工作。什么叫爱心？这很简单，也就是说要爱祖国，最起码对自己的祖国要热爱，对自己的民族要热爱，爱中华民族，爱学生。你不爱学生，不爱祖国，不爱民族，在这个岗位就呆不下去。具备了这个条件，才具备了上岗的基本品质条件。我们想想，一个不爱国的人，他怎么能够培养无产阶级事业的接班人，怎么能够培养我们国家优秀的人才，让我们国家能够得以传承，这是不可能的。当领导就一定要有一个广阔的胸怀，要爱自己的祖国，要爱自己的民族，要爱学生，要忠诚于我们国家的教育事业。

（二）要有责任心

要有责任心，这一点是非常重要的。不管在什么岗位，就要把这个岗位的事情做好。不要今天刚做这个岗位，马上就想要升职升官，要调什么岗位，这个岗位不好，等等。既然到了这个岗位，就要把工作做好，千万不要见异思迁。这件事其实很简单，但是要做到却是非常难的事情。我们观察周围的人，很多人是不负责任的。到他手上的事情，他不负责，他不种自己的地，却常常要去耕别人的田。不管什么岗位，哪怕不喜欢的岗位，都要认真，要尽力把它做好。责任心非常重要。今天高校内非常浮躁，浮躁的原因就是一些人责任心不够，老是成天想着要升职、要升教授等。其实只要认真做自然有机会升职。如果不好好做事，老出纰漏，当然就升不了职，升了职也得下来。责任心对每一个领导干部都非常重要，必须把岗位工作真正当自己的事情干，把它干好。

（三）要有耐心

做领导干部更要有耐心，为什么呢？因为做很多事情，可能别人非常急，国家也非常急，环境要求你很快要做决定，要把它做完做成。但是实际上，有些事情急于求成是做不成、做不好的。比如说学校要变成一所名校，这不是三五天的事，是要慢慢做的，这是急不得的事情。很多事情都急不得。即使别人很急，火烧眉毛，也要非常沉着，必须有耐心。很多困难的事情，半途而废，不行！必须要忍耐才能过这个关，要有耐心，这个耐心还包括忍耐，否则很多事情做不成。回想起来，笔者这一生很多事情都是靠忍耐过了关。

首先举个学术例子，笔者成名作的题目是"波纹圆板的研究"。1963年大学毕业以后，笔者很想在科研方面为国家作贡献，所以就去兰州市的一些工厂搞调查研究，寻找科研课题。后来找到一家航空仪表厂，他们正有一个仿制美国飞机高度表的任务，其核心问题是要研制高度表的核心元件，即一个锯齿形波纹圆板，属于板壳非线性力学研究领域。可是，该厂找不到人研究这个元件。笔者是初生牛犊不怕虎，勇敢地答应试试，他们很高兴。

笔者非常高兴地拿着这个科研课题回到学校，立即向教研室支部书记请示汇报。支部书记猛批评了一顿，不准去做这一研究课题，还给笔者戴了一顶"不务正业"的帽子。但是笔者觉得这个课题太好了，对我们国家太重要了，所以便不顾领导意见,在业余时间偷偷地做。从 1964 年做到 1965 年的夏天,差不多快做好了,突然接到上级通知参加"农村社教运动",不到一年,开始了"文革"。笔者受迫害当了"牛鬼蛇神",课题一直做不成,直到 1966 年 8 月。当时,笔者除参加学校活动以外,就冒着风险悄悄做这个课题。这就是忍耐。组织不让做,做了也没什么好处,而且做这个课题所用的经费还是自己掏钱。同时,做课题计算所用的电动和手摇计算机也无法从大学里借出来,只好借助算盘和对数表,用手算完成巨大的计算任务,草稿用了几麻袋。"文革"期间,笔者受爱人保护,偷偷在家里做业务。外文也是不能学的,后来就买了《毛泽东语录》英文版、俄文版,巩固自己的外语。那个时期没有做业务的条件,国内所有的学术刊物全部停止出版。做业务是没有好处的,也没有想到要升职称,什么荣誉,什么奖,都没有的。只是觉得,这些研究未来对国家、对民族有用,完全是靠忍耐,才能做下去。这个研究课题完成于 1968 年,直到 1978 年才在学术刊物上发表,立即引起学术界的轰动。这一课题从开始到完成到公开整整经历了 14 年的时间。

再比如笔者到暨大工作后,也是很需要有耐心的。1991 年 11 月 27 日,上级调笔者到暨南大学任副校长。20 世纪 90 年代初,在改革开放前沿的广东,老百姓认为暨南大学和其他广东高校都办得差,并取了难听的绰号。为此我十分伤心,真是不高兴,一百个不高兴!但是要服从组织安排,只得继续待下去。于是暗暗下决心要把这个学校办好。因为笔者排在领导班子第五位,笔者就从第五位的工作做起。

1993 年秋天开始分管教学,第一天管教学就到教学大楼检查上课情况。8 点钟上课,7 点 50 分就在大楼门口站着,到了 8 点开始数有多少迟到的学生。那个时候全校有 3 000 多名本科生和 2 000 多名专科生,居然有 1 500 多名学生迟到,最严重的到 8 点 40 分才来。随后又检查了第四节课的下课情况,本来是 12 点结束,可一位教师在 11 点 15 分就下课了。同时,笔者还随机去教室听老师讲课。一个老师到了教室,上了讲台就问:"同学们,你们是本科生还是大专生?"他走上讲台还不知道听课对象。有一个老师还问:"你们上节课上到哪儿了?"他连上一节课上到哪儿了都不知道。他是如何备课的,真是天知道!教学的管理非常混乱。要转变这种现象,阻力不小。这可急不得,得一件一件地做,一定要把教学管好,要用很多办法去解决,很需要耐心。差不多花了 10 年的工夫,才把暨大办学名声不好的帽子摘掉了。

从 1993 年开始,笔者搞了一系列改革,通过改革找出路。一个改革、两个改革、三个改革,逐步改革。因为自己是担任管教学的副校长,开始时便做学分制的改革。做自己权力范围内的事,改革成功率高些。做事情要非常有耐心,才能够真正把事情做好。做每一件事情,做大事小事都要有耐心。

二、学校管理人员必须树立三个"第一"的观念

（一）学生第一的观念

做学校领导一定要树立学生第一的观念，没有学生就没有学校，学校是学生成长的摇篮。现在我们中国的很多学校还不是很明白这个道理。一些学校好像是以教师为主，或者是以领导为主，我是领导，我是校长，我是书记，应该以我为主，其实学校里面是学生为主。校长、院长、领导班子、处长、老师们，都是为学生服务的。没有学生就没有学校，因学生存在才有老师。假如说全是我们老师在一块儿，那是研究院，不是学校。学生是学校的主体部分，我们是围绕着学生服务的。所以，在心目中应该是学生第一，要牢固地树立这个观念。

要围绕学生开展工作，首先就要变我们中国传统的保姆式教育为自主式的教育。以学生为第一，就是学生在学校里要受到充分的尊重，要让学生自己决定学什么专业，需要学些什么东西，要怎么成才，要快还是慢，怎么选择老师，等等。就是说，要让学生来选，有挑选的余地。按照学生的愿望、学生的兴趣、学生自己的目标来确定他的发展，不要由我们老师、领导强迫他去做。我们中国传统教育是强迫的，是一种家长管理式的教育。这种办法培养不出创新人才。我们现在提倡创新，提得很好，但是我们的方法不对，我们学校的管理体制不对，是保姆式教育，保姆式教育是容不下这种创新的，因为创新的人才往往是要异想天开。聪明的孩子他要作贡献，他要想一些人家都不敢想的事情，这才能创新。

其次，就要为学生创造成才的氛围和最好的条件。以暨南大学为例，笔者根据学校的办学任务和实际情况，提出了"侨校＋名校"的发展战略。笔者的本意是用最少量的字告诉全校师生，暨南大学是侨校，这是我们的使命，这是我校的性质，同时我校的目标是成为名校，只有成为名校，侨校的任务才能完成得更好。这便决定了在我们暨大应该招什么样的学生，应该培养什么水平的学生，应该怎样培养学生，应该为学生提供什么学习环境和条件。华侨华人对我们国家帮助很大，从辛亥革命开始到现在，几乎每一个中国前进的跨越，往往都是华侨华人作了巨大贡献。没有孙中山先生领导的华侨华人，辛亥革命成不了功。今年是改革开放 30 年，这 30 年来中国引进的外资，70％是华侨华人完成的，不是靠洋人，他们不会发善心让中国上去。中国今天的 GDP 成了世界第四，核心是我们的改革开放引进的外资，这些外资主要是我们华侨华人来完成的，所以华侨作了重大贡献，那我们暨南大学就要给他们服务好，满足他们的愿望，多培养他们的子弟，并使之成才。

为此，笔者一再在学校强调要多招海外及港澳台学生。可是一些老师、一些领导不喜欢，跟笔者诉苦。在暨南大学当老师、当干部确实辛苦，苦在哪里？大家都知道中国内地的高中和我们国家的香港、澳门、台湾的高中不一样，跟欧洲、

美国的不一样,跟发展中国家的也不一样,由此造成我们学校的新生程度相差甚大,习惯也不同,面对这种复杂的教学对象,教书相当难。所以,老师只愿意教国内的学生,不愿意教海外及港澳台学生。笔者觉得暨南大学既然是侨校,就应该累一点,人家华侨华人给我们做了这么大的贡献,当然应该多招海外及港澳台学生。为了有利于华侨华人和港澳台学生成长,经再三研究,我们将内外学生比例定为1∶1,50%海外及港澳台学生,50%内地学生。刚当校长时全校只有来自10多个国家和地区的1000多名海外及港澳台学生,现在已发展到1万多名(国内高校第一),来自世界五大洲80多个国家和地区。全世界主要国家和地区都有学生来了。学校牌子太差,校园环境太差,办学质量太差,谁愿意来读这个学校?学生家长和学生本人都希望是好学校,要好文凭。几万里远的人要知道这个学校,要知道学校的牌子好,这谈何容易!令人欣慰的是,经过艰苦的努力,校园焕然一新,办学质量大大提升,暨南大学开始名扬四海,成了学子们向往的大学。达到了1∶1的数量目标,而且在全国2000多所高校里,暨南大学从一般学校一跃而成为国内排名前50位的一所名校。

没有名气,不是名牌,一个学校便招不到质量好的学生。如果办得差,每年招生的时候就十分辛苦,没人来读。一个学校要办成名校很不容易,在一般的意义上,名校是指世界的一流学校,或者全国的一流学校。实际上,每个领域、每个层次学校中的好学校也是名校。人们接受的教育是不同层次的教育,社会需要不同层次的人才。每个学校都要找好自己的位置,做好定位。有了定位,才能做好围绕"学生第一"的有关工作。

(二) 质量第一的观念

质量是生命。任何单位、产品都要讲质量,办学中要抓的问题有很多,但首先要讲质量第一。可是质量第一的观念却很难树立起来。在每个人的工作里面,在每个部门的工作里,质量的含义都是不一样的。学校整体工作的质量,很难做好。我们现在有一种很不好的社会风气,那就是做事不认真,往往差不多就行了。"差不多"先生太多。处事呢,大而化之,马马虎虎。"好像"、"几乎"、"大约"、"大概"这种词汇很多,工作里面全是这种处理方法,包括数字也如此,所以无法保证工作任务高质量地完成。

中国在质量方面不注意的问题太多了,我们工程上的问题很多,而且有时候还掺杂着腐败在里面。我们学校发生一件案子,教训很深刻。有一年,学校修建家属住房,负责建造的工程队不顾工程质量,偷工减料。有三栋房子的基础地桩按设计要22米,有人举报这个桩弄短了,我便要主管校长调查。基建处一些负责人,不仅对抗、抵制调查,而且威胁我们。笔者坚持要现场调查,马上那几个负责人的脸色都发白了。挖了几个小时后,发现22米的桩只有14米。既腐败,又没有质量概念。特别是发现那根1米皮尺,人为地给缩短了,实际只有80多厘米。

每一件事,包括考试,质量的管理问题都很多。当时学校的学风不好,考试都无所谓,学生中40%～50%都有不及格课程,那就补考,过了30%,再补考,一补、二补、三补、四补,老师出题都出烦了,给你60分算了。管理人员也不注意,无所谓,报表一看过关就行了。学生成长过程的每一个关口,很多时候对质量的监控都是不到位的,产生这个问题的原因是多方面的。

要有好的质量,就要遵守质量管理的四个原则。

第一个原则,就是质量要符合要求。应该让全校的老师、干部明白要求是什么。不只是院长、书记、处长知道是什么原则,你下面的人都要知道是什么要求,什么是优秀,什么是良好。要大家都明白这个才能保证质量。从前,我们的质量标准,领导知道应该怎么做,下面的干部不知道,老师不知道,那你就做不好。保证质量,就是要让管理人员知道是什么要求,什么叫符合要求,这是第一原则。

第二个原则,质量系统的关键在于预防。不是等事后来检验来评估,靠检验和评估来保证质量是保证不了质量的。首先应该预防,根据这个事情的程序,找出哪些东西可以预防,事先采取措施。

第三个原则,工作的标准必须是零缺陷。零缺陷就是没有缺陷,而且是第一次就把事情做好,不是要第二次、第三次来做。一次就把事情做对做好,要提倡零缺陷,这是我们质量管理的核心。

第四个原则,质量是用不符合要求的代价来衡量的。在工作里面,不符合要求的那部分工作量的花费,就是你的代价。

如果我们在全体教职员工中都树立质量第一的概念,那我们的教学工作、科研工作和行政管理工作就一定做得很好。

(三) 管理第一的观念

一个国家、一个省、一个城市、一个单位,甚至一个家庭,怎么算是做好?笔者认为做到四个字就行了。对国家来说,强国富民。国家强大,老百姓富裕那就很好。强国是我们宏观条件好,富民是老百姓生活好,包括住房、收入、环境、精神上都很好。对学校来说,是强校富民。学校很强,学校品牌好,大家生活幸福。于是,师生们才会爱这个学校,愿意为这个学校奋斗,愿意为学校工作,愿意为学校作奉献。怎么做到这四个字呢?核心的问题是领导者要树立管理第一的观念,懂管理,会管理。管理实在太重要了,过去我们不太强调管理。

管理的核心是什么?是发展战略。发展方向决定好以后,如果因为环境和人的关系,今后发展慢了也没有太大关系,慢了但也没有走错。把发展战略搞错了,不符合环境,不符合时代,不符合国家要求,那你越努力越坏,学校就办得越不好。一定要首先确定好发展战略,然后再做科学的决策,第一件做什么,第二件做什么,第三件做什么。还有用人,要用优秀的老师、优秀的干部,等等。

改革开放以来的 30 年,是我们中国几百年来第一次出现的盛世！按照邓小平理论,国家高度重视管理,才有了今天这么现代化的环境,国家强大,老百姓也生活得很好。回想 20 世纪的"大跃进","三年自然灾害"以及后来的"文革",都是管理出了问题,弄得几乎经济崩溃,教训深刻。

管理十分重要,管理不能随心所欲,一定是要科学管理。管理中间的内容很多,包括发展战略、科学决策、科学用人、科学机制,等等,还有很多,这里面的内容非常丰富。对于学校领导,要管好学校,就一定要科学管理,就一定要首先树立三个"第一"的观念:学生第一的观念、质量第一的观念和管理第一的观念。

三、管理学校的三条原则

(一) 因材施教的原则

在学校里一定要因材施教。这里包括两个方面,一方面是要根据学生个体的差异对材施教;另一方面,每个学校由于性质不一样,层次不一样,专业不一样,所以要按照学校自己的定位去培养人才。例如,对于一流大学而言,要培养的是精英人才,那就要按照精英人才的要求安排教学和实验。对于职业学院,定位是培养应用型的科技人才,毕业的学生不是去从事基础理论创新,那就要按着应用型人才的要求去培养。这样一来,教学的安排,教材的安排,课时的安排,实习实验的安排,德育的安排,等等,都要根据学校的性质来决定。不要都用一流大学的方式,而是要根据学生的情况用自己的方式,这才是因材施教。

(二) 有教无类的原则

有教无类,这是孔夫子的思想,就是学生即使差一点,甚至有一些瑕疵,老师仍然要教育他。不要歧视学生,不歧视落后的学生,不歧视失败的学生,不歧视有瑕疵的学生,要宽厚。这一点,一些老师,一些干部没有做到。要考虑学校不是惩罚人的地方,是培养人才的地方,应把不同的人都能够培养成人才。不要去埋怨学生,有差错的时候也不要歧视,一定要关爱他们。

(三) 奖惩分明的原则

奖惩分明,就是要以奖为主、惩罚为辅。一定要搞清楚奖惩的关系,不要以惩为第一,应该以奖为第一。例如,处长对科室里面做得好的要及时奖励、激励。做得不好,首先要扶一扶。在惩罚的时候,还要留点余地,还要宽厚一点,对事要严肃处理,对人的处理要宽厚一点。提倡善良,就是说在惩罚的时候,还希望他改正错误,给他关爱,留有余地,可重可轻的时候要从轻处理。应该实行疑罪从无的方法。事情未搞清楚的时候千万不要去处理人家。前些年,只要认为你犯了错误或犯了罪,你就一定是犯了错或犯了罪,所以在政治运动中搞了很多的冤假错案。这些冤假错案产生的原因都是把怀疑变成了人家的罪行、人家的错误。要激励同志们做好事,奖励优秀的同志。激励为主,表扬为主。

四、管理学校的三个方法

(一) 从严治校的方法

在家里培养孩子,需要严格才能使子女成才。在系统比较乱的情况下就要用严格的办法。在暨南大学,为使校风、教风、学风好转,笔者提出了"三从严"的原则:从严治校,从严治教,从严治学。坚持了多年,取得了成功。

大学里面,核心是两件事:老师是教课,学生是听课。老师的教学工作主要是用上课质量来检查的,学生的学习质量主要是靠考试来检查的。所以领导要抓两个重要方面:教和学。学生方面把考试抓住,当然平常也抓,平常有很多程序,核心是抓考试。中国在作弊方面自古以来管得很严格,我从小学到大学就没见过作弊,哪怕两个人考试时座位很近,都不敢去看人家的考卷。西方也是这样,一个大学生作弊后,一辈子都找不到好工作,所以在西方诚信很重要。我们为什么现在有这个毛病呢?很大的问题就是诚信差了,就是不严格造成的。一个社会失去了诚信,在管理上的代价就太大,当领导就很苦,说一不一,说二不是二,很麻烦。

为了杜绝考试作弊,笔者就想出大考场的办法,这在中国是第一次。全校学生期末考试在一个考场里。我们学校最大的房间是体育馆,在体育馆里考试,这件事《人民日报》都报道了。在大考场中,每一个行列不是一个专业,排梅花形的座位,每位考生见不着周围同卷子的人。考试桌子设计得很特别,私存夹带完全没有可能。进考场的时候,学生无关考试的东西要存放。进到大考场以后,学生要靠自己的智商和能力来完成考试,在那种情况下作不了弊。自从设立大考场以来,便没有学生作弊。学生无法作弊,考试质量就很好。学生要考试好就得平时学习好,所以整个学习过程都能够管住。当然我们还有其他办法。

另外还有考题问题,学生巴结老师送礼,有的老师就会漏题,为此,就搞试题库。全校每门课程都搞试题库。一个试题库不是一个老师做,是几个老师分开做,而且一套题是几个老师的试题混在一起的,最后收集起来一门课程起码有十几套考题。主管教学的副校长到考前两天才选考题。我们把试卷编成号码1、2、3、4……他随机抽号码,但不知考题的内容。每个专业都抽好后,由另外的人去印刷,参与印刷的只有几个人,这几个人不带手机,跟外界不联系,就在学校里面或者郊区去做这个事情。在两天之内把考卷全部都印好封存。包括硕士生、博士生的考试全部都这样做,所以暨大考试非常严格、公平。题目漏出去,作弊,这是最大的对人才选拔的不公正,选不出优秀人才。

关于阅卷工作,我们也想了办法。教师集体阅卷,阅卷后试卷不能由老师带出阅卷室。阅卷要管好,整个流程都注意,每一步都科学管理。

考试严格以后,省里对我们比较相信,就把几次干部考试放在我们学校举行。有两位副厅长作弊,当场被我们抓住了,副厅长的官都丢了。不诚信的人就绝对不能做领导,作假的人肯定做不了好领导。今天我们社会有很多贪污腐败,产品质量很差,很多原因都是因为不严格、不注重质量,祸害太大了。

在学校这样一个培养人才的地方一定要严格,大家首先就要不作弊,要讲诚信。在学校的时候,如果允许学生作弊及格,那么他到社会上就更作弊了。所以我希望我们的领导,在管理学校的时候一定要严格,符合质量。符合质量就不要怕得罪人。我觉得人活一辈子一定要有人格。一辈子多做善事,多做好事,一定不要做坏事。全中国高校都应该严格管理,严格以后,我们培养的人才质量就高了。这些学生到社会后就会体会到严格带来的价值,严格带来质量,严格带着他们最后走向成功,严格带来的是民族的诚信和兴旺。

(二) 依法治校的方法

我们国家最近一直在强调法治,因为中国过去是人治的国家,现在是由人治走向法治。这一点说起来容易,其实是很难很难的事情。20 世纪 80 年代初,我在德国呆了两年多,发现德国管得比较好,社会治安比较好,经济搞得也比较好。经济上通货膨胀率低,基本是在 1‰ 左右,物价稳定。每年每个人的工资增长是超过通货膨胀率的。人们很热爱自己的工作,都愿意好好地干活,找到工作就很好。他们说的好日子就是可以旅游,可以去玩。穷人也有自己的车,就是差一点的车。有钱人是开奔驰,开好车,这是差别。社会管理得比较好,很大的原因是法治,就没人敢犯罪。大家都不犯错误,都循规守法,不偷税漏税,该交多少税就交多少税,而且办事不求人,每一个人都做好自己的工作。我要办什么事情都按照制度,找张三办、李四办都一样。不像我们学校的一些部门,要先研究研究,你得求我,你得巴结我,你得送礼,才能办事。人家的高校使用法治这样的方法,我们差得比较远。现在老百姓办个事很困难,该办的事情,一些部门常常都不给你办。所以我们应大力提倡,老百姓要办的事情,只要是制度上允许办的事情,人家来找你办,你就要立即去办,不能有拖拉,不要刁难人家,哪怕这个人平常跟你关系不好。因此,学校方方面面都应首先建立健全制度,包括学校整体的管理制度,教学的管理制度,科研的管理制度,后勤的管理制度,住房制度,教师管理的制度,卫生、保卫制度,等等。

笔者在学校一任职,就开始搞制度建设。每个部门都建制度,甚至每个小方面都有制度。最后搞了 300 多个制度,编成两本文件集:《行政管理卷》和《教学科研卷》,还有党务方面的制度。然后发到学校各个单位,每一个科室都有,任何人办事都看这个制度,照着程序做。就不要临时考虑是找张三还是找李四。属于哪个部门负责,都要告诉老百姓。电话要公开,大家好办事。中国传统求人的制度要改变,传统的拉关系习惯要改变,绝不能谁有权力,就拿在手里面,就得求他。所以一定要改变我们的管理制度,要真正为老百姓服务,要按制度来办事。

制度不要经常变,尽量少修改,一次就搞好一点。制定制度首先是科室先搞个草案,然后征求多方面意见,最后领导班子集体讨论定稿。制度要符合国家大法,符合宪法,然后符合我们的教育法。一个学校搞个几百项制度,包括干部的选拔等都搞成制度的话,我想最后就不会因为领导的改变而改变。过去,老百姓希望有优秀的校长、优秀的书记来领导,学校才有好日子过。现在,张三校长换了没关系,李四来当还是按照这个制度,这个学校就会健康发展。我们国家如果制度化、法制化了,就会科学地向前发展。

从中国传统的人治走向法治,希望我们的制度建设加快一点。希望每个高校建立制度,每方面都搞制度,小制度,大制度,从整体到局部都搞,包括干部选拔。比如说,选举制的干部怎么选,任命制的干部怎么任命,考评怎么考?选举制的干部考评和任命制的干部的考评,这应该是不同的。过去,都是一锅儿煮。任命制的干部要对上负责。校长任命处长,处长自然要对校长负责,考评处长的分数应该以直接领导他的分管副校长和校长的评分为主。而现在往往就是任命制的干部是让群众来投票决定他的去留,那么这个干部就不敢管群众了。他如果管严了一点,许多人投他的反对票。优秀的干部往往很严格,下面有的人就给他打不及格。我们应以任务完成的好坏来评价一个人。选举制的干部应该以群众的分数为基准,因为你是选的,你要对群众负责,这个不能由学校领导来决定,应该以群众的分数来决定。现在的情况是考评干部都一样,任命制干部、选举制干部、业务干部、党的干部都一样的考核。不应该一样。还有教师的考核等等,要有不同的办法,不要一个办法对付所有的教职员工。

制度设计非常重要。去暨南大学的时候,笔者希望把它办成名校。因为这个学校有百年历史,今年是建校102年,是中国最早的7所大学之一,肩负重要的办学任务,理所当然它应该办成名校。但是,笔者去的时候,这所学校办得比较差,4 000教职员中,连笔者在内仅有8位博士生导师,老师里面只有8个人有博士学位,被三大索引(SCI、EI、ISTP)收录的学术论文一年仅有几篇,1992年只有3篇文章,而北京大学当时是数百篇。这3篇中,我一个人要占2篇。

为了提升学校学术水平,笔者想了三个主意。第一,让原有教师人人都搞科研,提出"不搞科研的教师是残疾的老师"这个口号,施加压力,逼迫老师们都要搞科研。第二,大力引进人才,招名牌学校的教授以及博士进来。第三,制定制度,特别是制定了学校的分配制度,以激励老师们搞科研。

当时的暨大很穷,校机关到1995年的时候连一个季度50元奖金都发不出来。所以笔者就想办法要挣钱。首先,亲自负责全校财务工作,宣布院系部处不搞创收,挣钱是校长的事,校长有责任搞来钱。院长应该做院长的工作,处长应该做处长的工作,系主任应该做系主任的工作,每个人做好自己的本职工作。第二个改变就是分配改变,原来是各系发奖金,现在学校统一发奖金,而且改名为校内工资,由此搞了个新的分配制度——暨南大学量化考核制度。

改革以后,在暨南大学,每人的收入由两部分组成:国家工资和校内工资。国家部分我们改不了,教授拿多少钱,处长拿多少钱,那是固定的。学校部分在改革后是这样分配的,比如说老师,你给学校作多少贡献,学校就给你多少奖金。我们不能说你多少就多少,而是把工作进行量化。比如说科研有多少论文,多少科研项目,以及成果的推广,等等,我们就把每件事情都量化。国家的项目、地方的项目,不同的项目分级;还有就是你拿100万的项目,还是10万的项目,当然不一样;而且学科也不一样,搞理工的项目经费要多一些,搞文科的搞个大钱不容易,文科的分数跟理科有区别,项目也有区别。发表论文,在世界、在中国不同的杂志发表,哪些是著名杂志,哪一类杂志多少分,把这个划分好,不同专业都不同,划得很细。教学,你上本科生、硕士生、博士生、成人教育的课都有不同分数。甚至不颁发学历、学位证书的课,上短期培训班的课,都有分数。学生人数多了也有加分,重读班也有分数。教不同的课程有不同的分数,礼拜天上课比平时上课加一点分,在外地上课要加一点分,晚上上课要加一点分,中午上课也加一点分,分得很清、很细。教学实验、作业都有分数。还有当班主任、做学生工作的都有分数。还有社会任职的分数,你给学校带来了名气,在外面任个什么职务,对学校知名度有提高,也给你分数。

把这些方方面面的分数加到一块,一年里,你做了些什么事情,填个表格,就是你的校内工资。我们开始设1分1元钱,大家很高兴,以后又提升分值,最后升到1分1.6元。大家看到好处,有的人一年可以拿到几十万元。笔者任校长十年来,全校教职员工人均年收入由1995年的8000元上升到2005年的88900元,收入增长了10倍。总之是鼓励大家多做事。这下子,我校的科研论文大大增加,特别是三大索引(SCI、EI、ISTP)的论文逐年增加,现在已经达到四五百篇,在全国名校里面排得上号了。

学校要鼓励大家好好工作,就要制定激励的制度、严格管理的制度、出成果的制度。所以笔者就先抓住这个关键的分配制度。以前人人都不愿意多上课,特别难的课都不愿意上,愿意上简单课。现在是人人都在抢着上课。过去系主任求张三上什么课,还要拜托拜托才能上课。现在没这个现象了,大家愿意上课,而且都愿意做科研。现在暨大大部分老师都搞科研,做不了科研的老师则赶紧读书,读硕士、读博士。经过训练他就能做科研,能够既有科研本事又有教学本事,那名牌学校就办出来了。

大学是个学术机构,有三个功能:培养人才,出科学成果,为社会服务。你的制度方方面面都可以搞,每件小事都可以搞,但是要抓关键,对学生就抓考试,对于老师就是抓教学。前面我已讲过老师原来上课的时候不认真备课,笔者想办法对此情况进行改变。考虑到老教授的示范性功能,所以我在1993年就制定制度,要求教授上本科基础课。学生进校以后,一年级是培养他品质最好的时间,学风最好是要在一年级培养。那时,他爱学习,他要上进,他要打好基础,为此安排教授级老师上课最好。好几年后,我才看到教育部在全国要求执行这样的制度。

然后,要防止老师上课不认真备课。上课跟演戏一样,剧本有了,就是表演,是在课堂上的表演。老师在课堂上表演的时候,只有学生能监督他。但是,学生因为老师要考试,要管着他,因而监督作用也有限。所以笔者就提出三重评估制度便把教师教学管住了。西方的学校是每一学期期末都要学生给老师评分。暨大 90 年代初就搞了,结果老师不服,说因为教学生很严,学生便给打低分。对此,笔者提出再请专家评估。全校请了 40 位专家,大多是教课教得好的退休老师,返聘回来,每周规定他们每人听课 8 小时。他们在全校任何时候随机听课,不通知任何人,就变成一个随机的抽样检查,这里用了数学中的运筹学方法。全部听完所有的课程是不可能的,那样量太大。40 位专家对老师给一个评价,主要针对这个老师的备课情况、教材情况、讲课情况、跟学生的互动情况等。这个专家不一定是本行专家,也不可能做到。因为我们学校现在是 60 多个专业,而且一个专业的课程那么多,应该说每个人不可能懂很多课程,但是基本道理懂得,所以这 40 个专家不要求他听本专业的课,就是全校广泛地听,听了以后给一个评分。结果老师还是不服,说专家不懂他的课,给的评分不正确。笔者后来想了想,再搞公平一点,让领导听课,从教研室主任、系主任、院长。至校长、书记,每人都规定听课任务。比如说校长、书记,一学期很忙,听四节课;副校长听 8 节课,系主任再多听一点,教研室主任多听一点,这些人听过的课程,都打分。他们也是随机的,不通知任何人,这样会发现很多问题。

笔者听课的时候,一般是 8 点的课程,到 7 点 59 分才悄悄进入教室,而且坐在最后一排。很多时候上课老师就没发现笔者,听完课以后老师才发现。这个办法很灵,见到了很多真实情况。校长去听课,不干扰老师,老师未发现也不会紧张,他很紧张反倒不好。

这样一来,我们就设立了三重评估制度:领导的评估,专家的评估和学生的评估。开始时大家还是不服,我们便连续做了两年统计,结果是三个评估分数近 80% 是一致的,还不错。教师所得评估的分数如果不及格,我们就亮黄牌,告诉他上课太差了,请他赶快改进。如果连续两年亮黄牌,就不能授课,下岗了,那就到人才交流中心去等着,或者你调走,或者去进修,或者改做非教师的工作。对优秀的上课教师,则每年在全校隆重表彰 10 位优秀授课教师,既给荣誉又给奖金。于是,学校的授课质量大大提高,教风迅速好转。

做事就要找到每一样事情的关键,对于教师来说上课就是关键,对于学生来说考试就是关键。在学校里面,不应该有作假作弊的事情发生,应该形成一个诚信的校园,讲质量的校园。但这些管理光靠人是做不好的,你几个人忙不过来,所以制度是关键。这些制度不是专对老王的,也不是专对老张的,是对着所有人的。这个制度管着质量,要订得细一点,不要订得太粗,每个部门都根据自己的情况认真做。每所高校应根据自己办学多年存在的教学问题、后勤问题和干部问题等,认真治理,要讨论好,要依法治校,笔者觉得这个太重要了。中国的落后,落后在法治上。绝对不能搞成今天张三当校长,张三一套;明天李四当校长,李四一套。形成了一个好的制度以后,这个学校就能够健康地往前发展。

(三) 实事求是的方法

我们在工作中要讲究真实,千万不要搞假的东西。一个学校如果不实事求是、搞假的东西,工作是做不好的,出发点就不对。所以,笔者在暨大期间,一直强调干部、教师给我的报告、汇报工作要说真话,要说真的数字,不能搞虚假。

如果你的工作,你的数据是假的,你做的决定就不可能正确。如果不是真的财务情况,你管财也管不好。在财务方面,笔者主张开源节流。开源为主,节流为辅。千万不要以节流为主,应该是开源为主,创造财富为主,节约为辅,不要浪费,这是第一个原则。第二个原则就是不能做假账。绝对不能做假账,不能去骗领导骗群众,去逃税。只搞一本账,不搞小金库。实际上,现在很多单位都搞了一些假的东西,对上面一套,对下面一套。数据真实,不搞虚假,才有了真实的前提,才能够做出好的决定。应该要求所有的干部,特别是领导干部实事求是,再不要去吃这个假的亏了,不要去吹牛。我们是什么水平就是什么水平,我们是什么状况就是什么状况。

可是,在今天仍然看到有些地方还有这种作假现象,并且是个严重的现象。有些人看到领导需要什么数字就给什么数字,领导喜欢什么就说什么;领导希望说大,他就说大,领导希望说小,他就说小。这样子会害党、害国家、害民族、害学校、害自己。笔者18岁入党,已有50年的党龄了,50年来,看到很多人就是喜欢作假,所以便悟出了这个道理,一定要实事求是,要以真实的事情为基准,才能有科学的管理。

但是,真正做到实事求是很难。因为有时候领导不喜欢你说真话,有时你周围的人不喜欢你说真话,但是你应该坚持,这是十分重要的。这是基础,这是原则,这是方法,这至关重要。不实事求是,既造成人们不团结,又造成社会落后、经济落后。传统的“逢人只说三分话”,就是我们中国人不喜欢讲真话的写照。要建成和谐社会,关键是要每个人真心待人,真实地把你的思想表露给别人。这样的话,关系也好处,工作也好做,管理也好做。实事求是,对我们做学问的人尤其重要,尤其是在培养人才方面,来不得半点虚假。

小　结

上述四个方面，高校领导如果做到，就一定能团结全校教职员工，把学校工作搞好。

一个国家需要不同层次的人才，需要办多样的高校。中国的方方面面的事业，不仅仅需要最优的人才，还需要各种岗位、各种类型的人才。为了完成这一培养人才的任务，还需要注意以下几点：

首先需要发挥每所学校原有的优势，避开自身的劣势。再者，就是要有重点思想，要保证重点。学校不可能方方面面平均花钱，要重点突出，要把你的财力用在重点上。最后，要改善条件。办学条件要改善，老师和学生的生活条件要改善。当学校管理者，就是要强校富民，这样才能够激励老师都爱学校，都愿意为学校付出，都愿意为学校变得更加美好作出自己的贡献。

做管理是个很辛苦的事情，而且是个非常难的事情，要做到前面几点不容易。高校是基层单位，做负责人是很苦的工作，这些工作不是好干的工作，但又是非常光荣值得自豪的工作。中华民族要成为世界伟大的民族，中国要成为现代化的国家，首先就是要办好教育。先是基础教育，后是高等教育。高等教育的工作里包括了德育、智育和体育。如果我们培养出的都是道德很好、业务很好的人才，那我们国家方方面面的重要岗位都是这样的人在工作，我们社会的很多弊端就会去掉了，我们的社会就一定会健康地向前发展。

(在广东工程职业技术学院的报告（按录音整理），原载《科技创新与品牌》，2008（10）：14－17；（11）：10－13。)

第二章 发展战略

办出特色 办出水平

一、我校"211 工程"立项的思路、目标和任务

1996 年 6 月 14 日,暨南大学顺利通过国家"211 工程"部门预审。随后,学校即结合预审工作总结进行立项准备。经过一年左右的准备,立项工作取得了三方面的成果:

(1) 明确了思路。

(2) 选定了项目。

(3) 设计了方案。

(一) 立项工作的基本思路和项目遴选

根据国家"211 工程"立项的有关文件精神及国务院侨办和广东省人民政府的要求,结合我校实际,经过反复讨论,我们确定了立项工作基本思路:面向 21世纪,以学科建设为核心,保证重点,突出特色,立足服务,提高水平,促进合作,打好基础。

我校现有 1 个国家级文科基地,9 个部级(国务院侨办)重点学科,2 个省级重点学科,1 个世界银行贷款项目实验室,1 个省级重点实验室,7 个博士点,53个硕士点,34 个本科专业,覆盖文、史、经、管、法、理、工、医八大学科门类。显然,"211 工程"立项不可能将这么多学科专业全部包容进去。我们遴选学科建设项目所持的指导思想和原则是:一要保证上水平,二要体现侨校特色,三要增强为地方和行业服务的能力,四要有很好的发展前景。

具体讲,"九五"期间,我校抓学科建设的指导思想是:

(1) 把在广东处于首位、在全国同行处于先进、某些研究方向处于国内领先地位的学科摆在学科重点建设的首位,尽最大努力争取这些学科发展成为国家级重点学科,以提高学校的学术地位和学科水平,扩大我校在海内外的影响。

(2) 大力扶植具有良好发展潜质、又独具自身特色的优势学科,争取将它们

建设成为本行业系统内或区域性的先进学科，然后，逐步发展成为国家级重点学科，增强为行业和地方服务的能力。

（3）积极组建以重点学科为龙头、相关学科为支撑、能够联合开展重大科研攻关和合作培养复合型高级专门人才的学科群体，形成我校新的综合性的学科体系。

（4）积极扶植和促进边缘学科和新兴学科的发展，适应 21 世纪科学技术发展和现代化建设需要。与此同时，进一步合理调整现有学科的结构，稳步发展工学、管理学和法学，使我校学科门类更为齐全，结构更为合理，充分发挥综合性大学的优势。

根据这样的指导思想和原则，我们通过学科自我申报、学院初选推荐和学校论证遴选三个程序，并经广东省高教厅和国务院侨办文宣司领导的多次具体指导，最后确定"文艺学与汉语文学"、"产业经济与工商管理"、"汉语言文字学与海外华文教育"、"生物技术与生物医学工程"、"计算机信息与通信技术"、"中外关系史与华侨华人"及"生殖科学与计划生育"等 7 个学科项目作为"211 工程"立项项目。对这 7 个学科建设项目，学校的意见是：

1. "文艺学与汉语文学"、"产业经济与工商管理"以及"汉语言文字学与海外华文教育"3 个学科项目列为学科建设项目的"重中之重"项目。

第一，比较而言，在上述 7 个学科项目中这 3 个项目立项的基本条件较充足，较符合学校"211 工程"立项原则的要求。

第二，"文艺学与汉语文学"和"产业经济与工商管理"两个学科项目的核心学科都属省级重点学科，经建设后有可能跻身国家重点学科行列，并企望分别建成博士后流动站。另外，"产业经济与工商管理"学科项目的核心学科"产业经济"博士点及该项目的 MBA 硕士点在全国居于先进水平；同时，该项目群体优势突出，理论和应用支撑学科较齐全。加强该项目的建设，有利于提高学校为地方经济建设与社会发展服务的能力。"文艺学与汉语文学"项目的"比较文艺学"研究方向居于全国领先水平，中国语言文学专业是国家文科基础学科人才培养和科学研究基地，为该项目有力的依托。"汉语言文字学与海外华文教育"则是我校的特色学科项目，加强这一项目的建设有助于更好体现侨校办学宗旨，提高华文教育水平，配合国家侨务工作布局需要，增强我校为侨务系统服务的能力，为弘扬中华文化，推动海外华文教育发展作出更大的贡献。

2. "生物技术与生物医学工程"和"计算机信息与通信技术"项目欠缺的是仍未有博士点作核心学科，但在我校理工学院，它们是具有较强发展潜质的学科。前者承担国家级项目的研究能力强，取得的成果水平高。具有较强的学科交叉性，能较好开展理、工、医多学科合作研究，反映我校设有医学学科的综合性大学优势。后者能适应现代社会对计算机和通信技术人才需求飞速增长的形势,紧密结合广东通信事业迅猛发展的需要和侨务系统管理工作现代化的迫切需要,并结合学校的公共服务体系建设和为其他项目提供必要的技术服务。该项目侧重应用技术的研究和开发,有产学研结合的良好基础,具有较强的自我筹资能力。"中外关系史与华人华侨"项目培养高层次人才的能力和综合研究华人华侨等问题的能力较强,成果积累丰硕。建设该项目将增强我校为国家外事工作、特别是为侨务工作决策服务的能力。"生殖科学与计划生育"项目的学科带头人在国内外避孕疫苗研究领域有较高的学术地位和取得了较有影响的研究成果。加强这一项目建设将充分发挥我校设有医学院的作用,实现理、工、医优势互补,为我国、特别是为广东计划生育工作作出新的贡献。

3. 强调各个项目要把队伍建设摆在首位,采取培养、引进等方法配备好年青学术带头人和学术骨干,以增强学科发展的后劲。

4. 经费统筹安排,不搞平均分配。

当然,作为"211 工程"的学校,除了学科建设外,还应考虑到学校的整体建设。因此,学校在公共服务体系、基础教学设施和基本建设等方面也遴选了项目,列入"九五"立项建设规划。

(二)建设总目标

我校"211 工程"建设的总体目标是:经过 15 年左右的努力奋斗,到 2010 年前后,使暨南大学的教育质量、科研水平和办学效益等方面进入国内高校先进行列,成为我国面向海外、面向港澳台办学和传播中华文化的重要基地,在香港、澳门、台湾地区和华侨华人社会具有重要影响的社会主义华侨大学。

(三)"九五"期间改革建设的目标和任务

我校"211 工程""九五"建设目标是:以通过"211 工程"部门预审为动力,加快推进各项改革和建设,学校的人才培养、学科建设、科学研究和管理水平上一个新的台阶;加大教育投入,加快重点项目和基础设施建设步伐,大力改善办学条件,全面提高办学效益,使我校整体实力有显著增强;加强对外宣传,扩大学校影响,外招学生有大幅度的增加,对外办学的层次和水平有明显的提高,成为我国"两个面向"办学、培养高层次人才的重要基地。

"九五"期间,我校改革和建设的主要任务包括以下 8 个方面:

1. 人才培养。我校人才培养坚持"面向海外、面向港澳台"的方针,主动适应 21 世纪对人才的需求,全面提高各层次教育质量和学生的综合素质。在稳定办学总规模的基础上重点调整学生的层次结构,积极发展研究生教育,适度发展本科教育和成人教育,压缩专科教育,大力发展华文教育。"九五"期间发展规模(在校生人数)规划如下:

年度	研究生/人	本科生/人	专科生/人	华文学院（含预科）/人	成人教育学生/人	合计/人
1996 年	795	5 972	1 685	321	3 517	12 290
2000 年	1 200	8 200	0	800	4 400	14 600

注：护校中专学生未列入。

"九五"期间，研究生人数以每年 12% 的速度增长，到 2000 年博士生、硕士生之比由目前的 8.5∶100 提高到 14.3∶100，海外及港澳台研究生与内地研究生之比由 18∶100 提高到 25∶100。

2. 科学研究。我校科学研究工作要紧密结合"两个面向"的办学任务，为实现学校总体办学目标作贡献；为侨务系统解决教育、科技、文化等重大问题作贡献；为国家、特别是为广东的经济建设和社会发展作贡献。要使我校逐步成为教学和科研中心。到 2000 年，人文社会科学研究总体水平要进入全国综合性大学先进行列，部分研究领域达到国内领先水平，少数研究项目在国际上有一定影响。自然科学和工程技术科学研究工作要贯彻重视基础研究、突出应用研究的方针。主要指标是：预算外科研经费以年度 15% 的速度递增；发表于核心期刊的论文每年递增 10%；获省部级以上成果奖数逐年提高，到 2000 年，获成果奖数比现在增加 20% 以上。

3. 学科建设。学科建设的目标是：力争在"九五"后期建成 2 个国家级重点学科，2 个博士后流动站，再建 2～3 个省级重点学科。争取新增 2～3 个博士学位授予点，使现有博士点研究方向增加一倍以上，并完善硕士、博士培养体系。组建 6～8 个学科群体，使我校有 1～2 个学科建设项目整体达到全国先进水平；同时，培养 2～3 名相对较年青的国家级学科带头人和 10 名左右具有较高造诣、在国内外有一定影响的中青年学科带头人。

4. 师资队伍建设。师资队伍建设要从注重数量发展转向重视质量提高。到 20 世纪末，队伍的综合素质得到显著提高。在研究生规模有较大幅度增长、学校总规模适当扩大的情况下，专任教师人数与学生人数的比例达到 1∶10 左右。具有研究生学历的教师由目前占教师总数的 45% 提高到 70% 左右，其中具有博士学历的教师达到教师总数的 20%。

5. 办学物质条件建设。"九五"期间要进一步开辟筹资渠道，经费的年增长率应超过 12.5%。要加强各项基础设施建设，使我校的办学物质条件逐步达到中央 1983 年提出的"标准应该适当高于国内其他大学"的水平。学校要加大科技产业建设力度，提高科技成果开发和转化能力。到 2000 年，校办产业上交学校的利润要有较大幅度的增长。要进一步改善学生住宿条件；教职工的住房面积达到广东省规定的标准。

6. 对外学术教育交流与合作。在 2000 年前,在与美、英、德、日等主要发达国家的高校和研究机构广泛进行学术教育交流合作的基础上,再争取与 10 所左右高校及研究机构和我校建立学术教育交流和合作关系。并在与泰国、越南、马来西亚、新加坡等国高校合作的基础上,再争取与其他东南亚国家高校建立学术教育交流关系。

"九五"期间,每年聘请海外及港澳台长期专家 5 名以上,短期专家 10 名以上;派赴海外及港澳台留学、进修和进行学术教育交流的教师数要有较大增加。

7. 校内管理体制改革。要通过深化改革完善领导的科学决策程序,引进竞争机制,为人才成长创造良好的环境,体现按劳分配原则,形成自我发展、自我完善和自我约束的机制。

改革的主要任务是:① 进一步加强董事会工作。② 进一步完善校长负责制。③ 健全校、院、系三级管理体制和搞好校部机关的改革。④ 深化干部人事制度和分配制度改革。⑤ 加快后勤管理和财务管理体制改革。

8. 党建、思想政治教育与校园精神文明建设。我校党的建设要把加强党的思想、组织、作风和制度建设放在突出位置,充分发挥党委的政治核心作用、党支部的战斗堡垒作用和党员的先锋模范作用,为实现我校办学的总目标和总任务而奋斗。

根据我校地处改革开放前沿和侨校教职工及学生结构的特点,按照《暨南大学教工思想政治工作条例》、《暨南大学师德建设工作规范》和《暨南大学学生德育实施办法》等文件的规定,坚持长期地、有步骤地对教职工和内地学生进行建设有中国特色的社会主义理论和党的基本路线教育,世界观和人生观教育,社会主义法制和道德教育。对港澳台和华侨学生加强爱国主义教育。对华人学生和外国留学生加强了解中华文化和对我友好的教育。全面提高师生的政治思想素质。

抓好校史和"忠信笃敬"校训教育,培养尊师爱生、互敬互爱、讲文明、守纪律等良好习惯,形成"爱国爱校、团结奋进"的一代新风,营造校园内浓厚的学术气氛,使我校校园跻身全国先进高校文明校园行列。

二、"九五"期间重点建设项目

1. 重点学科建设

(1) 文艺学与汉语言文学

整体目标:力争建立以"比较文艺学"为核心和特色的"文艺学"国家级重点学科;在目前培养硕士生和博士生的基础上,联合"现代汉语"博士点及有关学科,争取建立中国语言文学博士后流动站;建设一支适应本学科发展要求的、高水平的教学、科研队伍。

主要指标:计划培养内地博士生 20 名,培养海外及港澳台博士生 4 名。在建成博士后流动站以后,计划每年进站 1 人。争取国家社科项目 4 项,国家教委项目 4 项。

(2)产业经济与工商管理

整体目标:形成以产业经济(企业管理)为龙头,理论经济和工商管理(MBA)为支撑,有金融、投资、财务、营销管理、粤港澳产业经济等相关学科相配套,整体实力显著增强的应用经济和工商管理学科群。争取工业经济学科跻身于国家重点学科行列,为建立经济学博士后流动站创造条件;学科整体达到国内先进水平,多个研究方向达到国内领先水平。

主要指标:在学博士生达到 20 人以上,硕士生(含 MBA)达到 480 人。"九五"末期发表文章数量要比 1996 年增长 20%,其中在核心期刊发表的增长 10%。各类国家科研项目尤其是国家级科研项目要有所增加,同时积极争取地方政府和企业委托的横向科研课题。

(3)汉语言文字学与海外华文教育

整体目标:组织一支高水平的教学、科研队伍,在汉语言文字学与海外华文教育的结合研究上达到国内领先水平,其成果能够在国际上产生重大影响;把我校建成为在海内外具有较大影响的对外汉语言文化教学的重要基地,国内外华文教育研究和资料中心;为海外培养各个层次的汉语言文化研究和教学的专门人才,为弘扬中华语言文化作出贡献。

主要指标:计划培养博士生 15 人,硕士生 45 人;在校学习华文的留学生达 400 人以上;培养对外汉语及华文教育师资 100 人以上。争取省部级以上社会科学研究项目不少于 10 项。

(4)生物技术与生物医学工程

整体目标:争取把现有的中试基地办成培养国内基因工程药物研究和产业化高层次人才基地。为建成国家生物材料及制品的重点开发单位及建立广东省介入疗法导管生产基地做好基础性工作。遗传学与生物医学工程两个硕士点将联合申报博士学位授予权。

主要指标:承担省部级以上项目 15 项,其中国家级重点项目 5 项,培养硕士生 30 名。

(5)计算机信息与通信技术

整体目标:建立居国内一流水平的计算机信息和通信技术人才培养基地,争取计算机软件硕士点达到博士点水平;学科整体达到国内先进水平。

具体指标:承担省部级以上科研项目 8 项,国内外核心期刊发表论文约 100 篇,SCI 收录论文 15 篇左右,培养硕士生 40 名。

(6)中外关系史与华侨华人

整体目标:争取本学科初步成为培养高层次人才的一个基地和华侨华人问题的科学研究中心;有多个研究方向达到国内领先水平,使国际政治或国际关系硕士点达到申报博士点水平。

具体指标:争取获得 2 项以上的国家级科研项目和 8 项省部级项目,获得一批有分量的科研成果;培养 2～3 名在国内同行中取得学术权威地位的学者;拟出版 3 套本领域的学术丛书、5～6 本学术专著。

（7）生殖科学与计划生育

整体目标:争取把本学科群建设成为我国南方生殖科学与计划生育科学研究及人才培养基地。巩固现有博士点和硕士点,增加新的博士点研究方向。在生殖免疫调控机理研究、避孕疫苗的开发研究以及与优生优育相关的研究领域,整体上要达到国际先进水平;通过对生殖科学的基本理论研究为生殖调控及优生探索新途径;在生殖免疫调控基础研究方面作出有国际影响的工作。

具体指标:培养 8 名博士和 10 名硕士;争取获得省部级以上科研项目 8 项。

2. 公共服务体系建设

（1）图书馆建设

到 2000 年,建成比较现代化的、与国内外教育和科技信息网接轨的文献信息服务中心,整体水平进入国内高校先进行列,其中华侨华人教育和科研的信息资源系统应达到国内领先水平。

（2）校园计算机网络建设

要在已经接通中国教育和科研计算机网（Cernet）及国际交互网 Internet 的基础上开发校园教育和科研管理信息系统,组织技术力量研究和跟踪计算机信息网络的新技术、新方法,使该网络不断完善。我校在 1995 年底已建成校园FDDI 主干网,目前已将全校用于管理、教学、科研的 12 栋大楼用光纤联网。今后的建设目标是:到 1997 年底继续完善校园主干网建设,增置主要设备,开发网络应用软件等;到 2000 年,将 FDDI 升级为 ATM 主干网,完成校园网全方位应用软件的研制、开发工作。

（3）公共实验服务中心建设

要通过重点建设使我校测试服务水平进入国内高校先进行列,成为我校重点学科建设项目的重要支撑条件,为国家侨务工作和地方经济建设提供高水平的分析测试服务。

3. 基础教学设施建设

（1）计算机基础教学设施建设。

（2）本科外语基础教学设施建设。

（3）公共基础教学实验室更新与改造。

（4）专业基础教学实验室建设。

4. 基础设施建设

(1) 水电通讯广播设施建设。

(2) 消防安全设施建设。

(3) 基建（包括新建第二教学大楼、科学馆、学生宿舍和医学院大楼扩建等）。

三、"九五"建设项目资金筹措和分配方案

1. "九五"重点建设项目资金概算及来源

"九五"期间，我校"211工程"建设需经费1.98亿元。经费来源如下：

(1) 国务院侨办专项资金1亿元（其中学科建设经费和基建经费各5 000万元）。

(2) 广东省专项资金和"共建"经费5 000万元。

(3) 学校自筹5 000万元。

2. 各项资金分配方案

"九五"期间1.98亿元建设经费的安排是：重点学科建设费8 300万元（占总建设经费的41.9%）；基础教学设施建设费1 650万元（占9.0%）；公共服务体系建设费1 750万元（占8.9%）；基础设施建设费7 950万元（占40.2%）。

四、预期效益分析

我校"211工程""九五"重点建设项目完成后，将取得显著的建设成效，学校各个方面的面貌将发生重大变化。

1. 学校总体水平

通过几年的高投入、大建设，为学校在21世纪腾飞打下良好基础，学校总体办学水平和办学效益有显著提高，侨校特色将更加鲜明，教育质量、学科建设、科学研究和各项管理工作均步上一个新台阶；良好校风、教风和学风进一步形成，学校在国内外的声誉大大提高，对内对外招生吸引力进一步增强，华侨、华人、港澳台学生比例显著提高。学校充满蓬勃发展的生机和活力。

2. 学科建设水平

通过分层分步建设，学科的各个方面都将发生根本性变化，为促进祖国统一和改革开放，为侨务工作和为地方现代化建设服务的能力将显著增强。实力最强的两个学科有可能进入国家重点学科行列并建成博士后流动站；省级重点学科数量将有新的增加；基础学科将得到进一步加强，应用学科、新兴交叉学科和作为侨校的特色学科将有较大发展；现有博士点研究方向将拓展一倍。学科结构将更合理，门类更齐全。各级重点学科的学科梯队更加完善和加强。综合性大学的优势将更好得以发挥和体现。

3. 人才培养效益

到 2000 年,在校生规模达 14 600 人。学生层次结构将发生重大变化,研究生尤其是博士研究生数将有较大幅度增加,专科层次将基本停办,人才培养质量将有明显提高。

4. 科研工作贡献

"九五"后期,我校科研工作在总体上将接近国内高校先进水平,与海外及港澳台的学术教育交流与合作将在更高层面、更大范围内展开,大大提高为国家统一大业、现代化建设和为侨务工作、地方社会经济发展服务的能力。

5. 队伍建设

教师队伍和管理干部队伍建设进一步趋于年轻化、高学历化,整体政治、业务素质明显提高。若干名在国内外有较高学术声望的中青年专家将脱颖而出,成为学校跨世纪的学术中坚骨干,其中的最突出者将成为国家和省重点培养的学术骨干,有的可能成为中国科学院院士。

6. 办学条件改善

(1)公共服务体系建设项目的完成将极大地改善全校的教学、科研条件,提高现代化水平。图书馆现代化文献信息中心及校园网的全面建成,将加速实现与国际学术环境接轨,为我校开展华侨教育提供较优越的条件。

(2)基础设施建设全面改善,为教学、科研和师生生活提供更为可靠的后勤保障。有关设施的建设朝中央 1983 年提出的"标准应该适当高于国内其他大学"的水平跨进了一大步。校园实现文明、安全、有序管理,育人环境进一步优化。

(在暨南大学"211 工程"建设项目立项可行性论证会上的汇报(摘要),原载《暨南大学校报》,第 223 期,1997 年 7 月 30 日。)

脚踏实地　循序渐进

新年伊始,暨南大学董事会隆重举行第四届第一次会议,共商新形势下在国务院侨务办公室和广东省人民政府的领导下发挥董事会在暨大办学中的作用,推进学校"211 工程"建设和发展,努力把暨南大学办成名副其实的一流大学。

我就两年半来学校工作的主要情况和今后工作的初步设想向各位作汇报。

两年半来学校主要工作回顾

过去的两年半,学校深入贯彻"面向海外,面向港澳"的办学方针,坚持"从严治校"和"依法治校"的原则,以"211 工程"建设为中心,带动各项工作开展,在各位董事的大力支持和上级主管部门的领导下,经过全校上下的共同努力,我校的办学质量和水平大大提高,教学、科研力量不断增强,学校的综合实力更上一层楼。

一、努力工作,加快步伐,抓好"211 工程"建设

1994 年 1 月召开的暨南大学董事会三届一次会议通过了学校提出的争上国家"211 工程"的初步设想后,学校即将此列为奋斗目标。1996 年 6 月 14 日,学校顺利通过了国家"211 工程"部门预审,进入了全国面向 21 世纪重点建设的 100 所大学的行列。1997 年 9 月 12 日,我校"文艺学与汉语言文学"等 7 个学科项目获准立项。10 月 23 日,我校"211 工程"拟购仪器设备清单获通过。同年 12 月,提前启动"文艺学与汉语言文学"学科。

1998 年是我校"211 工程"建设步入实施的重要阶段。主要完成了以下八个方面的工作:

1. 学校"211 工程"重点学科项目全部启动建设。

2. 调整了"211 工程"建设的决策机构和管理机构,确定各机构的组织形式、成员组成及主要功能,对我校"211 工程"建设实行分层、分块、分项目领导。

3. 制定了《暨南大学"211 工程"建设项目管理办法》等 4 个管理办法。

4. 配合国务院侨办和广东省政府有关部门,进一步落实建设资金。三年来,共计 7 530 万元人民币已投入到位。

5. 积极准备并上报有关材料,学校已于 10 月 28 日正式得到了国务院侨办和广东省政府《关于暨南大学"211 工程"建设项目可行性研究报告的批复》。

6. 及时上报了《关于审批"211 工程"拟建重点学科建设项目和拟购大型仪

器设备的请示》,争取我校"211 工程"建设早日正式由国家批准立项。

7. 布置了我校"211 工程"公共服务体系各子项目制定规划和任务书的工作。

8. 布置了侨办和省重点学科以及校内重点学科进行学科自评估的工作。

二、贯彻"两个面向",突出"侨"字特色

1. 针对学生特点,深化教学改革

港澳台和海外学生有其自身特点,因此,学校始终把抓好"三语"教学作为提高教学质量的关键。1996 年,学校首先对"大学英语"课程实行境内外生分流教学;1997 年又对"大学语文"实行分流教学;去年"高等数学"也进行了分流。分流教学既按境内外生源分流,又按学生程度和学科分流,真正做到了因材施教。

1996 年开始,学校提倡对港澳台和海外学生采用英文教材,用英语授课。学校规定,本科非英语专业学制年限内,至少有一门专业课程采用最新英文版教材,用英语授课。为鼓励教师用英语授课,学校还特别制定了具体奖励办法。此外,学校还根据华侨、港澳台学生和华人学生的不同情况,学校制定了德育培养的分类目标,专门为外招生编写适合其特点的教材。

2. 发展华文教育,传播中华文化

我校华文学院是我国开展华文教育的重要基地,并成为我国具有高级程度汉语水平考试(HSK)资格的三所高校之一。从 1997 年开始,学校专门设立了供外国人学习的汉语言本科专业,同时还设立了各种学习中华文化的短期学习班,每年有来自 20 多个国家和地区的学生前来学习。我校华文学院编写的北美华文教材,甫抵美国,即为 60 所中文学校争相使用,反应热烈。

3. 积极主动宣传,扩大对外招生

招收华侨华人和港澳台青年是我校招生工作的首要任务。近两年,学校加强对外宣传,对外招生工作取得了显著成绩。1997 年海外及港澳台学生报考我校达 1 578 人,录取 974 人(含预科),为历年录取海外及港澳台学生人数之最。

1998 年,外招形势更加喜人。本科外招生报名达 1 701 人,特别是澳门考生,占澳门高中毕业生人数的 60%以上。报考学生分布世界 30 个国家和地区。共录取 1 174 人(含预科)。

外招研究生成效突出。1997 年外招研究生达 102 人,为 1996 年的 2.5 倍。1998 年外招研究生又增加到 112 人,比 1997 年增加 10%;另招博士生 5 名。

此外,我校还于去年春季率先在全国实行对外春季招生。

4. 发挥侨校优势,服务侨务工作

教学科研为侨务工作服务,是学校的重要任务之一。我校"211 工程"获准立项的 7 个项目中,就有 3 个项目直接服务于侨务工作。

另外,学校的成人教育也积极拓展港澳成人教育工作。

三、深化教育改革,提高教学质量

为适应社会需求及对外办学需要,学校及时调整专业,1996 年以来共增设了"投资经济"、"保险学"、"护理学"、"对外汉语"、"行政管理学"等 5 个新专业。

我校的学分制改革在原有成果基础上,大大向前推进了一步,在校内外引起较大反响:

1. 减轻学生学习负担,培养创新人才。学校决定调低总学分,4 年制本科总学分由 160 学分压缩为 150 学分。同时压缩专业必修课学分,增加选修课学分。

2. 改按学年收费为按学分收费。

3. 实行导师制。

4. 加强基础课教学,继打通院系基础课、专业基础课,开出晚选课,实行教师挂牌上课等一系列与学分制配套的措施。

调整办学结构,优化办学层次。学校本着稳定发展本科教育,积极发展研究生教育,逐步压缩专科规模的思路,在校专科生的规模从 1995 年的 2 472 人减少到 1998 年的 623 人;本科生的规模逐年扩大,1995 年在校本科生 5 377 人,1998 年增加到 7 218 人。招生质量也不断提高,学校去年录取考生中,高分段学生比前一年成倍增加,文理平均分比前一年提高了 10 分。

研究生教育长足发展。1997 年报考我校研究生的考生超过 2 000 人。1998 年报考我校研究生的考生达 2 516 人,录取 499 人,其中博士生 32 人,比前一年增加 33.3%。去年,我校 MBA 无论是报名人数,还是第一志愿上线人数,均在全国 56 所试办 MBA 高校中排列第 4 位,影响较大。我校研究生总人数于 1997 年突破千人大关,1998 年达 1 309 人。

去年,我校新增列了金融学等 5 个博士点,国际贸易等 10 个硕士点。同年 6 月,我校的国家文科基地顺利通过教育部的中期检查评估,评审结果为优秀。

成人教育成绩显著。学校继 1996 年省函授教育评估第一名,夜大学教育评估第二名后,1997 年该两项评估获全省总分第一,并被国家教委授予"全国成人高等教育评估优秀学校"。

在办学条件方面,1996 年,学校校园网顺利通过广东省验收,成为全省最早完成的高校之一;在当年全省高校实验室评估第一的基础上,1997 年学校新建了作为省重点的现代电子技术实验室;我校积极发展电化教育,1996 年学校电化教育在全省高校评估中名列重点院校总分第一。1998 年,我校被评为"全国电化教育工作先进单位",是全国十所高校之一。学校还积极向外延伸,改善办学条件。1996—1997 年,先后接纳深圳市人民医院和珠海市人民医院为我校医学院第二、第三附属医院。1 月初,经国务院侨办批准,广州市红十字会医院和清远市人民医院将分别成为我校医学院第四和第五附属医院。四家三甲医院的加盟，大大增强了我校的临床教学以及科研工作的力量。去年，我校还与珠海市人民政府合作，在该市共建暨南大学珠海学院（正式批文下达前，现称珠海教学点）。

体育竞赛成绩突出。去年7月，在第三届全国大学羽毛球锦标赛上，我校共获得4金7银1铜和4项第四名。我校3名运动员被教育部决定选派组成中国大学生羽毛球男队参加当年9月在土耳其举行的世界大学生运动会，获得2金1银1铜。8月，在第六届全国大学生田径锦标赛上，我校共夺得5金5银2铜，刷新一项大会纪录，并获女子团体总分第七，男子团体总分第八，男女团体总分第八的佳绩。在去年底结束的第13届亚运会上，我校3位学生代表中国作为主力参加女子足球赛，获得金牌，另2位同学分获男子标枪和女子三级跳远银牌。

四、加强科研管理，开展科学研究与学术交流

我校的科研工作是紧密结合"211工程"建设，结合人才培养等工作一起进行的。

学校重视师资队伍建设，注意引进培养学术骨干和学科带头人。1996年至1998年，学校共引进和在职培养博士65名，另外引进知名专家5人，目前全校共有博士147人，硕士564人。学校鼓励教师攻读博士、硕士学位，现共有86人在境内外攻读博士、硕士学位。我校有6人被遴选为"千百十工程"省级培养对象，52人为校级培养对象。科研队伍加强了，学校及时结合学科优势，增设科研机构。1997年，学校先后成立了金融研究所等6个研究所（中心），并把数学力学研究所更名为应用力学研究所。

近两年半来，我校申报科研项目及项目成果成绩突出。1997年，我校自然科学共获国家、省市各类科研项目59项，获资助经费450多万元。人文社会科学获国家社科基金项目和国家教委专项课题13次，获准数远高于中大和华师大等单位。在广东省"九五"社科规划立项中，我校有25项课题被批准立项，无论是被批准数还是获资助的金额数，均居全省首位。当年我校共有19项科技成果获奖，国家级1项，省部级5项，厅局级13项。在最近公布的在全国普通高等学校第二届人文社会科学研究成果奖名单中，我校获二等奖两项，三等奖一项。去年，我校自然、人文社会科学共获各级科研项目218项，经费712万元。特别是在国家基金委管理科学部"防范金融风险快速反应"项目招标中，我校凭雄厚的实力一举夺标，成为全国4家立项单位之一。随后，我校又成功地争取到教育部的重点科技项目的重点实验室的申报向我校开放，这是教育部首次破例在部属外高校以我校为唯一试点单位受理申报，我校申报的3个重点科技项目，均获得批准和资助。在国家基金委的6个科学部中，我校在生命科学部和管理科学部

中已有其特色和优势,去年我校在生命科学部获得资助科研项目数在全国综合大学中排列第5;管理科学部获资助科研项目数一直居广东省高校榜首。成果奖励方面,截至去年12月已揭晓的统计,学校共获省部级奖8项,厅局级奖29项。

学校还着力构建了科研激励机制,颁布了学校科研基金项目、科研成果及四大索引收录论文等配套奖励办法。学校还先后制定了27个科研管理办法。目前正在制定学校科研中长期发展规划等。

近两年,学校有关人员对欧、美、日、东南亚等多个国家和地区的十余所大学进行了访问,同时接待了十余个国家的专家学者数十人次的来访,签订了一系列学术交流协议。特别是与越南胡志明市国家经济大学和印尼雅加达达尔玛帕沙达大学结为姊妹学校,成为我国第一个与这两个国家大学建立学术交流关系的大学。

五、抓紧配套改革,做好各项工作

1. 财务管理及分配制度

我校1996年开始进行财务制度改革,实行新的学校基金管理制度,统一全校财务结算,全校财务管理实现了良性循环。去年,学校结算中心成立,使学校的财务运作及管理更加规范化。与新基金制度的实行相适应,学校对原来各单位小范围的奖金分配制度也进行改革,实行校内工资制度。

2. 干部人事制度方面

1997年,学校对全校处科级干部进行了考核,并对234名处级干部,367名科级干部进行重新聘任或任命,有23人落聘。1998年初,学校对部分中层领导干部职位实行全校公开招聘选拔,使一批优秀人才脱颖而出。学校对全体干部严格实行任期制、责任制和轮岗制。

学校从1996年开始,陆续对各单位进行人事定岗定编,同时对全校教职工实行聘任制,以调动积极性。学校定编工作的总原则是:提高办学效益,优化队伍结构,保证学科建设。

核编与岗位设置协调,适当向教学、科研以及重点学科倾斜。学校定编工作的目标是教学科研编制占50%以上,教辅人员占30%,行政后勤不超过20%。

3. 积极推动后勤改革

我校后勤改革的目标是实行事企分开,两权分离,创造企业化、产业化的后勤保障体制和服务体系,使学校后勤工作逐步社会化。1997年,学校首先将电话管理社会化,提高了通讯效率和办学效益,为学校节省了资金,给教工带来了实惠。去年,学校遵照国家的房改政策,圆满完成了全校1 283户的售房任务。学校的教工住宅区将逐步实行住户自我管理的模式。

4. 校园环境、教工生活方面

两年多来,校园卫生、绿化、治安等各方面有了明显的好转,学校一跃而成为广州市花园单位、卫生模范单位、先进单位和天河区综合治安先进单位。学校还邀请广州市规划局,对校园进行了整体规划。

自 1996 年 11 月至 1998 年 10 月,学校共进行了三次新旧房的分配,近1 700 户教职工喜迁新居,基本解决了教职工住房困难问题。学校还斥资千万元进行了全校性的电力扩容和自来水加压,缓和了学校用电用水的紧张。

另外,曾宪梓科学馆也于去年封顶并进入最后装修。学生宿舍楼工程进展良好。

今后工作的设想

"211 工程"建设,在今后 10 年内,都将是我校的一项中心工作。我校"211工程"建设的总体目标是:"经过 10 年左右的努力奋斗,使暨南大学的教育质量、科研水平和办学效益等方面进入国内高校先进行列,成为我们面向海外、面向港澳台办学和传播中华文化的重要基地,在香港、澳门、台湾地区和华侨华人社会具有重要影响的社会主义华侨大学。"因此,我校将在 2000 年以前,主要做好以下八个方面的工作。

1. 人才培养

"九五"期间,研究生人数以每年 12% 的速度增长,到 2000 年博士、硕士之比由目前的 8.5:100 提高到 14.3:100;海外及港澳台研究生与内地研究生之比由 18:100 提高到 25:100;研究生与本科生之比,由目前的 18.1:100 提高到 20.5:100。

2. 科学研究

到 2000 年,人文社会科学研究总体水平要进入全国综合性大学先进行列,部分研究领域达到国内领先水平,少数研究项目在国际上有一定影响。自然科学和工程技术科研工作要贯彻重视基础研究、突出应用研究的方针。主要指标是:预算外科研经费以年度 15% 的速度递增;发表于核心期刊的论文每年增加10%;获省部级以上成果奖数逐年提高,到 2000 年,获成果奖数比现在增加20% 以上。

3. 学科建设

力争在"九五"后期建成 2 个国家级重点学科,2 个博士后流动站,再建 2~3个省级重点学科。争取新增 2~3 个博士学位授予点,使现有博士点研究方向增加一倍以上,组建 6~8 个学科群体,更充分发挥我校的优势和特色,使我校有一至二个学科建设项目整体达到全国先进水平;同时,培养 2~3 名相对年青的国家级学科带头人和 10 名左右具有较高造诣、在国内外有一定影响的中青年学科带头人。

4. 师资队伍建设

到本世纪末,专任教师人数与学生人数的比例达到 1：12 左右。具有研究生学历的教师由目前的 51.5％提高到占教师总数的 60％左右,其中具有博士学历的教师达到教师总数的 15％。

5. 办学物质条件建设

"九五"期间经费的年增长率应超过 12.5％。加强各项基础设施建设,使我校的办学物质条件逐步达到中央 1983 年提出的"适当高于国内其他大学"的标准。提高科技成果开发和转化能力,到 2000 年,校办产业上交学校的利润要有较大幅度的增长。

6. 对外学术教育交流合作

再争取与 10 所左右高校及研究机构建立学术教育交流和合作关系。

7. 校内管理体制改革

改革的主要任务是：① 进一步加强董事会工作；② 进一步完善校长负责制；③ 健全校、院、系三级管理体制和搞好校部机关的改革；④ 深化干部人事制度和分配制度改革；⑤ 加快后勤管理和财务管理体制的改革。

8. 思想品德教育与校园精神文明建设

根据我校的侨校特点,学校将长期地、有步骤地对教职工和内地学生进行邓小平理论和党的基本路线教育,世界观和人生观教育,社会主义法制和道德教育。对港澳台和华侨学生加强爱国主义教育。对华人学生和外国留学生加强了解中华文化和对我友好的教育。

我们相信,在国务院侨办和广东省委省政府的直接领导和各位董事、各位朋友的热心关怀、指导下,经过全校师生员工的共同努力,一定可以克服困难,缩小差距,把暨南大学办得更有特色、更有水平,以全新的姿态跨入 21 世纪,全面完成"211 工程"总体建设规划的任务。

(在暨南大学董事会第四届第一次会议的讲话,原载《暨南大学校报》,第 251 期,1999 年 3 月 8 日。)

暨南大学的发展战略

我们暨大如何发展,教学工作如何做,这里谈谈自己和校领导班子的看法。

我们有什么战略?说得简单一点是"侨校＋名校"。我校性质是侨校,95年来,历朝政府都把我校定位为侨校,我们不能把"侨"字去掉。我校"侨"的特色要鲜明。没有"侨",学校就将没有活力。侨生、海外及港澳台学生要多。还有培养模式、管理工作等,各方面都要体现侨校特色。同时,是名校才有吸引力。不然,学生家长为什么要送子女不远万里来暨大读书?差的学校人家会愿意来上吗?办成名校是我们义不容辞的责任。只有名校办好了,才能办好侨校的事情,这是相辅相成的。

我校对港澳办学任务并不因港澳回归而减轻,而会更重。

今天还要面对祖国宝岛台湾回归、统一的问题,我们要义不容辞承担有关任务,要培养台湾学生,培养反对"台独"的爱国者。还要使更多华侨华人精英学生来我校读书,使世界华侨华人心向祖国、祖籍国,反对"台独"分子,支持中国现代化。

何谓名校、一流大学?有三条:①要有许多一流的学科。②要有名师,要有几位著名大师、名教授。③要有高素质、高质量的学生。暨大还有距离,需要扎实努力才能实现。

高校的品牌战略使高校都处于白热化竞争中,都很注意声誉。名声特别重要,一所学校追求名牌战略成功的话,就能站住脚。品牌好的学校,社会抢毕业生;品牌差的学校,毕业生找工作都很难。所以,现在把毕业生分配受不受欢迎作为学校品牌的一个标志。我校近年发展是上升的,所以毕业生就业比较好。我校在网上的全国排名是第18名。

近年提出若干办学措施、原则,都是为了学校品牌,为了办好暨大。我们提出了"严、法、实"三个字。治校"四从严";从严治党,从严治校,从严治教,从严治学。"严"字的核心就是使质量有可靠保证。从入学、中间过程直到毕业,每一关都要严格,不能只是招生关严格。不允许学校学术腐败。但学术要民主,要学术氛围。

要依法治校。学校所有业务领域,教学,科研,研究生、本科生、成人教育,以至党的系统,这些年都在制定各方面制度。这次教学工作会议搞了11个制度文件,已原则通过,就是要依法治教学,不搞人治,搞法治。同时要走"三化"道路;现代化、国际化、综合化。

无论办学条件、办学思想、管理,都要现代化。大家看到校园在绿化、美化、就是搞现代化，住房、生活条件、教室、运动场也要现代化。还要修医学院大楼、行政大楼，游泳池，等等。校本部、珠海学院都在搞一系列基建，是搞硬件现代化。但软件、管理也要现代化。

我们还要国际化。五大洲学生在这里读书，不走国际化道路不行。我们要进行国际学术交流，教学内容要国际化，三类学生的教学要清楚。本次教学会核心是把华侨、港澳台生，内地生和外国留学生三类学生的教学问题搞清楚。要把各种学生培养成才，要因材施教，有教无类，德智体都要教好。特别德育要强调，做人教育是第一的。

大家要以暨大为荣，首先做好自己的本职工作。要像维护生命一样维护校誉。学校在发展中非常困难，我们经费上面投入偏少，又要办好学校，如何办？只能艰苦奋斗。

政府投入只占学校经费的1/3。我们要从管理要效益。学校还没借过国家一分钱。学校与银行签了10亿元授信合同，就是贷10亿元不要担保。学校持新观念，把未来的钱提前用，使学校尽快现代化。但有的人挖苦，实际是落后观念，用落后骂先进，用不正确的观点攻击正确的。

"侨校＋名校"有两个比例，国家要求我校侨生数量达50％，任务非常艰巨。既要增加侨生，又要保证学校声誉，要实际些。如我们能否把预科办低些，扩大到初中，学生可来预科读高中，再上大学？办预科初、中、高级班。初级班相当于高一的学生，从高一培养。要把多思维办学，多方面办侨校，作为一件大事来抓。

名校就要走研究型大学之路。目前我们强调教学中心、科研中心，把教学、科研紧密结合。科研要上去，教学要上去。这次是教学工作会议，就是要全校把教学质量搞上去，要很多措施。这次教学会讨论11个制度，核心是标准学分制，要执行好。成绩差的不能超学分选修。计算机选课要拦住那些成绩差的，不能让他们多选课。学分制是既严又宽的制度，特别符合我校学生实际，有利我校提高教学质量。同时，辅以其他制度，如考试制度，还有名师讲课制度。正教授上基础课，我校1993年已开始。强调教授要上本科基础课，这是提高质量的关键。

教学上要严格把关，不允许考试作弊。还有教学事故处理，办法、条文不适合的可修改，但要坚持教学事故的处理。有人提出要允许教师坐着讲课，这荒唐。全世界老师讲课都是站着的，这是当老师的规矩。如果生病了，站不了，可以坐着，那是例外。但正常的都要站着讲课。我们教学上的基本原则一定要把握住。请大家注意，教学这个基础必须通过若干严格化过程管理才能成功。

要注意学生是第一，从我校长开始，所有老师，所有领导，都是在为学生服务。学生是主体，一切学校工作都要为学生服务，没有学生成不了大学。老师是主导作用，老师是关键。教学工作任务要落实到老师身上。老师要选好教材，备好课，上好课。

要坚持"三重评估"制度,不要丢掉这一特色。学生评估老师一定要坚持。这一点我们1993年就全面实施开了。暨大这几年为何声誉上去?是我们这几年采取了若干超前的、别人没采取的措施。好老师绝对不会怕学生评估。一个严格的老师,高质量教学的老师,学生会终生崇拜你,感谢你一辈子。好老师是严格的。如果是"放水"的老师,在学生心中会是一钱不值的。只有严格把关、好的老师才会得到学生尊重。

教学是主旋律,是基础。只有通过制度建设,领导、管理讲科学化,才能做好。这是个系统工程,非常难做,还须奋斗若干年。"211工程"第一期即将结束验收,还要迈向"211工程"第二阶段;我们还要接受教学评优。大家都希望学校往前走,走到前50名再往前,到前40名、前30名都是可能的,成为研究型大学。我们设计现在3 000个研究生,要达到4 000个,然后发展到6 000个。本科生稳定在12 000人多一点。研究生和本科生1∶2,以这个指标导向。一个是侨生指标,一个是研究生和本科生指标,两个发展目标。希望大家围绕我校的发展目标,每人做好自己的本职工作。

(在2001年暨南大学教学工作闭幕式上的讲话(按录音整理),原载《暨南教学》,第62期,2001年7月8日)。

建设国际化、现代化、综合化的高水平
社会主义华侨大学

在 21 世纪的第一年这激动人心的时刻,来自海内外的各位嘉宾、校友和社会各界热心人士聚首暨南园,共贺暨南大学 95 周年校庆。在此,我谨代表暨南大学 3 万名师生员工向出席今天庆典的各级领导、校董、校友和来宾表示热烈的欢迎! 向长期以来关心和支持暨南大学建设和发展的海内外朋友致以最诚挚的谢意! 同时,我们仍不忘缅怀和感谢曾在暨南大学创业和工作过的先辈们,并对他们表示深深的敬意。

从 1906 年创办的暨南学堂,到今天跻身于中国高校百强、享誉海内外的高等华侨学府,近百年来,暨南大学可谓是历经沧桑,风雨兼程。她与岁月同歌,与中华民族的命运同沉浮。虽屡经变迁曲折,但总是顺应时代的潮流而不断前进。学校始终以"宏教泽而系侨情"为办学宗旨,以"朔南暨,声教讫于四海"为办学使命。建校 95 年来,共为祖国大陆和海外、港澳台地区培养各类高素质人才 7 万余人。仅改革开放以来,就有来自世界五大洲 79 个国家以及港澳台地区的学生先后在暨南就读过。

暨南大学是祖国大陆向海外传播中华文化,维系海内外炎黄子孙亲情和开展中外文化交流的一条重要纽带,在我国高等教育史上有着特殊的地位。她不仅是中国历史上第一个华侨高等学府,是中国历史上第一个招收留学生的大学,是 1952 年全国院系调整以后第一所设立医学院的综合性大学,也是目前中国大陆高校中招收海外及港、澳、台学生人数最多的一所综合性大学。改革开放以来,暨南大学的建设和发展得到了党和国家的高度重视,同时也赢得了校董、校友、海外华侨华人、港澳台同胞及社会的广泛支持。暨南大学的发展一日千里,在许多方面都取得了令人振奋的进步,综合实力日渐增强、办学规模不断壮大、办学层次稳步提高、在海内外的影响日益扩大。学校 1996 年成为国家"211 工程"重点建设的大学后,在全国高校的综合实力排名不断上升:1998 年为第 87 位、1999 年为第 72 位、2000 年第 60 位、今年已跃居第 40 位。今日之暨南大学已是一所学科门类齐全,师资力量雄厚,科研实力强劲,誉满海内外的综合性华侨大学。

目前,学校拥有 4 个校区 16 个学院 36 个系,涵盖了理、工、医、文、经、史、管、法、教育等 9 大学科门类。有 2 个博士后流动站,1 个一级博士学位授权学科,13 个二级博士学位授权学科,66 个硕士学位授权学科,39 个本科专业,5 所附属医院,1 所直属医院。共有各类在校学生 23 809 人,其中全日制学生 13 789 人,包括研究生 2 529 人;来自 38 个国家和地区的海外及港澳台学生 4 893 人,居全国第一位。与 1996 年建校 90 周年时相比,我校博士学位授权学科、在校学生总数和全日制本科生都分别增长了 1 倍,研究生增长了 4 倍多,海外及港澳台学生增长了 2.5 倍,科研经费增长了 10 倍。同时,学校还填补了院士、博士后科研流动站、一级博士学位授权学科、国家级重点实验室、重点基地、重大科研项目等多项空白,在许多方面实现了零的突破。

系侨情,任重道远;宏教泽,只争朝夕。我们在回顾总结暨南大学 95 年风雨沧桑与辉煌成就的同时,更对新世纪暨南大学的光辉前景充满着期盼与渴望。"侨校＋名校"是暨南大学的发展战略,走研究型大学的道路是暨南大学的发展方向,我们正循着国际化、现代化、综合化的高水平社会主义华侨大学的目标奋进。面对新的机遇与挑战,我们信心百倍。我们坚信:在国务院侨办和广东省人民政府的直接领导下,在海内外校友、校董和所有热心华侨、华文教育事业的朋友们大力帮助和支持下,暨南大学全体师生员工恪守"忠信笃敬"的校训,弘扬"爱国爱校,团结奋进"的精神,团结一致,开拓进取,暨南大学的明天一定会更美好,暨南大学的前景一定会更灿烂。让我们一起努力,再创辉煌,迎接暨南大学的百年华诞!

(在庆祝暨南大学建校 95 周年大会上的讲话,原载《暨南高教研究》,2001(2):1－2。)

努力完成高校扩招任务

江泽民同志在党的十六大报告中指出："教育是发展科学技术和培养人才的基础，在现代化建设中具有先导性全局性作用，必须摆在优先发展的战略地位"。在全面建设小康社会的过程中，要"坚持教育创新，深化教育改革，优化教育结构，合理配置教育资源，提高教育质量和管理水平，全面推进素质教育，造就数以亿计的高素质劳动者，数以千万计的专门人才和一大批拔尖创新人才"，为未来高等教育的发展提出了更高的要求，指明了新的方向。中共中央政治局委员、广东省委书记张德江同志刚到广东，就深切关心广东高等教育的发展状况，全校教职员工深受张书记讲话精神的鼓舞，纷纷表示一定要积极贯彻十六大精神及实践张书记的重要指示，积极为广东高等教育的发展，为广东实现"争创新优势，率先实现基本现代化"的远大目标贡献力量。现在，我将学校现状和发展情况进行汇报。

一、暨南大学简要发展历程和现状

暨南大学是我国第一所国家创办的华侨大学，其前身是 1906 年创建于南京的暨南学堂。先后在上海、福建建阳等地办学。学校是应当时侨居海外的华侨之需而设，旨在"宏教泽而系侨情"。这一办学宗旨从未改变。新中国成立后，为实施国家侨务政策，弘扬中华民族优秀传统文化，满足海外华侨华人和港澳台地区青年的求学需要，党和国家十分重视华侨高等教育的发展。1958 年，暨南大学被列为国务院高教部的直属院校。1983 年，中共中央、国务院专文批复中宣部、教育部、国务院侨务办公室，将暨南大学列为国家重点扶植的大学。1994年，国务院侨办与广东省人民政府签署协议——合作共建暨南大学。1996 年暨南大学成为国家面向 21 世纪重点建设大学。今年 10 月，学校顺利通过"九五""211 工程"验收，成功进入"十五""211 工程"建设新时期。

"九五"期间，在国务院侨办及广东省委省政府的领导下，我校坚持从严治校和依法治校的原则，全校教职员工认清形势，正视差距，扬长避短，开拓创新，以"211 工程"建设为龙头，大力推进学校各项事业不断进步，在许多方面发生了从无到有、从小到大、从弱到强的可喜变化，成功实现跨越式发展。

（一）办学规模变大

学生人数显著增加。与"九五"之初相比，学校各类学生由 13 012 人增加到 27 383 人，增长 110.4％。学校全日制本科生由 5 377 人增加到 12 263 人，增长 128.1％。研究生由 615 人增加到 3 245 人，增长 427.6％。

（二）校园和建筑面积扩大

校区由原来的 3 个(广州石牌校本部,广园西路校区,深圳华侨城校区)增加到 4 个(加上珠海校区),现还有 1 个新校区正待开发。校园占地面积由 112 公顷增加到 174 公顷,增长 55.4%,校园建筑面积由 506 991 平方米增加到 961 088平方米,增长 89.6%。

（三）办学层次提高

学校研究生与本科生之比由 1995 年的 1∶8.74 上升到 1∶3.78,专科生由 2 472 人减到 109 人,明年这个数字将变为零,而且校本部从 1997 年开始即没有专科生。

（四）办学特色更加鲜明

海外及港澳台学生由 1982 人增加到 6 894 人,增长 247.8%,是中国海外及港澳台学生最多的大学。1995 年,只有 16 个国家的学生来校学习,而今天已上升为世界五大洲的 53 个国家。建立了姊妹关系的大学遍及世界各地,是中国第一所在世界五大洲建有姊妹大学的学校。另外,学校作为国务院侨办华文教育基地和国家汉办支持周边国家汉语教学的重点单位,编写全套《中文》教材共 48 册,现已被多个国家使用,共发行 300 多万套,深受华侨华人和外国人的欢迎和好评。

（五）科研实力增强

学校科研经费由 400 万元增加到 8 000 万元,增长近 19 倍。获得的科研项目在"973"、"863"等国家重点项目方面实现了零的突破。获得的专利从无到有,现在获专利授权 20 项。学术论文数增加了 1.3 倍,其中被三大索引(SCI、EI 和 ISTP)收录的论文数增加了 10.7 倍。获省部级科技奖励增加了 5 倍多。科研成果的应用也有较大的进步。

另外,学校在国家重点学科、国家研究基地、教育部重点实验室、工程研究中心等方面都实现了零的突破。新增 2 个国家级重点学科,1 个国家人文社会科学重点基地、1 个教育部重点实验室、1 个教育部工程研究中心、8 个广东省重点学科、1 个广东省教育厅重点实验室。

（六）学科结构优化

本科专业由 1995 年的 30 个增加到 43 个,硕士学位授权学科由 1995 年的 50 个增加到 67 个,博士学位授权学科已由 7 个增加到 14 个,并且在一级学位授权学科方面实现了零的突破。博士后站实现零的突破,达到 3 个。教学系由 21 个增至 37 个,学院数由 7 个增至 16 个,涵盖的学科门类更加广泛。

（七）师资队伍结构改善

1 093 名专任教师中,有研究生学位者 852 人,占 78%,其中博士 281 人,博士学位获得者占专任教师的总数由 1995 年的 5.8% 增加到 25.7%。博士生导师 63 人,教授 183 人,副教授 572 人。新增院士 2 人,填补了学校无院士任教的空白。获教育部设置的"长江学者奖励计划"和广东省设置的"珠江学者计划"特聘教师岗位各两个。

（八）为祖国统一大业和广东经济发展服务的能力增强

自1978年至今，我校已接收过来自世界五大洲91个国家和港澳台3个地区的学生前来学习，为港澳的顺利回归和广泛团结世界华侨华人作出了积极贡献。同时，作为广东高等教育的重要组成部分，自1995年以来，我校共为广东省培养各类人才27 549人，其中全日制本、专科生12 022人，研究生4 895人，继续教育学生10 632人。这期间，我校还为广东地区招收研究生课程进修班学生6 281人，短期培训各类学员3万余人。同时，所培养的华侨华人和港澳台学生也大多原籍广东。

1. 全日制本、专科生招生情况：

时间	外招人数	内招人数		广东生源人数			备注（全为广东学生）
		总数	本科	总数	本科	专科	
1995年	356	1 772	997	1 652	847	775	预科30
1996年	432	1 683	1 318	1 519	1 168	321	预科30
1997年	520	1 625	1 384	1 436	1 214	192	预科30
1998年	619	1 660	1 450	1 367	1 187	150	预科30
1999年	703	2 561	2 503	2 084（含600走读生）	1 731	295	预科58
2000年	771	1 872	1 862	1 281	1 161	120	预科10
2001年	866	2 003	2 003	1 276	1 276	0	开始停招专科生
2002年	1 256	2 500	2 500	1 397	1 397	0	0
合计	5 523	15 676	14 017	11 607	9 981	1 438	188

2. 研究生招生情况：

时间	招生总数	广东生源人数		
		博士	硕士	总数
1995年	228	7	61	68
1996年	299	8	114	122
1997年	421	18	139	157
1998年	583	16	242	258
1999年	596	38	263	301
2000年	701	58	264	322
2001年	914	84	327	411
2002年	1 153	91	211	302
合计	4 895	320	1 621	1 941

3. 继续教育在校生情况：

时间	成人教育（含函授、夜大、成人脱产）	非学历教育（含研究生进修班、自考班、进修培训）
1995 年	3 500	702
1996 年	3 517	187
1997 年	3 798	6 410
1998 年	4 409	5 031
1999 年	5 036	3 634
2000 年	5 716	3 416
2001 年	6 582	3 429
2002 年	7 117	4 065

（九）综合实力增强

学校的固定资产总值由 2.7 亿元增至 14 亿元，增加了 4 倍多，图书藏量由 135 万册增至 170.7 万册，教学科研仪器设备由 4 985 万元增至 1.5 亿多元，增加了 2 倍多。

学校在不同机构的综合实力排行榜中的位置不断上升，今年被教育部《高等教育评估杂志》评为 77 所研究型大学之一，名列第 53 位。按中国网大的中国大学综合实力排名，我校排名逐年上升。1998 年第 87 位，1999 年第 72 位，2000 年第 60 位，2001 年第 40 位，2002 年第 37 位。

（十）学校的办学效益提高

全校的教职工和专业教师人数基本没有变化，1995 年分别为 3 601 人和 1 036 人，目前为 3 649 人和 1 093 人，且学校所获上级经费投入并未大幅增加，但学校完成的任务却成倍增加，显然办学效益已更加优良。在 2002 年广东管理科学研究院"中国'211 工程'大学教师人均效率排名"，我校排在第 41 位。

我校上述进步与国内一流大学相比，仍有很大差距，我们正在努力缩短距离。"九五"期间的进步，为我校"十五"期间的进一步发展，为顺利完成国家及地方赋予的各项任务奠定了坚实的基础。

二、暨南大学"十五"规划发展目标

为保持良好的发展势头，顺利实现"侨校＋名校"的发展战略，为国家和地方多做贡献，我校委托中国国际咨询公司制定了"十五"《暨南大学总体发展规划》（简称《规划》），该《规划》根据实际情况对我校"十五"期间的发展方向、目标以及具体建设项目进行了详尽的可行性论证，得到国家计委的肯定。国家计委批准在"十五"期间向我校投入 5.1 亿人民币专项资金实现这一规划。

此外，国家"211 工程"协调办公室也对我校"十五""211 工程"项目投入2 800万元。

下面，我主要介绍一下"十五"期间我校《规划》中有关人才培养和基础设施建设的内容。

（一）人才培养

按照"大力发展研究生教育，适度发展本科教育，积极发展华文教育，稳定成人教育规模"的发展思路，计划到 2005 年，学校本科生规模达到 13 000 人，硕士生达到 4 500 人，博士生达到 600 人，海外及港澳台学生与内地学生的比例达到1：1。

（二）基础设施建设

根据《规划》及国家计委的批复，我校"十五"期间利用 5.1 亿元专项资金应完成的项目有：

序号	项目	"十五"建筑面积/m²	"十五"投资/万元
一	广州本部		
1	主要工程		
1.1	教室、实验室实习场所	28 000	5 740
1.2	图书馆	22 844	7 424
1.3	校、系行政用房	9 000	2 304
1.4	游泳馆	1 800	569
1.5	曾宪梓科学馆	13 500	4 806
1.6	医学院	25 000	7 550
1.7	学生食堂	5 000	775
1.8	教工宿舍	4 000	740
1.9	教工食堂	2 800	462
1.10	生活及其他附属用房	9 100	1 957
1.11	运动场改造	20 000	320
1.12	旧楼改造	60 000	3 000
2	公用设施配套改造工程		
2.1	拆除工程		197
2.2	附属设施		713
2.3	室外道路及广场		882
2.4	校园绿化		260

序号	项目	"十五"建筑面积/m²	"十五"投资/万元
2.5	室外管网改造		1 248
2.6	土方工程		200
3	其他费用		7 360
	小计	121 044	46 505
二	磨碟沙校区		
1	主要工程		
1.1	教室、实验室实习场所	26 522	5 437
1.2	图书馆		
1.3	校、系行政用房	5 000	1 280
1.4	会堂	1 120	392
1.5	风雨操场	1 613	526
1.6	学生食堂	3 500	543
1.7	教工宿舍	1 044	193
1.8	教工食堂	1 030	170
1.9	生活及其他附属用房	4 000	860
2	公用设施		752
3	其他费用		2 355
	小计	43 829	12 508
	总计	164 873	59 013

三、完成扩招任务的措施及实际问题

(一)措施

发展高等教育,提高入学率,将广东建成教育强省,这是省委省政府做出的重大决策,我们坚决拥护。为完成省教育厅下达给我校 2005 年在校本科生达到 20 000 人的任务,我们将采取如下主要措施。

1. 积极引进师资,扩大师资队伍规模。努力创造良好的生活、工作环境,提供力所能及的优惠政策。根据招生计划、专业设置及现有师资队伍结构和数量,面向海内外,一方面吸收优秀的硕士、博士毕业生,一方面引进一些学术带头人,以解决扩招后的师资不足问题。

2. 抓紧修建教学大楼、实验楼、图书馆、运动场、教工住宅、学生宿舍、学生食堂等基础设施。因我校现有 4 个校区的建筑物和学生容量已趋饱和,现有设施无法满足扩招所带来的更大需求,因此我校当务之急是紧急修建所需的基础设施。

3. 筹措资金,解决扩招所带来的一系列投入问题。目前,我校已没有财力支持师资引进和基础设施所需的资金投入,唯有通过向银行贷款或社会捐赠以及引资共建来解决,我们将以此为突破口,寻找合适、有效的途径,解决资金问题。

(二) 实际问题

1. 师资问题。师资是制约我校扩大招生规模的瓶颈。这一方面表现在现有师资的数量不能满足未来扩招的需要。根据扩招人数及教育部规定的师生比计算,我校必须引进专任教师 500 人,加上管理和后勤人员,总数近 1 000 人。另一方面在于教师住宅楼的缺乏限制了学校引进师资的数量和速度。根据广州市的政策,凡教师住宅楼一概不予报建,我校拟建的引进师资的教师周转房因此而搁浅。目前,我校急需引进的师资都因住房问题无法解决而迟迟不能到位。同时,学校因缺乏资金,目前无法启动货币分房工作。

2. 校园用地和基础设施问题。要完成扩招任务,就必须增加约 217 380 平方米房屋建筑面积,但我校现有的 4 个校区已无法容纳更多的建筑物。因此,我们不仅没有扩招所需的建筑用地,就是已经纳入《规划》的计划安排 4 000 名学生的磨碟沙校区至今也不能开发。因为该地块已被广州市政府征用,而市政府置换给我校的土地目前已基本落实,即等面积置换到广州氮肥厂区域。据悉,该地块至少要到 2004 年 3 月才能全部交付我校使用。如按照广州市正常的报建速度,我校必须到 2005 年初才能完成报建工作。这样一来,不仅扩招的学生无处安置,就是原计划安排的 4 000 名学生也无处容纳。

3. 资金问题。"十五"期间,国家给予我校的专项资金都必须按规划项目投入,因此我校那些没有纳入国家《规划》而又必须建设的项目以及扩招所需增加的基础设施项目都必须另筹资金解决。为完成国家《规划》外的项目,包括珠海校园的所有工程、校本部的 10 栋学生宿舍等,需经费 6.5 亿元,学校希望省委省政府帮助解决,不足部分由我校自筹和贷款解决。而为完成扩招任务所需投入的各类资金仅仅基建部分估计还需 3.5 亿元左右,这已远远超出了学校的承受能力。

(三) 建议

1. 中央已给我校"十五"期间专项投入 5.38 亿元,故再请广东省委、省政府给予相应配套经费。同时,请为将要扩招的 7 000 名大学生也给予相关的经费投入。

2. 由于校园分散,影响办学质量和效益,根据张书记关于"校园土地可以置换"的指示,我校请求省委、省政府将华文学院(225 亩)和磨碟沙(354 亩)共约 580 亩的土地置换到学校本部南大门对面的广州跑马场区域。这样既可以解决校园分散,难于规划、难于管理的问题,又可以加速基础设施建设,为提高办学质量和完成扩招任务提供坚实的保障。

3. 发展我省的高等教育,完成扩招任务需要全省上下的通力支持,我们渴望省委、省政府能与广州市政府进行协调,对一些不利于完成扩招任务的政策予以变通,应允许特事特办。如对教师住宅楼的限制报建问题,基建工程报建手续及进度问题,等等。

因为我校隶属于国务院侨办,对扩招一事,经请示,侨办领导认为我校并不具备扩招的能力,因此,恳请省委、省政府能酌情解决我们的困难,以便我校能够完成国家批准的"十五"建设规划以及省里下达的扩招任务。

(在广东高等教育 2003 年度工作会议暨发展咨询会议上的发言,肇庆,2002 年 12 月 28 日。)

统一思想 提高认识 建设海内外知名的
社会主义华侨大学

过去的一年,对我校来说是不平凡的一年,是有重要意义的一年。在这一年里,我校在国务院侨办和广东省委、省政府的直接领导下,全体教职员工以邓小平理论和"三个代表"重要思想为指导,深入学习贯彻党的十六大精神,坚持"面向海外、面向港澳台"的办学方针,以"211工程"为龙头,群策群力,开拓进取,积极推进学校的各项改革,在实施"侨校+名校"的发展战略中,各项工作再上新台阶。在这一年里,我校以评价优秀的成绩顺利通过"九五""211工程"建设项目整体验收,成功进入"十五""211工程"建设阶段。在这一年里,我校从国家获得5.38亿元人民币的专项资金,为下一阶段发展打下良好基础。

下面,我代表学校向大会作报告。

一、学校的发展情况和现状

"九五"期间,我校按照"发挥优势、深化改革、保证重点、改善条件、提高质量"的发展方针,坚持为侨服务、从严治校和依法治校的办学原则,认清形势,正视差距,扬长避短,开拓创新,大力推进学校各项事业不断进步,在许多方面发生了从无到有、从小到大、从弱到强的可喜变化,成功实现跨越式发展,为"十五"发展奠定了坚实的基础。

(一)主要改革措施

1. 学分制改革。我校在1978年复办之初即开始试行学分制,1993年率先在全国高校取消补考,施行标准学分制即弹性学分制,并在近几年不断修正完善。我校不仅是广东省最早实行学分制的高校,而且是全国最早实行学分制的高校之一,受到全国许多高校的重视。

2. "三重评估"制度。为提高课堂教学质量,我校自1985年开始实行课堂教学评估,1993年开始实行课堂教学三重评估,即每学期分别由学生、院系领导和听课专家组对所有本科课堂教学质量进行评估,这在一定程度上促进了师生间教学信息的交流和教师对课堂教学质量的重视。学校根据评估结果采取一系列奖惩结合、以奖为主的措施,激励先进,鞭策落后,有效地提高了课堂教学质量。由于"三重评估"制度由我校首创,且效果良好,现已被省内外许多高校参照使用。

3. 教授上基础课制度。为保证基础课教学质量,使新生打下坚实的基础,我校自 1993 年开始要求教授必须上本科基础课,2001 年上半年全校 155 位教授为本科生开课的有 117 人,达到教授队伍的 75.5%。

4. 提倡和实施"双语"教学。为执行"两个面向"的办学方针,我校从 1996 年开始就提倡和鼓励教师用英语进行本科专业课教学。经过几年努力,目前我校非英语专业用英语教学的已有 28 门课程,使用全英语教材的有 34 门课程,使用中英对照教材的有 40 门课程。以此为基础,2001 年 6 月,我校在全国高校中第一个成立了采用全英语教学的国际学院。目前该学院已开办了临床医学、国际经济与贸易和会计学等三个专业。

5. 考试改革。为加强校风、教风、学风建设,学校坚持考试从严管理。从 2001—2002 学年上学期开始,在体育馆开辟可容纳 800 多人的大型考场,最大限度地杜绝了舞弊现象,保证了考试的公正性。这一首创性举措受到了许多高校及新闻媒体的广泛关注。

6. 优化办学结构。从 1996 年开始,学校倡导大力发展研究生教育,适度发展本科教育,积极发展华文教育。于是,博士和硕士点数增加,研究生数量迅速增大,专科专业开始停办,华文教育得到增强。同时,根据社会发展和学生求学、就业的需要,不断调整本科专业结构,及时增设适应国内外学生要求的专业。

7. 合作办学。1993 年,我校在深圳开办中旅学院,开校企联合办学的先河。1998 年,我校与珠海市政府在珠海合作办学,成为中国第一个在珠海开办全日制高等教育的大学,在珠海市培养的首批专科生和本科生分别于 2001 年和 2002 年毕业于我校珠海学院。另外,为加强医学类学生的实践教学,我校在广州、深圳、珠海、清远、江门等地先后与地方政府共建了 7 所附属医院,率先在全国走出了共建附属医院联合办学的路子。

8. 实行春秋两季招生。为在更大程度上满足海外及港澳台学生报读暨南大学的愿望,我校于 1998 年在全国率先实行春秋两季招生。另外,我校还是全国第一个在海外及港澳台地区设立招生报名点的大学,方便了咨询和报名。

9. 人事分配制度改革。1998 年,针对传统高校人事管理模式中存在的教师职务终身制和国家高度集中的指令性工资制度,我校进行了大胆改革,制定了一套全新的量化考核指标和管理方法,开始实行新的分配体制。新的分配体制充分发挥了个人潜能,优化了学科队伍,调动了教职工教学科研积极性。

10. 着力提高教师质量。近年来,学校大力加强师资队伍建设,新师资一律具有硕士以上学位,尽力多引进博士生担任教师,并注意现有师资的培训和进修。

11. 特聘教授岗位制。为创建名师工程,建设一支高水平的师资队伍,学校于去年开始实施特聘教授岗位责任制。该制度的实施一方面可为优秀拔尖人才提供更好的学术环境,另一方面可以激发广大教师的上进心,在全校形成健康向上的学术氛围。

12. 鼓励搞科研。科研水平是衡量一所大学办学水平的重要标志。为鼓励教师积极投身科学研究,学校将教师的科研成果直接与校内工资挂钩,对其进行量化考核。同时,对研究生实行更严格的管理制度。这些举措收效显著,我校科研论文和科研项目数量大幅上升,学校的科研经费得到快速增长。

13. 财务集中管理。改革以前,由于资金分散,削弱了学校集中财力对重点项目进行投入的能力;同时,各院系由于将精力过多地投入创收,不同程度上影响了办学质量,且易滋生腐败。从 1996 年开始,学校把各独立核算单位资金账户集中起来统一管理,集中了学校财力,加大了监管力度,办学水平、办学质量和教职工收入不断提高。

14. 后勤社会化改革。2001 年,我校进入后勤社会化改革的关键时期。根据国务院副总理李岚清、教育部长陈至立在全国高校后勤社会化会议上的讲话精神,学校从多方面入手,加速推进后勤社会化改革,为此,学校成立了后勤集团。与此同时,学校还成立了住宅小区物业管理筹备小组,并着手进行运作,为我校最终实现小区物业管理奠定了基础。

15. 整顿机关作风。为配合从严治校、依法治校以及"三讲"教育的开展,切实改进机关作风,学校各机关部处针对"门难进、脸难看、事难办"的现象,进行自查自纠,并根据群众的意见和建议制定了切实有效的措施,开展了以"内强素质、外树形象"为主旨的边整边改工作。机关各单位加强建章立制,实行岗位职责、办事程序公示制;各级领导干部切实改变议事的方式方法,减少"文山会海",简化办事程序,增强服务意识,提高管理水平和工作效率;制定了新的公文运转办法,对公文写作要求、呈递程序和批复时限做出相应规范,同时强化督办职能。通过上述一系列措施,机关作风得到好转。

(二)主要成绩

"九五"期间,学校围绕"211 工程"建设,以教学科研为中心,以重点学科建设为重点,采取了以上各项改革措施,不断改善基础设施,提高教师福利待遇,保证了教学质量,扩大了办学规模,提高了办学层次和办学水平,实现了跨越式发展。

1. 办学规模变大

学生人数显著增加,办学规模扩大了 1 倍,相当于在原有基础上新办了一所暨南大学。与"九五"期间之初相比,学校各类学生由 13 012 人增加到 27 383 人,增长 110.4%,其中海外及港澳台学生,由 1 982 人增加到 6 894 人,增长 248%。全日制学生由 8 608 人增加到 16 296 人,增长 89%,其中本科生由 5 377 人增加到 12 263 人,增长 128.1%,研究生由 615 人增加到 3 245 人,增长 427.6%;海外及港澳台学生由 1 766 人增加到 6 168 人,增长 249.3%。

各类学生历年增长情况

年份 类别	1995	1996	1997	1998	1999	2000	2001	2002
各类学生总数	13 012	12 557	19 542	19 112	19 988	21 535	23 809	27 383
全日制学生总数	8 608	8 586	9 030	9 404	11 177	12 360	13 789	16 296
本科生	5 377	5 972	6 509	7 218	8 664	9 542	10 537	12 263
研究生	615	795	1 003	1 309	1 583	2 007	2 529	3 245
各类海外及港澳台生	1 982	2 577	2 701	3 380	3 568	4 323	4 893	6 894
全日制海外及港澳台生	1 766	2 281	2 331	2 820	3 113	3 558	4 265	6 168
华文教育（语言生）	216	292	305	532	511	368	439	1 233
预科生	144	134	180	254	237	236	252	584

2. 校园和建筑面积扩大

校区由原来的 3 个（广州石牌校本部，广园西路校区，深圳华侨城校区）增加到 4 个（新增的珠海校区开办于 1998 年），现还有 1 个新校区（磨碟沙校区）正待开发。校园占地面积由 112 公顷增加到 174 公顷，增长 55.4%，校园建筑面积由 506 991 平方米增加到 961 088 平方米，增长 89.6%。

3. 办学层次提高

学校研究生与本科生之比由 1995 年的 1∶8.74 上升到 1∶3.78，专科生由 2 472 人减到 109 人，今年这个数字将变为零。校本部自 1996 年开始就停止招收专科生。

4. "侨"字办学特色更加鲜明

海外及港澳台学生由 1 982 人增加到 6 894 人，增长 247.8%，是我国拥有海外及港澳台学生人数最多的大学。1995 年，只有 16 个国家的学生来校学习，而今天已有来自世界五大洲的 53 个国家的学生在校学习。建立了姊妹关系的大学遍及世界各地，我校是我国第一所在世界五大洲建有姊妹大学的学校，国际影响进一步增强。另外，学校作为国务院侨办华文教育基地和国家汉办支持周边国家汉语教学的重点单位，编写全套《中文》教材共 48 册，现已在 40 多个国家使用，共发行 300 多万套，深受华侨华人和外国人的欢迎和好评。

5. 科研实力增强

学校科研经费由 400 万元增加到 8 000 万元，增长近 19 倍。获得的科研项目在"973"、"863"等国家重点项目方面实现了零的突破。专利从无到有，现在获专利 17 项。学术论文数增加了 1.3 倍，其中被三大索引（SCI、EI 和 ISTP）收录的论文数增加了 10.7 倍。获省部级科技奖励增加了 5 倍多。科研成果的应用也有较大的进步。

另外，学校在国家重点学科、国家研究基地、教育部重点实验室、工程研究中心等方面都实现了零的突破。新增 2 个国家级重点学科、1 个国家人文社会科学重点基地、1 个教育部重点实验室、1 个教育部工程研究中心、8 个广东省重点学科、1 个广东省教育厅重点实验室。

6. 学科结构优化

本科专业由 1995 年的 30 个增加到 43 个，硕士学位授权学科由 1995 年的 50 个增加到 67 个，其中包括全国仅 30 所重点高校拥有的 EMBA 授权点，博士学位授权学科已由 7 个增加到 14 个，并且在一级学位授权学科方面实现了零的突破。博士后流动站实现零的突破，达到 3 个，并建有 1 个博士后科研工作站。教学系由 21 个增至 37 个，学院数由 7 个增至 16 个，涵盖的学科门类更加广泛。

7. 师资队伍结构改善

1 093 名专任教师中，有研究生学位者 852 人，占 78%，其中博士 281 人，博士学位获得者占专任教师比例由 1995 年的 5.8% 增加到 25.7%。博士生导师 63 人，教授 183 人，副教授 572 人。新增院士 2 人，填补了学校无院士任教的空白。获教育部设置的"长江学者奖励计划"和广东省设置的"珠江学者计划"特聘教师岗位各两个。

8. 综合实力变强

学校的固定资产总值由 2.7 亿元增至 14 亿元，增加 4 倍多，图书藏量由 135 万册增至 170.7 万册，教学科研仪器设备由 4 985 万元增至 1.5 亿多元，增加 2 倍多。

学校在不同机构的综合实力排行榜中的位置不断上升，在广东高校中已跃居第三位。在中国网大的中国大学综合实力排行榜的排名分别为：1998 年第 87 位，1999 年第 72 位，2000 年第 60 位，2001 年第 40 位，2002 年第 37 位。在广东管理科学院每年的"中国大学 100 强"中，我校的排名分别为：2000 年第 81 位，2001 年第 68 位，2002 年第 55 位。随着我校综合实力和办学水平的不断提高，去年我校入选教育部《高等教育评估》杂志评选的 77 所研究型大学之一，名列第 53 位。

9. 教职工生活水平改善

1995 年，我校本部家庭教职工住房总面积为 169 775 平方米，人均住房面积为 13.5 平方米；2002 年，我校本部教职工家庭住房总面积为 320 343 平方米，人均住房面积为 23.74 平方米，分别较 1995 年增长 89%、76%。"九五"至今，我校教职工的工资待遇也不断提高。1995 年以来，人均年收入分别为：1995 年 8 254.12 元，1996 年 12 545.69 元，较上年增长 52%；1997 年 20 210.31 元，较上年增长 61.1%；1998 年 22 354.60 元，较上年增长 10.61%；1999 年 26 710.35

元,较上年增长 19.48%;2000 年 35 157.82 元,较上年增长 31.63%;2001 年 43 734.80元,较上年增长 24.40%;2002 年 65 694.57 元,较上年增长 50.21%。2002 年与 1995 相比增长近 7 倍。

10. 办学效益提高

全校的教职工和专业教师人数基本没有变化,1995 年分别为 3 601 人和 1 036 人,目前为 3 649 人和 1 093 人,且学校所获上级经费投入并未大幅增加,但学校完成的任务却成倍增长,显然办学效益已更加优良。在 2002 年广东管理科学研究院"中国'211 工程'大学教师人均效率排名"中,我校排在第 41 位。

二、一年来的工作回顾

(一)深入学习邓小平理论,贯彻落实"三个代表"重要思想,做好党建和师生思想政治工作

1. 去年 2 月底至 3 月初,学校召开了中共暨南大学第七次党员代表大会,选举产生了中国共产党暨南大学第七届委员会和纪律检查委员会。4 月,学校召开了学习江泽民同志"七一"讲话暨党建理论研讨会,此次研讨会的论文集即将出版发行。11 月,通过了国家大学生文化素质教育联合基地(石牌六校)评估检查。

2. 十六大召开前后,为迎接十六大、贯彻十六大精神,学校组织广大师生进行了座谈、开展辅导报告等系列活动,在校园内掀起了学习贯彻十六大的热潮。

3. 抓好师德建设工作。4 月份,围绕学术道德建设问题,先后召开座谈会,有关座谈内容与经验在《光明日报》《中国社科院院报》等媒体上报道。彭小川教授被评为广东省高校首届"十佳师德标兵"。由省委教育工委、省教育厅组织的"扬师德"征文活动中,我校荣获一等奖 1 人、三等奖 5 人。在全省高校"我向往的校风"演讲大赛中,我校获一等奖 1 人,三等奖 1 人。

4. 大力推进思想政治教育进网络工作。学校成立了思想政治教育工作进网络领导小组,并相继成立了党委组织部、宣传部、学生工作部、团委等思想政治工作与党建、团建等网站,并进行了全校性的网站评估活动。

(二)顺利通过"九五""211 工程"项目验收,成功进入"十五""211 工程"建设阶段

1. 精心准备,严密部署,迎接"九五""211 工程"项目验收。去年年初,我校水生生物学和产业经济学获准成为国家重点学科,改变了我校无国家重点学科的历史。7 月,我校"211 工程"子项目以全部优秀的成绩赢得与会专家的一致好评。10 月,我校"九五""211 工程"建设项目验收总体评价为优秀。

2. 立足"九五",科学设计,做好"十五""211 工程"建设规划。根据教育部的总体部署,2002 年 11 月 7—8 日,我校完成了《"十五""211 工程"建设项目可行性研究报告》的专家论证,成功进入"十五""211工程"建设阶段。鉴于我校"九五"期间的建设成果,"十五"期间,国家计委和财政部将向我校投入2 800万元的"211工程"专项资金,改变了"九五"期间国家分文未投的状况。

3. 为使"211工程"建设有章可循,保证学科建设质量,学校组织有关部门就学科建设制定了《暨南大学重点学科建设项目管理暂行办法》、《暨南大学重点学科建设专项资金管理暂行办法》、《暨南大学重点学科建设项目负责人职责暂行规定》等一批学科建设管理文件。

(三) 进一步深化教学改革,重点突出"侨"字特色,不断提升办学水平

1. 积极协调,合理安排,大力办好珠海学院。去年,为改善本部校园面貌和学生居住条件,学校充分利用珠海学院优越的设施,将本部秋季入学的2 116名新生安排到珠海学院进行为期一年的学习。为保证珠海学院正常的教学秩序,学校积极协调,周密布置,妥善安排本部到珠海学院授课教师的交通、食宿、补助等问题,以解除教师的后顾之忧。同时,学校要求相关行政管理部门安排工作人员轮流到珠海学院工作,加强教务管理、学生管理及思想政治教育工作。组织校内外名师为学生举办系列学术讲座,营造活泼向上的学术氛围,扩大了学生知识面,开阔了学生视野。

2. 更新观念,规范管理,进一步提高教学管理水平。为提高教学管理水平,学校加大了对教学管理工作人员的培训力度,同时,还根据我校教务管理工作的特点和已取得的经验,制定了《暨南大学教务秘书岗位职责》,完成了《暨南大学教学指导书》后6卷的编写工作,加速了教务管理工作的科学化、规范化进程。

3. 充分利用现代科技手段,不断提高网络化管理水平。去年,学校除开通与珠海学院的校园网络,缩短与珠海学院的时空距离以外,教务部门协助珠海学院开发出网上选课系统、成绩管理系统及排课系统,进一步提高了我校教务管理的整体信息化程度。通过制定教材管理办法,对全校教材实现计算机管理,使教材库存积压大幅下降,节省了成本,提高了教材使用率。

4. 继续坚持"三从严"的办学原则,大力促进"三风"建设。为进一步端正校风、教风、学风,学校在去年7月份期末考试中设立了一次可容纳840名考生的大型考场,将不同年级、不同专业、不同课程的学生统一安排,集中考试,有效地防止了考试舞弊现象的发生,促进了"三风"的根本好转。广大师生及各大媒体对我校这一创举给予了充分赞扬和肯定。

5. 调查研究,总结经验,不断完善学分制改革。学校通过深入调查研究,修订和完善了学分制学籍管理办法,同时,还制定了导师制具体操作方案,以配合学分制的顺利实施。为使广大师生更清楚地了解学分制,学校还专门将学分制管理办法制作成图文并茂的光碟,作为新生教育和教务管理人员学习的视听教材。

6. 着力打造品牌,不断提高办学水平。在去年广东第二批名牌专业评审活动中,据悉我校获得通过的名牌专业有 4 个(汉语言文学、新闻学、会计学、生物技术)。另外,为优化专业结构,学校已向国务院侨办和教育部申报了生物学、物流管理、中药学、环境工程、软件工程等 5 个新专业。学校还组织进行了全国高等学校优秀教材奖的申报工作,共选出 13 种教材上报。

7. 突出重点,大力发展研究生教育。我校去年的研究生招生工作继续保持良好势头,报考人数达 4 090 人,比上年增长 30%。在录取的 1 153 名研究生中,内地研究生 947 人,比上年增长 23%;海外及港澳台研究生 206 人,比上年增长 52%。至此,我校全日制在校研究生规模已达 3 245 人,再创历史新高。为加强学位点建设,去年上半年学校提前启动了第九批博士、硕士点申报工作。7 月底,我校成为国务院学位办批准的全国首批开展高级管理人员工商管理硕士(EMBA)专业学位教育工作的 30 所高校之一。

8. 不断进取,再创招生工作新局面。去年,学校录取本、预科海外及港澳台学生 2 696 人,内地学生 2 500 人,这是我校自 1978 年以来海外及港澳台学生录取人数首次超过内地学生录取人数。为进一步拓宽海外招生面,我校分别在老挝、越南、泰国、秘鲁、厄瓜多尔等国家和台湾地区建立了招生报名点。去年海外及港澳台地区报考暨南大学的学生人数达 3 500 人,比上年增长 62.8%。学校录取后入读的海外及港澳台本科生 1 263 人,比上年增长 30%。

9. 内招生生源充足,形势令人乐观。去年我校计划在广东招收 1 350 人,但仅第一志愿上重点线报考暨大的就有 1 900 多人,是计划数的 1.4 倍。外省生源尤以安徽和重庆两地最为突出,在安徽省和重庆市,我校分别招收 100 人和 81 人,第一志愿报考的分别有 6 148 和 1 152 人。

10. 加强学生教育管理,拓宽毕业生就业渠道。学校加强了对专兼职学生工作队伍的建设,并在人员编制上予以支持。继续推动学生工作队伍参与公民道德教育、素质教育计划及三类学生思想教育的研究工作,成绩明显。面对严峻的就业形势,学校有针对性地开设了就业指导课程,为毕业生提供就业咨询近千人次,同时还成功举办了我校第一场大型供需见面会——广东省高校毕业生金融系统专场招聘会。在各部门的共同努力下,我校 2002 届毕业生顺利就业得到保证,本科毕业生就业率达 95.36%。

11. 围绕"两个面向"的办学方针,大力发展华文教育。《中文》教材发行再创新高,现已在海外 40 多个国家和地区发行 300 多万套,成为海外发行量最大、使用最多、最受欢迎的华文教材。《中文》、《汉语》教材共 25 本多媒体教学光盘已顺利出版发行,其网络版教材《网上学中文》也已经上网运行,受到广泛欢迎和好评。同时,为适应海外华文教育的需要,我校还承担了编写出版繁体字版中文教材的任务,可望在近期出版发行。我校承担的国家教育部"新世纪网络课程建设工程"项目——《初级华语》的文字稿已基本完成;承担了国家汉办的项目,并完成了《印度尼西亚汉语教学调研报告》(第一期成果);承担并圆满完成了 HSK(国家汉语水平)考试、对外汉语教师资格考试以及普通话水平测试等各项考务工作。HSK 考生总人数达 1 118 人,创历年 HSK 考试的最高记录。另外,还为香港警务人员开办了 25 期普通话培训班,对 600 余名香港警察进行了普通话培训。

12. 积极开拓海外教育空间,发展海外合作办学。经过多次协商,我校与新加坡华夏管理学院达成了合作培养"华文教育"硕士研究生的协议,并于去年 6 月份招收了第一批学生,开我校在海外办学的先河。去年,我校与泰国中央语言学院达成了合作建立暨南大学曼谷学院的共识,现正报国务院侨办审批。

13. 积极开展对外继续教育,做好国家外派教师和华文教育师资培训工作。去年春秋两季,我校共录取继续教育学生 2 397 人,其中海外及港澳台学生 314 人。从 2002 年 3 月至今,学校除派出 18 位教师分赴泰国、巴基斯坦、蒙古、韩国、美国、波兰等国开展华文教育外,还委托华文学院与印尼万隆福清同乡基金会签署了合作办学意向书,现已开始函授课程的招生工作。开办了两期印尼华文教师培训班,对 80 余名来自印尼华文学校的教师进行了培训。

14. 体育事业不断发展,体育健儿再创佳绩。在 2002 年 5 月的第七届全国大学生羽毛球锦标赛上,我校取得 4 金、3 银、2 铜的优异成绩,以总分、金牌、奖牌三个第一的佳绩傲视群雄。7 月底,我校承办了第八届全国大学生网球锦标赛,共获得 4 枚金牌、2 枚银牌、3 枚铜牌,并荣获"精神文明运动队"称号。在 7 月的第九届全国大学生田径锦标赛上,我校获得 3 枚金牌、4 枚银牌,两次打破大会纪录,并获"精神文明运动队"称号;在 8 月 2002 年全国大学生游泳锦标赛上,我校取得 4 金、2 银、1 铜,并三破大会纪录的好成绩;在 8 月全国大学生武术锦标赛上,我校获得 1 金、3 银、3 铜和团体总分第一名,并获"体育道德风尚奖";在 10 月结束的第十四届亚洲运动会上,我校刘禹同学在游泳项目中获得 2 枚金牌、2 枚银牌,为学校和祖国赢得了荣誉。

15. 加强素质教育,引导学生开展高品位课外活动。2002 年 5 月,在教育部"五月的鲜花——全国大学生'我和我的祖国'大型诗歌咏唱会"中,我校报送的节目——《为了祖国的辉煌》被定为晚会的压轴节目,演出获得成功,中央电视台对此进行了报道。11 月 17 日,在广州市各界群众为庆祝十六大胜利召开而举办的《永远跟党走》大型歌舞晚会上,我校报送的节目《同一首歌》获得两个最高奖项——"优秀节目奖"和"优秀创作奖",充分展示了我校学生的精神面貌和艺术素质。10 月 28 日,在中国第三届"挑战杯"竞赛中,我校号角创业队以广东高校第一名资格,凭《暨风指南管理咨询公司策划方案》在全国 244 所高校报送的 542 件作品中脱颖而出,获得银奖,我校团委也被授予优秀组织奖。

（四）加强科研管理，加快科技创新，加速科技成果转化

1. 去年，我校获立项的各级各类科研项目共 256 项，其中国家级项目 38 项，省部级项目 102 项。据不完全统计，全年到位经费近 8 000 万元，比上年增长 20%。国家自然科学基金获批项目较上年同期增长 1 倍，经费则为上年的 4.2 倍。获广东省哲学社会科学规划项目资助金额共 37.5 万元，资助金额居全省高校第一，获批项目数居全省高校第二。

同时，我校还获得 2 项"十五"国家重大科技专项创新药物品种研究专题专项项目。在新药研究与开发的平台技术专题中获 1 项重大专项二级子项目，在生物工程主题和海浪生态环境要素现场快速监测系统技术主题获 1 项主题项目和 1 项二级子项目。同时，我校还首次获得 1 项重大基础研究（"973"）前期研究专项项目，表明我校的基础研究和应用研究在上述领域已跻身国内先进水平。

2. 科技成果喜获丰收，专利和论文数量持续上升。去年，我校获得 10 项省部级科技成果奖励，其中 5 项为教育部科技成果奖励，并有 3 项一等奖，位居全国高校第 10 位。全年共申请专利 17 件，且均为发明专利，授权 1 项。被三大索引收录的科技论文大幅增加，第一次超过 100 篇，其中 SCI 收录 25 篇，比上年增长 25%，EI 收录 20 篇，比上年增长 7%，ISTP 收录 60 篇，比上年增长 400%。

3. 立足科技前沿，加强科研基地建设。去年，我校成功申报广东省生物工程药物重点实验室，获批 350 万元的建设经费，实现了省重点实验室零的突破。我校病理生理实验室已通过国家中医药管理局Ⅲ级（A 级）科研实验室专家评审，成为首批国家中医药管理局重点实验室。暨南生物医药研究开发基地已顺利挂牌设立企业博士后科研工作站。

4. 重视产品开发，确保多出成果。我校研制的 aFGF 基因一种一类新药已通过新药临床前评审会，获得Ⅰ、Ⅱ期临床批文，这是我校继 bFGF 之后又一个一类新药进入临床研究。此外，一批三类医疗器械也已进入临床，如医药生物技术中心与辽宁绿谷联合研发的生物海绵已获准进入临床研究；Jh2000 血泵获国家药监局三类试产证，血液透析过滤装置、血液灌流机、透析液干粉等正在申请国家药监局三类试产证，有望今年获得试产证；治疗心肌缺血的 1,6-2 磷酸果糖镁四类新药已完成中试和临床前研究工作，通过了省药监局审批。为了推广科技成果，加速成果转化，我校组织了泰国—暨南大学科技成果推介会，重点介绍血液透析机和抗艾滋病一类新药。这是国内高校首次以科技成果推介的形式到泰国进行宣传，泰国各界反响很大。

（五）加强管理，改善环境，进一步提高服务质量

1. 加强建章立制，坚持依法治校。为进一步贯彻"从严治校，从严治教，从严治学"的办学原则，促进"三风"建设，使学校的各项行政工作有章可循，有法可依，学校把各部门近年制定并仍在执行的文件汇编成册，作为全校师生遵守和监督的依据。经过校长办公室的努力，《暨南大学文件汇编·行政管理卷》已经出版，《暨南大学文件汇编·教学科研卷》也将付梓。学校还大力推进校务公开制度，公开各职能部门的工作职责、工作内容和办事程序，切实为全校师生服务。按期召开了教代会和职代会，通报学校的发展情况和工作目标，将重大问题交代表们讨论，听取群众意见，实行民主决策。

2. 深化人事体制改革，加强师资队伍建设。认真做好人才引进工作和学科梯队建设规划，确定第二批"千百十"工程培养人选，在107名申请人中，通过了11名省级、47名校级培养对象。实施"名师"工程，实行特聘教授聘任制度，完成了第一批特聘教授的评选、聘任工作。现已有10人受聘为一级岗特聘教授，3人受聘为二级岗特聘教授。

3. 强化财务管理，推进财务改革。为提高我校预算管理水平，学校制定了《暨南大学预算管理暂行办法》、《关于加强和改进学校预算管理若干意见》和《暨南大学预算管理实施细则》等一系列文件，明确了预算的结构和内容。全面规范会计业务流程，完善预算编制、预算执行、预算调整和预算分析，实行符合我校实际的会计委派管理方法和管理制度。基本建立起"一级统驭一级、一级对一级负责"的独具特色的预算管理模式，从"核算型"财务逐渐过渡到"管理型"财务。

2002年，校本部总收入达4.9亿元，较上年增长34%，其中国务院侨办拨款1.81亿元，地方政府拨款0.84亿元，事业收入1.89亿元。国务院侨办拨款中包括专修款1000万元和离退休人员经费2120万元。全年的支出情况为：总支出4.36亿元，其中教育事业支出3.5亿元。教育事业支出中包括离退休人员经费支出6465.98万元。上年度年终结余5675.45万元。

4. 完善公共服务体系建设，提高服务质量。学校投入90多万元用于图书馆网络服务器系统升级，该系统已于去年6月底全面升级完成。电子阅览室管理系统升级后，运行更加安全、畅通。完成实验室环境改造27项，维修面积达2600多平方米。

5. 重视教学资源建设，研制开发多媒体辅助教学软件和网络课件。完成并出版卫生部立项的计算机辅助教学软件9项；完成了教育部立项的网络课程《有机化学》的总体设计和编写。开展基于网络的计算机辅助教学工作，目前学校"三个一"工程立项项目覆盖全校11个学院15个系19个专业26门课程。我校的《基础医学资源库》和《自然生态保护》专题学习网站还成为广东省教育技术"151工程"试点项目。

6. 加强基础设施建设，不断改善办学条件。一年来，校本部完成了真如26栋学生宿舍、学生食堂二期扩建、羊城苑37栋电梯扩建、标准游泳池及配套工程、田径场二期工程、附属第一医院门诊楼加层、华南路桥下道路、围墙等建筑面积近45000平方米的工程。医学院大楼建设工程进展顺利。拆除了真如、建阳等破旧学生宿舍,开工建设了 10 栋共 8 万多平方米的新学生宿舍,现正在紧张施工,预计今年秋季开学可投入使用。同时,珠海学院含教学大楼、图书馆、学生宿舍在内的建筑面积约 10 万平方米的二期工程于去年 9 月顺利投入使用,办学能力大幅增强,为实施校本部学生宿舍工程改造提供了保证。为使今年春季新生能够顺利入学,珠海学院总建筑面积为 38 800 平方米的三期学生宿舍工程于去年 10 月开工以后,现已进入工程收尾阶段。随着第三期工程的竣工,珠海学院的办学能力及办学条件将会得到进一步改善。

7. 狠抓综合治理,加强治安防范,确保校园稳定。为提高师生防火意识和防火技能,去年,学校除举办两届消防安全知识培训班外,还组织 300 余名学生成功地进行了消防演练。在继续做好"法轮功"练习者的教育转化工作的同时,大力打击和防范外来"法轮功"人员在我校的各种非法活动,保持校园政治稳定。因为在维护学校安全稳定方面做出的优异成绩,我校于 2002 年 3 月被广东省委教育工委、省教育厅、省公安厅联合评为"2000—2001 年度社会治安综合治理先进集体"。

8. 继续深化后勤改革,切实为教学科研提供优质服务。去年上半年,我校后勤集团已顺利实现过渡,理顺了小机关与集团的关系。为配合基建拆迁规划,学校对校内公用房、教工周转房进行全面清理。截至年底,学校已收回住房 47 间(套),为 153 人办理了成本租房手续。另外,学校还对教工利用住宅违规经营的现象进行了清理整顿,净化了校园环境。

9. 加强审计监督,继续推进廉政建设。去年,学校认真落实中央纪委七次全会和国务院第四次廉政工作会议精神,继续抓好党风廉政建设和反腐败工作。对照"八个坚持、八个反对",彻底地进行自查自纠,找出实际工作中存在的不足,有针对性地制定整改措施并督促落实。制定了《关于我校党风廉政建设任务责任分工的通知》和《暨南大学党风廉政建设责任制实施办法》等一系列文件,从制度上防止腐败现象的滋生。为加强对各级财务、基建工程和设备采购的审计监督工作,学校已与广东省检察院达成采取同步预防措施的初步意向,以加大防腐力度。去年学校共查结处理案件 15 件,处分了一批涉案人员,大力惩治了腐败行为。另外,截至去年 11 月,学校共审计核减各类工程款 4 842 160 元。

10. 关心老同志生活,继续做好为离退休职工服务的工作。坚持崇尚尊老敬老之风,学校全体领导班子以不同形式分别为王越、李云扬、钟远藩等高龄老同志祝贺九十或百岁生日。

11. 坚持做好信访工作,为教职工分忧解难。学校要求信访部门认真学习国务院《信访工作条例》,树立全心全意为人民服务的思想,认真听取群众意见,主动为师生解决困难。一年来,信访部门协助校领导接待群众来访 202 人次;日常接待来访 485 人次,受理各种信件 113 件,合计办理各种信访事项 587 项,办结率达 94%。

（六）积极开拓国际交流渠道，开创国际交流工作新局面

通过对南非、毛里求斯、俄罗斯等国的访问交流，我校和南非的自由州理工大学、半岛理工大学、开普敦理工大学，俄罗斯的瓦罗涅什大学、新世纪大学，毛里求斯大学等 6 所大学建立了姐妹学校关系，成为中国第一所在世界五大洲都建有姐妹学校的大学。与此同时，我校进一步加强了同已有合作关系的学校的交流，使原有的关系变得更加紧密。学校全年共派出 17 名师生前往日本姬路工业大学、美国纽约州立大学(古西堡)等学校进修学习。

（七）存在的问题和薄弱环节

当前，我校还处于"十五""211 工程"起步阶段，距"侨校＋名校"的发展目标还有较大差距。学校国家级重点学科和博士点数目偏少，高水平、标志性科研成果不多；学生管理和师生思想政治工作不够深入细致，仍需进一步加强；师资队伍规模有待进一步扩大，师资引进的力度需要继续加强；学校的"侨"字特色还应继续增强；华文教育和华侨华人研究还需不断努力；硬件设施(包括建筑工程以及实验室设备)跟不上学校发展的需要，某些方面甚至已成为制约学校发展的瓶颈；廉政建设必须进一步加强，反腐倡廉工作需要继续加大力度。

三、"十五"期间发展目标

为保持良好的发展势头，顺利实现"侨校＋名校"的发展战略，为国家和地方多做贡献，我校委托中国国际工程咨询公司制定了"十五"《暨南大学总体发展规划》(简称《规划》)，该《规划》根据实际情况对我校"十五"期间的发展方向、目标以及具体建设项目进行了详尽的可行性论证，得到国家计委的肯定。国家计委批准在"十五"期间向我校投入 5.1 亿元人民币专项资金用于基础建设，以保证顺利实施这一规划。

此外，国家"211 工程"协调办公室也对我校"十五""211 工程"项目投入2 800万元。

《暨南大学总体发展规划》的主要内容：

（一）人才培养

按照"大力发展研究生教育，适度发展本科教育，积极发展华文教育，稳定成人教育规模"的发展思路，计划到 2005 年，学校各类学生规模将达到 25 000 人，其中全日制本科生和研究生 18 100 人，包括本科生 13 000 人，硕士生 4 500 人，博士生 600 人。海外及港澳台学生与内地学生的比例达到 1∶1。

（二）师资队伍

到 2005 年，教师队伍由现在的 1 093 人增加到 1 400 人，编内在岗教师中具有研究生学历的教师达到 80%以上，其中具有博士学位的教师达到 35%以上；

具有国内一流或领先水平的学科带头人 20 人以上，拥有两院院士 3 人以上，培养出 30 名左右在国内有一定影响的具有较高学术水平、较大发展前途和潜力的学术骨干，使教师队伍的整体素质与学术水平，特别是创新能力和竞争实力有大幅提高。

（三）科学研究

争取建成 1 个国家级重点实验室和 2 个省级重点实验室，使学校的科学研究力量得到进一步增强。到 2005 年，年度科研经费达到 8 000 万元；年发表科技论文（国家四大检索系统收录）数 1 500 篇左右，其中被三大索引收录论文为 100 篇左右；获国家级、省部级重大科技成果奖 3～4 项。

（四）基础设施建设

根据《规划》及国家计委的批复，我校"十五"期间利用 5.901 3 亿元（包括 5.1 亿元专项资金）应完成的项目如下表所示：

序号	项　　目	"十五"期间建筑面积 /m²	"十五"期间投资 /万元
一	广州本部		
1	主要工程		
1.1	教室、实验室实习场所	28 000	5 740
1.2	图书馆	22 844	7 424
1.3	校、系行政用房	9 000	2 304
1.4	游泳馆	1 800	569
1.5	曾宪梓科学馆	13 500	4 806
1.6	医学院	25 000	7 550
1.7	学生食堂	5 000	775
1.8	教工宿舍	4 000	740
1.9	教工食堂	2 800	462
1.10	生活及其他附属用房	9 100	1 957
1.11	运动场改造	20 000	320
1.12	旧楼改造	60 000	3 000
2	公用设施配套改造工程		
2.1	拆除工程		197
2.2	附属设施		713
2.3	室外道路及广场		882

序号	项　　目	"十五"期间建筑面积 /m²	"十五"期间投资 /万元
2.4	校园绿化		260
2.5	室外管网改造		1 248
2.6	土方工程		200
3	其他费用		7 360
	小计	121 044	46 505
二	磨碟沙校区		
1	主要工程		
1.1	教室、实验室实习场所	26 522	5 437
1.2	图书馆		
1.3	校、系行政用房	5 000	1 280
1.4	会堂	1 120	392
1.5	风雨操场	1 613	526
1.6	学生食堂	3 500	543
1.7	教工宿舍	1 044	193
1.8	教工食堂	1 030	170
1.9	生活及其他附属用房	4 000	860
2	公用设施		752
3	其他费用		2 355
	小计	43 829	12 508
	总计	164 873	59 013

四、2003 年的主要工作

2003 年学校工作总体要求是：坚持邓小平理论和"三个代表"重要思想，在国务院侨办和广东省委、省政府的领导下，深入学习贯彻党的十六大、国务院侨办主任工作会议和广东省委九届二次全会精神，围绕"侨校＋名校"的发展战略和"十五""211 工程"发展目标，进一步解放思想，深化改革，加快发展，继续保持良好的发展势头。突出"侨"字特色，强化"为侨服务"的意识，努力扩大海外及港澳台学生招生规模，按国际化、现代化、综合化办学思路，以"211 工程"建设为龙头，带动各项工作全面发展。

（一）统一思想，提高认识，深入学习贯彻十六大精神

1. 将学习贯彻十六大精神作为我校 2003 年工作的首要任务，围绕主题，把握灵魂，抓住精髓，组织全校师生进行系统深入学习，力求融会贯通，用十六大精神和"三个代表"重要思想统领学校的各项工作。

2. 进一步加强"两课"建设和管理。制定"两课"建设具体规划和评估指标，加强"两课"师资队伍建设，推进"三个代表"、"三进"工作。

3. 加强党风廉政建设，继续抓好领导干部廉洁自律工作。在第一季度与广东省检察院签署同步预防协议，做好反腐败预防工作。同时，坚决查处违法违纪案件，切实纠正不正之风。

（二）坚持依法行政，不断提高管理水平

1. 加大依法治校力度。认真学习和执行去年年底和今年年初编印完成的两本《暨南大学文件汇编》。

2. 深入开展调查研究，切实转变工作作风。各职能部门要建立健全调查研究制度，研究解决实际问题。增强服务意识，提高服务质量和管理水平。

3. 继续推进校务公开。精简会议和文件。

（三）大力推进"十五""211 工程"建设

1. 完善"211 工程"各建设项目的内部运行机制，在第一季度完成"十五""211 工程"的审批立项工作。

2. 切实做好"十五""211 工程"学科建设子项目规划，按照"成熟一个，启动一个"的原则，学校将在年内与"211 工程"各建设子项目负责人签订任务书，正式实施"十五""211 工程"建设。

3. 加强学科建设项目的实施与管理，着力提高学科建设水平，为学科建设在"十五"期间取得跨越式发展奠定基础。

（四）坚持"两个面向"的办学方针，进一步提高办学质量和办学效益

1. 努力做好教育部"本科教学评价"准备工作，并为此制定具体工作计划，分期分批予以实施。

2. 进一步加大宣传力度，采取切实可行措施，继续扩大对外招生规模，力争今年在海外及港澳台地区的本科新生人数比去年增长 10%。

3. 加强素质教育，全面提高教育质量。将素质教育渗透于专业教育中，通过培养模式、课程体系、教材和教学方法的综合配套改革，培养学生的创新能力、实践能力和创业精神。继续做好石牌六校国家级文化素质教育基地的建设工作。

4. 加强专业改革和名牌专业建设，优先发展与信息产业和入世急需的相关专业。今年将计划在文学院、外国语学院、新闻与传播学院、经济学院、管理学院、华文学院等 6 个学院试行不分专业的学院招生，在 1 年半至 2 年内实施大平台教学。请上述 6 个学院做好教学计划修订等准备工作。

5. 进一步加强"三语"(中文、英文和计算机语言)教学,提高教学质量。"大学语文"教学试行内地、海外及港澳台学生分别教学。同时,要求教授必须上本科基础课,着力提高基础课教学质量。加强重点学科、名牌专业、重点课程、优秀课程建设和 CAI 课件、网络课程及学校资源库的开发建设工作。

6. 在办好现有专业的基础上,继续在国际学院增设新专业,拓宽专业领域,提高授课质量。不断增加各院系使用英语讲授专业课的数量,以突出我校双语教学的"侨校"特色。

7. 继续扩大研究生招生规模,使在校研究生人数达到或超过 4 000 人。努力做好第九批博士点和硕士点申报工作。完善研究生教育质量保证体系,加强导师队伍建设和管理制度建设。

8. 深入开展专题学习网站与学科多媒体教学资源库建设,以及在信息环境下利用网络资源进行教学改革的试验研究。

9. 加强实验室建设,改善实验室条件。合理规划实验室建设(包括实验室改造和实验设备更新),尤其是要抓好重点实验室、基础实验室和共用实验室建设,争取建设几个"国家级基础课实验教学示范中心"。

10. 适当压缩国内成人教育规模,大力发展海外继续教育。

11. 进一步加强图书馆建设。

12. 继续抓好体育教学和办好高水平运动队工作。

(五) 加强华文教育,扩大对外招生

1. 以"海外华文教育"这一"211 工程"立项学科为重点,加强华文教育基地建设,促进华文教育的规范化和系统化,积极推动华文教育和对外汉语教学向纵深发展。

2. 做好中文教材及辅助读物的编写出版工作。启动《中文》教材的修订再版工作,做好繁体字版中文教材的出版及《网上学中文》教材的编制工作,尽快建立远程华文教育教学网站,满足海外华侨华人及其子女了解中华文化和学习汉语的需求。

3. 加大华文教育师资队伍建设力度,做好外派教师与海外华文教师的培训工作。做好华文教育函授工作,扩大华文教育函授教学规模。

4. 坚持做好 HSK 考试的组织管理工作。

(六) 加强科研管理,加快科技创新,促进成果转化

1. 积极进行科技创新,加快科技成果转化。通过科学合理的评价指标体系引导科技创新工作,提高我校的原始创新、整体科技实力和科技成果转化能力,力争在前沿、交叉学科方面产生新的增长点,全校学术论文总量和科研经费较上年增长 10%,专利和科技成果转化数要有所增加。

2. 理顺校、院、系科研管理体制,鼓励跨院系的学术交流与合作。加强与国内外著名大学的联系与学术交流。

3. 组建新型科技企业,力争尽快成立科技产业集团。

(七) 继续深化管理体制改革,促进管理机制的良性运转

1. 继续抓好"千百十"人才培养工程,进一步加强师资队伍建设。通过"外引内树"办法,加大高层次人才的引进和培养力度,特别注意引进有博士学位的老师,增大拥有博士学位老师的比例。

2. 从 3 月份开始实施全员聘任制,开展"三定"(定岗、定编、定任务)工作,结合中层干部换届,实行干部、职员公开选拔、竞争上岗。控制编制,压缩非教学、科研人员,提高教师在教职工总数中的比例,力争在校本部实现教师人数超过教职工数的 50%。

3. 完善后勤集团内部机构设置。抓好后勤集团各级领导班子建设和员工竞争上岗工作,完善各类后勤实体的运营机制,使我校后勤工作逐步向产业化、规范化、集约化、社会化方向发展。

(八) 大力抓好基建工作

1. 上半年完成医学院大楼、幼儿园、校本部 10 栋学生宿舍及珠海学院学生宿舍工程建设。

2. 上半年开工建设行政大楼、理工学院大楼、西门综合楼、生活服务中心大楼、成教楼和附中教学楼等重要工程,并继续进行教学大楼、图书馆和管理学院楼等工程的设计工作。

3. 抓紧与广州市政府磋商解决江南校区(磨碟沙)置换土地的有关问题。

(九) 其他方面

1. 加强附属医院的建设工作,进一步提高医疗质量和服务水平。

2. 加强大学生心理健康教育与心理咨询工作,促进学生心理的健康发展。

3. 进一步加强治安综合治理和消防工作,确保校园稳定。借建设环校东路之机,整治好校园交通。继续加强校园绿化和周边环境整治工作。

4. 帮助教职工实现从生活区过渡到业主自主管理的物业管理模式,完成小区物业化管理。

同志们,暨南大学能取得今天的成绩,主要是依靠国务院侨办和广东省委省政府的正确领导以及校董、校友与社会各界的支持,特别应该归功于全校教职员工的共同努力,成绩是对我们辛勤付出的最好回报。同时,我深切地感到,全校教职员工团结一致、辛勤工作是我校教学科研不断发展的保证。暨南大学就是一个团结奋进的优良集体,从历届领导班子、教师队伍到职工群体都是一个和谐融洽而又充满创造力的集体。我希望在各位代表的带动下,全校教职员工能更好地保持和发扬这种良好的精神和态势,积极发挥主人翁精神,"爱国爱校,团结奋进"，进一步增强集体凝聚力，奋发向上，使我校的各项工作再上新台阶。

　　回首过去，我们欣喜万千；展望美好的未来，我们信心百倍。但是，我们必须清楚地看到，我校目前正处于爬上"一流"顶峰的关键阶段，是要翻一个大坎的阶段，既是机遇，也是挑战。优秀学校之间的竞争态势十分激烈，我们如逆水行舟，不进则退。因此，在确定了目标和任务后，全校各级领导班子以及全校师生员工一定要下定决心，排除万难，不搞争论，一心一意，齐力向前拼搏，稳住我校目前在全国高校实力前50名的排序位置，以全新的姿态、崭新的面貌去迎接挑战。让我们为开创我校工作的新局面，为把暨南大学建设成为一所海内外知名的社会主义华侨大学而不懈努力吧！

（在暨南大学第五届教代会暨第九届工代会第三次会议上的报告，原载《暨南大学校报》，第350期，2003年3月10日。）

"侨校＋名校"的发展定位

华侨高等教育是中国高等教育不可或缺的重要组成部分,肩负着为海外华侨华人社会和港澳台地区培养人才,发展国家高等教育,促进国家及地区经济发展和社会进步的特殊使命,其作用和地位不可替代。在新的世纪里,面对高等教育领域竞争日趋激烈,越来越多的非华侨教育的大学竞相开拓海外华侨教育市场的紧迫形势,华侨高等教育如何找准自身的正确定位,切实贯彻国家的侨务政策,着力突出"侨"字特色,不断提高办学水平,更好地为侨服务,为祖国统一大业服务,作为华侨高等教育重要代表的暨南大学为此进行了积极探索和尝试,创造性地提出了"侨校＋名校"的发展战略。

一、正确理解侨校与名校的关系

要准确理解并切实贯彻"侨校＋名校"的发展战略,首先必须认识侨校与名校之间的关系,只有把二者之间的关系弄清楚了,才能正确运用和实践这一战略,我们的工作才不会迷失方向。事实上,侨校与名校之间是一种个性与共性的关系,即侨校是暨南大学固有的属性,同时也是学校办学的立足点,这是学校自开始办学的第一天就具备了的属性和特点;而名校则是高等院校的共同追求和目标,这不论在国内还是国外均无例外。以暨南大学为代表的华侨高等教育作为中国高等教育的特殊组成部分,也必须顺应国内国际高等教育的发展潮流,不断上层次,上水平。学校坚持发挥"侨"字特色,立足于其个性的发展,充分利用其特有而其他高校所不具备的优势大力发展华侨高等教育,是为了不断提高综合实力和品牌,以便更好地为侨服务。建设名校,则要求学校的办学质量、办学层次和办学水平不断提高,并且在其提高的过程中,使特色和优势得到更好的发挥。换句话说,只有实现了共性,个性才能得到张扬。因为只有不断提高办学质量、办学层次和办学水平,吸引更多的学生前来学习,学校的"侨"字特色和优势才能更加突出和鲜明。同时,也只有在保证个性不断发展的基础上,共性才有可能实现。因为只有学校的"侨"字特色和优势得到充分展示和发挥,学校的实力和品牌才能不断提升,名校的目标才能实现。

在理解和实施"侨校＋名校"发展战略的时候,我们应该知道,"侨"和"名"都是暨南大学未来发展中必不可少的,二者是统一的,相辅相成的。侨校和名校作为同一个载体上的两个主要内容,二者是兼容的,相辅相成,相互促进的,并非矛盾。对暨南大学来说,为侨服务是本源属性和使命,无论学校如何发展,或者说学校无论发展到何种程度,只要国家赋予的使命和任务不变,学校就必须立足侨校办学,否则,学校的办学就成了无源之水,无本之木,正可谓是皮之不存,毛将焉附,而名校一说就更无从谈起。但如果面临日趋激烈的竞争和来自国内外的双重冲击和挑战,单纯强调一个"侨"字,不遵循高等教育的发展规律和改革潮流办学,不根据社会发展和就业市场的需要办学,不改革,不发展,不升级,学校面对竞争就会没有竞争力,面对市场就没有吸引力,其办学特色发挥和办学宗旨的实现就会受到影响。

因此,唯有将二者紧密结合起来,实践"侨校+名校"的发展战略,既有特色,又有品牌,才能相互促进,共同提高,学校才能在保证特色的同时不断提高竞争和持续发展的能力,才能在日趋激烈的国内国际高等教育市场中站稳脚跟,吸引更多的华侨华人和港澳台地区的青年来校学习,更好地完成国家赋予暨南大学的历史重任,学校成为海内外知名的社会主义高等华侨大学的目标才能实现。

二、实施"侨校+名校"发展战略的必要性

(一) 立足侨校,突出特色的需要

97年前,清政府应当时侨居海外(主要是东南亚地区)的华侨之需,在南京创办暨南学堂,旨在"宏教泽而系侨情"。97年来,学校的办学宗旨从未改变。新中国成立以后,为弘扬中华民族优秀传统文化,满足海外华侨华人和港澳台地区青年的求学需要,党和国家十分重视华侨高等教育的发展。1958年,暨南大学被列为国务院高教部的直属高校。1983年,中共中央国务院将暨南大学列为国家重点扶植的大学。根据党和国家赋予的特殊办学使命和办学任务,暨南大学以为侨服务为宗旨,以满足华侨华人和港澳台学生的需要为第一要务,坚持"面向海外,面向港澳台"的办学方针,致力为海外和港澳台地区培养人才。仅改革开放至今,学校已为海外94个国家和地区的华侨华人培养各类优秀人才10 000余人,为贯彻国家侨务政策,弘扬中华民族优秀传统文化,广泛联系和团结海外华侨华人,促进香港、澳门的顺利回归作出了积极贡献。

人们常说,世界上只要有海水的地方,就有华侨居住。随着新生代华侨队伍的逐渐扩大,需要接受华文教育的人也将越来越多。据统计,全世界共有华侨华人3 000多万人,因此,在新的世纪里,作为联系全世界中华民族子孙,传播中华民族优秀传统文化和现代科学知识的重要桥梁,暨南大学必须立足侨校特色,积极贯彻国家的侨务政策,充分发挥国家华文教育基地的辐射作用,针对海外及港澳台学生的特点,进一步深化改革,创造更加有利的学习环境和学习条件,努力提高学校的综合实力和办学品牌,巩固其作为全球华侨华人和港澳台胞子女来中国大陆求学首选高校的地位,加倍做好对世界华侨华人的教育服务工作,团结更广泛的力量,为海外和港澳台地区培养和造就具有爱国、爱乡意识与民族自豪

感，能为当地社会发展和稳定繁荣作出贡献的人才，从而为实现祖国的统一大业和中华民族的伟大复兴作出新的贡献。

（二）谋求发展，保持特色的需要

中国或世界一些高等院校的发展经验告诉我们，学校要具有强劲的竞争力和吸引力，最重要的是它必须在某些学科具有优势，而且这种优势是大众公认的优势，通俗地说，就是一个知名的品牌。其实这是一个非常浅显易懂的道理。因为在这一点上，学校与企业没有什么两样，它们的生存和发展都需要一个知名的品牌。企业追求名牌效应，为的是要占领市场，创造更大的经济利润；而大学追求卓越，为的是要吸引更多的教育对象，为社会培养更优质的人才，创造更高的社会效益。

"九五"以来，党和国家对高等教育进行了巨额投入，同时还采取了两项重大举措，这在中国高等教育史上可以说是空前的。一是面向21世纪重点建设一批大学和学科；一是进行结构调整，整合办学力量，集中办学资源，有重点的合并一批院校。这两项措施都是有针对、有重点地提升一批基础好、实力强的院校的办学层次和办学质量，为建设一流大学和高水平大学奠定基础。暨南大学作为华侨高等教育的重要代表，是我国高等教育的一个组成部分，是国家重点建设的大学，必须顺应建一流大学的总趋势、总要求。

早在1927年，时任国立暨南大学校长郑洪年先生曾说："鉴于侨胞处于殖民政府铁蹄下，受尽帝国主义之蹂躏，暨南教育非提高教育程度，扩充为完善大学，不足以增进侨胞之地位，不足以谋适应其特殊状况，不足以使华侨父老咸达自由平等之目的。"如果说郑洪年欲"提高教育程度，扩充为完善大学"的观点，是基于他对当时国内国际形势及侨胞所处社会地位和生存状况的深刻认识，是为了"使华侨父老咸达自由平等之目的"，那么我们今天实施"侨校＋名校"的发展战略，一方面是为了更好地贯彻国家的侨务政策，更好地为侨服务；另一方面，这也是学校自身发展的需要。

在过去很长的一段时间里，暨南大学在立足为侨服务的同时，忽视了学校的办学质量和办学水平，致使学校的实力和水平与一所近百年历史的大学所应具有的实力和水平相去甚远。一所百年老校应该具有与其历史相称的实力和品牌，因为其在办学经验、人文环境、文化底蕴以及历史积淀等方面都具有那些新办大学所无法比拟的优势，后继者有责任和义务将这些优势进行传承和弘扬。经近年来的不懈努力，学校的办学水平、办学层次以及综合实力得到迅速提升，但离当前高等教育发展及学校自身发展的要求仍有很大的差距。同时，多年来，一直在国家政策保护下而具有生源优势的华侨高等教育正面临着来自国内外的双重冲击和挑战。一方面，随着社会主义市场经济体制的建立和完善，国家对高等学校办学自主权的逐步放开，香港、澳门回归以后，除暨南大学以外，国内已有

100 多所高校在香港、澳门招生，其中还包括一些在国内乃至在世界上都颇有影响的大学，它们利用各种优势和特点吸引海外华侨华人前往学习，已对高等华侨学校的外招生源构成了威胁。另一方面，港澳及一些华侨华人数量较多的国家和地区看到华文教育的广阔前景，利用自身的教育资源或与中国内地高校合作办学的形式开办华文教育，与我国华侨高校争夺生源。在中国加入世界贸易组织以后，这种争夺变得更加激烈。另外，台湾地区的一些高校出于政治上的需要，也纷纷采取减免学费等有关优惠政策或其他方式吸引华侨华人学生和港澳地区学生前往学习。

面对上述严峻的形势，我们如果不适时调整办学理念，加大创新教育的力度，尽快与世界高等教育接轨，提高实力，创造优势，从某种程度上说，学校的生存和发展将会受到威胁，特色也将难以保持。这是因为，在社会主义市场经济条件下，在中国加入世界贸易组织以后对教育所做承诺的前提下，中国的所有大学（军校、警校、党校等除外），不管其性质如何，它都必须遵守教育市场的竞争规则。对暨南大学来说，生源及办学的特殊性决定了我们的竞争对手是来自多方面的，它们既有本系统（华侨院校）的高校，也有系统外的高校；既有国内的高校，同样还有来自其他国家和地区的高校。如果说大家都在努力上台阶，上水平，而我们的办学水平和办学质量却止步不前的话，其结果可想而知。因为海外及港澳台学生没有理由放弃居住国或地区的优质教育，而不远千里来暨南大学求学。因此，我们不仅要坚持特色，而且还要实施名牌战略，大力提高学校的办学层次和办学质量，增加学校的竞争力和吸引力，这既是保证特色的需要，同时也是学校自身发展的需要。学校只有底子厚了，实力强了，名气大了，才能保证在华侨乃至中国及世界高等教育领域应有的地位，才能在国内外教育市场的激烈竞争中立于不败之地，吸引更多的海外及港澳台青年前来学习，更好地为贯彻国家的侨务政策及为侨服务方面多做贡献。

三、实施"侨校＋名校"战略的成效和可行性

"九五"期间，暨南大学在国务院侨务办公室及广东省政府的正确领导下，审时度势，开拓创新，根据中国高等教育的发展趋势及国际高等教育的发展经验，结合自身的实际情况，调整办学理念，开创性地提出了"侨校＋名校"的发展战略，力争在"十五"末期使学校成为一所海内外知名的社会主义高等华侨大学。根据这一战略思想，暨南大学以"211 工程"建设为龙头，积极贯彻"面向海外，面向港澳台"的办学方针，重点突出"侨"字特色，从严治校，从严治教，从严治学，优化专业结构，调整办学重心，围绕学校的建设和发展，在学分制、学生培养、教学质量评估、基础课教学、用英语讲授专业课、学生考试、专业设置、招生时间、合作办学、机构改革、人事分配制度、师资队伍建设、教师科研、财务管理、后勤社会

化、机关作风建设、廉政建设等方面采取了一系列改革措施，取得了显著成效。

在暨南大学"九五""211工程"验收总结大会上，专家们在感叹暨南大学在短时期内所取得的成绩的同时，深刻地指出，暨南大学之所以能够发生如此大的变化，保持这一可观的发展速度，其根本原因在于办学理念的转变，在于确立了"侨校＋名校"的发展战略。也正是在这一科学、合理、切合实际的办学理念的指导下，近几年来，暨南大学凭借一日千里的发展速度，整体实力得到大幅提高，在教学、科研、人才培养等方面取得了令人瞩目的成绩。

（一）办学规模变大

2003年与1995年相比，各类学生总数已由13 012人增加到26 881人，增加1倍多。研究生已由615人增加到4 236人，增加了近6倍。其中，硕士研究生由563人增加到3 709人，博士研究生由52人增加到527人，博士生人数增长了9倍多。本科生由5 377人增加到14 025人，增加了1.6倍。海外和港澳台学生由1 982人增加到7 484人（包括研究生747人），增加了2.8倍。综合以上数据，学校当前的规模相当于在1995年的基础上多办了一所暨南大学。校园面积进一步扩大，校园占地面积由112万平方米增至174万平方米，增加了55.4%。建筑面积由46万平方米增至107万平方米，增加了1.3倍。另外，学校在合作办学方面也有了长足发展，现分别在深圳、珠海两地设有校区，与当地政府合作办学。尤其是珠海学院，现有全日制博士、硕士和本科学生已达5 200多人。学校医学院以共建形式新增8所附属医院，其中国家三级甲等医院6所，8所附属医院共有病床4 085张，增加了4倍。

（二）专业结构优化

随着市场经济体制的建立，社会发展对人才的要求不单是数量上的增加，质量上的提高，更重要的是对专业领域的要求更为广泛。在国外一些发达国家由于其科技水平和教育水平较高，对就业人员的专业知识和基本技能的要求与中国相比更为严格，因此，为适应国内国外学生学习和就业的需要，学校对专业设置进行了调整和优化。到目前为止，暨南大学的本科专业已由1995年的30个增加到48个，其中电子信息工程、会计学、新闻学、汉语言文学、生物技术等5个专业被评为广东省名牌专业。硕士学位授权学科已由1995年的50个增加到88个，博士学位授权学科已由1995年的7个增加到28个。教学系由1995年的21个增加到38个。自1995年至今，学校在文学院、理工学院、医学院、经济学院、华文学院、深圳旅游学院（原中旅学院）、教育学院的基础上，本着优化结构、促进发展的原则进行了专业调整，先后新增了管理学院、生命科学技术学院、珠海学院、信息科学技术学院、新闻学院、外国语学院、法学院、药学院、国际学院。其中国际学院是我国第一所采用全英语教学的综合性学院，深圳旅游学院是中国内地首家通过世界旅游管理专业教育质量认证的高等旅游院校。现有的

16 个学院 38 个系的 48 个专业涵盖了文、史、经、管、法、理、工、医、教育等九大学科门类。专业结构的调整和优化,使一些新兴或热门学科得到及时、自由、充分的发展,适应了市场、学生及学校自身发展的需要。

(三) 科研水平提高

近年来,学校一直以"211 工程"建设为龙头,以教学科研为中心,努力加强学科建设,科研实力不断增强。学校的科研经费已从"八五"末期的 400 余万元增加到 2002 年的 8 000 万元,增长了 19 倍。学校的科技论文和专利申报都有大幅增长。教职工发表的学术论文数从 1995 年的 502 篇增长到 2001 年的 1 311 篇。2002 年,学校教职工发表的学术论文被三大索引收录的论文数达 105 篇,与"八五"末期相比增加了近 11 倍。"八五"期间,学校的专利申请数几乎为零,但自 1996 年以来,共申请专利 86 项,获得专利授权 20 项。获得省部级奖励由"八五"期间的 10 项增加到"九五"末期的 61 项。

7 年来,学校新增了 2 个国家重点学科、7 个广东省重点学科,1 个国家人文社会科学重点研究基地,1 个教育部重点实验室,1 个教育部工程研究中心,1 个广东省重点实验室和 1 个教育厅重点实验室,设有国务院侨务办公室华文教育基地。除广东省重点学科和教育厅重点实验室以外,其他方面均属于实现零的突破。结束了无博士后科研流动站的历史,现有 6 个博士后工作站。

(四) 师资队伍结构改善

师资队伍建设是学校发展中的重要内容,师资队伍的水平是体现一所大学办学水平的重要标志。经过几年的努力,学校的师资队伍结构有了很大改善,师资队伍质量有了大幅提高。学校现有专任教师 1 363 人。教师中有研究生学位者 909 人,占专任教师总数的 66.7%。有博士生导师 71 人,教授 225 人,副教授 560 人。学校新增了两院院士 2 人,实现了零的突破。新增博士生导师 63 人,获教育部设置的"长江学者奖励计划"特聘教授岗位 2 个,广东省设置的"珠江学者计划"特聘教授岗位 2 个。有 11 人增选为广东省"千百十"省级培养对象。师资队伍的梯队建设已见成效,一支老中青相结合,年龄、学历结构平衡的队伍已初步建成。同时,学校加大投入,利用一系列工作、生活上的优惠政策吸引海内外的专家学者及一批有朝气、有知识、有作为的创业者来校工作,为学校的未来发展做好了人才准备。

(五) "侨"字特色更加鲜明

随着实力的增强,学校在外界的影响和名气也更大了,虽然竞争日益加剧,但生源形势却是越来越好。到目前为止,学校有来自世界 52 个国家和港澳台 3 个地区的海外及港澳台学生 7 484 人,占在校生总数的 40%多,而 1995 年,学校的外招生人数还只有来自 16 个国家和港澳台 3 个地区的外招学生 1 982 人。正是由于办学层次和水平的提高,暨南大学已成为海外华侨华人和港澳台青年来中国大陆求学的首选学校,海外及港澳台学生人数一直稳居全国高校榜首。2002—2003年,暨南大学的海外及港澳台学生录取人数连续两年超过了在中国大陆的招生人数,总数达到3 500多人,这也是学校自1978年以来外招生录取人数首次超过在国内的招生人数。这同时也证明了一个事实,即学校的层次和水平提高了,知名度扩大了,侨校的特色不是削弱了,而是增强了。在实力不断壮大,知名度日益提高的同时,学校积极开展对外交流与合作,成为中国第一所在世界五大洲都建有姊妹大学的大学。

(六)办学层次和办学效益更高

按照"大力发展研究生教育,适度发展本科教育,积极发展华文教育,稳定成人教育"的发展思路,学校合理调整办学结构,取得了显著成效。目前,学校研究生与本科生之比由1995年的1∶8.74上升到1∶3.31,专科生由2 472人减为零。为向高层次办学,校本部从1996年开始即不再招收培养专科生。在提高办学层次的同时,学校的办学效益也持续得到提高。与"九五"初期相比,全校的教职工和专业教师人数基本没有变化,1995年分别为3 601人和1 036人,目前为3 649人和1 363人,且学校所获上级经费投入并未大幅增加,但学校完成的任务却成倍增长,这必须有优良的管理质量和办学效益做保证。在2002年广东管理科学研究院"中国'211工程'大学教师人均效率排名"中,暨南大学排在第41位。

(七)综合实力和办学质量更高

在实施"侨校+名校"发展战略的过程中,暨南大学的综合实力不断增强。1996年,暨南大学被教育部列为国家面向21世纪重点建设的大学,2002年,暨南大学"九五""211工程"建设的七个重点学科及公共服务体系全部以优秀的成绩通过专家组的验收。同时,学校的"十五""211工程"顺利通过立项论证,并获国家2 800万元的专项投入("九五"期间没有获得投入)。根据网大(http://www.netbig.com)《中国大学排行榜》调查数据显示,暨南大学在中国高校的综合实力排名现已由1998年的87位上升到2003年的36位。另外,人民网(http://www.people.com.cn)近几年也对中国的大学做了排名,即"中国大学100强",暨南大学在其中的排名自2000年至今依次为81、68、55和49位。尽管上述两个评选机构由于评估体系、评价指标方面的差别以及其他原因,最后得出的结论有一定差别,但不管最后的排名结果如何,有一点是毋庸置疑的,那就是正如这两组数据所显示的,暨南大学在这段时间内,确确实实是在上升,在进步,在发展,而且这一发展是在高等教育内外竞争日趋激烈的大环境下,在各高校都在努力上层次、上台阶的情况下取得的,这对一所以华侨高等教育为特色的侨校来说能在上述条件下保持这样一个发展速度并不容易。有鉴于此,学校于2002年被《高等教育评估》杂志列为研究型大学,在入选的77所大学中名列第 53 位,今年名列第 46 位。另外,学校的固定资产总值由 1995 年的 2.7 亿元增加到 2002 年的 15.5 亿元,增加了近 5 倍。图书馆藏书量由 1995 年 135 万册增至 2002 年的 184.26 万册。教学科研仪器设备值由 1995 年 4 985 万元增至 2002 年 1.7 亿多元,增加了 2 倍。

以上成绩得益于"211 工程"建设的带动,得益于全体教职员工的不断努力,但更重要的是因为有了一个全新的办学理念,有了一个正确的指导思想,那就是"侨校＋名校"的发展战略。实施"侨校＋名校"发展战略既保证了学校的"侨"字特色,也促进了学校自身的发展。侨校与名校是一个统一的共同体,相辅相成,相得益彰。这一战略思想是建立在对教育规律和时代特征以及学校实际情况的深刻理解和认识基础之上的,而且事实已经并将继续证明,暨南大学实施"侨校＋名校"发展战略是有成效的,是切实可行的。"九五"以来,国家并没有为学校的建设和发展加大人力、财力和物力投入,也没有为学校提供更多政策上的优惠和支持,但学校取得了以上一系列看得见、摸得着的成绩,这是思想解放、实事求是、改革及时、措施得力、管理得体的结果,同时也是对"侨校＋名校"发展战略可行性的实践和有力论证。在未来的发展道路上,学校要乘着党的十六大的东风,根据《十六大报告》提出的开展创新教育的要求,继续按照"侨校＋名校"的发展战略,大力加强软硬件设施建设,把承载着党和国家以及全世界无数华侨华人希望的暨南大学真正建成一所海内外知名的社会主义高等华侨大学。

(在全国高等学校教学研究会学术研讨会上的报告,广州,2003 年 12 月 20 日。)

为实施"侨校＋名校"发展战略贡献力量

今天,我很高兴在这里与大家一起出席医学院建院 25 周年庆典仪式。在这喜庆时刻,我谨代表学校党政领导向医学院全体师生员工致以节日的祝贺,向出席今天庆典的领导、嘉宾和校友们表示热烈的欢迎,向一贯关心、支持我校医学院建设和发展的各级领导和各界朋友表示衷心的感谢。在这里,我也要向那些曾在医学院工作过的专家、教授和职工们表示诚挚的谢意。

创建于 1906 年的暨南大学是我国第一所由国家创办的华侨学府。改革开放以来,学校在国务院侨办的直接领导下,秉承"忠信笃敬"的校训,积极贯彻"面向海外,面向港澳台"的办学方针,致力为海外及港澳台地区培养人才。自 1978 年至今,学校共培养各类海内外学生 18 万余人,他们来自世界五大洲 93 个国家和我国港、澳、台 3 个地区,堪称桃李遍天下。

1996 年,学校进入全国面向 21 世纪 100 所重点建设大学的行列。2002 年,学校以一期建设学科全优的成绩进入"十五""211 工程"建设阶段。经过"211 工程"8 年的建设,我校实现了跨越式发展,已从一所教学型大学转变成为研究型大学,在 2003 年中国网大的中国大学综合实力排行榜中,已跃居至第 36 位。今天的暨南大学,学科门类齐全,综合优势突出,师资力量雄厚。学校集文、史、经、管、法、理、工、医、教育等学科于一体,设有 16 个学院,48 个本科专业,88 个硕士学位授权学科,28 个博士学位授权学科。拥有 5 个博士后流动站,1 个博士后科研工作站,2 个国家级重点学科,15 个省部级重点学科。全校有各类学生 26 881 人,其中全日制学生 19 659 人,包括博士、硕士研究生 4 236 人,来自世界五大洲 52 个国家和港澳台 3 个地区的学生 7 484 人。学校现有院士 2 人,专职教师 1 363 人,其中教授 225 人,副教授 560 人。

暨南大学医学院于 1978 年在已故全国人大常委会副委员长廖承志同志的亲切关怀下,在中央和地方政府的大力支持下创立,是我国综合性大学中最早设立的医学院。经过 25 年的发展,医学院的层次不断提高,规模不断扩大。1984 年 3 月,暨南大学医学院在联合国世界卫生组织注册,以此为标志,我校医学院毕业生可直接申请参加世界各国的"临床医生执照注册考试",确立了学校医学人才培养在国际上的有利地位。学院的本科专业现已由创办初期的两个发展到 4 个,新建了 19 个硕士点,两个专业学位点,5 个博士点,1 个博士后流动站。先后合作建设了 6 所国家三级甲等附属医院,1 所直属医院和 1 所专科医院,共有病床 4 319 张。

暨南大学是中国大陆向海外传播中华文化,维系海内外炎黄子孙亲情和开展中外文化交流的一条重要纽带,在我国高等教育史上有着特殊的地位。医学院作为我校面向海外办学的一个极为重要的窗口,在实践我校"两个面向"办学方针的过程中发挥着越来越大的作用。经过 25 年的发展,学院已初步形成了具有学士、硕士、博士教育的完整的高等医学人才培养体系和具有医学特色的教学科研体系。随着医学院办学规模不断扩大,其海外及港澳台学生的数量也在逐年增加,其中海外及港澳台本科学生已达学院本科生总数的 50%,内地学生也大多为"三侨"子弟。

25 年的努力奋斗,倾注了广大教职员工和社会各界的大量心血和汗水,同时也夯实了医学院进一步发展和再攀新高的基础。我希望医学院能以此次院庆为契机,在"三个代表"重要思想的指引下,坚持"严、法、实"的办学原则,按照"国际化、现代化、综合化"的办学思路,团结一致,开拓进取,巩固改革成果,增强科研水平,提高人才培养质量,为实现学校"十五"发展目标,为实施"侨校+名校"发展战略贡献新的力量。

(在暨南大学医学院建院 25 周年庆典上的讲话,原载《暨南大学校报》,第 375 期,2004 年 1 月 8 日。)

务实开拓　追求卓越

在过去的一年多时间里，在国务院侨办和广东省委、省政府的直接领导下，我校教职员工按照"侨校＋名校"战略，积极努力，开拓进取，使学校的办学水平和综合实力有了进一步提升，已连续 4 年稳居全国 1 577 所高校的前 50 个名校之列。学校出色的工作成绩也得到了党和国家领导人以及相关领导部门的关怀和重视，全国人大常委会副委员长韩启德、全国政协副主席罗豪才、广东省省长黄华华，全国人大港澳台侨委员会、全国政协港澳台侨委员会，国务院港澳办、国务院台办、中央人民政府驻港联络办、中央人民政府驻澳联络办、教育部港澳台办的领导先后到学校就科研和港澳台学生教育等问题进行调研，对学校的改革措施和工作业绩给予了充分肯定和高度赞扬。

一、一年来工作的主要情况

在过去的一年里，我校全体教职员工坚持"面向海外、面向港澳台"的办学方针和"严、法、实"的办学原则，以"211 工程"建设为龙头，积极推进学校的各项改革，各项工作再上新台阶。下面，我就学校的思想政治工作、"十五""211 工程"建设、办学水平的提高、科研方面的成绩、管理水平的提升、综合服务能力的改善、董事会座谈会的召开、百年校庆的筹备、对外交流工作的开展、存在的问题和薄弱环节等十个方面逐一汇报：

（一）深入学习十六大精神，积极贯彻"三个代表"重要思想，提高师生政治素质和理论水平

为使广大师生能够结合当前实际深刻理解"三个代表"内涵，深刻把握十六大精神实质和十六届三中、四中全会精神，学校邀请了中国人民大学陈健教授、全国人大常委会毛起雄博士、省委党校党建部主任马星光教授等人来校作形势报告；并组织了纪念邓小平同志诞辰 100 周年和纪念"五四"运动 85 周年系列学习教育活动；举办了邓小平"一国两制"重要思想座谈会；召开了"三个代表"重要思想理论研讨会，开展了以"为民、务实、清廉"为主题的纪律教育学习月活动。为深入学习好《中国共产党党内监督条例（试行）》和《中国共产党纪律处分条例》（以下简称两个《条例》），学校于去年 6 月开展了两个《条例》的知识测试活动。上述活动的举办，均取得了良好效果，将十六大精神和"三个代表"重要思想的学习和研究工作逐步引向深入。

(二) 全力支持，保证重点，认真做好"十五""211 工程"建设工作

1. 2004 年 4 月，《暨南大学"十五""211 工程"建设项目可行性研究报告》得到国家发展和改革委员会正式批准。国家"211 工程"办公室和广东省委省政府分别向我校投入 2 800 万元和 8 000 万元的建设经费。全年，学校已投入 2 844 万元的建设经费，其中向生物科学技术与生物医学工程、生殖科学与计划生育、产业经济与金融经济、企业管理理论与应用、中国语言文学与海外华文教育、中外关系与华侨华人等 6 个重点学科投入 1 829 万元，向校园计算机网络和数字化图书馆 2 个公共服务体系项目投入 615 万元，向师资队伍建设项目投入 400 万元，为"十五""211 工程"建设提供了有力支撑。

2. 为保证"十五""211 工程"建设质量，学校于去年 12 月召开了中期检查汇报会，审议了"十五""211 工程"的总体建设情况和各子项目的建设情况，对项目资金到位及执行情况进行了分析，指出了存在的一些问题和整改措施，有力地促进了"十五""211 工程"建设。

(三) 围绕"侨"字特色，进一步深化改革，努力提升办学水平

1. 为进一步抓好珠海学院教学工作和学生就业工作，学校根据两地办学特点，创立了以异地校区教务部门实施教学管理，以学校教务处进行教学质量监控的两级教学管理体系；并本着"立足珠海、面向珠三角"的方针，努力拓宽就业渠道，使珠海学院 2004 届毕业生就业率达到 85.7％。实行与校本部统一培养模式的珠海学院，被莅校视察的教育部周济部长誉称为"校本部的延伸"。

2. 经过努力，我校在学科建设方面也取得优异成绩。去年，有 5 个专业获批为省级名牌专业，使我校名牌专业总数达到 10 个。我校还与中国人民大学等 21 个研究生培养单位成为全国首批会计硕士专业学位教育试点单位；金融研究所被评为广东省人文社会科学重点研究基地。2004 年，我校围绕生物医学工程、工商管理两个博士学位授权一级学科自主设置的生物材料与纳米技术、生物医学信息技术、生物医药工程、生物与医学物理、细胞与组织工程、财务管理等 6 个专业全部获批，成为可招收和培养博士生的二级学科。学校还全面启动了第十次学位授权学科点的申报工作。在 2004 年全国一级学科整体评估中，我校的新闻传播学、应用经济学、政治学、中国语言文学、历史学在接受评估的专业中，排名分别为第 6 名、第 12 名、第 14 名、第 15 名和第 17 名。

3. 为加强基础课教学，学校大力进行精品课程建设，积极倡导名师工程。去年，我校华文学院彭小川教授被国家人事部、教育部联合授予"全国模范教师"荣誉称号；生命科学技术学院郭书好教授主持的"有机化学"和经济学院何问陶教授主持的"货币银行学"获批为广东省高等学校首届省级精品课程。学校推荐申报了省级教学成果 21 项，其中 6 项获得省级教学成果一、二等奖，3 项被广东省教育厅推荐申报国家级教学成果奖；开展了首届"本科课程教学竞赛"和"本科课程全英语教学竞赛",极大地激发了教师改进教学方法、提高教学质量的积极性。

4. 进一步规范教务管理,深化教学改革,全方位提升教学水平。2004年,学校出台了《暨南大学"大平台"招生学院学生选择专业暂行管理办法》、《暨南大学本科生科技创新工程实施方案》等30多个教学管理文件,进一步提高了教学管理的制度化水平。逐渐完善了"大平台"教学,以构建"平台+模块"课程体系为基础,推出了全新的教学计划;深化了分流教学,使公共课以外的分流课程已达170多门,有10个专业(方向)实现了专业分流。我校学生在2004年"全国大学生数学建模竞赛"中夺得两个一等奖,充分反映了我校的教学水平和学生的学习水平。

5. 在大范围调整硕士生学制的同时,及时完善培养方案,提高研究生培养质量。从2004年秋季开始,学校对硕士生学制进行调整,除特殊需要,大部分由3年改为2年,并出台相应配套措施。学校还加大了博士论文创新基金资助力度,积极引导博士研究生开展高质量的科研和论文写作。去年,我校博士研究生王聪的学位论文《我国证券市场交易成本制度研究——关于中国证券市场的SCP分析框架》,获得2004年全国百篇优秀博士学位论文,使我校在该奖项实现零的突破。

6. 围绕博士、硕士点申报和"211工程"重点学科建设对人才的需求,大力实施"高层次创造性人才引进工程"。去年,学校引进了文艺学学科珠江学者朱寿桐教授,聘请了中国科学院钱逸泰院士、陈星旦院士、中国工程院陈火旺院士为我校双聘院士,使我校院士人数达到5人;聘请了英国皇家工程院宋永华院士,中国科学院张礼和院士、金庆焕院士为名誉教授。

7. 适应时代需要,成立了知识产权学院。2004年10月15日,我校第18个学院——知识产权学院揭牌成立。该学院是广东省乃至华南地区首家集教学和科研为一体的知识产权学院,已独立招收了民商法专业知识产权方向7名研究生,计划于今年春季开始招收本科生。

8. 2004年,我校的研究生、本科生和继续教育招生形势依旧喜人,海外及港澳台招生工作成绩尤为突出。内地学生报考我校的局面依然火爆,有的省份本科第一志愿上线人数为我校录取人数的16倍。

去年春秋两季,来我校报到的海外及港澳台学生达到4 049人,大大超过了内地学生数量,比上年增长40.3%;其中香港学生2 300人,澳门学生813人,台湾学生158人,华侨学生197人,华人和外国留学生581人。在去年秋季招生工作中,我校招收了海外及港澳台学生3 802人,占全国同类学生总数的56.7%,大于国内其他高校对海外及港澳台招生总和;而且来自海外及港澳台地区报到的本科学生与内地本科学生在数量方面,第一次达到1:1。由于报考我校的海外及港澳台学生生源充足,挑选余地较大,生源素质比前几年有了较大提高。例如,今年我校录取的107名澳门保送生,均在澳门各中学排名前列。

至此,全校共有各类学生28 400余人。在22 000名全日制学生中,有博士研究生648人,硕士研究生4 360人,本科生15 335人;其中,来自海外及港澳台地区的学生8 966人,占全日制学生的41.8%,数量居全国高校第一;来自海外及港澳台地区的研究生741人,约占全国高校同类学生总数的1/4;台湾学生524人,占全国高校在读台湾学生总数的1/8。

9. 作为我校重要组成部分的华文教育也取得了显著成绩。在过去的一年里,我校承担并圆满完成了3场HSK考试,考生人数达1 456人;开办了17期总人数达347人的香港警务人员普通话培训班;向泰国、印尼、新加坡等地派出华文老师24人次开展华文教育,并向印尼派出20名首批国际汉语教师志愿者从事汉语教学。在印尼、新加坡等国的华文师资学历教育又获得了新的发展,现已招收了三届学生近300人。《中文》教材发行量不断扩大,目前已累计发行近500万册,而且形成了包括多媒体教学光盘、网络版及繁体字版教材在内的立体化教材。继《网上中文》获第七届全国教育技术大奖赛二等奖之后,《初级华语》网上教材又获得第八届全国教育技术大奖赛优秀奖。去年12月,我校还承办了由国务院侨务办公室和中国海外交流协会主办的"第四届国际华文教育研讨会",我校师生员工的良好精神风貌和出色工作受到国务院侨办和海内外与会代表的高度评价。

10. 大力加强教学资源库建设,努力研发教学软件和网络课件。去年,学校完成了教学资源库的整体建设规划,资源库软件已通过测试并开始运行。"广东省高校现代化教育技术151工程"(即"十五"期间,组织全省高校研制开发100个专题学习网站,建设50个专业公用资源库,开展100项基于网上资源利用的教学改革实验研究)项目建设也取得良好成绩,我校的第二批10项项目全部通过中期验收,并获得第三批项目13项。在全国第八届教育软件大奖赛中,获得一等奖1项,并获优秀组织奖;在教育部举办的第四届全国多媒体课件大赛中,获得一等奖1项;在广东省教育软件大奖赛中,获得一等奖1项、二等奖1项、三等奖3项、优秀奖1项,并获优秀组织奖。

11. 学校在图书出版和学报编辑方面也取得了突出成绩,出版社去年的书号使用量首次突破100,达到130个。全年共出版图书397种,重印图书206种,出版的图书获省部级以上奖励6项;发行码洋5 428万元,实现税前利润215万元。去年,《暨南学报》被确定为学报类核心期刊,并被编入《中文核心期刊要目总览》,成为我校主办的首次入选全国中文核心期刊的刊物。而且,《暨南学报》连续3年被南京大学中国社会科学研究评价中心选定为"中文社会科学引文索引"(CSSCI)来源期刊。

12. 学校各附属医院的医疗水平也了进一步提高,去年5月,附属第一医院成功实施了首例肝脏移植手术。为做好医学院的共建工作,学校还于去年召开了医学院共建研讨会,分析了面临的困难和问题,明确了今后工作的指导思想和工作任务。在大家的共同努力下,各附属医院的医疗、科研、服务水平也有了较大提高,并且在培养研究生、指导本科生临床方面也取得了可喜成绩。

13. 随着学校综合实力的提升和海内外知名度的提高,去年5月,国家邮政总局发行了《侨乡新貌·暨南大学》特种邮票,使暨南大学成为继北京大学后全国第二所上榜"国家名片"的高校。

14. 积极加强就业指导,努力拓宽就业渠道。学校通过举办现场招聘会、网上公布就业信息、专家指导等有效形式加强指导和推荐。截至去年12月20日,我校2004届内招本科毕业生的就业率达94%。与此同时,学校逐步开展了港澳毕业生的就业推荐工作,与香港校友会、澳门校友会建立合作关系,并通过香港校友会邀请香港亨达国际金融公司来校招聘香港毕业生。

15. 在引导学生开展高品位的课外活动、加强素质教育方面,学校也取得了令人欣喜的成绩。去年12月在北京举办的"The One Show 2004 金铅笔全球广告创意大赛"中,我校珠海学院2002级广告学专业的廖宏金等7位同学的Domino Nature Sweet系列作品夺得中国区铜奖。该项大赛是由美国纽约One Club设立的、历史最悠久的国际广告大奖,是广告创意的最高荣誉,也是众多国际广告大奖中唯一注重青年创意教育的奖项。在2004中国—宁波科技创业计划大赛中,共有来自美国、加拿大、英国、法国留学生和国内20个省市的869个项目参赛,我校报送的5件作品全部进入了复赛,其中《暨鹰生物股份有限责任公司创业计划》获得国家新秀创业计划奖,这是我校学生创业计划作品首次在国家科技部主办的创业大赛中获奖,实现了历史性突破。去年11月在厦门大学举行的第四届"挑战杯"中国大学生创业计划竞赛中,我校选送的两件作品获得1银1铜的好成绩,并因组织工作出色被授予"高校优秀组织奖"。在第四届"挑战杯"广东省大学生创业计划竞赛中,我校报送的5件作品在全省112件进入决赛作品中脱颖而出,3件作品获得金奖、2件作品获得银奖,总分并列第一。在2004年中国电机工程学会杯全国数学建模竞赛中,我校学生获得3个全国一等奖,1个二等奖,1个三等奖。在中央电视台举办的"2004泰豪杯全国大专辩论会"中,我校辩论队获得亚军,来自经济学院的姜湛睿同学荣获全场唯一"最佳辩手"称号;在第十届"21世纪·外教社杯"全国南部赛区英语演讲决赛中,外国语学院2003级尹敏燕同学荣获一等奖。

16. 作为一所体育强校,在2004年的国际国内体育比赛中,我校共获金牌59枚、银牌32枚、铜牌17枚,为祖国和学校赢得了荣誉。在第七届全国大学生运动会上,我校以14金9银9铜的成绩名列全国高校第七位,再次荣获"为高校体育工作做出突出贡献校长杯"。在四川成都举办的全国大学生网球锦标赛、在湖北三峡大学举行的全国大学生羽毛球锦标赛中,我校代表队分别以4枚金牌和2枚金牌的优异成绩,位居全国高校金牌之首。在雅典举行的第28届奥运会上,1997级本科生李静代表中国香港队参赛,荣获乒乓球男子双打银牌;国际经济与贸易系2002级同学刘禹、陈其遒分别代表国家队参加了游泳和羽毛球项目的角逐,陈其遒同学在羽毛球混双比赛中打进了世界八强。

17. 随着学校综合实力的日渐增强和办学水平的不断提升,暨南大学也引起社会各界的密切关注。其重要表现之一便是校园网站的访问和浏览量明显增加,每天的首页同时在线人数均保持在100人左右。自去年10月校园网站改版后的短短两个多月时间里,校园网站的访问总量和浏览总量已分别达到96.84万人次和124.72万人次,日平均访问量和浏览量分别为9 846人次和12 680人次;其中,国内访问总量占96.5%(香港占1.1%,澳门占0.6%,台湾占0.1%,其他省市占98.2%),国外访问总量占3.5%(美国、澳大利亚各占5.7%,英国、德国、加拿大、韩国、马来西亚、新加坡各占2.9%,其他国家占68.3%)。

（四）加强科研管理,加快科技创新,推进成果转化

1. 经过努力,去年的科研经费达到1.13亿元,较上年增长10%。2004年,学校仅申报国家和省科技基金就达395项,获批的国家和省科技基金项目分别为27项、117项,较上年增长35%、270%。所获高层次项目持续增长,如获得国家基金仪器专项1项,"973"前期预研课题1项,"973"一级子课题2项;并且首次获批国家中小企业创新基金1项;首次获得2项教育部博士点基金。

人文社会科学研究水平也有了大幅提高,共获批各类项目125项,其中申报国家社科基金76项,获批11项,比上一年增长37.5%,为历年新高,立项数在全国位居第19位;申报省社科基金120项,获批23项,立项率为19.2%,立项数位居全省第2位。

2. 科研成果也喜获丰收,高水平论文数量有了大幅提升。去年,共发表各类论文及撰写科研报告突破3 000大关,达到3 154篇,被三大索引收录219篇,较上年增长157%。其中,被SCI收录134篇,较上年增长126%;被EI收录61篇,较上年增长259%;被ISTP收录24篇,较上年增长140%。一年来,学校共获得8项省部级科技成果奖,其中3项为教育部科技成果奖。全年的专利申请为40件,其中授权15件,申请和授权数量分别较去年增长33.3%和275%。

3. 大力加强科技转化,积极开展科技产品推介活动。去年,我校孙晗笑教授的"重组vMIP抗HIV感染的临床研究"获得一类新药临床批文,成为我国第一个具有自主知识产权的艾滋病药物。去年10月,我校第五次单独组团参加了在深圳举行的第六届中国国际高新技术成果交易会,向社会展示了中药及天然药物、基因药物、医疗器械、应用力学、光电子、电子信息、材料、资源环境等8个系列 164 项科研成果。其中,"战场装备技术侦察指挥保障系统"、"多功能平板电脑"、"高效安全的载银无机抗菌剂"、"中药白头翁总三萜(BTW)的研究"等多个具有国内领先甚至国际先进水平的科技成果,引起媒体和社会广泛关注。

我校学生的科技创新成果转化也取得了令人瞩目的成绩,在第四届"挑战杯"中国大学生创业计划竞赛中夺得银奖的"暨鹰生物有限责任公司"项目,与福建大型上市公司"福建北方金山医药实业集团"达成协议,签订了 380 万元的投资意向书,成为新的亮点。

4. 为规范科技产业发展,拓展横向项目开发,学校于去年 6 月撤销了科技处产业管理办公室,组建了科技产业集团。进一步理顺了校企关系,在科研成果产业化、规模化方面迈出了重要一步。

(五) 坚持依法行政,强化效率意识,大力提高管理水平

1. 为逐步实现由身份管理向岗位管理的转变、强化岗位职责,在充分调研的基础上,学校制定了《暨南大学定编定岗及岗位聘任系列文件》、《暨南大学教职工岗位聘任工作程序》等文件,基本完成了学校的定编定岗工作。

2. 为提高管理水平,学校加大了对党政干部的培训力度。去年 9、10 月间,由党政机关一把手 25 人组成的暨南大学赴美培训与考察团,进行了 25 天的培训与考察活动。9 月 22 日,学校又开始举办了党政管理干部行政管理研究生课程班。上述两项活动的举办,在较大程度上开阔了干部的视野,极大地促进党政干部管理观念和管理水平的提高。

3. 为了提高学院的管理水平,学校面向世界招聘外国语学院、华文学院、经济学院、管理学院、法学院、理工学院、信息科学技术学院、药学院、珠海学院、艺术学院(筹建中)等 10 个学院的院长。报名非常踊跃,共有来自英国、德国、芬兰、哈萨克斯坦、美国、加拿大、新加坡、日本、中国(包括香港地区)9 个国家的 93 位学者前来应聘,其中海外学者 32 人、香港特区 2 人、国内学者 41 人、校内 18 人。现在,招聘的 10 位院长已经到校工作。此次招聘院长活动受到海内外的广泛关注,全国的各大报纸、广播、电视、网络等媒体共进行了 900 篇的文章报道。

4. 强化财务管理,继续推进财务改革。为积极配合和推进预算管理制度的改革,一年来,学校在建立财务工作联系人制度、深化预算管理、强化会计监督等方面做了大量的工作,学校财务收支情况良好。2004 年全校总收入 10.45 亿元,较上年增长 10%,其中,学校教育事业收入 6.88 亿元(国务院侨办财政拨款 2.10 亿元,广东省教育厅拨款 1.19 亿元,其他政府部门拨款 0.49 亿元,事业收入 2.7 亿元,其他收入 0.4 亿元),附属第一医院收入 2.8 亿元,后勤集团 0.48 亿元,科技产业集团 0.29 亿元。学校全年的总支出 10.38 亿元,其中,学校自有资金结转自筹基建支出 0.7 亿元(校本部 3 000 万元,珠海学院 4 000 万元),事业支出 8.71 亿元,对附属单位补助及其他支出 0.21 亿元,后勤集团支出 0.47

亿元,科技产业集团支出 0.29 亿元。事业支出中包括离退休人员经费支出 1.0 亿元,职工医疗费支出 1 862 万元(在职人员医疗费 556 万元,离退休人员医疗费 1 306 万元)。教职工的收入继续增长,全校教职工(不含企业)人均税前收入达 8.8 万元(含学校支付给教职工每人的住房公积金 2 934 元),比上年增长 9%。

5. 坚持反腐倡廉,加强审计监督。去年,学校制定了《暨南大学廉政谈话制度》、《暨南大学基建、修缮工程招标投标管理办法(试行)》、《暨南大学对各级党政主要负责人进行监督的实施办法》等文件,努力从制度上、从源头方面防止腐败现象的滋生。去年 10 月,"暨南大学廉建网"正式开通,为学校的党风廉政建设提供了信息发布和查询平台。同时,学校加强了对招生、基建、物资采购等各类项目的监督工作。2004 年,学校完成了各类审计项目 303 项,其中审核基建、维修工程合同等 272 项,涉及金额 1.73 亿元,共核减 1 440 余万元。为加强管理,规范采购,学校全年共进行了校内招标 108 次,委托招标 15 次,招标采购金额达 3 363.99 万元。共节约资金 477.8 万元,节约率为 14.2%。

6. 加强综合治理,确保校园稳定。为最大限度地减少外来人员随意进出校园,防止案件发生,学校制定了《暨南大学出入管理规定》,并开始实行凭证出入制度。去年,保卫处还现场抓获各类违法犯罪人员 103 人,将 253 名闲杂人员清理出校园,有力地维护了校园治安稳定。

7. 我校附中、附小、幼儿园的教学质量也正稳步提高,新的校园都已经建成,加上对教职工子女上大学读书的照顾,进一步提升了教职员工子女的教育质量,解除了大家的后顾之忧。

8. 丰富老同志生活,努力做好为离退休职工的服务工作。去年,老人进修学院开设了中医养生保健、形体舞蹈、交谊舞、书画、太极拳、声乐等 19 个课程班,有 611 位离退休老人参加了各种课程的学习。去年 10 月份,学校还举办了为期 1 周的"老人节活动周",有 1 500 余人参加。在过去的一年里,学校为 330 位寿星(60 岁以上)举行了祝寿聚餐会。在学校的组织与推动下,离退休人员在省市各类文体比赛中共获各类奖项 36 个,其中一等奖 5 项、二等奖 7 项、三等奖 5 项。

9. 坚持做好信访工作,为教职工分忧解难。一年来,校领导在信访部门的协助下共接待群众来访 92 人;信访办公室日常接待来访 140 批 200 余人次,受理问题 210 项。全年共受理各种信访材料 327 项,办结率达 94%。

(六) 加强软硬件建设,提高为师生和社会服务的质量

1. 努力做好各项基础设施建设工作,办学条件进一步改善。一年来,校本部完成了成人教育楼、附中楼、理工学院大楼二期工程、行政办公大楼等建筑面积共计 6.4 万平方米的工程;完成了专家楼、学生宿舍建阳 1 栋、真如 A 座、B 座等共计1.7万平方米的装修工程。在做好基建工作的同时,学校加强了绿化工程,共新增、改造或修复绿地面积6 000多平方米。电力增容一期工程的竣工,增容电力6 350 kV·A。为适应快速发展的需要,学校拆除了教学大楼、图书馆,准备建设可以容纳更多学生的新教学大楼和图书馆;完成了新的教学大楼、图书馆、管理学院楼、第二理工学院楼、第二文科楼、出版社大楼、印刷厂大楼、博物馆楼等项目的规划设计工作;体育馆改造工程、电力增容二期工程、珠海学院行政办公大楼正在紧张的建设之中。

2. 加强图书馆和实验室建设,服务教学科研。去年,学校对图书馆文献资源建设投入1 450万元经费,图书采购量首次突破10万册大关,订购各类报纸3 303种,购买数据库35种。旧图书馆拆除后,为减轻过渡时期馆舍不足对读者的不利影响,图书馆多次延长开馆时间,每周达到88小时。学校认真进行了实验室各项经费的预算和分配,落实计划2 000多万元,占总下拨经费的80%;改造了9个院系的实验室共2 758平方米,并购置了总值273万元的大型仪器设备51台(套),维修了总价值约290万元的703件设备,改善了实验教学条件。

3. 大力推进后勤改革,提高后勤服务水平。根据工作需要,后勤集团制定了《关于加强饮食卫生安全工作责任的补充规定》、《工程经营项目管理规定》等文件,使各项工作进一步规范。为进一步改进教职工的饮食服务条件,学校更新添置了价值15万元的炊厨用具和相关设备,并采取集中采购伙食原材料、厉行节约等办法,尽可能地减少因粮油价格上涨对伙食价格的影响。

4. 加大工作力度,积极实施社区物业管理。去年,学校成立业主大会筹备组的申请得到了相关部门同意;学校就住宅小区实行物业管理进行了认真筹备,制定了《暨南大学校本部住宅小区业主代表大会议事规则(征求意见稿)》、《暨南大学校本部教工住宅小区业主委员会选举办法(征求意见稿)》等4个文件,并召开业主代表大会,选举产生了业主委员会。同时,学校聘请了丹田物业管理学生宿舍,初步实现了学生宿舍的后勤社会化管理。

5. 根据有关文件精神,稳妥地做好住房货币分配和出售存量公有住房的工作。去年,学校受理登记住房货币补贴申请三批共1 000余人,经核查符合发放住房货币补贴者859人,共计发放金额1 500万元。学校还制定了《暨南大学关于出售存量公有住房实施方案》,有秩序地开展存量公有住房的出售工作,已经完成了存量公有住房的摸底统计工作,测绘和评估工作正在紧张进行之中。

6. 为在泛珠三角经济发展中作出学校的贡献,进一步发挥高校科技创新力在地方经济建设和社会进步中的先行作用,学校在7月26日、9月18日分别与韶关市人民政府、茂名市人民政府签订了全面合作协议,与赣州市人民政府签订全面合作协议的工作也正在积极筹备之中。协议签订后,双方将本着"合作发展、互惠互利"的原则,在文化教育、科学研究、科技开发、成果转化、人才培养、科技信息交流等方面开展全面的合作。今年1月,我校被中国侨联评为全国"科教兴国示范基地"。

7. 踊跃参与西部扶贫,继续开展"送温暖、送希望"活动。2004年,我校共派出了5支医疗队分赴新疆、云南、广西等地,为当地贫困群众和华侨农场贫困归侨开展医疗咨询和义诊。期间,共诊治患者6 000余人,会诊疑难病症27例,培训医务人员500人,赠送药品和医疗器械折合人民币30万元。

8. 学校还积极安排残疾人工作,妥善照顾残疾人生活。今年1月,学校被广东省人民政府残疾人就业工作协调委员会授予"驻穗中央、省属单位按比例安排残疾人就业工作先进单位"称号,是18个被表彰单位中的唯一一所高校。

(七)充分发挥校董、校友在办学和经济发展中的作用,在韶关市召开了暨南大学第五届董事会座谈会

2005年1月4日,暨南大学董事会董事座谈会在韶关流花宾馆会展中心举行,全国政协原副主席、暨南大学第五届董事会董事长钱伟长院士出席会议并讲话。副董事长王今翔、佀志广,副秘书长余国春、马有恒,董事郭全强、戴国坤、梁仲景,以及香港、澳门校友代表共40多人出席了会议。会上,校董、校友们认真听取和审议了《暨南大学工作报告》,并就暨南大学今后的建设和发展、如何加强董事会的建设、如何加强产学研合作等献计献策,畅所欲言。大家充分肯定了暨大的发展和所取得的成绩,并就有关工作提出了宝贵意见。

与会代表还就韶关市的建设和发展、我校与韶关市的校市合作、产学研合作等方面进行了热烈的讨论,对我校与韶关市的合作充满信心。校董、校友普遍认为我校与韶关市签订全面合作协议具有重要的意义,并表示要以切实行动支持双方的全面合作,为韶关市的经济发展和社会进步做出新的贡献。

(八)总结过去,开创未来,正式启动了2006年的百年校庆工作

为加强对校庆筹备工作的领导,并做好协调、指挥工作,学校成立了暨南大学100周年校庆筹备委员会,下设办公室,具体负责校庆的筹备工作。学校还专门制作了校庆网页,并且在《光明日报》、《南方日报》、《人民日报(海外版)》、《美国侨报》、《欧洲时报》等影响较大的报纸上刊登公布了《暨南大学百年校庆公告(第一号)》。在校庆筹备工作中,将坚持"热烈、隆重、节约、实效"的原则,一切活动都以有利于增强学校的凝聚力和向心力,有利于促进学校的建设和发展,有利于扩大学校在海内外的影响为标准。

(九)开拓国际合作交流新渠道,开创国际交流合作局面

在继续巩固发展我校对外合作关系的基础上,去年,学校与英国布尔内大学、俄罗斯圣彼得堡大学、丹麦奥尔堡大学、菲律宾圣路易斯大学和文莱大学签订了合作协议。共派出了18名学生前往美国纽约州立大学古西堡学院、圣道大学、威斯康星大学欧克莱尔分校、法国里昂天主教大学、日本兵库县大学、韩国汉

城国立大学学习；聘任了来自世界8个国家的外国专家学者来我校工作或讲学。同时，在美国、日本、法国的姊妹学校也有8名交换学生前来我校学习。为学校进一步加强国际间学术合作与交流，提高国际化水平奠定了坚实基础。

（十）存在的问题和薄弱环节

在肯定工作成绩的同时，我们也清醒地认识到工作中的不足，那就是：国家级重点学科数目偏少，博士点、名师偏少，高水平、标志性科研成果不多；在教育质量和办学水平方面，与名校相比还存在着一定的差距；硬件设施（包括建筑工程及实验室设备）跟不上学校发展的需要，某些方面如教职工周转房等甚至已经成为制约学校发展的瓶颈；廉政和学术道德建设工作正在加强，但反腐倡廉和整治学术不端行为的任务仍很艰巨。

二、今年的工作计划

2005年，学校在做好日常工作的同时，将重点抓好以下几项工作：

（一）认真实践"三个代表"重要思想，增强全体党员党性观念

1. 根据党中央指示精神，积极开展以实践"三个代表"重要思想为主要内容的保持共产党员先进性的教育活动。

2. 继续抓好党风廉政建设和反腐倡廉工作。

（二）分层建设，重点突破，大力推进"十五""211工程"建设

1. 根据"十五""211工程"各建设项目中期检查结果，认真分析和总结项目实施过程中存在的困难与问题，制定整改措施，确保项目顺利实施并完成"十五""211工程"建设任务。

2. 加强对国家重点学科和侨办重点学科的建设与管理，确保国家重点学科顺利通过国家评估。

（三）深化教育教学改革，构建教学质量保障新机制

1. 做好本科教学水平评估工作计划和实施方案，3月份拟召开全校教学工作会议，正式启动迎评工作。

2. 采取切实有效的措施，继续加强研究生教育的管理工作，争取成功申办研究生院。做好第十批博士、硕士学位点的申报工作。

3. 继续扩大国际学院的专业设置，以适应侨校发展的需要。

4. 进一步加强珠海学院、深圳旅游学院、华文学院的管理工作。

5. 进一步扩大海外及港澳台学生的招生规模，提高生源质量，以尽快达到内外招生1∶1的比例。

6. 加强"大平台"教学改革，做好大平台学生选择专业工作。

7. 深化两类学生的分流教学工作。

8. 进一步做好毕业生就业指导工作，做好国际学院首届毕业生的就业和继续攻读硕士研究生的推荐工作。

9. 加强实验室建设和管理，尤其是要抓好重点实验室、基础实验室和共用实验室建设。

10. 抓好高水平运动队建设，认真组织学生参加重要赛事。

（四）进一步加强学生的思想政治教育工作，提高学生的思想政治素质

1. 大力进行校园文化和学生社区文化建设，为思想政治教育工作营造良好的校园氛围。

2. 启动优秀青年的培养工作，切实做好理想信念教育和人文素质教育。

3. 进一步推动思想政治工作进宿舍、进网络工作。

4. 积极将思想政治教育与解决实际问题相结合，认真做好贫困家庭学生的勤工助学工作，做好学生的后勤管理和服务工作，为大学生健康成长创造良好条件。

5. 结合抗日战争胜利 60 周年，开展以和平、发展为主题的爱国主义教育活动。

6. 加强大学生心理健康教育与心理咨询工作，培养下一代人的健康心理素质。

（五）加强华文教育工作，推动华文教育事业的发展

1. 积极开展华文教育师资培训，进一步做好印尼华文师资函授学历教育工作，与马来西亚的南方学院、新纪元学院合作在马来西亚开办研究生班，不断提高海外华文教育师资培训的规模与层次。继续做好国际汉语教师志愿者的培训及外派工作。

2. 积极推进《中文》教材的修订工作，并大力开发配套的教辅教材等。

3. 与教育部语言信息管理司共同做好"国家海外华语研究中心"的共建工作。

4. 完成"中国华文教育网"的建设，为海内外华文教育搭建一个交流平台，使其成为国家级权威性网站。

5. 做好"印尼孔子学院"的筹建工作。

6. 做好"暨南大学预科部（北京）"的招生工作。

（六）加快科技创新，促进成果转化

1. 积极创新，加快科技成果转化。进一步加快科技战略导向向自主创新的转变，继续优化学校科技资源配置，积极承担国家重大科研任务。

2. 围绕实施"高等学校科技创新计划"，加强产学研结合，促进科技创新和经济建设的紧密结合。

3. 加强科技产业集团的建设。

4. 做好广东省首届哲学社会科学成果奖的动员和申报工作，同时积极组织其他各级成果奖的申报及出版资助工作。

（七）改善管理水平，坚持依法行政

1. 建立依法决策、民主参与、民主管理的决策机制，创造良好的育人环境。

2. 深入开展调查研究，切实转变工作作风。进一步推行校务公开制度。

3. 进一步健全督办制度，强化督办职能，使学校的各项决议、决定及时得到贯彻。

4. 做好高层次人才，即长江学者、创新团队的推荐、新世纪优秀人才和青年骨干教师的推荐选拔工作，加大学科带头人、创新团队及海外留学人才的引进力度，加强"千百十工程"培养人选和特聘教授的管理工作，进一步优化学科师资队伍。

5. 组织各学院院长到英国布鲁内尔大学进行培训。

6. 推动校园数字化建设，进一步完善校园卡功能。

7. 进一步加强治安综合治理和消防工作。

8. 全面启动百年校庆的筹备工作。

（八）加快基础设施建设，进一步改善办学条件

1. 做好行政办公大楼、理工学院大楼建设的收尾工作。完成体育馆的改造工程、药学院大楼的装修工程、学生食堂扩建工程及其他有关项目的维修改造。做好教学大楼、图书馆大楼、第二理工大楼、管理学院大楼、大礼堂、西门综合楼、出版社大楼、教工周转房、博物馆、附属第一医院新住院大楼以及文科楼扩建等工程的招标和开工建设。

2. 继续做好住房货币分配、出售存量公房和小区物业管理等有关工作。

3. 抓紧与广州市政府及有关部门磋商解决江南校区土地置换的有关问题。

4. 继续深化后勤社会化改革，完善各类后勤实体的运营机制。加强学生宿舍和食堂管理。

各位代表，同志们，过去的一年里，在广大教职员工的共同努力下，我们取得了较大成绩。暨南大学取得的每一点进步，都是每一位教职员工辛勤奉献的结果，都离不开老一辈教师们的创业与探索，离不开新一代教师们的务实与创新。展望21世纪的新发展，我们仍然怀有一种紧迫感，有许多工作仍然需要大家继续努力，可谓任重道远。当每一位教职员工的积极性充分发挥之时，就是暨南大学取得更大发展之日；当每一位教职员工的工作富有成效之时，也就是暨南大学走向辉煌之始。各位代表，同志们，形势逼人，不进则退，让我们大家同心同德，爱校如家，以大胆拼搏的勇气、务实开拓的精神、敢为人先的气魄，为早日把暨南大学建设成为高水平的研究型大学而努力奋斗。

春节佳节即将来临，祝大家身体健康，阖家幸福，新春愉快！

（在暨南大学第六届教代会暨第十届工代会第一次会议上的报告，原载《暨南大学校报》，第404期，2005年3月10日。）

承前启后 务实求真
科学编制"十一五"发展规划

"十五"期间,我校实现了跨越式发展,学科建设、科研水平、办学结构、师资配置、研究生教育等方面均取得了突破性进展,主要目标得以提前实现,综合实力不断增强,办学声誉和办学地位在国内外迅速得到提升,这都为"十一五"时期的可持续发展奠定了良好的基础。在十六大和十六届五中全会精神的指导下,深入探索高等教育的发展规律,立足"十五"期间的发展基础,科学、理性地制定学校"十一五"发展规划,是我校继续保持健康、稳定、和谐发展的关键因素,是实现学校总体发展目标的重要内容。

一、"十一五"期间学校建设与发展的机遇与基础

(一)"十一五"期间学校建设与发展的机遇和挑战

"十一五"期间,我国现代科技和社会经济将进一步得到发展,综合国力和国际地位将不断提高,全球化进程将持续加快,高等教育在我国加入世贸组织后将获得更加宽松的外部条件;同时,由于我国深入实施科教兴国战略和人才强国战略,高等教育也将获得快速发展的内部条件。时代为我国高等教育的持续发展提供了有利条件,也为承担华侨教育重任的暨南大学提供了难得的发展机遇。

挑战与机遇并存。当前,海内外青年学生对名牌高校学位的渴求更加强烈,全球化进程中国内外高教市场为"品牌"而展开的竞争日趋激烈。同时,现代科技发展和产业结构调整对人才知识结构和整体素质要求的变化,华侨华人居住国和港澳台地区高等教育的先行"大众化",国家对外招生权的逐步放开,都使得我校的侨校地位和对外招生优势面临着强力冲击。

(二)"十一五"期间学校建设与发展的基础与差距

凭着近百年的学术积淀,"九五"以来的跨越式发展,暨南大学已跻身于全国高校前50强。鲜明的办学特色,合理的办学结构,雄厚的办学实力,良好的发展态势,奠定了我校"十一五"期间继续发展的坚实基础。

1. "211工程"建设计划顺利实施。鉴于我校"211工程"一期建设取得的优异成绩,"十五"期间,国家发改委、国家"211工程"协调办公室、广东省政府共向我校投入专项基建资金、"211工程"建设资金6.18亿元,为我校"211工程"二期建设目标的实现提供了有力保障。同时,"211工程"一期的学科建设基础和经验,也为二期建设目标的实施提供了宝贵的借鉴。截至当前,我校二期建设的6

个学科有半数以上已提前完成了建设任务,其他学科建设正在稳步推进。

2. 办学规模适度扩大,办学结构进一步优化。"十五"期间,学校在适度发展本科教育的同时,重点发展研究生教育,努力优化内招生和外招生结构,成效显著。目前,学校各类学生总数已由 2000 年的 21 535 人增加到 30 499 人,增长了 42%,其中全日制本科学生由 9 542 人增加到 16 336 人,增长了 71%,硕士研究生由 1 819 人增加到 5 312 人,增长了 1.9 倍,博士研究生由 188 人增加到 762 人,增长了 3.1 倍。截至当前,我校在校的海外和港澳台学生已由 4 323 人增加到 10 609 人,增长了 1.5 倍,现有外招生人数分别占全日制学生人数和全校总人数的 44.7% 和 34.8%。

3. 学科门类更加齐全,人才培养体系更加完整。与 2000 年相比,学校的本科专业、学位点和教学机构数量都有了大幅增长。目前,我校的本科专业由 36 个增至 56 个,硕士学位授权学科由 66 个增加到 131 个,博士学位授权学科已由 13 个增加到 54 个,博士学位一级授权学科由 1 个增加到 6 个。博士后站由 2 个增加到 6 个。学院数已由 10 个增至 20 个,教学系由 28 个增至 44 个,涵盖了文、史、经、管、法、理、工、医、教育等九大学科门类,现已有越来越多的学科形成了从学士到博士的完整的人才培养体系。

4. 师资力量更加雄厚,师资结构更趋合理。我校现有专任教师已由 2000 年的 994 人增至 1 484 人,增长了 49%,其中院士由 1 人增至 7 人,正高职称人数由 140 人增至 289 人,副高职称人数由 410 人增至 512 人,高级职称人数占专任教师总数的 53.98%。目前教师队伍中具有博士学位者已由 137 人增至 502 人,占专任教师的 33.8%,超过了全国设有研究生院大学的平均数;具有研究生学历的教师占专任教师总数的 79.58%。

5. 科研实力不断增强,科研水平大幅提升。学校现有 80 个科研机构,其中国家基地 3 个,省部级基地 2 个,国家工程中心 1 个,教育部工程中心 1 个,省部级重点实验室 6 个。有国家重点学科 2 个,省部级重点学科 15 个。在过去的两年里,我校的科研经费已连续超过亿元,今年更是达到 1.5 亿元,比 2000 年增长了 1.8 倍。2004 年,我校教学科研人员共发表论文 2 934 篇,其中被三大索引收录 216 篇。

6. 国际化特色日益突出,办学地位更加稳固。目前,海外及港、澳、台学生占全校全日制学生比由 35% 增长到 44.7%,特别是在校攻读博士和硕士学位的海外及港、澳、台研究生达 843 人,约占全国总数的 1/4。在校学生来自的国家和地区也由 34 个扩大到 74 个,增长 1 倍多。在 2003 年至今 3 年的招生工作中,我校的招生形势非常喜人,报考并被学校录取的海外及港澳台学生数均位居全国高校榜首,继续保持港澳学生北上求学首选大学的地位。

7. 人才培养质量不断提高，素质教育得到加强。自 2000 年开始，我校在全国的本科招生全部调整到第一批重点线录取，生源质量得到改善。同时，学校综合实力的提升具备了吸引大批优质生源的条件，几年来，各省考生踊跃报读暨南大学的热潮持续上涨，为我校培养优质人才提供了保障。学生素质提高所带来的变化在我校的许多方面得到充分体现。2004 年，我校博士研究生王聪的论文被评为 2004 年全国百篇优秀博士学位论文。在近几年的"挑战杯"竞赛中，我校在广东高校中均取得了第一、第二名的好成绩。2003 年在马来西亚举行的第八届世界大学生国际象棋锦标赛上，我校代表队获得男子个人单项世界冠军、女子个人单项世界第三名、团体总分第三名的好成绩；在第 28 届奥运会上，我校刘禹、陈其遒同学分别代表国家队参加了游泳和羽毛球两个项目的角逐，陈其遒同学在羽毛球混双比赛中跻身世界前八强；在中央电视台举办的"2004 泰豪杯全国大专辩论会"中，我校辩论队获得亚军并荣获全场唯一"最佳辩手"称号。2005 年 1 月，中宣部等单位联合授予我校 2004 年全国大中专学生志愿者暑期"三下乡"社会实践活动先进单位称号。在上个月结束的由我校承办的第一届亚洲大学生田径锦标赛中，我校运动队以金牌总数(14 金 9 银 7 铜)第一和团体总分第一的成绩傲视群雄。

8. 办学声誉不断扩大，综合实力快速增强。学校在不同评估机构的综合实力排行榜中已连续 4 年位居全国 1 577 所高校的前 50 名左右。2002 年，学校被《中国高等教育评估》杂志评为 77 所研究型大学之一，名列第 53 位；2004 年名列第 46 位。在中国网大的中国大学综合实力排行榜中，学校在 2000—2005 年的排名依次为 60 位、40 位、37 位、36 位、51 位、42 位。

9. 硬件设施进一步改善，公共服务体系更加健全。学校固定资产总值由 2000 年的 7.08 亿元增至 17.3 亿元，增长了 1.4 倍；教学科研仪器设备由 1.09 亿元增至 2.3 亿元，增长了 1.1 倍；图书藏量由 150 万册增至 278 万册，增长了 85%。同时，校园网、计算中心、网络与教育技术中心、实验技术中心、语音训练基地的建设和不断更新，不仅给教学科研提供了更为先进高效的信息和技术环境，而且使得学校在信息化社会条件下向更高水平发展成为可能。

"十五"期间取得的丰硕成果，虽然为学校的进一步发展奠定了较好的基础，但离"国际化、现代化、综合化"的高水平研究型大学的奋斗目标还有一定的差距，主要体现为整体学术水平还不够高，国家级重点学科、博士点和名师偏少，高水平、标志性科研成果不多。此外，由于长期以来教育经费投入不足，我校硬件设施与学校的发展速度和规模不相适应，滞后于学校发展的需要，影响了综合实力的进一步增强，这也是我校"十一五"期间需要重点解决的问题。

二、"十一五"期间建设与发展的指导思想与战略定位

(一) 指导思想

"十一五"期间,我校将继续以邓小平理论和"三个代表"重要思想为指导,全面落实科学发展观,认真贯彻党和国家的教育方针、侨务和港澳台事务政策及科教兴国、人才强国战略,坚持"面向海外、面向港澳台"的办学方针,牢固树立为"侨"服务的思想,为祖国统一大业、国家侨务工作以及全面建设小康社会做出新的贡献。紧密结合"侨校+名校"发展目标,按照"国际化、现代化、综合化"的发展思路,为全面建设小康社会培养和造就德、智、体、美等全面发展的社会主义事业建设者和接班人;培养和造就热爱中华文化、为港澳台或海外华侨华人居住地区的繁荣与发展作出积极贡献的高素质人才。

(二) 战略定位

"十一五"时期学校的战略定位是:顺利进入并以优异成绩完成"211 工程"第三期建设,学校的综合实力稳居全国高校前 50 强。进一步强化暨南大学作为"面向海外、面向港澳台"办学和传播中华文化的主要基地的地位,进一步巩固在港澳台地区和海外华侨华人社会的地位和影响力。深入实施"侨校+名校"的发展战略,为最终实现"国内外知名的高水平研究型大学"的办学目标奠定基础。

三、"十一五"期间建设与发展的主要任务和内容

(一) 人才培养

人才培养的总体思路是:重点发展研究生教育,相对稳定本科生教育,适度控制成人教育,着力发展华文教育。按照"以人为本、求实创新"的指导思想,抓住高等教育国际化、大众化步伐日益加快的机遇,合理调整人才培养结构,稳步提高人才培养质量,努力培养敬业、创新、卓越的深受社会欢迎的高素质人才。

1. 办学规模和培养结构。到 2010 年,学校各类学生总数达 32 000 人,本科生与研究生数之比达到 2∶1,外招生与内招生数之比达到 1∶1。成人教育要逐步减少专科招生数和国内招生数,增加本科招生数和海外及港澳台招生数。扩大华文教育招生数量,注重提高培养层次。

2. 素质教育与校园文化建设。实施以提高学生综合素质为目标、以培养学生创新精神与实践能力为重点的全面素质教育。积极探索学生素质全面发展的管理模式,完善和创新与多校区办学实际相适应的学生工作体系和管理运行机制。积极组织活泼多样的思想教育、学术讲座、科普宣传、文体活动,创造宽松、民主、开放、多元的校园环境。培养学生自我服务、自我管理、自我教育的能力,不断提升学生的道德水准、文明素养和自律意识。针对侨校特点,发挥侨情优势,积极探寻校园文化建设的规律,实现以内容健康、格调高雅、丰富多彩为基本

要求的校园文化生活质量的显著提高,实现以优良的校风、教风、学风、良好的校园秩序和优美的校园环境为主要标志的校园文化水平的显著提高。

(二)学科、专业建设与学科结构布局

学科、专业建设是学校实现人才培养、科学研究和社会服务等各项职能的重要基础,它不仅代表学校的办学水平,更是体现学校特色和优势的重要标志,因此要将其摆到优先建设的位置。

1. 学科建设。"十一五"期间,学科建设要坚持"优化结构、突出重点、合理布局、凸显特色"的指导思想,以学科建设为龙头,统揽教学科研等各项工作,构建学校学科发展的整体框架。结合学科发展的最新趋势和学科基础,强化优势学科,改造传统学科,加强基础学科,扶持新兴学科。

(1)人文社会学科建设。"十一五"期间,学校人文社会学科建设的总体目标是:建成以文学、史学、哲学、经济学、管理学、法学、教育学为主架的交叉、协调发展的学科体系。力争2~3个学科达到国家重点学科水平,7~8个学科达到省部级重点学科水平。要在保持和发展原有优势学科的基础上,继续进行学科专业的结构性调整,进一步完善学科体系,明确学科定位,形成学科特色。

(2)自然科学学科建设。"十一五"期间,自然科学学科建设的原则是:在保持和发扬优势学科的前提下,有选择地增设一些符合国家经济与学科发展趋势要求的应用学科、新兴学科和交叉学科,培植一些与高新技术密切相关的工程学科,保护稀有学科。在稳步发展学科数量的同时,大力提高学科的整体水平。

在整体提高各学科投入的基础上,针对性地选择几个学科领域进行重点投入,力争在"十一五"期间有若干个学科达到国内一流乃至国际知名的水平。至少建设2个在国内有影响的一流实验室,力争在国家级奖项上有新的突破。重视与高新技术相关的工程学科的发展,打破基础学科与应用学科之间的壁垒,形成二者之间良性互动。促进科技成果转化,为学校高新技术的产业化奠定基础。强调和提倡文理学科之间的交叉和融合,以培育新的学科增长点。

2. 学位授权点建设。"十一五"期间,力争新增4~6个一级学科博士学位授权点,新增8~10个博士学位二级授权点,新增20个左右硕士学位授权点。

3. 本科专业建设。"十一五"期间,力争构建数量适中、结构合理、质量上乘、效益明显、特色鲜明的本科专业体系。优先发展10个左右适应外招生就业需要的"外向型"专业,积极推进内、外招学生专业分流;重点建设优势学科门类下的专业和省级名牌专业;国际学院全英语教学的专业总数达到10个。

(三)科学研究工作

高水平的科研成果是研究型大学的主要标志,是学校综合实力的重要体现。科研工作要瞄准中国乃至世界科技发展的前沿,结合侨校的特点,努力提高科研原始创新能力和整体科技实力,建设科技创新体系,为我国科技进步、经济建设和社会发展做出更大贡献。力争到 2010 年,科研经费总数超过 2 亿元,年均增长率达到 10％左右。

1．人文社会科学的发展目标

（1）通过建设和动态评估,在巩固和保持现有教育部重点研究基地的基础上,争取在"十一五"期间增加 1～2 个教育部重点研究基地,增加 2～3 个省级基地。

（2）到 2010 年,整体社会科学科研实力得到进一步发展,年均承担项目数和项目经费额保持在全省高校前列;科研经费保持 8％～15％的年均增长率。

（3）年均发表论文数和著作数争取进入全国前 25 名;发表论文保持 10％～15％的年均增长率;出版著作保持 10％的年均增长率;争取一批省部级奖励成果,并争取在国家奖方面有所收获。

2．自然科学的发展目标

（1）三大索引收录论文数和论文引证数进入全国前列,有 2～4 项科技成果获得国家级奖励。

（2）创建国家重点实验室。

（3）建设 2～4 个国家创新研究群体,3～5 个广东省科研团队,10～20 个校级科研团队。

（4）争取每年申请专利数达到 50 项以上。

（5）技术转让收入比"十五"末翻一番,形成若干知名技术或产品。

（6）学校科技活动规模和水平总体上进入全国高校前列。

（四）师资队伍建设与人事制度改革

师资队伍建设是提高人才培养质量、提升学校办学层次的决定性因素,要结合学科建设,多渠道、分层次、全方位地加强师资队伍建设,为学校的可持续发展提供健全的人力资源保障体系。

"十一五"期间师资队伍建设的总体目标是:师资队伍的总体规模适应学校办学规模的增长,达到并保持生师比在 15∶1 左右。进一步加大人才培养和人才引进的力度,努力建设一支能胜任建设高水平研究型大学重任的学术带头人和学术骨干队伍。到 2010 年,两院院士达到 10 人,具有国内一流或领先水平的学科带头人达到 20 名左右,在国内有一定影响的有较高学术水平、较大发展前途和潜力的学术骨干达到 50 名左右。提高教师队伍的学历层次,具有研究生学历的教师达到 90％以上,其中具有博士学位的教师达到 50％以上。优化教师队伍的年龄结构和职称结构,形成老、中、青教师的合理比例。要逐步推进岗位责任制与全员聘任制。

"十一五"期间,学校将继续坚持"发挥优势、深化改革、保证重点、改善条件、提高质量"以及"严、法、实"的办学原则,勤奋、务实、求真,全面树立科学发展观和"以人为本"的管理理念,以创建教学工作优秀学校为目标,进一步完善标准学分制,缩小必修课比例,扩大选修课比例。逐步实行两长一短"三学期制";以考试内容、方法改革为切入点,不断完善教学质量监控和保证系统。

调整院系结构,基本形成学科体系与院系设置方向一致的格局,进一步理顺校、院、系三级管理体制。

按照"按需设岗、择优聘任"的原则,通过调整、改革,建立一支务实、精干、廉洁、勤政的管理队伍;通过实践锻炼,形成一支政治强、思想新、业务精、管理严的思想政治工作队伍。

(原载《第16届四校工作交流联谊会交流材料汇编》,广州,2005:56-64。)

第三章　改革措施

标准学分制的研究与实践

暨南大学以"侨校＋名校"作为发展定位。根据这一定位,形成了一整套适应自身办学特点的教学体系和管理制度,标准学分制就是其中一个主导性的教学管理制度。下面就其做一些介绍。

一、标准学分制的含义、缘起及实施意义

1. 标准学分制的含义

学分制有多种模式,"标准学分制"是暨南大学推行的学分制模式。这种模式把不同学制学生取得学位必须修满的总学分按学期均分(注:我校有四年、五年、六年三种本科学制)。以四年制本科为例,即把学生取得学位必须修满160学分按8个学期均分,每个学期的标准学分为20学分,每个学年为40学分。在保证每学年40标准学分不变的情况下,同时规定学生每学期必须修习的学分的最低标准;如学习成绩优秀,则有相应的免费奖励修读规定。这样既防止了学生过分少修学分,保证了教学资源的有效利用,又能控制学生过分多修学分,保证学习质量,并可使学生能根据自己的情况提前或延迟毕业,从而实现真正意义上的弹性学分制。

2. 标准学分制的缘起及实施意义

作为"面向海外、面向港澳台"办学的暨南大学,外招学生已达在校学生的一半。由于外招的学生来源广(来自50多个国家和地区),受教育的背景不一,要适应他们的学习要求,需要采用灵活的教学管理制度。暨南大学从1978年开始试点学分制,1983年全面试行学分制;1985年试行主、副修制和双学位(双专业)制。从1993年开始对学分制实行较大的改革,采用"标准学分制",并取消补考,实行重修制等。2000年8月,我校"高等学校学分制管理制度的改革与实践"项目被批准为世界银行贷款资助项目,根据项目的研究目标,我们对学分制的一些核心问题作了进一步的深入调查研究,出台了多项新的措施,使标准学分制得以

进一步完善。

二、完善标准学分制的主要措施

1. 进一步完善学籍管理规定，推出校长免费学分奖励金评选办法

我校推出的校长免费学分奖励金评选办法规定，学习成绩好的学生不仅每个学期可超过标准学分多修课程，而且实行免费多修，暂定：一个学年结束时修够 38 个总学分，同时平均学分绩点在 3.0 以上的学生就有资格进入奖励选拔范围。学校将在各个专业中按学分绩点排序，选取前 15% 的学生（国家基地班和名牌专业为 18%）享受这个奖励金。其中成绩在本专业列第一名的学生奖励 10 个免费学分并享受特等奖励金；列本专业前 3% 的学生奖励 8 个免费学分并享受一等奖励金；列 4%～10% 的学生奖励 4 个免费学分并享受二等奖励金；列 11%～18% 的学生奖励 2 个免费学分并享受三等奖励金。

2. 根据学分制的内在要求，抓好选课工作，打造多功能网络技术平台

（1）抓好选课改革建设工作，提供充足的高质量选修课

学分制以选课制为基础，学生选课自由度的大小是衡量学分制完善程度的关键性指标，因此，我校近年进一步加大了选课工作的改革建设力度，要求不仅要做到有足够数量的高质量选修课可供学生选择；同时要使选课的过程没有技术障碍。目前，全校同年级学生如按学制年限教学计划计，可提供的选修课程逾 1 600 门。

为提高选修课（包括晚选课）质量，学校制定了《公共选修课暂行管理办法》，建立了公共选修课专家审查制度。同时，对全校的公共选修课实行优存劣汰制，每个学期评估成绩排在最后的 3～5 门课程将被淘汰；同时全校所有公选课每 3 年重新评估一次，不合格的予以取消。

（2）完善网上选课系统，提供现代选课手段

为顺利实现个性化的学分制教学计划，我校在 2000 年 12 月研制开通了网上选课系统，为完善学分制提供了不可缺少的技术支持条件。经过多个学期的选课实践和不断完善，目前系统运行稳定，速度快，选课效率高，学生可在我校联网的任何一台计算机上选课，不受时空的限制。

（3）开发网上多功能系统，构建先进的学分制管理运行技术平台

为改进学分制管理手段，构建更为优越的教学管理技术平台，我校进一步改善了排课系统，以方便学生选课：一是实行全天候排课（中午、晚上及星期六、星期日都开课）；二是尽量使同一学期开设的相同课程在白天和晚上分别开出；三是对实验室和语音室实行全天候开放，并改变原来上午多安排理论课，下午多安排实验课的做法，将理论课和实验课错开安排，使教室资源得到充分利用，学生选课自由度进一步加大。此外，对一些覆盖面较大的课程安排进行调整，凡两个

专业以上学生选修的课程，上、下学期都开课；在假期继续开设公共必修和专业必修课，给学习成绩突出的学生和重修学生更多选课机会。

在开发网上选课、排课系统的同时，我校还完成了网上排考及查询系统、学籍管理系统、考试成绩录入系统等。网上管理系统的多功能开发，进一步破除了教学管理技术层面的障碍，摆脱了人工管理的落后局面，使我校学分制管理上了一个新台阶。

3. 出台系列教学改革措施，构建学分制条件下人才培养质量保障体系

（1）实施"大平台"招生培养和分流教学新模式

从 2003 级开始，我校在经济、管理、外语、华文、新闻与传播等 5 个学院首次实行了按学院招生统一培养的"大平台"新模式。这一措施的实施，使学生"自主选择专业、自主选择教师、自主选择课程、自主安排学习进程"的学分制要求得以进一步全面落实。

① 实施"大平台"教学的学院公共课学分统一，前 3 个学期或 4 个学期安排全校公共基础必修课和各学院学科基础必修课。

② 学生一年半或两年后根据已修完的学分总数和学分绩点等选择专业。

③ 学科基础必修课的学分数最低不得少于 30 学分，最高值由各学院决定。

④ 对相关学科、专业、课程体系等进行整合。如计算机、大学语文、大学英语等公共必修课程改变了以往"齐步走"的教学模式，根据学生已有程度，采用必修模块与选修模块相结合的课程体系，实施分级教学新模式。

⑤ 内、外招两类学生在"大平台"教学期间采用两套教学计划，实行分流教学，选择专业后统一培养。

（2）适应侨校办学和培养国际化人才要求，成立国际学院，采用全英语教学

2001 年 6 月，我校率先在全国高校中成立了用英文原版教材、用全英语教学的国际学院。国际学院已设 5 个专业，全英语授课教师在全校选拔，部分聘请外籍和校外专家。几年来国际学院招生形势很好，教师的教学积极性和学生的学习积极性都非常高，国际学院学生的英语能力明显高于其他专业。

（3）为加强对学生选课和学习方法的指导，推出本科生导师制

我校从 2003 级秋季新生开始全面实施导师制。导师的职责是对学生"导向"、"导学"、"导心"，以"导学"为主。要求导师帮助学生了解我校学分制教学管理制度的具体规定以及相关专业教学计划的要求，根据内、外招两类学生的不同特点、基础、特长和兴趣，对学生进行选课和学习方法的指导，审批学生的选课单，引导学生处理好学习的质和量的关系，以避免学生随意选课和凑学分等不利于学习的行为发生。导师制规定导师要通过与学生的接触交流了解学生的所思所想，排解学生的心理障碍，培养学生乐观向上的心理品质和自立、自强的人格。

导师工作要纳入年度考核，考核结果折算成教学工作量记入校内工资，并记

入本人业务档案,作为晋升职称和有关奖励的条件之一。

(4) 组织大型考场,严格考试管理

2002 年 7 月,我校对期末考试的组织工作进行了重大改革,在学校体育馆设立大型考场。考场可同时容纳 840 名学生考试。不同专业、不同课程的学生混编,前后左右保证是不同试卷和课程,监考教师也实现统一安排,有效地杜绝了考试作弊现象。自实行大考场考试制度后,学生作弊现象基本杜绝。大型考场的设立开了全国高校考试管理改革的先河,对整肃考试纪律,提供公正、公平的考试环境,保证试卷质量、考试质量,促进学风的转变等都起到重要作用,并得到全校师生一致肯定。

(5) 完善课堂教学质量"三重评估"制度

我校从 1993 年开始抓课堂教学质量"三重评估"工作(学生、专家、领导评估)。近年,在修订评估指标体系的同时,改进了专家和领导听课办法。如改专家自由、独立听课为小组有针对性地听课,然后进行集体评议,使总的评估结果更公正合理;同时,改革过去反馈听课意见不及时的做法,做到专家和领导每听完一堂课,即时把书面或口头意见转达给讲课的老师,有效地促进了课堂教学质量的提高。

(6) 落实教授上本科基础课规定

我校从 1995 年开始抓教授上本科基础课,近年进一步在考核等方面强化这项工作。目前,教授上本科课程的比例已达 90% 以上。

(7) 增开系列学术讲座

为活跃本科学术气氛,近年我校在校院两级都设立了名师讲座,开设名师系列课程。现在,一个学期的大小学术讲座全校近 200 场。

4. 深化人事、分配等制度改革,进一步完善标准学分制相关配套措施

(1) 人事、分配制度改革

近 3 年来,我校教师和科研人员工作量考核管理办法不断得到改进。如2001 年,对全部用英语授课的教师,按普通授课的 3 倍计算工作量,极大地调动了教师用英语授课和选用全英语教材的积极性。

对各系列职称评定条例进行了修改,新的评审条件更加注重教师教学业绩和教学研究的探讨。如晋升教学系列的高级职称必须有教研论文,课堂教学评估不及格者一票否决等。

修订《暨南大学教师进修管理条例》,加强了教师、特别是青年教师的岗前培训。对教学科研骨干,则加强了到国内外其他高校的进修培养。同时,进一步完善了有关激励机制。

(2) 学生管理工作改革

我校根据标准学分制下学生工作出现的新特点,逐渐打破以前学生按系、专

业安排宿舍的做法,按照标准学分制要求,让不同专业的学生混合安排住宿,并对学生实行社区化管理,学生根据本社区情况积极开展课外活动。

加强学生德育工作,积极开展第二课堂教学。2000年8月,成立了暨南大学学生工作指导委员会,采取班主任与学生工作秘书相配合的办法,采用多种措施,切实加强对全校学生德育工作的指导。

建立健全学生奖学金和助学贷款制度。目前我校共有优异学生奖学金、优秀学生奖学金等10余种奖学金,特别是2003年推出的《暨南大学校长奖励金管理办法》,受奖面广,奖金额度高,设奖较以前更合理,极大地提高了学生学习积极性。为帮助我校经济困难的学生完成学业,根据财政部、教育部有关文件精神,制定了《暨南大学国家助学贷款实施办法》。2003级新生入学报到时,特别开辟"绿色通道",让那些经济困难的学生可暂缓交费,及时办理入学手续。

（3）后勤社会化和图书馆管理等改革

为配合标准学分制运作,以学生为中心,提高服务质量,学校积极推进后勤社会化改革。2000年,我校成立了"暨南大学后勤集团",设饮食服务中心、生活服务中心、学生宿舍管理中心等。后勤服务进一步改善,餐厅基本上做到全天供应。学生能随时吃上热饭热菜,图书馆自早上8时至晚上10时开放,自修室自早上7时30分至晚上12时开放。

（4）收费制度改革

在收费方面,拟改革原来按学年收费的办法,目前已制定出按学分收费的管理条例。

三、实施标准学分制的几点体会

1. 学分制要与时俱进,不断完善和创新

从实践过程看,实施学分制像我校这样生源复杂的情况在全国高校是不多见的。我校学生包括中国港澳台和内地学生、华侨、华人以及外国留学生几大类,要保证各类学生顺利完成学业,达到较高的质量,更好地适应新世纪的要求,除需要按照学分制的基本要求制定方案、政策外,更重要的是还要根据本校的特点和情况变化对学分制不断加以创新完善,这样,学分制才能充分发挥其应有的作用。自1993年推行标准学分制以来,特别是通过近几年的努力,我校已建立起了比较完整、具有侨校特色的学分制管理体系。

由于我校外招学生数量较大,因此,学分制的每一项改革措施都会引起海外及港澳台较广泛的关注。如2003年我校"大平台"招生措施出台后,报考我校5个"大平台"招生学院的港澳学生就激增了近3倍,创外招生数历年的最高记录,而且外招生数自学校1978年复办以来首次超过了内招生数。

2. 实施标准学分制必须严格执行"标准"

标准学分制规定了每个学期和每个学年学生应当修习的学分数,这绝不是像有人说的是在搞"计划经济",而是一种符合学生学习实际和学校办学的客观实际的制度规定。实践证明,推行学分制如果不规定每个学期和每个学年修读的学分标准数,或者规定了而不严格执行,对学生各学期和各学年修读的学分不加任何限制,就必然会造成教学管理上的混乱。最突出的问题是大量学生积累大量的重修课程学分,无法按正常教学要求修读后续的课程学分。

3. 实施学分制必须完善相关的配套措施

实施学分制是一项系统工程,不仅与上级的政策和社会对人才的需求情况等相关,而且对牵涉到的教学设施和教学资源管理服务部门的保障要求也相应地提高。如需要校内图书馆、实验室、微机房、食堂等各个部门和单位的配合,以延长开放时间,更灵活周到的服务。

总之,自 2003 年推出"大平台"招生措施后,标志着我校的标准学分制发展进入了一个新阶段。在此基础上,将推出"菜单式"学位课程"模块"教学计划,届时,标准学分制定会推进到一个更高的层面。

(原载《中国大学教学》,2004(3):41-43。)

总结经验　深化改革　加快科技发展

参加今天会议的有各院、系所分管科研工作的领导、科研项目的主持人和一些教研室的负责人，部署 1998 年度理医科研工作，就某一年度的科研工作由学校进行统一部署在我校是第一次，这主要是我校进入"211 工程"后，科研工作被列入学校的中心工作后，面临着如何按照 211 工程的总体建设目标，强化改革力度，加快发展的新问题。下面，我就理医科研工作的改革和 1998 年度的工作安排谈几点意见。

一、1997 年科研工作的基本总结

1997 年，是"九五"科技规划的第二年，也是暨南大学发展史上不平凡的一年。一年来，我校科技工作以"211 工程"建设为机遇，积极贯彻国家的科技工作方针，努力探索创新，加快发展，经过广大科技人员和管理人员的共同努力，到目前为止，科技工作取得了一定的成绩，这些成绩主要体现为：

1. 一年来，着力构建暨南大学科研激励机制，首次兑现了科研的各种配套奖励，取得良好效果。1997 年，我校评选了 19 位在"八五"时期做出显著成绩的科研人员，包括文科科研人员，授予暨南大学八五期间杰出科研工作者称号，并举行了隆重的颁奖表彰仪式，产生了良好效果。1997 年，我校还颁布了暨南大学科学基金配套奖励办法、暨南大学科研成果配套奖励办法和暨南大学四大索引收录论文配套奖励办法等，并完成了首次兑现工作，兑现金额达到 11 万元多，这是我校历史上第一次拨出这么多的款项对科研人员进行奖励，在广大科研人员中产生了积极的影响，将对暨南大学科研工作的长期、稳定发展起到巨大的推动作用。

2. 科研成果工作继续取得优秀成绩。1997 年的科技成果工作，除继续做好面向项目成果外，对一些重大成果申报高层次科技奖励进行了一些探索，力图有新的突破，经过努力，我校历史上第一次有科技成果获得广东省自然科学奖一等奖的奖励，填补了我校在这方面的空白。我校在申报国家自然科学奖中也进行了一次尝试，尽管由于各种原因未取得突破，但也为将来的申报提供了经验。

3. 申报科研项目和科研经费取得一定成绩。1997 年，我校积极向国家计委、科委、自然科学基金委和广东省科委、高教厅、卫生厅、广州市科委等部门申报科研课题，到目前为止，我校共获得国家、省市等各类科研项目 59 项，共获得约 454 万元的科研经费。

4. 对科研项目的管理进行改革和探索。创立了科研项目结题验收指标体

系,完成了国务院侨办科研项目的结题验收工作。积极探索科研项目的跨部门联合管理新模式,与产业办共同对国家计委重点科技项目进行联合管理,保证了该项目的超额完成预定指标,取得显著成绩,为今后有产业前景的重大科研项目开辟了新的管理模式。

二、1998 年理医科研工作的若干设想和安排

我校的科研工作,尽管取得了一些成绩,但对比国内一些重点大学,对比国家对"211 工程"高校的建设要求和目标,还有相当大的差距,我们要有非常清醒的认识。我们这届学校领导,首次将科研工作列入学校的中心工作,提出建设暨南大学"教学、科研两个中心"的设想,就是希望通过科学技术研究,全面提高我校的学术水平,扩大我校在国际、国内的影响,完成侨校的办学任务。1998 年及以后的两年,是决定我校科技工作以什么姿态进入 21 世纪的关键三年,我们科研工作在未来三年的总体思路是:营造良好的外部关系,进一步深化改革,构建我校比较完善、科学的科技运行机制,促使我校科技工作健康、稳定和高速发展。为此,对 1997 年年底和 1998 年的科技工作做如下设想和安排:

1. 各院、系(所),一定要加强对科研工作的领导。科研工作既然是学校的中心工作之一,科研工作又是系统工程,学校和科研处要加强领导,这是毫无疑义的,但单单依靠学校和科研处的努力还远远不够,大家一定要转变观念,不要以为科研工作只是科研处的事,而应该将科研工作列入系(所)日常工作的范围,经常过问和研究本系(所)的科研工作,并采取措施,促进本系(所)科研工作的开展。我们将按照国家教委的规定要求,在"九五"完成后,对专职的科研机构进行考核排序。科研处准备建立科研工作年报制度,将各系(所)在每一年度科研工作的基本情况如实通报给全校,并折算成相对值和平均数进行排序,希望通过这项工作,增加一点工作的压力,使科研工作真正受到重视。

2. 建立最低科研工作量制度、科研工作个人业绩评估制度和科研工作个人业绩档案。在高等学校不搞教学就不能当教师这是天经地义的真理,在"教学科研两个中心"的高校,不搞科研的教师不会是高水平的老师,也同样不是一个合格的教师。去年我还在学校大会上讲过,不搞科研的教师就是"残疾"老师。科研处的统计发现,"八五"期间,全校理工医科只有 156 人主持过各类科研项目,而理工医科具有副高职称以上的人员接近 400 人,除有部分老师参与到一些合作科研项目中之外,还有一些具有副高以上职称的人员在"八五"期间没有主持过科研项目或参与过科学研究,甚至有的同志在"八五"期间没有发表过论文。像我校这种进入了"211 工程"的学校,如果继续维持现状,肯定与我校"211 工程"建设的步调不一致,影响我校"211 工程"建设目标的实现。我们已经初步构建了科研激励机制,并将继续推出一些科研奖励办法,切实使科研做出成绩的科

技人员能从中得到精神和物质的奖励,甚至重奖,同时我们将在"九五"期间着手建立人人都搞科研的管理机制。科研处正与学校人事部门一起,联合制定和实施一个最低科研工作量制度,具体要求正高、副高、中级和初级职称人员的最低科研工作量,"九五"过后,我们就以这一标准对每一个教师进行衡量和公布结果。科研处还将从今年起对每一个教工试行科研业绩评估,建立科研业绩档案,试行方案成熟后,以后有关科研的考核、职称工资晋升、先进评选、特殊津贴和福利享受等,都将与科研业绩评估结果挂钩。

3. 以申报各级科研项目和科研成果为明年科研工作的突破口。1998年度的科研工作安排,将以申报和承担各级科研项目(包括横向项目)、申报和获得更多科研成果奖、争取更多的科研经费资助为中心开展工作。科研处安排了几个人,就明年申报各级科研项目和科研成果进行咨询指导,请各单位积极主动做好安排。对拟申报的各个科研项目和成果,科研处还将组织人员进行审查、修改或重组,增加申报成功的机会,并将就某些重点领域,组织集团力量联合申报重大课题。为充分发挥综合性大学的优势,鼓励跨学科门类的科研交叉合作,跨学科门类的科研合作课题的各个分课题负责人经科研处审核同意,都可以享受总课题负责人的一切待遇,科研配套奖励中也增加了这类课题的配套比例。

4. 做好科研课题的年终检查、结题验收工作。我校目前承担的国家级重点或重大项目,是我校科研工作的支柱,完成情况的好坏直接关系到我校的声誉和未来发展,我们已经开始到这些单位去现场办公,听取意见,加强支持的力度,予以重点保证。此外,我们将在年底前对在研的其他项目进行检查,对于今年内到期的项目进行结题验收,请各类课题负责人提前做好准备。

各位领导、专家、同志们,1997年底和1998年的科研工作任务相当繁重,只要我们端正认识、加强领导、团结努力、共同奋斗,是完全可以完成这些任务的。

(在1998年理医科研工作部署会议上的讲话。)

转变观念　量化考核　优劳优酬

　　面对新世纪的来临,在科学技术突飞猛进、知识经济已见端倪、国力竞争日趋激烈的形势下,国家提出了科教兴国的伟大战略决策,对我国高等教育的发展,对高校人才培养的质量提出了更高的要求。但我们的教育观念、教育体制、教育结构、人才培养模式、教育内容和教学方法相对滞后,高校教师队伍的整体水平和质量仍有很大的差距,而且,传统的分配体制难以适应建设高质量高校教师队伍的要求。建立一支政治业务素质良好,结构合理,相对稳定的教师队伍,是高教改革和发展的根本大计。

一、建立优劳优酬分配体制的必要性

　　传统的高校人事管理模式不能适应新时期建设高质量教师队伍的要求。这种带有计划经济色彩的管理模式有两大弊端:

　　一是通过国家各种人事制度确立了教师职务终身制。现行的户籍制度、人事档案制度、职务评聘制度、退休养老制度、失业与社会保险制度,等等,实际上都是为人才的单位所有制和用人的终身制保驾护航的。

　　二是国家高度集中的指令性工资制度。这种工资制度是以整体的低待遇和平均主义为其基本特征的。这种制度难以体现按劳取酬、效率优先、优劳优酬的激励原则。

　　自改革开放以来,国门打开,人们有机会与国外同行交流比较,他们发现自己的劳动付出、业绩贡献与所获得的报酬是不相称的。

　　教师待遇问题一直是困扰高校发展和人才成长以及学科建设的一个尖锐而迫切的问题。一方面,国家直接投入不足和学校自筹资金能力有限,教师特别是青年教师工资待遇偏低。另一方面,在分配体制中平均主义、吃"大锅饭"现象比较突出。平均主义是严重挫伤优秀人才积极性、造成人才流失的重要原因,从根本上制约了高校高质量教师队伍的建设与发展。这些年来,我们仍然还是在传统的高校人事管理模式的框架内进行修修补补,还没有革命性的突破。

　　我们必须针对传统的高校人事管理模式的两个基本弱点进行大胆改革,争取有大的突破。新型的高校人事管理模式应该是"按需设岗、公开招聘、竞争择优、按岗聘任、优劳优酬、聘约管理、开放流动",实行这种管理模式的前提和基础是"按岗聘任、优劳优酬"。这种模式实现了教师"身份管理"向"岗位管理"的转变,破除了"终身制",形成具有激励竞争机制的用人制度。这是具有生机和活力的高校留人用人机制。这是国家人事部门正在推行的专业技术人员和事业单位人事制度改革的核心内容。

在教师待遇相对优厚,各种后顾之忧可以通过较高收入从社会得到解决的情况下,高校的人才市场就会变成"用方市场",到那时,要想在高校谋一个职位,必须凭借个人的水平和能力,通过激烈的竞争才能得到。也只有到那时,学校才不必再为教师的住房、配偶、子女等琐事操心,而是把主要精力用在招收优秀的学生、招聘优秀的教师、制定好的人才培养方案、抓教学科研管理、向社会争取更多的办学资金、开展更多的国际合作与交流等。这样,高校才能从根本上走出今天的困境,才谈得上"与国际接轨"。

二、建立教学科研人员业绩量化考核指标体系

为把暨南大学建成教学、科研型大学,需要建立对工作业绩进行评估的指标体系。暨南大学参考了国内多所学校的考核方法并受到国外高校管理的启发,在考核小组、院系干部及教学科研人员反复讨论的基础上,制定出台一套全新的量化考核指标和管理方法——《暨南大学教职工业绩考核暂行办法》、《教学科研系列考核计分标准(试行)》和《1999—2000 年度校内工资发放方法》作为新分配体制试行。从而比较客观、全面地对业绩进行量化,模糊了教学科研人员单一的职能界限,充分发挥每个人的潜能,优化学科队伍,合理利用人力资源,调动职工的积极性。

评优指标体系由以下几方面构成:

1. 教学工作

以本科生理论课每节 2 分为基准,范围在 1.0～3.0 分,以区分学生数和课程类别,控制班学生规模;本科生毕业论文参照学分,按不同学科制定计分标准;研究生按年级、学科、培养类型,适当考虑导师组成员计分。凡已享受授课酬金的课程,如 MBA、成人教育、研究生课程班、海外及港澳台授课等,按 30％计分。

为了保证教学效果,原则上以专家组、系级教学指导小组和学生对该课程的评估成绩总和的平均值,以 75 分为系数 1.0,进行乘积计算。同时对讲授基础理论课的教授、博导、院士另按 1.1～1.3 系数计算。对教学中出现事故者,按轻重程度扣分。教学成果参照科研成果的奖项下调一级计分。

对实验室建设,按经费来源相应计成绩。

2. 科研工作

按课题、学术论文、成果奖和专利、创收等内容进行量化。

科研课题、经费:按科研课题来源和经费到位金额,核算成总分,由课题负责人按贡献大小分给课题组成员,凡立项无经费者,只计相当于常规立项课题的 1/10 立项分。

学术论文:按四大索引收集、核心刊物、公开发表论文及其他四种类别分别

计分。最高 300 分/篇，最低 2 分/篇，对第二作者等，按相当于第一作者的 50%～20%计分。

学术著作、教材：共分 3 类，除主编，副主编占一定的分外，按 0.5～2 分/千字计分，获奖者另加分。

科技成果：国家最高奖第一获奖人 1 500 分～厅级三等奖 20 分，第二完成人及以后占第一获奖人的 30%～5%不等计分。

专利成果：按发明专利、实用新型专利、外观专利分别计分。

科研管理：对不能如期完成或弄虚作假，甚至科研道德败坏者，扣 100～500 分或重罚。

3. 加分

为活跃校园学术风气，对在校、院、系学术报告会的主讲人和听众均适量计分。

对获党、政部门集体奖或个人奖的个人均予加分。

对兼任各级党、政、民主党派，工、青、妇，省级以上各学术团体负责人，校学术委员，教研室主任，党支部书记，系主任助理，本科生、研究生工作秘书适当加分。

对双肩挑干部按其业务技术职称和行政岗位级别给予标准工作量补贴 1/2 以上分。

对院士、教学科研中突出贡献者可免考核，按良好等级计分。

三、建立考核成绩与校内工资挂钩的新分配体制

教学科研人员实行定性考核，即按德、能、勤、绩等综合表现，由基层考核小组用定性方式评出优、良、中、及格和不及格，其系数是 1.1、1.0、0.85、0.75 和 0，与业绩量化考核分乘积为实得分；行政干部考核等级系数按优、良、称职、基本称职和不称职分五等，其等级系数为 1.1、1.0、0.85、0.75 和 0。

根据各方面构成业务量化考核成绩和定性考核等级，按不同职称，从高分中评优。

（1）考核工作量能较全面反映每位教学科研人员上一学年的工作成绩，用此成绩与下一学年的校内工资挂钩。在价值上高、中、初级职称略有差距，并以各种职称人员的全校平均工作量的 90%左右为标准工作量，如正高 1 000 分，副高 850 分，中级 700 分，初级 600 分。

由于是第一年试行，对于成绩不理想者，给予一学年的保护期，最低分段大约 10%的人员保证能获得不低于前一学年的校内工资额。

（2）对其他系列的人员，制定相应的职称、级别等级校内工资标准，并与综合考试成绩系数挂钩，其乘积即为本人可获得的校内工资。

（3）对于双肩挑处级以上干部，可以领取专职干部的校内工资额，或者以业务考核成绩加岗位补贴分与考核等级系数乘积领取工资。

（4）行政管理人员按其参加考核岗位类别，按与考核等级系数乘积领取工资；新参加工作未定级人员靠近相应学历定级人员领取相应校内工资。

（5）以学院为单位，可按各自工作量计算的金额领取工资，也可以按各系列标准值领取工资。以标准值领取工资的单位原则上要进行二次分配。

四、教学科研人员业绩全面量化考核与分配体制挂钩的积极作用

最近，教育部下发的《关于当前深化高等学校人事与分配制度改革的若干意见》文件，力度之大前所未有。高校在2至3年的时间内，将全面推行教师聘任制和全员聘任合同制。这就意味着教授、副教授等职称头衔将不再是一朝加冕荣耀终身。

目前，舆论的作用已把人们的视线引向高校教师待遇的热点问题上。清华大学率先大幅度提高教师的待遇，拉开了高校分配制度改革的序幕。"大学教授升值了，滥竽充数不行了"，"大学薪金大革命"，等等，一场分配制度的"改革风暴"在大学校园刮起来。

新一轮人事分配制度改革，在"按需设岗，按岗聘任，择优上岗"的前提下，实行"优劳优酬，多劳多得"的制度，力图把过去那种强调身份，以职务级别为主的分配方式，转化为强化岗位，以岗位职责、业绩、贡献为主的分配方式。

暨南大学在实施第一轮校内分配制度改革的初期，阻力是很大的。为此，学校主要领导面临很大压力并做了大量的工作，力求以事实证实其改革的方向是正确的、意义是长远的。应该说明，学校现今的分配体制改革之所以能够跨前一大步，是得益于1996年开始的校内基金管理和分配体制改革。

暨南大学实行的教学科研人员业绩全面量化考核与分配体制挂钩的新一轮改革已产生了积极的影响，大多数教职工的收入水平比过去有了较大提高，个别教授的校内工资一年可达5万元，加上津贴、基本工资和课酬，年薪可超过10万元，达到全国重点学校教师收入水平。

暨南大学分配制度的改革特别向教学、科研一线的队伍倾斜，学校的校内分配制度基本上解决了他们的后顾之忧，使他们专心教学、科研工作。学校分配制度的改革取得了明显的效果，概括起来，这种激励机制具有如下几方面的积极作用：

1. 激励作用

根据考核成绩，校内工资在同系同职称中可以拉大差距达3～8倍以上，实现优胜劣汰，合理指导优先上岗，改变1/3的人干、1/3的人看、1/3的人不干的局面，起到奖勤罚懒的作用；可指导评优争先，选拔骨干教师和学科带头人；有利于发现教学、科研优秀人才，为优秀人才脱颖而出提供条件。

2. 平等竞争

是在不讲学历、资历，没有歧视背景情况下的平等竞争，尊重每个人的劳动，极大地调动了广大教职工的工作积极性，有人说，从中找回了做人的尊严，做事公平。

3. 减员增效

改变过去重复进人，多进人，上大课或有课无人上，出勤不出力的局面。学科的优化整合，改变教学科研人员功能专一化的现象，让那些教学科研能力强和爱岗敬业者脱颖而出，为把学校办成教学科研双中心的目标做出贡献。同时控制了校内单位盲目的进人，合理布局教学、科研力量。校内分配制度改革为公共教学、跨院系选课、自选课提供了条件，使学校的人力资源得到充分利用，也为学校实施专业目录调整、教学科研力量的重组、系所合一等工作提供了条件。

4. 促进管理

首先是对干部队伍的管理。将考核等级系数与校内工资或考核成绩挂钩，突出干部管理工作成绩。其次，为学校定编定岗提供了重要依据，为实施真正意义上的聘任制及聘后的管理提供可靠的保证，对教职工延聘、返聘、退休均有指导作用。通过对工作量的综合测评，还可掌握各单位工作总量的情况。促进学校人事、教学、科研、研究生等部门管理工作的规范化，提高科学管理水平。

5. 优胜劣汰

现已出现找课上，寻事做，学术讲座蔚然成风的新局面。对不胜任现职，无心向教、向研的人员有明确的控制指标，有利于转岗分流、岗位竞争，促进人员合理流动，合理使用。

6. 吸引人才、留住人才

相信新分配制度的实施，必将对人才具有相当大的吸引力，吸引校外优秀人才来校工作，有利于人才引进和校内人才队伍的稳定。

在计划经济加速向市场经济过渡的今天，我们必须逐步树立"成本核算、量化管理"的观念。我校率先进行的业绩全面量化考核，不单是"算工分"和"分奖金（校内工资）"，正如大多数教职员工所说的那样，尽管还有不够完善的地方，但大方向是正确的。

当然，我们也看到了改革方案存在一些不足。第一，学科之间的权重不平衡以致难以掌握准确的评估尺度，量化考核标准还不够完善，难以体现综合性大学多学科、多类型的特点；第二，考核过多考虑量的计算且易造成斤斤计较，如何与质量很好结合起来，也是一个问题；第三，量化考核工作量庞大，由于涉及教职工的切身利益，务必防止弄虚作假。所以，学校花费了有关职能部门大量的精力，并将数据用计算机处理。

（原载《高教探索》，2000（1）：5-8。）

广纳贤才　全球招聘院长

今天,美丽的暨南园到处洋溢着欢庆的气氛,我们怀着无比喜悦的心情,在这里隆重举行仪式,聘任来自世界各地、在各自领域具有高深造诣的 10 位院长。首先,我代表学校党政领导对各位来宾踊跃参加今天的聘任仪式表示真诚的感谢! 对 10 位院长的竞聘成功表示衷心的祝贺! 对 10 位院长的到来表示热烈的欢迎!

21 世纪鲜明的时代特征,显示了中国高等教育的改革发展在很大程度上将直接决定中国先进生产力、先进文化的发展进程和最广大人民根本利益的实现程度,"三个代表"重要思想把高等教育的地位和作用升华到新的更高境界。以"面向海外、面向港澳台"为办学方针的暨南大学,为了在中华民族的伟大复兴中,在推动海外华侨华人和港澳台地区发展先进生产力和先进文化的进程中,发挥更加积极而重要的作用,就必须进行改革,全面提升为社会服务的实力。本次面向海内外招聘外国语学院、华文学院、经济学院、管理学院、法学院、理工学院、信息科学技术学院、药学院、珠海学院、艺术学院 10 个学院的院长,就是暨南大学为此而采取的一项大力度改革措施。

总体看来,本次活动取得了圆满成功。经过激烈的竞争、认真的考察、严格的筛选,最终,李从东教授、符启林教授、马宏伟教授、龚建民教授、王玉强研究员、王志伟教授、张铁林先生、卢植教授、班弨教授、冯邦彦教授脱颖而出,分别获聘为 10 个学院的院长。他们的能力强、水平高、业务精,在演讲、答辩中,发挥了很好的水平,充分展示了自己的精神风貌和卓越才华。他们的到来,为阅沧桑而奋进的暨南大学输入了新鲜血液,为"宏教泽而系侨情"的华侨最高学府注入了新的活力。

暨南大学是中国第一所由国家创办的华侨学府,素有"华侨最高学府"之称,是中国历史上最悠久的大学之一,是中国第一所招收留学生的大学,也是目前中国拥有海外及港澳台学生最多的大学。学校的前身是 1906 年清政府创立于南京的暨南学堂,1927 年更名为国立暨南大学,1949 年合并于复旦大学、上海交通大学等学校,1958 年在广州重建,由时任广东省委书记陶铸兼任校长,1970 年因"文革"的影响而被迫再次停办,1978 年复办。在 98 年的办学历史中,学校坚定不移地贯彻"面向海外、面向港澳台"的办学方针,已为海内外输送了各级各类人才 18 万人。据不完全统计,我校校友中,已有 2 位中共中央政治局常委,5 位副总理(包括外国),1 位外国议长,6 位全国人大常委会副委员长,以及一些院士、著名学者、著名企业家等。

　　历百年风雨洗礼而弥新的暨南大学为了谋得更好发展，在20世纪初就确立了"侨校＋名校"的发展战略，努力将暨南大学的办学水平提高到一个新的层次。为此，学校确定了"严法实"三字的办学原则（即从严治校、从严治教、从严治学，依法治校和实事求是），按照"发挥优势、深化改革、保证重点、改善条件、提高质量"的发展思路，与时俱进，开拓创新，采取了许多敢为天下先的改革措施，如：率先施行与国际接轨的弹性学分制（即标准学分制）；在全国首先实行课堂教学三重评估制度；率先取消补考，实行重修制度；首先实行教授必须上本科生基础课制度；率先实行春秋两季招生、春秋两季毕业制度；首先改革预科教育，将一年制改为半年制、一年制和三年制三种；狠抓英语、中文、计算机语言三语教学；根据内地、海外及港澳台学生的不同特点，制定不同的培养目标和培养方案；实行全新的量化考核指标和分配体制，即校内工资制度，被媒体称为"暨大模式"；首创一次可容纳800余人的大型考场，最大限度杜绝作弊；作为第一个高校与省检察院签订共同预防职务犯罪，加强廉政建设；第一个成立全英语教学的国际学院；第一个实行校医联合办学（如深圳市人民医院、珠海市人民医院、清远市人民医院、广州市红十字会医院、江门五邑中医院、深圳眼科医院等附属医院）；第一个在世界五大洲均建有姊妹学校的大学，并已向国外的姊妹大学交换了128名学生。

　　上述改革措施的实行，使暨南大学在许多方面都取得了令人振奋的进步：综合实力日渐增强，办学规模不断壮大，办学层次稳步提高，在海内外的影响日益扩大。学校现已是国家"211工程"重点大学，已连续4年在全国1 577所高校中位居前50所名校之列；设有的20个学院39个系52个本科专业，涵盖了文、史、经、管、法、理、工、医、教育等九大学科门类。在20个学院中，深圳旅游学院是中国内地首家通过世界旅游管理专业教育质量认证的高等旅游学院，国际学院是我国第一所采用全英语授课的学院。我校也是新中国第一所设有医学院的综合性大学。医学院现有6所国家级三甲附属医院，1所专科医院，1所直属医院，附属医院共有职工6 399人，病床4 320张。学校拥有89个硕士学位授权学科，34个博士学位授权学科，6个博士后站。我校还是招收和培养高级管理人员工商管理硕士（EMBA）、工商管理硕士（MBA）、会计学硕士（MPACC）、临床医学硕士、口腔医学硕士、工程硕士试点学校以及教育部试办高水平运动队的学校。

　　学校现有专职教师1 477人；其中中国工程院院士2人，中国科学院院士3人，博士学位拥有者438人，占专职教师的30％。学校现有全日制学生22 000人，其中本科生15 335人，研究生5 008人；其中，来自世界五大洲57个国家和我国港澳台3个地区的学生8 966人，数量居全国高校第一；在我校就读的海外及港澳台地区的研究生741人，约占全国总数的1/4；台湾学生524人，约占全

150

国同类学生总数的 1/8。学校办学国际化特色明显。特别是近两年报考我校并被录取的海外及港澳台学生,均大于全国其他所有高校的总和。

在科技发展突飞猛进的 21 世纪,党的十六大报告明确指出:当前教育的主要任务是"提高教育质量和管理水平,全面推进素质教育,造就数以亿计的高素质劳动者、数以千万计的专门人才和一大批拔尖创新人才"。这是时代赋予高校的神圣使命! 而当前高校间的竞争又异常激烈,百尺竿头,更进一步,尤其困难。学校要激流勇进,取得更大进展,为海外及港澳台地区培养更多的优秀人才,更好地向世界传播中华文化,就必须实行人才强校战略。因为高校间的竞争归根结底是人才的竞争,人才问题是战略问题,只有一流的人才加一流的管理,方能成为一流的学校。为了提高干部的管理水平,学校于去年 9、10 月间,派出了由党政机关一把手 25 人组成的暨南大学赴美培训与考察团,进行了为期 25 天的培训与考察活动,取得了显著效果。今年,学校还计划将各学院院长派往英国学习,以期在提高院长管理水平的基础上,达到提高学校管理水平的目的。

为了进一步引进海内外人才,并提高学院的教学科研和管理水平,学校进行了这次大力度的改革——面向世界招聘 10 个学院的院长。因为,这不仅可以使学校的教学、管理更好地适应在校学生的世界性特征,将学生培养成为国际型人才;而且可以建立更广阔的办学平台,招纳贤才,使学校更富现代化、国际化;更可以充分发挥海内外著名专家学者的学术特长和影响力,提高学校教学科研水准和管理水平,进而大幅提升学校在海内外的影响及竞争力。

自去年 9 月 30 日学校陆续在《人民日报》海外版、《光明日报》、《南方日报》、香港《大公报》、《澳门日报》、《欧洲时报》、美国《侨报》等著名报纸及相关媒体上发布招聘信息后,海内外人士报名踊跃,共有来自英国、德国、芬兰、哈萨克斯坦、美国、加拿大、新加坡、日本、中国(包括香港地区)9 个国家的 92 位学者前来应聘,其中海外学者 32 人、香港特区 2 人、内地学者 40 人、校内 18 人。应聘者有来自哈佛大学、剑桥大学等世界一流大学的专家,也有来自北京大学、北京师范大学、中国人民大学、中国政法大学、南京大学、复旦大学、上海交通大学、兰州大学、西安电子科技大学、天津大学、吉林大学、中山大学、华南理工大学、香港理工大学等 20 余所全国知名大学的学者。此次应聘人员呈现出学位层次高、年纪轻(均在 50 岁以下,最年轻的 27 岁)、学术造诣深厚、同行专家认可度高等特点。

学校专门成立了由校长和书记亲自负责的招聘专家委员会,对应聘人进行严格的资格审查和筛选,向 46 人发出了面试通知。在去年 12 月 1 日—9 日连续 9 天时间里,对 10 个学院的院长候选人进行了面试,每位应聘人的陈述和答辩时间为 1 个小时。通过竞聘演说和答辩,并经学校党委常委会讨论后,确定了 15 名考察人选,由组织部和人事处组成考察组前往应聘者的学习或工作单位进行考察,同时聘请同行专家对他们的科研学术成果进行鉴定,最后确定了 10 个学院的院长人选,其中海外 3 人、内地 4 人、校内 3 人。

　　10 位院长的到任,不仅是学校当前的一件大事,而且对暨南大学的将来也具有十分重要的意义和深远的影响。对 10 位新院长来说,这意味着有了一个新的起点;对全校来说,也有了一个新的起点。因为我们今天聘任的 10 位院长均是在各自领域颇有建树的专家,具有很强的业务能力和工作能力。因此,我希望大家能够确立适应时代发展要求的办学思想,积极探讨大学的规律、功能和使命,树立以学生为中心、以学术为主导的管理理念;同时要严于律己,廉洁奉公,勤俭办学,力争在今后的工作中展示新风貌、开拓新局面、创立新业绩。

　　同时,我也希望诸位院长紧紧围绕"侨校＋名校"的发展目标,针对当前高等教育的发展趋势和学校本身的特点,根据学院的具体情况,积极探索并认真实施具有侨校特色和显著效果的人才培养模式和管理方式,促进学校整体教学科研水平和管理水平的不断提高,从而在加快建设海内外知名高水平研究型大学的步伐中,树立新的典范! 在实现"侨校＋名校"的战略目标过程中,作出自己的卓越贡献!

（在暨南大学面向世界公开招聘 10 位学院院长仪式上的讲话,原载《暨南大学校报》,第 403 期,2005 年 1 月 21 日。）

寄语中层干部

　　今天，我们在这里召开新干部任命大会，这是一次意义不同寻常的会议。作为新一届中层干部，你们到了新的岗位，将要承担新的任务。这是组织的信任，群众的信任，也是你们自己的光荣。在这里，我代表学校党政领导向同志们表示衷心的祝贺！

　　这里我讲几个问题：第一，我们学校面临的发展形势；第二，我们学校之所以能够实现跨越式发展的原因；第三，学校今后的发展目标；第四，对大家的希望。

一、学校面临的发展形势

　　讲形势的目的是要在座的干部珍惜今天的大好局面。我国目前处在一个非常好的阶段，我们走上了一条繁荣富强的道路，走上了一条强国富民的道路。

　　我们国家去年已成为世界上第六大经济强国。我国的GDP居世界第六位，再用一两年的时间，可能达到第五位；五年内可能达到第四位。现在，我们已步入了全面奔小康的阶段，全国政通人和，中国人几百年来一直期望的日子变成了现实。就广东省而言形势也特别好。广东省是中国的经济大省，GDP总量占全国的1/10。我们暨南大学处在这样一个盛世，处在一个中国最发达经济的省份，这是我们的机遇。一个学校要发展，如果处在一个非常贫穷的地方，那是非常困难的。天时地利人和决定了我们暨南大学能够发展，我们处在好的时代、好的地点。我校自1996年以来，一直保持着蓬勃的发展态势，改革取得了胜利。

　　今年上半年面临"非典"疫情的考验，全校师生员工表现得很出色，团结一致抵抗这场灾难，使学校得以顺利渡过那段非常时期。昨天上午，省高教系统召开表彰大会，我们学校有一个先进集体——校医院、7位个人受到了表彰。前段时间，我们学校还受到了广东省、广州市有关部门的表彰。这说明在发展中遇到曲折的时候，我们也能挺过。大家还记得在前一个月，学校发现了一个可能是"非典"的人，学校迅速将南门的一栋楼腾空，作为隔离区，单位和个人都按要求立即搬出来，被隔离的83个人连夜住进去了，大家都很支持，没有怨言。我想这也是学校每件事都能顺利完成的原因。省教育厅上星期五晚上电话通知我，说我们学校应该列为全省抗击"非典"的先进集体，根据要求，我们连夜总结经验组织材料上报。但昨天大会宣布，由于高校系统评先进集体困难，很多学校都表现得很好，所以后来教育厅临时决定表彰全省高校。我校非常受省里关注，因为我们外招生多，影响大。

　　到目前为止，我们学校的标志性成果是什么呢？第一，是我们"211工程"建设的胜利，这是我们暨南大学最核心的工作。去年我们的"211工程"顺利通过验收，7个子项目全部评为优秀，以总体优秀的成绩通过，获得专家肯定，而且顺利进入第二期。我们进入第一期应该说比较艰难，当时，教育部的领导视我们学校是差学校，但当我们邀请教育部的领导——韦钰副部长来学校视察以后，她对我校刮目相看，肯定暨南大学是一所比较好的学校。现在我们顺利进入了第二期。我们在第一期获得的经费支持很少，只有省政府给了5 000万元。就凭这5 000万元，学校实现了跨越式发展。而第二期到目前为止我们已获得了5.68亿元，是一期工程的11倍多。我想，这是因为我们第一期做得好，才有现在的第二期，这是全校上下特别是诸位领导干部——校级领导和中层干部共同努力的结果。

第二，我们学校"211工程"建设的一个重要措施是办学重心上移。大家记得，在1996年以前，我们各院系每年的焦点是向学校申报多办专科，而现在争办专科的时代已过去。从1996年我们进入"211工程"开始，校本部首先不办专科，现在全校各校区都没有专科，是一个本科教育层次以上的学校。我们遵循大力发展研究生教育，稳定发展本科教育这样一个指导思想来发展。我们研究生和本科生人数比例从1996年的1：8.74上升到今年的1：3.7，现在正在向1：2的目标发展，不断增加研究生的比重，真正朝研究型大学发展。办学重心上移，开始很多人还想不通。大家看到，我们学校往前发展是非常困难的，虽然今天看起来很容易。在实现跨越式发展的过程中，我们遇到了非常大的阻力，很多人反对，很多人想不通，认为学校会走偏，学校会变穷。其实这条道路走对了，现在学校的收入更多了，教职工的收入更多了，学校品牌更好了。

第三，我们的学科建设得到了大发展。学科建设是学校办学的核心。据最新消息，我们学校在这次博士点评审中，获得了2个一级学科博士点，6个二级学科博士点，加起来14个二级学科博士点。而我们今年上半年还只有1个一级学科博士点，13个二级学科博士点，现在总数翻了一番。这说明我们这次申报是成功的。回想在进入"211工程"以前，我们只有7个博士点，我们在头4年翻了一番，为14个博士点，再过了三年——今年又翻了一番。也就是说，我们的博士点经过"211工程"近7年的建设翻了两番，有了28个博士点，为原来的4倍。这样一个数量站在全国高校中间，我们在面子上都好过一点。我们的硕士点建设也很不错，从50个硕士点变到现在的88个硕士点，增加了38个硕士点，增长了76%，覆盖更加全面。我想再过两年以后，我们学校硕士点就能跨过100个大关。这期间我们还实现了很多零的突破。我们过去没有国家重点学科、国家重点基地、教育部重点实验室，现在我们都有了。所以说，我们的学科建设取得了很大的胜利。

第四，我们的科研实力增强了。学校科研经费的变化反映了我们的科研发

154

展情况。我们科研经费到去年为止增长了 19 倍,过去一年仅 400 万元,现在是 8 000 万元,我们现在向 1 亿元大关进军。我们的学术论文数增加了 1.3 倍,入选三大索引的论文增加了 10.7 倍,跨过了 100 篇大关,达 105 篇。还记得 10 年前,我刚到暨南大学的时候,全校一年入选三大索引的论文只有几篇,现在是 105 篇。学校高水平科研成果增多了,国家重点重大项目如"973"、"863"、国家自然科学基金等项目都能拿到,项目水平显著提高。横向项目水平也不断提高,经费的数量也在增加,这是非常了不起的。我校已从一个教学型的学校发展成为一个教学科研双中心的学校,实现了质的转变。

第五是学校的整体实力增强了。首先我们的校园面积增加了 55%。学校要发展,校园是关键。因为珠海市政府免费给我们提供办学用地,因此虽然广州市的校园面积一直在缩小,但现在校园总面积还是扩大了。校园的建筑面积也翻了一番,从 1996 年的 50 万平方米发展到今年已超过 100 万平方米。校园的建筑,无论是教室、实验室,还是老师和学生的住宅都发生了显著的变化。

几年来,我们学校的收入增多了,与 1995 年相比,现在已翻了两番。1995 年全校包括附属第一医院总收入是 1.96 亿元,去年我们的总收入是 8.28 亿元,增长了 3 倍多,这是非常不易的。1996 年我们实行财务集中管理,取消了二级财务,当时许多院系都有意见。顶着这个压力,我们坚持走过了这条改革之路,事实证明,我们的改革是对的。去年,我们的财政拨款总计 2.9 亿元,但我们的总收入是 8.28 亿元,这就是说我们自己要挣 5 亿多元。

我们的固定资产也增加得很快,从 1995 年的 2.7 亿元增加到目前的 14 亿元,增长了 4 倍多,我们的家底变厚了。我们的学生也增加了很多,本科生从 5 000 人增加到 12 000 多人,研究生从 615 人增加到 3 445 人。研究生的数量在全国高校排在 20 来位。

第六是我们学校的办学特色更加鲜明了。我校现在的海外及港澳台学生 6 854 人,来自于世界五大洲 56 个国家和港澳台 3 个地区,这个面是非常宽的。而在"211 工程"以前,学校只有 16 个国家和港澳台地区的学生。我们的学校也走向了世界,参加了世界大学校长年会,而且在世界五大洲主要国家建立了姊妹学校,这是目前中国唯一一所学校做到的。学校的"侨"字特色更加鲜明了,海外及港澳台学生占总学生数的 40%。

第七是教职工生活水平不断得到提高。几年来,教职工人均住房面积翻了一番,人均收入增加了 7 倍。从 9 月份开始,教职工的待遇将进一步得到改善,考核分值将从去年的 1.2 元/分提升到 1.5 元/分。

第八是学校的品牌更好了。一个学校办得好坏,在于别人客观上怎么看。我们不能在家里谈自己变好了,要让别人来评价。无论是政府的评价,还是社会团体的客观评价,对于我们都是很好的。广东省政府这几年来一直把我们排在全省高校的第三位,在进入"211工程"以前,我们是七、八位甚至十位。教育部搞的"211工程"我们进了100强。从1998年开始,全国团体评估中国大学排行榜,仁者见仁,智者见智,社会各界对此有不同的声音。有的喜欢评,有的怕评。美国每年由社会团体公布大学排行榜,我认为是好事,因为可以通过评估让公众了解学校。中国最早是网大在评估,比较权威。在其每年的评估中,我们学校都在进步,现已由1998年的87位上升到今年的36位。暨大由一个不知名的大学,由被人家误以为是山东的"济南大学"到全国高校的36位,是非常令人欣慰的。我们既不是教育部也不是广东省直属的学校,我们是国务院侨办直属的学校。侨办只有两所学校,不太引人注意,能够有今天这个局面,大家一定要珍惜!

第二个评估单位是广东管理科学研究院,每年评选中国大学100强。它从2000年开始,第一次评我们是第81位,我们逐渐进步,今年已是第49位。不管怎样,这些民间团体对我们的评价都在全国前50位。这是相当不容易的成果。一个学校的品牌,决定着它的发展,决定着它的生命和健康状况。之所以学校目前在海内外受到欢迎,是因为我们的品牌好了。近日,广东省和全国的招生工作正在进行,我们在广东省招收1 350名学生,但有2 640名过重点线的学生报读我校,为招生人数的2倍。这是我们近年来招生形势最好的一年,我校也因此成为全省高校生源形势最好的学校。这说明广东省学生愿意读暨大,暨大是热门学校。这不是在报上发表几篇文章就能做到的!这么多的学生考暨大,这是从来没有过的。学校进入"211工程"前,每年只有10%~20%第一志愿的考生。这种情况从1997年才真正得到改变,1996年第一志愿学生也只达到80%。生源能够反映一所学校的地位。现在日子好过了,每个院系招生都很容易,都是高分,今年广东考生670分以上才能进我校。对本校教职工子女我们给予照顾,达到643分的全部录取,这是学校给大家的一个福利,如不给予照顾,很多教职工的子女进不来,这是学校经过大力争取得到的。我们在港澳地区的招生形势也非常好,比去年超出200多人。今年上半年因为"非典"的问题我们还担心今年的招生情况差,因为没有出去宣传。但是现在暨南大学的地位已经稳固了,信誉在外,所以海外生才会蜂拥而来,这是我们学校品牌好的标志。不仅本科生这样,我们的海外博士、硕士学生的情况也不错。我们现在有700位海外及港澳台研究生,占全国海外及港澳台学生的1/4,我们已成为最受海外及港澳台学生欢迎的大学,这就是学校的品牌和质量引起的变化。今天这个形势,这7年多来实现跨越式发展是来之不易的,不是说随随便便就可以过来的。大家想一想,这7年多来,大家吃了很多苦,我们一定要珍惜这大好形势。我希望有朝一日我们跨到20几位、10几位。这不是没有可能的,只要大家努力!

二、学校实现跨越式发展的原因

回顾过去，我们发现学校的变化是来自于改革，是改革改变了我校的状况，改革改变了我们落后的地位，改变了我们暨南大学不为人知的历史。现在很少有人说我们是山东的"济南大学"了。邓小平同志的改革开放，发展是硬道理的论断在我们学校得到了证实。我们采取了很多改革措施，从学分制到分配制度、财务制度、干部考核等一系列改革，使得我们学校有了这样大的变化。而我们改革的核心是什么呢？是我们师资队伍的变化。一个大学最关键的是师资队伍，显然我们现在的师资队伍比过去好得多。我刚到暨南大学时的两个数据至今让我记忆犹新，一个是全校教师里只有 8 个人是博士，跟名校相比差得远；另一个是博士生导师的数量，全校的博导加上我也是 8 个。全校只有 8 个博导！今天我们有 70 多位博导，300 多位博士，我们现在已经有 1/4 以上的教师有博士学位。师资队伍质量的提高，决定了学校的发展变化。办大学主要是靠师资、人才，尤其是高层次人才的聚集；靠着我们坚持"从严治校、从严治教、从严治学"，加上依法治校，实事求是，我将其归纳为"严、法、实"三字原则。我们要用严格的管理办法，用法治代替人治，要坚持实事求是的原则，不要搞假大空的东西。我们就凭着这些一步一步向上攀登，才有了今天这个局面。这归根结底，是由于我们高举中央 24 号文的旗帜，在毛泽东思想、邓小平理论和"三个代表"重要思想的指引下，在国务院侨办和广东省委、省政府的直接领导和关心下，经过全体校级领导干部和中层干部的努力，取得了今天这些成绩。今天我们是对学校新一届中层干部进行任命。回顾过去我感到很高兴，也借此机会向大家表示崇高的敬意和衷心的感谢！

三、未来发展目标

由于我们在座的都是新一届中层干部，因此要了解我们有什么目标。待会儿我还要跟大家签订目标责任制的协议书。因为没有目标，我们就成了瞎子，这是不行的。我们要坚决实施"侨校＋名校"的战略，使学校成为一所名副其实的研究型大学。尽管《中国高等教育评估》去年评我们为研究型大学，但我们离真正的研究型大学还有距离。首先学生指标还差一点，研究生与本科生的比例要达到 1∶2。因此学校要按照国家计委制定的计划，到 2010 年全校达到 8 000 名研究生、16 000 名本科生、400 名预科生、600 名华文教育学生、3 000 名继续教育学生，一共是 28 000 人的规模。我们校本部到 2010 年有 7 000 名研究生、3 800 名本科生、3 000 名继续教育学生；珠海学院的规划是 1 000 名研究生、4 000 名本科生。旅游学院是 1 500 名本科生，华文学院是 2 700 名本科生、400 名预科生、600 名语言生，磨碟沙江南校区 4 000 名本科生，这是学生的分布情况。但是从目前的形势来看,这种分布还有变数,变数在什么地方? 是因为我们江南校区被广州市征用。去年底我提出了换跑马场的计划,上半年原定换广氮。换跑马场是很难的事情,但我一直是抱 1% 的希望,用 100% 的努力去做。到今天为止,仍然是 1% 的希望。我们做了很多努力,得到很多支持,但关键的广州市政府不点头,所以我们还得继续努力。今天告诉大家这些,是要让你们清楚这个情况。

2010 年设计的目标是把暨南大学建成具有优势学科,达到或接近世界先进水平,在海外特别是在东南亚地区成为知名的、一流的综合性大学。这是中央给我们的定位。

我们现在的口号是什么? 是成为一所国际性的大学,成为一所现代化的大学,成为一所综合性大学。要达到这个目标,难度很大,当然我们经过这些年的发展,形势还是不错的。我们现在拥有 28 个博士点,尤其是经济和管理学科,在广东省乃至华南都是首屈一指的,这是暨南大学的传统优势学科,是从建校以来的强项,要继续发展下去。我们也希望文学、物理、临床医学、生命科学等学科在下一次硕士、博士点申报的时候有更大的突破,首先是在博士点、在一级学科博士点上有突破,使我们学校能迅速站到新的高度。要达到这个目标,我们校级领导班子、中层干部队伍责任非常重大,任务非常艰巨,为此,我向大家提几点希望。

四、几点希望

第一是希望大家努力完成上述目标,使暨南大学继续向前发展,品牌更好。大家是新一届干部,要做好这些工作,首先是要求大家加强学习,学习好毛泽东思想、邓小平理论和"三个代表"重要思想。加强学习是做好工作的前提和基础,对一个领导干部来说这是工作的需要。要加强学习就必须端正学风,坚持理论联系实际。我们只有学好理论,才能够辩证地看问题,才能把问题看得深、看得透,遇到问题才能果断处置,才能够防止形而上学,才不会人云亦云。

第二是希望我们全校的干部都要忠于祖国,忠于人民,忠于神圣的教育事业。一个人没有祖国的概念,没有人民的概念,我们教育岗位上领导干部,如果没有神圣教育的概念,就不可能做好自己的工作,不可能襟怀坦白,他一定会斤斤计较,他不会无私奉献,不会努力为人民服务,他只会想到自己。如果一个人心里能够总是想着祖国,不管在任何情况下,把祖国的强大、人民的幸福装在心中的话,我们的教育事业一定能够做好。

第三是希望大家要求真务实,注重实效,也就是我经常所说的实事求是。我一直要求我们的统计员要把数据搞准确,不能搞假数字,别搞歪风邪气。做事情立足于什么样的基础,我们在什么情况下发展要清楚。做什么事情都要实事求是。我们的干部要说实话,办实事,求实效。搞虚假第一次可能会成功,但第二次可能就会失败。说穿了那是害党、害人民、害学校。在今天的会上，我可能是年纪最大的人，我经历了很多。假大空非常害人，我在工作中一直强调这一点，这是肺腑之言，希望大家记住，不要搞假的东西，我们一定要求真务实，讲实效。

第四是要继续坚持"从严"原则，即"从严治校，从严治教，从严治学"，要把它贯彻到我们每一个人的工作中去。"从严"谈得容易，做起来非常难，特别是在这个讲关系的年代，要严格谈何容易。我们中国人有时有一个差不多的思想，什么事做得差不多就行了，不要求完善。实际上只有工作完善，才能确保工作的质量。我们今天很多改革措施非常好，但是我们有一些改革还不够成功，就是因为某个环节不严格。我举两个例子。比如我们的学分制。我们绝对是中国最早实行弹性学分制的学校，但这里面有些核心东西一些院系到现在还搞不明白，我们的职能部门也有不明白的。学生不及格必须重修，这件事情从 1993 年取消了补考以后开始做，要继续坚持。学分制的核心是必须坚持这一点，就是某门课程不及格以后，必须及时重修，及格以后再继续往前修。这是最基本的东西，但是我们的教务员，我们的老师，我们的管理部门都不愿管。学分制与我们的每一个老师、每一个领导干部都相关，我们每一个领导都要去熟悉它。学生要根据自己的经济状况、身体状况、智商情况来安排自己的学习。但这个已讲了好多年的问题，仍然没有得到很好地解决。我们一定要管住这一点，学生不能带着很多不及格的课程前行，这是违背学分制的本意的。我们现在要实行导师制，就是希望导师能严格管理，今后不再出现上述现象。再如我们的考试。这些年来我们暨南大学在考试方面做了很多工作，制定了很多办法，应该说是成功的，学生的作弊现象大为减少。我们暨南大学的特点是从考卷、试题库，到考场管理，一直到考试结果抽查，都有一套办法，考虑得非常周到，但是这里面任何一项小的改革都冲击着很多人。今年上半年博士生入学考试启用试题库，很多博导、很多院长都在反对，我听了感到很滑稽。公平是考试的第一原则，但我们的老师们希望自己掌握考试的权利。那怎么行呢？他们想要谁就是谁，那不就走向腐败了吗？这些事有些院长就不敢管。不管就不严，不严就会产生不公平。学校应该是一个公平的地方，要以分数来衡量。只有公平，学校的知名度才会高。如果学校能够做到公平，就会有更多的好学生进来。好多人因为设试题库的事威胁我说，这样搞以后没有学生来考我们学校。事实怎么样呢？更多人考暨南大学！学校有今天的知名度，绝对是从严的结果。只有从严才能保证质量，才能给社会提供高水平的人才，暨南大学就会凭这个特点立足。英国的伊顿公学大家知道吧，培养英国领导人的贵族学校，它是非常严格的。在剑桥、哈佛等世界名牌大学读书是混不过关的。如果一所大学能混到文凭的话，这所学校就是下等的学校。所以，我再次提出"严格"的口号，这是为了暨大的前途。只有把暨大"花花公子"的帽子摘掉，学校才能够往前走。今年春节前，原主管教育的副省长、现省人大常委会副主任卢钟鹤同志到我家里慰问我时说的第一句话就是：刘校长，我感谢你把暨大"花花公子"的帽子摘掉了。十多年前，我刚到暨南大学的时候，听说暨大是个"花花公子"学校，我非常伤心，这是耻辱。只有从严治校，学校才有前途，因此大家在每一个程序，每一个方面都要严格。严格可能会得罪人，但得罪的只是少数人，可这样能够保证我们学校的办学质量。

第五是希望大家要坚持依法治校，敢于负责，恪尽职守。所谓依法治校，就是把中国传统的人治社会变成法治社会，使我们学校方方面面的管理走向制度化，这样才能科学地管理学校。从1996年以来，由于各职能部门和各院系的努力，我们把大部分制度搞出来了，不管怎么样，应该说这些制度对我们学校的发展起到了重要作用。这个星期我们印发了《暨南大学文件汇编·教学科研卷》，今年年初我们印发了《行政管理卷》。

这两本书就是学校的"法典"。现在发到每一个院系的教研室、图书馆及学校的每一个单位，全校师生应凭这两本书来管理学校，只要人人都按制度办，按原则办，学校的管理就能搞好。科学的管理一定要依法办事。今天我把书带到会场，就是要让大家记住这个。前几天有人问我一个问题，我说你去看看这两本书，就知道怎么做，书里面从办事的程序到怎么办都告诉了大家，每件事你都会在这两本书里找到答案。有了这两本书，我们要考虑的就是怎么管理，怎么按制度执行。如果有什么不合理地方我们再修改，但是不能经常变。只有把我们的"法制"搞好了，学校这台机器才可以顺利地往前走。希望各位干部在有了这两本"法典"以后要敢于负责。现在有的干部，就是做老好人，什么事情都是批"同意"报上来，他（她）明知那个同意是不对的。前几年有一个院长告诉我：我的同意就是不同意。我问他，这件事情明显不对你还批同意到我这儿干什么，他说，我也不敢签不同意，我的同意就是不同意。把责任全部往学校推。

现在我们全校大概有290多位中层干部，每个人都要对所管的领域负责。如果你们对不应同意的事情批同意，最后报到校领导那儿，校领导不清楚情况一旦批错了，那就贻误大事。学校是个大集体，是个系统工程组成的大集体，一个零件不对，这个系统就走慢了，甚至停止运转。我们许多小事情最后都造成了大错误。有些人他不知道自己在做什么，随意处理，不负责任，不加考虑。学校每一个岗位都是非常重要的，一定要在处理事情的时候想远一点，想宽一点。把握不准的事情要请示，对重大事情要请示！再如我校外语学院最近出了计划生育的事情——一位职工多生了个孩子。就院领导来说我觉得也情有可原，因为这位职工以前得过癌症，得癌症后老请假，并且随便开假条，最后假条也没人看，也没人去家里看她。领导说去看她，她说不要过去看。因为她怕人去看她。就这样她就把孩子生下来了。这是暨南大学的违纪，计划生育的违纪。计划生育是国策。如果我们的领导、院领导、系领导工作细一点，是能够看得见的。生活是复杂的,你三番五次要去看她,她为什么不让你去看她,你就得打个问号。如果去她家里看,问题就能及时解决。外语学院这是第二次违反计划生育。原来的一位职工是外语中心的,也多生了一个,最后被开除了。学院没有吸取经验教训。本以为我们大学校园里面,大家文化层次高,计划生育都能自觉遵守,但是还是有爆冷门的地方。这是因为我们的工作不严格、不细致、不负责任。计划生育是国策,这次我们也处理了一些干部。我也很同情大家,虽然大家都很忙,但大家一定要重视,这是国策。尽管我们是办学,但对国家政策要注意,不要认为大家都会自觉遵守,就有个别人不愿遵守。因为出了这件事,今年就没有计划生育奖金,而且学校也会为此挨批。大家要注意这些问题,要恪尽职守。每个人自己的工作一定要做好,想周到一些。现在有些干部连制度都弄不清楚。这次在竞争上岗的时候,我参加了几场,当李兴昌主任问大家纪检方面的问题,有的人根本就答不出来。学校的制度要弄清楚,你的职务、岗位、要求是什么,你应该做些什么。各单位对老百姓应该热情接待,人家老在投诉,说我们有些部门不热情。

第六是希望大家廉洁自律,艰苦奋斗,团结协作。作为一名领导干部,不论是校领导干部,还是我们中层干部,你的一言一行群众都在关注,只有廉洁奉公,干净做事,洁身自好,你的形象和权威才能在群众中树立起来。如果你自己言行不正,你的做法就得不到群众的支持。我们过去几年几乎每次会议都讲廉政建设,反腐败,但还是出现了个人违纪的事情,出现了李××、周××等人坐牢的事情,这是我们不愿见到的。李××这样一位名教授因为22万元触犯刑律。希望我们的领导干部一定要小心使用手中的权力,这是人民给你的权利,一定要使用好,不能把权利变成金钱。我们学校比较大,钱比较多。违法人员中还有一名工人。总务处的一名工人都贪污了30万元。我们的中层干部,甚至一名工人,如果管得不严,就会产生腐败现象。我们过去不光是讲,也采取了措施,但是还是出现了腐败,这是一件遗憾的事情。我们与省检察院共同预防职务犯罪,这是保护我们的干部不犯错误,使我们暨南大学变得更加干净,有利于我们培养人才。廉洁自律靠自己,组织给你讲了你不听,不论多大的干部,只要违法,照样要受到处罚。艰苦奋斗是我们党的优良传统,但是现在很多人忘记了这个传统,我们学校也存在这种情况。铺张浪费、吃喝玩乐、奢侈腐化、讲排场,一个小小的会议都要拉到外面去开。今后凡是到外面开会,一定要得到校领导的批准,要省点钱。尽管学校从国家拿到将近6个亿,尽管学校挣了很多钱,但是我们需要钱的地方还很多,差距还很大,大家要继续保持艰苦奋斗的作风。西方一些国家很有钱,但人家请客不像我们这样花钱,我们有些人动不动到外面花几千块钱请客,其实用不着。不花钱也能办好事。我提醒大家一下,请大家注意这个问题,包括房子的装修。新房子不断建成,有的装修太豪华了。我们是学校,不是宾馆!

最后我讲一下团结协作,这一点很重要。每一个院系、每一部门以一把手为中心组成为一个领导班子,这个领导班子一定要团结,一定要有协作精神,没有团结,你这个班子就没有战斗力。首先是班子里面要互相理解,互相谅解;要补台,不要拆台,什么事情张三想不到,李四就给他补一补。一个人的大脑不是计算机,想了这面就忘了那面,这是难免的。不要一个部处一个工作做得不好,就批评指责,就把它搞垮。不要轻信谣言,传谣更不行;拆台,更不行。我们学校个别人成天制造谣言,把同志之间的信任和团结搞得荡然无存。班子内首先是坚持原则。这方面一把手是核心,一把手起着关键的作用,负全面的责任。一个单位的好坏,归根结底很大程度上在一把手。因为我们是一个实行校长负责制的大学,学院是院长负责制,系里是系主任负责制。院长、系主任是各单位的核心,要团结院系党的一把手共同把工作搞好,要用民主集中制的原则,实现你的目标。那就是要少数服从多数,个人服从集体,下级服从上级,民主集中制的核心内容要记得,不能只抓住其中一点而不顾其他,要三点统一,要用民主集中制原则保证我们班子的战斗力。同时,我们要走群众路线,按照我们今天签订的责任制把工作做好。团结是胜利的保证,今天我要拜托各位一把手,各层次的一把手,要把你这个班子带好。副院长、副主任是一把手的助手,要清楚自己的位置。现在有些班子不团结,是正手和副手的职责不清楚,正手做不好正手,副手没做好副手。副手是助手,副手与正手争权是错的。今天是新一届的中层干部上任的开始,希望从今天开始,大家要认真履行自己的工作岗位职责,同时,要以个人品德上的表率带动本单位全体群众前进。这两天要搞好新旧交接,赶快把工作交接好。新班子刚刚上任,从今天起责任就交给你们,出了事就找新班子。我们实行的是校院系的体制,是校、部(处)、科的体制,分层分级管理体制,要层层落实。大家责任在身,要把工作做好。老班子安排的是正确的就不要调整,要前后相延续。这次中层干部换届,是在学校发展的非常关键的时期。另一项是我们学校已进入"十五""211工程"建设阶段,这是本届班子的核心工作,要承担起这一非常光荣的任务。同时,你们这届班子也是我们暨南大学建校100周年校庆那年交班的一届。迎接建校100周年,这在我们校史上是件大事。建校100周年时,你们正处在关键的工作岗位上,也是一个难得的机遇。大家要以出色的工作迎接100周年校庆的到来,使得我们暨南大学在100岁诞辰的时候,有新的成绩展示在全国人民面前,展现在全世界华侨华人面前,使我们学校真正实现"侨校+名校"的战略目标,完成党和国家赋予我们暨南大学特别的办学任务。

　　最后,再一次地拜托诸位。要带领全校3万名师生更上一层楼,到一个新的境界,就靠我们这些人。拜托大家把工作做好!

(在中层干部目标责任签字仪式上的讲话(按录音整理),原载《暨南高教研究》,2003(2):1-8。)

在广东省人民检察院与暨南大学开展同步预防
职务犯罪工作协议签约仪式上的讲话

今天,我们在这里隆重举行广东省人民检察院与暨南大学共同开展预防职务犯罪工作签约仪式。此事受到中央领导、教育部领导和国务院侨办领导的高度重视,各级领导都作出了重要批示。此举将开全国检察院与高校进行同步预防之先河,具有十分重要的现实意义和示范作用。

在这里,首先请允许我向张学军检察长表示衷心的感谢,感谢张检察长对"同步预防"工作的直接领导,并感谢张检察长今天在百忙之中将为我们作的精彩报告。也衷心感谢为广东广大百姓做出突出贡献、辛勤劳动的省检察院各位检察官对我校的关心与支持。

经过改革开放 20 多年的实践,我国已初步建立起了社会主义市场经济体制。加入 WTO 后,我国的经济运行和人们的社会生活正在全方位和国际接轨。在这个过程中,由于受封建主义、资本主义腐朽思想的侵蚀,一些工作人员计较个人得失的风气滋长,世界观、人生观、价值观扭曲,甚至有些领导干部也道德沦丧,滥用权力,以权谋私,违法乱纪,走上职务犯罪的道路。

随着市场经济的发展,高校已不再是一片净土,从以往的科学研究、成果鉴定评奖、课程考试、招生培养等方面出现的学术违规现象,到当前暴露的基建、后勤、物资采购等领域的职务犯罪,表明高校已成为"新的腐败灾区"。

就我校而言,作为有 97 年历史中央部属国家"211 工程"重点建设高校和国务院侨办和广东省政府共建学校,近些年的确取得了令人瞩目的成绩,提前并以优秀评价完成"九五""211 工程"建设任务,学校博士点、重点学科和名牌专业增多,科研实力大大提高,学校形象与品牌得以提升,暨南大学已经发展成为一所在海内外享有声誉的名校。按照中国网大中国大学综合实力排行榜,我校于 2002 年已跃居全国高校第 37 名。在学校蓬勃发展的大背景下,有着发展的喜悦和激励,同时也存在着严峻的考验。尽管近几年来我校加强了党风廉政建设,从严治校,依法治校,采取了一系列有力措施,加强了对教职工的教育,但仍有个别人员没能坚守住拒腐防变的思想防线,毁了自己,也损害了学校的利益和声誉。

党的十六大报告指出:坚决反对和防止腐败,是全党一项重大的政治任务。并强调要从源头上预防和解决腐败问题。权力的滥用就是职务犯罪的本质特征,开展职务犯罪的预防工作重在治本、重在促进检察职能活动的政治效果、社会效果和法律效果的统一。去年,最高人民检察院职务犯罪预防厅正式成立,中国检察机关有了第一个专门的预防国家工作人员职务犯罪的机构。由此可见，国家非常重视职务预防犯罪工作。我省今年初开始对全省"十五"规划部分重点工程项目实行同步预防，目前已初见成效。随着国家教育体制改革的深入，我校"十五""211工程"建设工作的进展顺利，教学规模及招生人数将不断扩大。国家特别为我校的发展投入5.38亿专项资金。学校基本建设、实验设备物资采购等项目繁多，工程数量多、投资大，管理任务重。在这种情况下，党风廉政建设和反腐败工作就愈加要坚定不移地开展。因此，为了从源头上预防职务犯罪的发生，增强广大干部、教职员工廉洁自律的自觉性，营造勤政廉政、遵纪守法的工作氛围，我校主动请求省人民检察院帮助我校搞好廉政建设，实施预防职务犯罪工作。显而易见，这一件事对我校的发展建设是非常有必要的，是非常有意义的。

省检察院将发挥检察机关职能作用，为我校依法从事管理工作提供法律保障。重点对基建工程建设、物资采购和招生等重要环节是否严格遵守国家法律和有关规定制度，参与监督和检查，帮助我校建立健全有关制度和廉政监督制约机制，确保预防职务犯罪措施落实到位。

我校将大力支持检察机关依法独立行使检察权，如发现有贪污、受贿等职务犯罪线索及时举报，并主动配合检察机关对职务犯罪案件的查处工作。我校将进一步制定廉政和法制教育方案，不断在干部和教职员工中开展廉政教育和法制教育，切实增强干部和教职员工的法制意识，及时防止和纠正苗头性、倾向性问题，防微杜渐，构筑起牢固的思想道德防线。同时还要落实检察机关提出的检察建议，积极发现和堵塞机制、制度上的漏洞，不断完善内部管理规章制度和监督制约机制，减少犯罪的机会，建立机制防线，促进公职人员依法履行职责，遏制和减少职务犯罪的发生。

校园环境干净十分重要，而学校校务教务的干净就更加重要！我们希望，在花园般的暨南园里，海外和港澳台以及内地学生能健康成长！

（原载《暨南大学校报》，第354期，2003年4月30日。）

持之以恒　依法治校

我校自 1996 年 6 月成为全国"211 工程"重点大学以来,不断深化各项改革,并根据国家有关法律法规、政策和上级有关规定以及学校实际情况制定了一系列管理文件,现汇编出版,这是经过长时间实践、探索和反复酝酿的结果。在高等教育竞争日趋激烈和高校管理工作日益规范的今天,加强建章立制、提高管理水平已显得更为迫切和必要。本书的出版,是我校对高校行政管理工作的有益探索,也是我校加强行政管理工作的重要措施。

"九五"以来,我校在"211 工程"建设,教学与科研等方面都取得了显著成效,办学规模进一步扩大,办学层次与水平、综合实力不断提高,软硬件设施得到了大幅改善。当前我校呈现良好的发展态势,但也感受到了外部激烈竞争所带来的压力。要使学校在现有基础上继续向前发展,我们除了在"211 工程"建设、教学与科研、学科建设、师资队伍建设、人才培养模式等方面下功夫以外,还必须进一步加强学校的行政管理工作,在学校的建设和发展中更好地发挥组织、协调、促进作用。

多年来,我校一直在倡导和坚持"从严治校、从严治教、从严治学"的办学原则,大力推进"校风、教风、学风"建设;致力于建立"依法治校"的管理机制和"实事求是"的工作作风,力求实现行政管理工作的制度化、现代化和科学化。应该说,这项工作是有成效的,它所带来的积极影响也是有目共睹的。但是,这并不说明我们的管理工作没有偏差或漏洞,我们的规章仍需进一步健全,制度还要不断完善,干部的管理水平需要不断提高。

今年是中央提出的"转变作风年",这项工作非常及时和必要。作风建设是一项长期的系统工程,不可能一蹴而就。"三讲"教育以后,学校针对全校师生所提的合理意见和建议,就管理工作特别是机关工作作风进行了大范围、大力度的整改,有成效,但仍不尽如人意。在人人都在追求工作质量、办事效率和品牌效应的今天,我们的管理工作不应成为制约学校教学科研发展的瓶颈,我们应该也必须从根本上改变"门难进、脸难看、事难办"的官僚作风,改变人浮于事的懒散作风,改变以人治代法治的不正之风,以管理促质量,以管理促效益。

当前,依法治校已成为高校行政管理工作的一项必然选择。这是一个双向互动的管理过程,它既要求管理者依法办事,也要求管理对象遵纪守法;既是一个管理的过程,同时也是一个监督的过程。依法治校的精髓就是要求所有管理工作人员都必须依照法制精神和规章制度从事各种管理活动,同时也要求从事教学科研的教职员工依法实施自己的行为。《暨南大学文件汇编》是学校各单位和师生员工监督、管理学校的基本依据。出版《暨南大学文件汇编》的目的，是使我们每一位教职员工和学生在日常的管理和被管理活动中，都能够有章可循，有据可查。因为只有这样，才有法治可言，学校才能在科学、合理、公正、有序的管理机制保证下健康发展。我们期待这种现代化管理机制的建立，并为之不懈努力。

（原载《暨南大学文件汇编》，序，广州，2002 年 9 月 25 日。）

同质同水平异地办学

　　这次驱车来珠海,心情格外舒畅,可谓过春风十里,尽草木青青;美丽的珠海更是花枝排比,嘤嘤贺喜;因为今天,一所拥有近百年历史的高等学府将与一座崭新的现代化滨海城市再度联袂,共同谱写珠海经济特区教育发展史的新篇章。在此,在这个春意融融的时刻,我代表暨南大学师生员工,对出席今天暨南大学与珠海市人民政府合作建设珠海学院签字仪式的各位领导、各位嘉宾和各界朋友表示衷心的感谢,对珠海市政府的周到安排和热情接待表示诚挚的谢意。

　　暨南大学是一所具有 94 年悠久历史的华侨高等学府,在中国高等教育发展史中,有着不可替代的地位,她曾创造了中国高校的三个"第一":中国第一所由国家创办的华侨大学,中国第一所面向世界办学并招收留学生的大学,也是新中国第一所设有医学院的综合性大学。肩负着历史的重托,不辜负党和人民的期望,我们暨南人,致力于"两个面向"的办学方针,努力提高学校的办学层次和办学水平,使学校跨入了国家面向 21 世纪重点建设的 101 所"211 工程"大学的行列。学校依法治校,"严"字当头,注重教学质量,始终把提高教学质量、提高学生综合素质作为办学之首要,使暨南大学在海内外声誉日隆。今日之暨南大学已拥有 10 个学院(其中医学院在广州、深圳、珠海、清远四个城市设有 5 间附属医院,均为国家级"三甲"医院),26 个系,36 个本科专业;在研究生教育方面,有 12个博士点,59 个硕士点,1 个博士后流动站;目前在校全日制学生 11 000 多人,其中来自世界五大洲 30 个国家和地区的海外及港澳台学生 3 600 人,博士、硕士研究生 1 600 人,本科学生 8 700 人。暨南大学在学校发展的蓝图中,早早地相中了中国最早的两个经济特区,继 1993 年在深圳开中国校企联合办学的先河,成立了暨南大学中旅学院后,1998 年我校应珠海市人民政府要求,在珠海共建暨南大学珠海学院(筹)(初期对外简称教学点),并于当年开始招生。这是珠海市第一次拥有自己的高等学校,而在此之前的 1997 年,我校已与珠海市人民政府共建珠海市人民医院,为暨南大学医学院第三附属医院,随后招收了 15 名临床医学专业的硕士研究生,这也是珠海经济特区第一次拥有自己培养的研究生。现在,暨南大学与珠海市人民政府共瞻前景,在过去携手办学的基础上,进一步上规模、上层次,在更高的层面上,再度合作建设暨南大学珠海学院,这无论对暨南大学还是珠海特区未来的发展都是有重要的意义和深远的影响。

　　新的暨南大学珠海学院,依山傍水,草木葱茏,是莘莘学子求学的好地方。这有赖于珠海市政府对新珠海学院关怀有加,将位于市中心 40 余万平方米的土地,连同价值 7 000 万人民币的两幢建筑物以及诸多教学、生活设备永久无偿提供给暨南大学珠海学院，并每年投入一定的教育经费。暨南大学也将加大珠海学院的投入，在 5 年内把暨南大学珠海学院建成可以容纳 3 000 名全日制本科学生的综合性学院，同时发展硕士、博士研究生的高层次教育。我相信，在珠海市人民政府的大力支持下，暨南大学珠海学院一定会办成一所具有鲜明特色的现代化新型高等学校，她不仅对珠海特区乃至广东省在新世纪增创新优势、更上一层楼发挥重要作用，也必将对海内外的经济文化发展作出应有的贡献；同时，她还将有利于暨南大学更好地贯彻"面向海外、面向港澳台"办学方针，成为沟通港澳台地区及海外桥梁之一，为暨南大学进一步走向世界作出贡献。

寄语珠海风日道，明年春色倍还人。我诚恳地邀请在场的各位领导、嘉宾、朋友们明年在暨南大学珠海学院主体工程竣工剪彩之日，再度光临珠海，光临暨南大学珠海学院。

（在珠海市人民政府和暨南大学合作建设暨南大学珠海学院签字仪式上的讲话。原载《暨南大学校报》，第 283 期，2000 年 5 月 15 日。）

开拓创新　共建附属医院

今天在深圳市人民医院举行深圳市卫生局和暨南大学共建暨南大学深圳附属医院签约仪式,令我十分高兴。

深圳市是我国第一个经济特区,经济建设成就卓著,享誉中外。深圳市人民医院是深圳特区最大最好的医院,是一所拥有 800 张病床的现代化的大型综合医院,在许多学科方面已形成自己的特色,已经拥有一支医疗技术过硬、教学经验丰富的医疗队伍,历年来,承担了多间高等医学院临床教学任务,这对今后进一步加强共建双方在医疗、科研和教学等全方位的合作奠定了一个良好的基础。

暨南大学是中国第一所由国家创立的华侨高等学府,已有 90 年历史,一直以"忠信笃敬"作为校训,坚持"面向海外、面向港澳台"的办学方针,仅对 1978 年以来进行统计,共培养来自世界五大洲 64 个国家和港澳台地区的学生 5 000 余人。暨南大学现设有医学院、文学院、理工学院、经济学院、华文学院、中旅学院和教育学院,共 7 个学院,33 个本科专业,7 个博士授权学科,53 个硕士授权学科。现有各层次学生 12 557 人,其中海外及港澳台学生达 2 577 人,为中国高校第一。1996 年 6 月,暨南大学通过"211 工程"部门预审,成为全国面向 21 世纪 100 所重点建设的大学之一。

暨南大学医学院成立于 1978 年 4 月,是全国第一所综合性大学里的 6 年制高等医学院校,设有临床医学专业和口腔医学专业,拥有 3 个博士授权学科,同时还建立了一所具有现代医疗设施并得到联合国世界卫生组织认可的医院,即华侨医院。

学校实行从严治校、依法治校方针,学校声誉日渐上升。

暨南大学与深圳市政府达成共建协议,开创了大学和地方联合办医院的先河,将使深圳市人民医院成为我校医学院的第二附属医院,从此开始,它将担负起临床教学任务,不仅承担本科实习生的教学工作,而且承担招收和指导博士、硕士生,以及开展科学研究的任务。这会对提升深圳市人民医院的医疗质量起着积极作用,又会促进暨南大学的办学质量和水平的提高,双方定会双赢!最后,我衷心希望深圳市人民医院成为我校医学院第二附属医院后,共建双方,本着互利互惠、共同促进、共同提高的原则,进一步加强在各个领域的合作,共同把共建工作抓好,使共建工作结出丰硕成果。

(在暨南大学和深圳市卫生局共建暨南大学医学院第二附属医院签约仪式上的讲话,深圳,1997 年 1 月 25 日。)

改革创新　增强竞争力

在鲜花盛开的阳春四月,在繁荣漂亮的香港,暨南大学与香港亚洲电视隆重举行全面合作协议签字仪式,我感到由衷的高兴!

近年来,随着内地与香港之间更紧密经贸关系协议(CEPA)的实施,以及泛珠三角经济区域合作(9+2)的形成,香港与内地的关系日益密切,两地间开展的各项合作也更加广泛深入。暨南大学和香港亚洲电视为了更好地贯彻"科教兴国"战略,将充分发挥服务社会的功能,为两地的经济发展和社会进步作出积极的力所能及的贡献,双方将本着"合作发展、互惠互利"的原则,在人才培养、学生实习、学生就业、宣传报导等方面开展全面的合作。

暨南大学是中国第一所由国家创办的华侨学府,素有"华侨最高学府"之称,是中国历史上最悠久的大学之一,是中国第一所招收留学生的大学,也是目前中国拥有海外及港澳台学生最多的大学,其前身是 1906 年清政府创立于南京的暨南学堂。"暨南"二字出自《尚书·禹贡》篇:"东渐于海,西被于流沙,朔南暨,声教讫于四海。"意即将中华文化远远传播到海外。

本着"宏教泽而系侨情"的办学宗旨,暨南大学始终恪守"忠、信、笃、敬"的校训,积极贯彻"面向海外、面向港澳台"的办学方针,要求学子们做到"言忠信,行笃敬",注重以中华民族优秀的传统文化培养造就人才,在近百年的办学历程中,已为海内外输送了各级各类人才近 20 万人。他们中的许多人曾经或正在港澳地区的许多部门勤奋工作、甘于奉献,成为贯彻"一国两制"、促进香港繁荣稳定的中坚力量。据不完全统计,学校校友中,已有 2 位中共中央政治局常委,5 位中国和外国副总理,1 位外国议长,6 位全国人大常委会副委员长,以及一些院士、著名学者和著名企业家等。

在 99 年办学历程中,勇于开拓、敢于创新的暨南人虽历经风雨,始终自强不息。特别是在 1996 年成为国家"211 工程"重点大学以后,为了进一步提升自身的综合实力,为海外和港澳台地区培养更多的高素质优秀人才,学校根据自身"侨"校特色,制定了"侨校+名校"的发展战略,确立了"严法实"的办学原则(即从严治校、从严治教、从严治学,依法治校和实事求是),按照"发挥优势、深化改革、保证重点、改善条件、提高质量"的发展思路,与时俱进,开拓创新,在国内高校中创造性地采取了许多敢为天下先的改革措施,如:

① 全面推行学分制改革,率先施行与国际接轨的弹性学分制(即标准学分制),适应生源的世界性特征;

② 对内地、海外及港澳台两类学生制定不同的培养目标、培养方案和教学

170

要求,以利于因材施教;

③ 在全国高校中第一个建立校史馆,在潜移默化中加强对学生的思想品德教育;

④ 首先实行教授必须上本科生基础课制度,使学生在低年级获得扎实的基础知识;

⑤ 首先实行课堂教学三重评估制度,促进教风好转,促使教师提高授课质量;

⑥ 率先取消补考,实行重修制度,促进学风好转,促使学生认真对待考试;

⑦ 狠抓英语、中文、计算机语言"三语"教学,以使学生形成扎实的基础知识;

⑧ 率先实行春秋两季招生、春秋两季毕业制度,方便学生入读和就业;

⑨ 首先改革预科教育,将一年制改为半年制、一年制和三年制三种;

⑩ 率先在世界五大洲设立报名点,方便学生咨询和报名;

⑪ 实行全新的量化考核指标和分配体制,即校内工资制度,被媒体称为"暨大模式";

⑫ 较早地实现了一级财务管理,使学校的办学经费大幅增加;

⑬ 全面推进校园信息化建设,是广东省第一所接入世界互联网的高校;

⑭ 重视提高干部的管理水平,2004年组织机关部、处和直属单位一把手赴美国威斯康星州立大学等大学进行管理培训和经验交流;

⑮ 面向海内外招聘10位院长,充分表明了学校容纳国际人才和不同文化的信心和胸襟;

⑯ 第一个成立全英语教学的国际学院;

⑰ 第一个开展联合办学,1993年即与香港中国旅行社等企业合作,开办了深圳旅游学院,1998年与珠海市人民政府合作,成立珠海特区第一个高校办学单位暨南大学珠海学院,2004年与广东省知识产权局合作,共同创办华南地区首所集教学和科研为一体的知识产权学院;

⑱ 第一个实行校医联合办学(如深圳市人民医院、珠海市人民医院、清远市人民医院、广州市红十字会医院、江门五邑中医院、深圳眼科医院等附属医院);

⑲ 国内第一个高校与省检察院签订共同预防职务犯罪,加强廉政建设;

⑳ 第一个在世界五大洲均建有姊妹学校的大学,并已向国外的姊妹大学交换了128名学生。

上述改革措施的实行,使暨南大学在许多方面都取得了令人振奋的进步:综合实力日渐增强,办学规模不断壮大,办学层次稳步提高,在海内外的影响日益扩大。学校在全国 1 577 所高校的综合实力排行榜中已跃居前 50 名左右,科研经费已连续两年过亿元。学校已 6 次独立组团参加了深圳高交会,并多次得到国家领导人和海内外的高度关注和赞赏。

目前,学校设有 20 个学院、40 个系、56 个本科专业,涵盖了文、史、经、管、法、理、工、医、教育等九大学科门类。我校还是新中国第一所设有医学院的综合性大学;医学院现有 6 所国家级三甲附属医院,1 所专科医院,1 所直属医院,附属医院共有职工 6 493 人,病床 4 268 张。学校拥有 90 个硕士学位授权点,36 个博士学位授权点,6 个博士后站;并成为招收和培养高级管理人员工商管理硕士(EMBA)、工商管理硕士(MBA)、公共管理硕士(MPA)、会计学硕士(MPACC)、临床医学硕士、口腔医学硕士、工程硕士的学校以及教育部试办高水平运动队的学校。

学校现有专职教师 1 483 人;其中,中国工程院和中国科学院院士 7 人,博士学位拥有者 454 人,占专职教师的 30%,高于全国设有研究院大学的平均水平。学校现有全日制学生 22 084 人;其中,本科生 15 330 人,研究生 5 275 人,来自世界五大洲 65 个国家和港澳台 3 个地区的学生 9 534 人,数量居全国高校第一;在我校就读的海外及港澳台地区研究生 751 人,约占全国总数的 1/4;台湾学生 602 人,约占全国同类学生总数的 1/7,国际化特色明显。特别是近两年报考我校并被录取的海外及港澳台学生,均大于全国其他所有高校的总和。暨南大学已成为海外华侨华人和港澳台地区学生到中国大陆求学的首选高校。

香港亚洲电视不仅是香港第一家电视台,而且是亚洲地区具有影响力的电视台。长期以来,香港亚洲电视一直坚持立足香港、服务社群的宗旨,积极为香港与内地的观众提供全面和优质的节目,努力为两地乃至更广阔的地域间提供信息交流平台,并且取得了有目共睹的成绩。在近半个世纪的岁月里,香港亚洲电视凭着丰富的经验和多彩的创意,为大众提供了多姿多彩的高品位节目,许多栏目已成为名牌栏目,丰富了广大民众的精神文化生活,深受香港和全球华人的欢迎。

暨南大学与香港亚洲电视开展全面合作,可谓是强强联合、相得益彰,双方可以在更大程度上实现资源互补,优势共用,进一步增强双方实力,进而增强在各自领域的竞争力。香港亚洲电视不但可以共享高校的资源优势,使自身拥有较多的战略研究人才和储备人才,更可以把暨南大学的网络与教育技术中心、媒体实验中心作为自己在内地的节目制作基地。暨南大学也可以在香港亚洲电视建立教学与实习基地,通过电视台的有效报道广泛宣传学校近百年的办学成就,广泛宣传学校将于明年迎来的百年华诞,提高学校的知名度和美誉度。

在今后的合作过程中，暨南大学将积极发挥智力资源和信息优势，为香港亚洲电视提供积极支持。我们相信，只要双方本着互利互惠、精诚团结、互相促进、共同提高的原则，齐心协力，共谋发展，就一定能够实现我们的预期合作目标；同时也一定能为两地教育文化事业的发展、为两地的经济发展和社会进步作出新的贡献。

（在暨南大学与香港亚洲电视全面合作签字仪式上的讲话，香港，2005 年 4 月 25 日。）

暨南大学的创新发展之路

教育是培养人才和增强民族创新能力的基础,必须放在现代化建设的全局性战略性重要位置。作为培养高层次创新人才和增强民族创新能力重要阵地的高等院校,在我国经济建设和社会发展中扮演着越来越重要的角色。面对复杂多变的国际形势,我国高等教育要为国家在激烈的国际竞争中保持优势而发挥其应有的作用,要完成为国家现代化建设培养优质人才的使命,要培养具有全球意识和开放意识、具有较高文化品位、能够参与国际事务和具有国际竞争能力的创造型人才,就必须积极采取应对措施,积极开拓国内国际教育市场,大力推进创新教育,不断提升办学层次和办学水平,增强高等教育的国际竞争力以及为经济发展和社会进步服务的能力。

华侨高等教育是中国高等教育的重要组成部分,肩负着为海外华侨华人社会和港澳台地区培养人才的特殊使命,其作用和地位不可替代。面对高等教育领域竞争日趋激烈的紧迫形势,华侨高等教育着力突出"侨"字特色,提高办学水平,更好地为侨服务,为祖国统一大业服务。作为华侨高等教育重要代表的暨南大学为此提出了"侨校+名校"的发展战略。

一、竞争激烈的外部环境表明唯有创新才有发展

"九五"以来,党和国家对高等教育给予了前所未有的重视和关注,除加大投入外,同时还采取了两项重大举措,这在中国高等教育史上可以说是空前的。一是面向21世纪重点建设一批大学和学科,一是进行结构调整,整合办学力量,集中办学资源,有重点地合并一批院校。这两项措施都是有针对性、有重点地提升一批基础好、实力强的院校的办学层次和办学质量,为建设一流大学和高水平大学奠定基础。暨南大学作为华侨高等教育的重要代表,是我国高等教育的一个组成部分,其在全国高等院校隶属关系调整后仍隶属于国务院侨办的领导,这进一步明确了学校为侨服务的责任和使命。然而此时,国内外的办学形势和环境已发生巨大的变化,一直在国家政策保护下而具有生源优势的华侨高等教育已面临着来自国内外的冲击和挑战。一方面,国家对高等学校办学自主权逐步放开,香港、澳门回归以后,除暨南大学和华侨大学以外,内地已有许多高校开始在香港、澳门招生。另一方面,港澳地区及一些华侨华人数量较多的国家和地区看到华文教育的广阔前景,纷纷开办华文教育,与我国华侨高等教育争夺生源。另外,台湾的一些高校也纷纷采取减免学费等有关优惠政策或其他方式吸引华侨华人学生和港澳地区学生前往学习。

对暨南大学来说,生源及办学的特殊性决定了我们的竞争对手是来自多方面的,它们既有本系统(华侨院校)的高校,也有系统外的高校;既有国内的高校,同样还有来自其他国家和地区的高校。如果我们的办学水平和办学质量止步不前的话,其结果可想而知。因此,我们不仅要坚持特色,而且还要实施名牌战略,大力提高学校的办学层次和办学质量,增加学校的竞争力和吸引力,才能在国内外教育市场的激烈竞争中立于不败之地。

二、曲折而又辉煌的历史赋予我们创新的动力

即将迎来 97 年诞辰的暨南大学,在其悠久的历史上,既有时代留下的沧桑,也有智慧释放的光芒。作为中国第一所由国家创办的华侨学府,其前身是 1906 年清政府创立于南京的暨南学堂。在随后的近一个世纪里,学校经历了 4 次易址 3 次停办。1958 年,暨南大学在广州重建,直属教育部领导,由时任广东省委书记陶铸兼任校长。1970 年,学校因"文革"而停办。1978 年,暨南大学在广州原校址复办。1983 年,中共中央、国务院 24 号文件批复中央宣传部、教育部、国务院侨务办公室,将暨南大学列为国家重点扶植的大学,隶属于国务院侨务办公室领导。屡次变迁或停办,严重阻碍了学校的持续发展,影响了学术风格、学术环境的形成。直到 1978 年以后,暨南大学才真正有了一个和平、安宁的发展环境。然而,历史的动荡曲折并没有影响大批教育界仁人志士对教育的忠诚和追求。在暨南大学不平凡的历史上,曾有如黄炎培、马寅初、郑振铎、梁实秋、周谷城、钱钟书、周建人、夏衍、许德珩、胡愈之、严济慈、楚图南、黄宾虹、潘天寿等一大批著名学者,都曾在暨南大学任教,他们培养了诸如前国务院副总理吴学谦,前国务院副总理李岚清,知名人士江上青,著名侨领、新加坡大学首任校长李光前,泰国前议会主席、副总理许敦茂,新加坡中华总商会前会长陈共存,院士谭其骧、曾毅、邓锡铭、侯芙生,以及近年来内地和港澳台地区的王学萍、伍志广、颜开臣、马有恒等许多政府、工商及文教界著名人士。

一所百年老校应该具有与其历史相称的实力和品牌,因为其在办学经验、人文环境、文化底蕴以及历史积淀等方面都具有那些新办大学所无法比拟的优势,后继者有责任和义务将这些优势进行传承和弘扬。曲折的经历和深厚的历史积淀表明了暨南大学在各个历史时期的重要意义和举足轻重的地位,这既让全体暨南人自豪,也给了我们重铸暨南辉煌的信心,给了我们以改革创新发展暨南的动力。我们深切地感受到,要继承未竟的事业,要延续暨南精神,要开创暨南大学的美好明天,就要审时度势、开拓创新。

三、正视现状,着眼未来,全面实施改革创新

"九五"以来,我校按照"发挥优势、深化改革、保证重点、改善条件、提高质

量"的发展思路,坚持"严、法、实"的办学思想(即"从严治校、从严治教、从严治学","依法治校","实事求是"),转变观念,认清形势,正视差距,扬长避短,开拓创新,以"211工程"为龙头,以教学科研为中心,大力推进学校各项事业不断进步,在实施"侨校+名校"的发展战略中,学校在许多方面发生了从无到有、从小到大、从弱到强的可喜变化,成功实现跨越式发展。

(一)从学分制入手,推动教学改革

1. 以学分制改革为核心,不断提高教学质量

我校实施学分制改革的指导思想是"以人为本",将学生的利益放在第一位。在这种制度下,学生可以自主选择课程,自主选择教师。学分制最大的优点在于能给学生提供更主动的学习条件,最大限度地发挥学生自主学习、向上发展的能力,它适应我校生源世界性特征,有利于教育目标的实现。这是由传统的保姆式教育向现代自主教育转变的重要体现。我校在1978年复办之初即开始试行学分制,但那时是初级阶段,还处于学年学分制状态。1993年起在全国率先取消补考,施行标准学分制。标准学分制可以说是一种完全从学生利益出发的教学制度,它既可以使学生学到真正的知识,又不必为补考及将补考记录载入档案而担心;既能保证学生的学习质量,又因重修交费、重花时间读书而给学生施加一定的压力。我校不仅是广东省最早实行学分制的高校,而且是全国最早实行弹性学分制的高校。经过20余年的实践,学分制的各种管理办法已日臻完善,对贯彻我校"两个面向"的办学方针,以及培养学生素质均有着积极的促进作用。

为配合学分制的实施,我校根据内外两类学生的不同特点,对学生的培养目标进行定位,合理设置专业,突出创新精神与实践能力的培养,使受教育者得到全面发展。我校对海外及港澳台学生的教学要求是"面向世界、应用为主",对内地学生的教学要求是"加强基础、目标上移"。

为突出基础课教学,保证基础课教学质量,使新生在低年级即获得坚实的基础知识,我校自1993年就开始实行教授必须上本科基础课的制度,延续至今,效果良好。

为提高课堂教学质量,我校自1985年开始实行课堂教学评估,1993年开始实行课堂教学三重评估,即每学期分别由学生、校院系领导和听课专家组对课堂教学质量进行评估。这一评估制度的完整、公平、公正性受到师生的欢迎。学校根据评估结果采取了一系列奖惩结合、以奖为主的措施,激励先进,鞭策落后,对不合格教师进行淘汰,优秀教师则成为学习标兵。这在一定程度上加强了师生间教学信息的交流和教师对课堂教学质量的重视,有效地提高了课堂教学质量。由于"三重评估"制度在国内由我校首创,且效果良好,现已被国内许多高校参照使用。

2. 加强教风、学风建设,大力推进考试改革

为进一步加强校风、教风、学风建设，提高教学质量，严肃考试纪律，我校采用建试题库，分 A、B 卷考试，加强考场管理，抽查各专业试卷内容等措施，促使教师认真对待考务，学生认真对待学习和考试。从 2001—2002 学年上学期开始，我校还设立了可一次容纳 840 人的大型考场，杜绝了作弊现象，保证了考试的公正性。这一全国首创性举措受到了许多高校及新闻媒体的广泛关注。在今年的博士生入学考试中，我校也采用大型考场考试，学生及社会反响良好。

3. 突出国际性特征，鼓励和扶持双语教学

为贯彻"两个面向"的教育方针，培养国际性人才，我校从 1996 年开始提倡和鼓励教师用英语进行本科专业课教学，经过几年实践，此项工作逐步得到推广。目前我校非英语专业用英语教学的课程已达 28 门，使用全英语教材的课程达 34 门、中英对照教材的达 40 门。以此为基础，2000 年 6 月，我校在全国高校中第一个成立了采用全英语教学的国际学院。目前该学院已开办了临床医学、国际经济与贸易、会计学等 3 个专业，最近又新增设了食品质量与安全专业。

为办好以上全英专业，学校采取措施大力鼓励教师开设全英课程，极大激发了教师开设全英课程的积极性，对办好国际学院，进一步扩大国际学院规模起到了重要的促进作用。

4. 调整办学重心，优化办学结构

为进一步提高办学层次，优化办学结构，按照"大力发展研究生教育，适度发展本科教育，缩小成人教育规模"的办学思路，我校校本部从 1996 年开始停止招收专科生，到今年 7 月，全校已没有全日制专科生。同时，学校根据社会发展和学生求学、就业的需要，不断调整专业结构，及时增设适应国内外学生要求的热门专业，对优化我校专业结构，培养社会急需人才，起到了积极的推动作用。

目前，学校研究生与本科生之比由 1995 年的 1∶8.74 上升到 1∶3.73。

与此同时，学科结构进一步得到优化。本科专业由 1995 年的 30 个增加到 48 个，硕士学位授权学科由 1995 年的 50 个增加到 86 个，博士学位授权学科已由 7 个增加到 28 个，并且在一级学位授权学科方面实现了零的突破，现有 3 个一级学科。博士后流动站实现零的突破，达到 3 个。教学系由 21 个增至 37 个，学院数由 7 个增至 16 个，涵盖的学科门类更加广泛。

（二）以学科建设为中心，大力鼓励教师从事科学研究

科研水平是衡量一所大学办学水平的重要标志。为鼓励教师在做好教学工作的同时，积极投身科学研究，学校以"211 工程"重点学科建设为中心，大力推进科研工作。从 1996 年开始，学校用"教学、科研"双中心目标取代了过去单一的"教学中心"目标。同时，学校在分配体制和财务管理方面实施了一系列有助于科研工作开展的举措。学校将教师获得的课题级别、数量，科研论文数量及其发表刊物的档次等科研成果直接与校内工资挂钩，对其进行量化考核。如教师

在 *Nature* 或 *Science* 上发表 1 篇文章,可获得 12 万元的奖励。这些举措充分调动了教职工教学科研积极性,激发了教师的科研潜能,教师的科研论文和科研项目数量大幅上升,学校的科研经费得到快速增长,同时也促进了教学质量的提高。

另外,实行集中管理财务,由学校统一颁发校内奖金,减轻了教师通过创收谋取福利的压力,使教师将主要精力投入到教学科研中,成效显著。2002 年,我校科研经费已由 1995 年的 400 万元增加到 8 000 万元,增长 19 倍;在"973"、"863"等国家重点项目方面实现了零的突破;专利从无到有,现在获专利 17 项;学术论文数增加了 1.3 倍,其中被三大索引(SCI、EI、ISTP)收录的论文数增加了 10.7 倍,去年首次突破 100 篇大关,达 105 篇;获得的省部级科技奖励增加了 5 倍多;科研成果的应用也有较大的进步。

另外,学校在国家重点学科、国家研究基地、教育部重点实验室、工程研究中心等方面都实现了零的突破。新增 2 个国家级重点学科、1 个国家人文社会科学重点基地、1 个教育部重点实验室、1 个教育部工程研究中心、8 个广东省重点学科、1 个广东省教育厅重点实验室。

(三) 确立"严、法、实"办学思想,推动管理体制创新

1. 合理调整人员结构,稳步推进机构改革

本着"精减、效能、统一"的原则,"九五"至今,我校先后进行了两次大规模机构改革,行政处级机构已由 1999 年以前的 29 个减为 18 个,与此同时,学校对科级机构也进行了整合,优化了结构,提高了效率。为保证教学和科研这两个重点,几年来,学校注重引进专业教师,控制行政人员数量,原则上不进行政干部。虽然学校的办学规模不断扩大,但因人员结构得到优化,尽管机构数量比改革前少,可效率却更高了。

1995 年至今,全校的教职工和专业教师人数基本没有变化,1995 年分别为 3 601 人和 1 036 人,目前为 3 649 人和 1 093 人,且学校所获上级经费投入并未大幅增加,但学校完成的任务却成倍增加,显然办学效益已更加优良。在 2002 年广东管理科学研究院"中国'211 工程'大学教师人均效率排名"中,我校排在第 41 位。从收入方面看,几年来,学校的经济效益有了大幅提高。1995 年,全校的总收入为 1.96 亿元,其中国家财政拨款 0.37 亿元;2002 年,全校的总收入达 8.28 亿元,其中国家财政拨款 2.93 亿元。总收入与 1995 年相比,增长 3.22 倍。

2. 整顿机关作风,加强廉政建设

为配合"三讲"教育的开展,切实改进机关作风,学校各机关部处针对"门难进、脸难看、事难办"的现象,结合群众的意见和建议,制定有效措施,开展了以"内强素质,外树形象"为主旨的边整边改工作。机关各单位进一步加强建章立

制,实行岗位职责、办事程序公示制;各级领导干部切实改变议事的方式方法,减少"文山会海",简化办事程序,增强服务意识,提高管理水平和工作效率;制定了新的公文运转办法,对公文写作要求、呈递程序和批复时限做出相应规范,同时强化督办职能。通过上述一系列措施,机关作风从根本上得到好转。

为搞好廉政建设,净化干部队伍,学校一直把反腐倡廉作为一项重要工作来抓。自1995年以来,学校积极查处违纪案件及涉案人员,有效惩治了腐败。为加强对各级财务、基建工程和设备采购的审计监督工作,今年上半年,我校已与广东省检察院签订了《共同预防职务犯罪协议书》,这一举措在全国高校也是首创。同时,学校还在学术领域大力开展反对学术不端行为的斗争,净化我校的学术环境。

为加强依法治校,7年来,我校根据党和国家及上级管理部门的有关规定,先后制定了近200个制度性文件,对教学、科研及行政管理工作进行规范。为便于师生学习、了解和遵守文件精神,我校现已将那些仍在执行的文件编纂成《暨南大学文件汇编》(分为行政管理卷和教学科研卷),作为学校日常管理的主要依据。

3. 加强横向联合,开展合作办学

1993年,我校在深圳开办旅游学院(原中旅学院),开创了校企联合办学的先河。1998年,为了有利于在港澳地区办学,我校与珠海市政府在珠海合作办学,成为中国第一个在珠海开办全日制高等教育的大学,珠海本地培养的首批专科生和本科生分别于2001年和2002年毕业于我校珠海学院。另外,为加强医学类学生的实践教学,我校在全国首创了校医联合办学的共建道路,从1997年开始,分别在广州、深圳、珠海、清远、江门等地共建了7所附属医院,成功走出了一条学校和社会联合办学的路子。合作办学的不断发展,扩大了办学规模,提升了办学实力,有效树立了学校在港澳地区的影响。

4. 实行春秋两季招生,方便学生入读

为在更大程度上方便海外及港澳台学生报读暨南大学,我校于1998年率先在全国实行春秋两季招生。另外,我校还是全国第一个在海外如越南、泰国、老挝、美国等国家设立招生报名点的大学,方便了学生咨询和报名。

5. 改善师资结构,提高师资质量

近几年来,学校尽力引进博士及学科带头人,大力培养中青年骨干教师。为创建名师工程,建设一支高水平的师资队伍,学校于去年开始实施特聘教授岗位责任制。该制度的实施一方面可为优秀拔尖人才提供更好的学术环境,另一方面可以激发广大教师的上进心,有利于在全校形成健康向上的学术氛围。

目前,全校1 093名专职教师中,有研究生学位者852人,占78%,其中博士281人,博士学位获得者占专任教师的比例由1995年的5.8%增加到25.7%。

博士生导师 70 人,教授 183 人,副教授 572 人。新增院士 2 人,填补了学校无院士任教的空白。获教育部设置的"长江学者奖励计划"和广东省设置的"珠江学者计划"的特聘教师各 2 个,已引进珠江学者 1 人。

6. 实行人事分配制度改革,调动教师科研积极性

1998 年,针对传统的高校人事管理模式中存在的教师职务终身制和国家高度集中的指令性工资制度,我校进行了大胆改革,制定了一套全新的量化考核指标和管理方法,开始实行新的分配体制。新的分配体制充分发挥了个人潜能,优化了学科队伍,调动了教职工教学科研积极性。这一分配模式因属全国高校首创,故被媒体称为"暨大模式"。

7. 推进财务制度改革,集中财力办学

改革以前,由于资金分散,可供学校支配的资金有限,削弱了学校投入的能力;同时,各院系由于将精力过多地投入创收,不同程度地影响了办学质量,延缓了学校提高整体办学水平的速度,而且容易滋生腐败。1996 年,学校把各独立核算单位资金账户集中起来统一管理,集中了学校财力,加大了监管力度。通过一系列配套改革措施的实施,学校的办学结构得到调整,办学水平和办学质量不断提高。

四、创新赢得了发展机遇,学校综合实力不断提高

"九五"期间,学校以"211 工程"建设为核心,采取了改革举措,并不断改善基础设施,提高教师福利待遇,从而保证了教学质量,扩大了办学规模,提高了办学层次和办学水平,成效显著。

1. 办学规模变大

学生人数显著增加,办学规模扩大了 1 倍,相当于在原有基础上新办一所暨南大学。与"九五"之初相比,学校各类学生由 13 012 人增加到 27 211 人,增长 109%,其中海外及港澳台学生由 1 982 人增加到 6 854 人,增长 245.8%。全日制学生由 8 824 人增加到 17 450 人,增长 97.8%,其中本科生由 5 377 人增加到 12 532 人,增长 133%;研究生由 615 人增加到 3 359 人,增长 446.2%;海外及港澳台学生由 1 766 人增加到 6 080 人,增长 244.3%。

2. 校园和建筑面积扩大

校区由原来的 3 个(广州石牌校本部,广园西路校区,深圳华侨城校区)增加到 4 个(新增的珠海校区开办于 1998 年),现还有 1 个新校区(磨碟沙校区)正待开发。校园占地面积由 112 公顷增加到 174 公顷,增长 55.4%,校园建筑面积由 506 991 平方米增加到 961 088 平方米,增长 89.6%。

3. "侨"校特色更加鲜明

海外及港澳台全日制学生由 1 766 人增加到 6 080 人,增长 244.3%,占全校

学生比由 20.5％增长到 37.4％,是中国海外及港澳台学生最多的大学。特别是在我校攻读博士和硕士学位的海外及港澳台学生目前已达 612 人,约占全国总数的 1/4,较 1996 年的 124 人增长 393.5％。1995 年,只有 16 个国家的学生来校学习,可今天来自世界五大洲 53 个国家的学生在我校求学。学校建立的姊妹大学遍及世界各地,是中国第一所在世界五大洲建有姊妹大学的学校。另外,学校作为国务院侨办华文教育基地和国家汉办支持周边国家汉语教学的重点单位,编写全套《中文》教材共 48 册,现已发行 300 多万套,被 40 多个国家使用,深受华侨华人和外国人的欢迎和好评。

4. 为祖国统一大业和广东经济发展服务的能力增强

自 1978 年至今,我校已接收来自世界五大洲 90 个国家和港澳台 3 个地区的学生前来学习,为香港、澳门的顺利回归和广泛团结世界华侨华人作出了积极贡献。同时,作为广东高等教育的重要组成部分,自 1995 年以来,我校共为广东省培养各类人才 6 万多人,其中全日制本科学生 10 169 人、专科生 1 438 人,研究生 1 941 人,研究生课程进修班学生 6 281 人,继续教育本、专科学生 10 632 人,短期培训各类学员 3 万余人。另外,我校通过管理咨询、科技成果转化等方式为广东省的经济发展和进步也作出了积极贡献。

5. 综合实力和办学质量更高

学校的固定资产总值由 2.7 亿元增至 14 亿元,增加了 4 倍多,图书藏量由 135 万册增至 170.7 万册,教学科研仪器设备由 4 985 万元增至 1.5 亿多元,增加了 2 倍多。

学校在不同机构的综合实力排行榜中的位置不断上升,去年被《中国高等教育评估》杂志评为 77 所研究型大学之一,名列第 53 位。在中国网大的中国大学综合实力排行榜中,我校已由 1998 年的第 87 位上升到第 36 位。在广东管理科学院每年的"中国大学 100 强"中,我校的排名由 2000 年的第 81 位上升到第 49 位。在广东省 71 所高校中,我校办学实力和水平已处于第三位。

6. 教职工生活水平改善

1995 年,我校本部教职工家庭住房总面积为 169 775 平方米,人均住房面积为 13.5 平方米;2002 年,我校本部教职工家庭住房总面积为 320 343 平方米,人均住房面积为 23.74 平方米。与 1995 年相比,上述两项面积分别增长 89％和 76％。"九五"至今,我校教职工的工资待遇也不断提高,人均工资已由 1995 年的 8 254.12 元提高到 2002 年的 65 694.57 元,增长近 7 倍。

五、持续改革创新,逐步开拓国际教育市场

暨南大学的根本任务是通过高等教育为侨服务,为国家服务,根据这一指导思想,我们将不断扩大海外及港澳台学生比例,预计在"十五"末期,学校全日制

学生中海外及港澳台学生与内地学生数之比达到1∶1。为实现这一目标,我校将继续加强内涵建设,努力适应国内国际教育市场对人才的需求,进一步提高办学层次和办学水平,以吸引更多的海外及港澳台学生来校学习。

暨南大学的办学渊源已体现了其国际性特征,其办学特性符合高等教育国际化的潮流,其办学成效充分显示了其参与高等教育国际化竞争的实力,我们有理由相信,暨南大学能够在实施"走出去"战略,开辟新的对外办学渠道,开拓国际高等教育市场方面有所作为。

改革创新取得的成果固然令人振奋,然而回首这些年所走过的路,可谓举步维艰。几乎每一次改革都伴随着非议、质疑、讥讽和责难。10年来,我尝够了改革的艰辛,但我凭着对党和国家的忠诚,对事业的热爱,对暨南大学的历史、未来以及学校全体教职员工负责的信念,忍辱负重,勇往直前,以无可辩驳的事实证明了暨南大学实施改革创新的紧迫性和必要性。改革固然艰辛,唯有把这种艰辛视为自己的职责和使命,唯有把党和国家及学校、师生的利益放在第一位,我们对此才会义无反顾。温家宝总理上任之初曾提过林则徐的两句诗"苟利国家生死以,岂因祸福避趋之",并以此作为他今后的工作准则。我想这不仅是总理,也是我们所有领导干部应有的工作态度和工作准则。

(在广东省高校领导干部暑期读书班上的报告,珠海,2003年7月28日。)

182

第四章 特色办学

暨南大学兴办高等华侨教育的历史回顾与展望

发轫于 20 世纪初叶的中国高等华侨教育,已经走过了一条坎坷与辉煌的历程。暨南大学素称"华侨最高学府",她的前身暨南学堂创办于清光绪三十二年(1906),这是由中国政府创办的第一所华侨学校。经过几代暨南人的辛勤耕耘,建校 92 年来,暨大已发展成为中国对外办学和向海外传播中华文化的重要基地。当人类即将步入下一个世纪和下一个千年之际,回首暨大兴办高等华侨教育的历程,并且未雨绸缪,大力拓展高等华侨教育,以崭新的姿态迎接 21 世纪的挑战,是一件有重要意义的事情。

暨大具有鲜明的侨校特色,蕴含中国传统文化底蕴。暨南大学立校的宗旨是"宏教泽而系侨情"。校名"暨南"一词,源自《尚书·禹贡》:"东渐于海,西被于流沙,朔南暨,声教讫于四海。"意即:中华民族优良的道德风范和文化教育,以中国为中心辐射、传播到四面八方,其影响遍及于四海。考虑到侨生主要来自南洋,学校的创办人、清两江总督端方以"暨南"作为校名。暨南校训"忠信笃敬",亦出自《论语·卫灵公》,它既是儒家思想的重要组成部分,也是中国知识分子修身养性、砥砺品行所追求的一种思想境界。自此,暨南成为向海外华侨华人传播中华文化,维系海内外炎黄子孙交往以及中外交流的一条重要的文化纽带。

如果我们追溯一下暨南校史,不难发现,暨南大学尽管饱经沧桑,屡遭停办和播迁,但她始终抱着弘扬中华文化,培养华侨华人子女之使命,以顽强的生命力,不断发展壮大,开拓前进。暨南大学以其侨校特色和学术声誉,在中国现代高等教育史尤其是高等华侨教育史上,占有不可或缺的独特地位。

1923 年,暨南学校与东南大学合办的上海商科大学,为当时中国仅有的 5 所国立大学之一。1927 年,暨南学校升格为国立大学,系当时成立较早的少有的国立大学之一。在民国政府教育部的国立大学排序中,暨大位居 10 名之内。在抗日战争的艰难岁月里,学校先是在上海租界坚持办学,1941 年底太平洋战争爆发后又迁至福建建阳,弦歌不辍,独力维系我国的高等华侨教育,为东南一带大学教育守最后之壁垒。1958年,暨大在广州重建,进入了一个新的发展时期。今日之暨大已发展成为一所涵盖文、史、法、教育、经、管、理、工、医诸学科的综合性华侨大学。学校现设有文学院、理工学院、经济学院、医学院、管理学院、中旅学院、华文学院和教育学院,设有12个博士点,58个硕士点。暨南大学凭借侨校特色和综合实力,已先后通过国家"211工程"部门预审和立项论证,进入面向21世纪中国大陆重点建设的100所高校行列。

在中国大陆1020所普通高校中,暨大有着自己的特色与优势,综括起来主要有以下三点:

其一,"侨"字是最大的特色。暨大贯彻"面向海外,面向港澳台"的办学方针,生源来自海外、港澳台地区和中国内地。自1978年以来,学生来源于五大洲64个国家和港澳台地区;1997—1998学年度,来自31个国家和港澳台地区的学生达到近3000人,约占全日制在校生的1/3。这种特色即是暨大的优势所在。

其二,暨大办学历史悠久,学科门类比较齐全,是中国最早建立的国立大学之一。建校以来,已为海内外培养了6.5万名高素质人才。暨大声誉远播,桃李遍五洲。

其三,暨大是一所开放型的国际性大学,这主要表现在以下五方面:一是生源来自世界各地,从她成立的第一天开始,即招收海外学生;二是暨大与欧美、东南亚等地高校有学术交流协议;三是课程及专业设置具有涉外性;四是实施标准学分制,提倡用英语授课;五是对海外实行春秋两次招生制度。

据统计,从暨大毕业的6.5万名学子中,有近2万名来自海外和港澳台地区。暨大校友遍布世界五大洲和港澳台地区,学校成为海外华侨华人和港澳台学生报考大陆高校的首选高校。学校在海外的著名校友有:泰国国会前主席、副总理许敦茂,著名爱国侨领、国立新加坡大学首任校长李光前,印尼侨领司徒赞,泰国企业家颜开臣;在港澳台的著名校友有:国际奥委会委员、台湾红十字会会长徐亨,港澳企业家马有恒等。这些暨南学子恪守"忠信笃敬"的暨南校训,为居住地的社会发展、繁荣稳定,为促进中外经济文化交流和港澳的顺利回归,做出了很大贡献,在海外和港澳台地区为暨大赢得了良好的社会声誉。

暨大在兴办高等华侨教育的过程中,主要是通过侨教为侨务工作服务,为海外华侨华人社会和港澳台地区培养高素质人才。

1. 始终把招收华侨华人和港澳台青年作为招生工作的首要任务

自从1907年3月,首批21名印尼侨生回暨南学堂求学以来,已有近2万名华侨华人子弟和港澳台青年从暨南完成学业。在不同的历史时期,不论时局如何变迁,暨南始终秉承这一理念,大力拓展外招生源,积极创造条件,招收、培养华侨华人子弟和港澳台青年。近20年来,伴随着大陆改革开放政策的实施,暨南的事业进入了一个全新的发展时期。学校在海外和港澳台地区,不仅大量招收全日制本科生和成人教育学生,而且还招收博士生、硕士生。

2. 探索适合外招生特点的教育管理模式

海外学子负笈大陆,远离父母。由于长期生活在海外和港澳台地区,他们在语言、学习、宗教信仰和风俗习惯诸方面仍有不少短期内难以适应之处,暨大针对外招生的上述特点,有针对性地采取了一些措施。

其一,在学习上因材施教。针对外招生的实际情况及学业水平之差异,延聘教师为其补习功课,并对学业程度不同的学生依次分班上课。考虑到他们学成后要回居住地发展,学校特为其开设南洋概论、华侨华人史、当代中国研究等课程。在专业设置与课程体系安排方面,也充分考虑到涉外性与应用性,并鼓励用英语授课。学校还实行标准学分制、主辅修制,以培养宽口径、厚基础、具有综合性素质的人才。在体育方面,暨南富有优良的体育传统。考虑到外招生爱好运动,且家境富裕,学校开展了丰富多彩的体育活动,以利其身心全面发展。

其二,在生活上关怀备至。学校对外招生根据特点,适当照顾。如早在南京时期,学校规定学生除自备衣着和零用钱外,学费和食宿费一概豁免,每年另由学校发给冬夏两季制服。在上海、建阳时期,郑洪年、何炳松两任校长,对学生问寒问暖,在生活方面予以无微不至的关怀,很多暨南学子在几十年后,每当回忆起在暨南的求学生涯,都十分感念两位老校长。随着在新时期学校物质条件的全面改善,学校大力改善外招生的生活条件,如专门为他们提供侨生公寓,在吃、行及通信诸方面提供便利。

其三,在德育教育方面实行严格管理,注重对学生进行中华文化与品行修养方面的教育。如在南京时期,侨生所修功课中就有修身、经学、历史等3门教会侨生为人处世知识的课程。1994年,学校还恢复了"忠信笃敬"的校训、学校对外招生开设中国传统文化概论课程,旨在帮助学生认识、了解中国,热爱中华文化,同时学校建章立制,实施"三严"(从严治校、从严治教、从严治学)方针,狠抓"三风"(校风、教风、学风)建设,以便学生养成良好的习惯与严谨的作风。

华侨教育是一项伟大的事业。办好暨大,是海外华侨华人和港澳台同胞的热切希望。通过侨教联系侨情,扩大国际交往,促进改革开放事业和现代化建设,具有十分重要的意义。值此世纪之交,暨大要继续高举"侨"字这面大旗,打好"侨牌",以开拓、务实的精神,开创高等华侨教育工作的新局面。暨大拟在下述四方面采取行之有效的措施办好高等华侨教育。

1. 继续贯彻"两个面向"的办学方针,努力拓展外招生源,进一步深化教学改革

(1)采取得力措施,进一步提高外招生比例

1997—1998学年,我校港澳台和海外学生人数已占全校学生数的30.6%,但距国家提出的外招生数要达到50%的比例要求,尚有差距。为了早日达到这

一目标，学校决定实行学制改革，对海外实行一年春秋两次的招生制度。学校要抓住世界"华文热"与中国国际地位大幅度提高，以及香港顺利回归，澳门将于1999年回归这一难得的历史机遇，积极主动地做好对外招生宣传工作，采取灵活多样的措施，在保证质量的基础上，吸引更多的港澳台及海外学子来校学习。目前，学校要重点拓展东南亚生源，尤其要做好华文教育基础较好的马来西亚的招生工作。在港澳台地区要巩固原有成果，同时要考虑到暨大地处广东侨乡，要兼顾到归侨、侨眷子女等的入学要求。

（2）深化教学改革，把暨大办出特色与水平

暨大要在海内外享有声誉，关键是要创名牌，凭借特色与实力吸引学生。为此，学校采取了一系列措施，深化学校教学改革。如增开午间选修课，进一步完善学分制；大力强化"三语"（中文、英文、计算机语言）教学、基础课教学和分流教学；陆续对非英语专业的部分课程采用英文教学；加强专业改革与课程内容的更新以及教学手段的现代化；从严治校，依法治校，提高学校的管理水平，从而增强学校的涉外性、应用性，并逐步与国际高等教育接轨。

2. 大力发展华文教育，向海外传播中华文化

几千万华侨华人遍布于世界各地，在思想观念上已从"叶落归根"转变为"落地生根"。但作为炎黄子孙，他们对中国仍怀有深厚的感情。随着大陆改革开放事业的深入发展，国际性的"华文热"日益升温，华侨华人迫切希望学习华文，接受中华文化的熏陶。其他外籍人士亦渴望通过学习华文，以加深了解、认识中国，加强与中国的经济文化联系，这就为学校开展华文教育提出了新的要求，带来新的机遇。暨大华文学院经过几年来的建设和发展，已成为大陆开展华文教育的重要基地，并成为具有对外汉语水平考试（HSK）资格的3所高校之一。从1997年开始，学校专门设立了供外国人学习汉语的汉语言本科专业，现已正式招收第一届本科生。同时还设立对外汉语本科专业以及各种学习中华文化的短期学习班，每年有来自世界20多个国家和地区的学生前来学习。暨大华文学院先后主持编写了柬埔寨与北美版华文教材。特别是北美版华文教材，甫一运抵美国，即很快为各中文学校推广使用，受到广泛的欢迎和好评。它的出版发行为北美地区中文学校提供了一套系统、科学且适合北美地区华侨华人儿童生活特点的全新的中文教材，大大推动了海外华文教育事业的发展，扩大了暨大在海外的知名度。

3. 抓好"211工程"建设，提高学校的教学、科研水平

暨大已相继通过国家"211工程"部门预审和立项论证，她是侨务系统唯一一所进入国家"211工程"行列的高校。以"211工程"建设为中心，推动学校其他工作的开展，是学校工作的重中之重，也是在新形势下侨务工作发展的客观需要。已获准立项重点建设的学科有7个，其中"文艺学与汉语文学"、"中外关系

史与华侨华人"学科,主要是直接为侨务工作服务。华侨华人学科是体现暨大办学特色的优势学科。暨大在华侨华人研究方面有着优良传统,取得了令人瞩目的成绩。通过深入研究侨史、侨情,掌握侨务动态,既可以为国家制定侨务政策提供咨询,又可以通过学术交流,加强海内外炎黄子孙之间的联系和中外交往。其他5个学科,通过重点建设之后,将出成果、上水平,在整体上提高暨大的办学质量、水平和效益,增强综合实力,从而保证学校具有雄厚的实力,更大的知名度,吸引更多的港澳台和海外华侨华人青年来校求学,以便更好地为侨务工作服务。

4. 做好校友、校董工作,积极主动地为侨务工作服务

校友、校董是办好高校的巨大资源。暨大较早设有董事会、校友总会。作为一所外向型的华侨大学,校友、校董遍布海外华侨华人社会和港澳台地区。暨南校友关心、热爱母校,对母校心怀眷念。作为一笔丰富的人才资源、信息资源、财力资源和社会资源,做好校友、校董工作,不仅可以为暨大带来人、财、物诸方面的支持,而且还可能凭借他们作为桥梁,进一步促进中外经济文化交流,大力推进大陆的现代化建设。

历史的风风雨雨,社会的革故鼎新,观念的进退守舍,浓缩在暨大92年的校史中,又汇聚在新世纪面前。暨南人在新的机遇与挑战面前,既要承接悠久传统,又要着力开拓未来。暨南人将秉承"朔南暨,声教讫于四海"的办学使命,把一个结构优化、办学一流、质量更高的高等华侨教育学府推向21世纪。

(1998年6月2日在台湾暨南国际大学"华侨教育学术研讨会"上的报告,原载《暨南学报(哲学社会科学)》,1998,20(4):1-4。)

迎接世纪之光　创建特色大学

　　暨南大学是国家创立的第一所"以宏教泽而系侨情"的华侨学府,是我国第一所招收留学生的大学,也是新中国第一所设置医学院的综合性大学。学校现设有8个学院、23个系、33个本科专业、12个博士点、59个硕士点,在校学生近2万人,其中本科生7 218人,研究生1 309人。学校地处广州,校园面积114万平方米。暨南大学在她93年的办学历程中,顽强生存,成为我国为数不多的历史悠久的知名大学和国家"211工程"重点建设的100所大学之一;在她93年的办学历程中,不管时局如何变化,一直以弘扬中华文化、培养华侨华人子女为己任,今天更以"面向海外、面向港澳"为鲜明办学方针,服务地方,服务侨胞,成为我国高等教育对外办学的一扇窗口,堪称"海外学子成才的摇篮"。

　　暨南大学有辉煌的历史,现在仍不断追求卓越。"211工程"的建设是学校抓住机遇、迈上新台阶的一个契机,学校于1996年6月通过国家"211工程"预审,随后经立项与论证,使7个学科项目重组形成了学校的优势,凝聚了学校的力量,并以此为中心,开始了全校院系,专业、学科、教学与管理的大调整和大改革。首先,在学科及专业设置上,配合全国的专业调整、合并,围绕"211工程"调整了办学结构,优化了办学层次,顺利完成了大学内部的"资产重组",使专业、学科布局重点突出,办学层次明显提高。其次,推行素质教育。再次,适应"两个面向",初步形成了适合海外学生特点的教育管理系统;第四,注重与国际高等教育接轨,适应不同国家与地区的人才培养的需要。第五,依法治校,"严"字当头,学校制定了一系列规章制度,实施"从严治校,从严治教,从严治学"的"三严"方针,狠抓"三风"(校风、教风、学风)建设,在全校形成了一个良好的教书育人的氛围。

　　历史的风风雨雨,社会的革故鼎新,观念的进退守舍,浓缩在暨南93年的校史中,又汇聚在新的世纪面前。暨南大学与我国的其他重点大学一样,将面临21世纪新的挑战,将为"科教兴国"、社会文明的进步承担更多的责任。

(原载《中国经济快讯》,1999(2):16。)

全球化进程与华侨高等学府的重要使命

当今中国高等教育的发展面临诸多因素的影响,有来自国内的:一是中国经济社会的发展向高等教育提出了更高的智力要求和人才保障,希望能提供更多优质的人力资源,推动经济社会的快速发展;二是教育发展的规律则要求高等教育必须坚持规模、结构、质量、效益的综合、协调、可持续的发展。同时,也有来自国际方面的,经济全球化引起高等教育的国际化,地区之间和国家之间高等教育的相互交流、合作与渗透日趋活跃。尤其随着中国加入世界贸易组织后,对外开放的广度与深度可谓前所未有。这些来自国际方面的因素,在计划经济时代我们高校也许可以无须多虑,照章办学。但是,今天不行了,无论是办学的理念,还是治校的韬略;无论是人才培养的模式,还是教学的内容与方法,都必须适应国内与国际两个人才市场的需要。开拓国际视野,将高等教育的发展和高校教学的改革放入全球化的背景之下来思考、谋划是新世纪对大学校长们提出的新要求、新课题,也是新的挑战。因此,需要我们共同探讨与交流,寻求对策,从必然王国到自由王国。

一、全球化与高等教育国际化对中国高教所形成的影响

迄今为止,人们对于全球化的认识可谓众说纷纭,很难达成共识。而本次研讨会的主题也并不是对"全球化"进行专门的研讨,因此,我们只需了解全球化的一般概念,掌握其特征,提高对高等教育国际化的认识。综观各种形式与内容的全球化,它们的共性大多表现在时空的变化方面。所以,全球化的根本特征是各国经济社会联系的普遍化与密切融合。全球化就是人类不断跨越空间障碍与社会障碍,在全球范围内(物质的和信息的)充分沟通,是达到更多共识与共同行动的过程。全球化是当代人类社会生活的活动空间日益超越民族主权版图界限,在世界范围内展现出全方位的沟通、联系、交流与互动的客观历史进程及趋势。

全球化绝非单一的经济全球化,而是全面的全球化。由于经济全球化追求生产要素的全球配置和经济收益的全球获取,所以它不仅会冲击各国的经济活动,要求其在统一世界市场的框架中调整原有的种种行为,而且会造成广泛而深刻的政治、文化影响。这种政治与文化的影响,在很大程度上就是政治与文化的全球化。同理,经济全球化对生产要素的全球配置包括了高级人才在世界范围内的组合与聘任,从而构成人力资源的激烈竞争;加上高等教育市场成为今天发达国家获取利润的重要渠道之一,与跨国集团一样,跨国的教育蓬勃而起。由此

可见,高等教育国际化是全球化在高等教育领域中的表现。

高等教育国际化是"跨世界、跨民族、跨文化的高等教育交流与合作,即一个国家向世界发展本国高等教育的思想理论、国际化活动以及与他国开展的相互交流与合作"。高等教育国际化的核心是现代大学正在逐步走向世界。当今的世界是一个开放的世界,其本质是文化的开放。高等教育国际化的主要要求是加强国际交流与合作,开放教育市场,培养具有全球意识和开放意识、具有较高文化品位、能够参与国际事务和具有国际竞争能力的创造型人才。其中,基础是普遍增强所有现代大学的全球意识和参与国际竞争能力,重点是着力办好一批世界一流水平的现代大学,关键是建立以"学校自治"为根本特征的现代大学制度。如果以往我们对全球化和高等教育国际化的认识,只是停留在对一种教育现象观望和感悟的基础上,那么,中国加入世界贸易组织后,参与全球化和高等教育国际化就成了今天高校实实在在的事情。下面,我们将分析全球化和高等教育国际化对我国高等教育和大学教学所带来的主要影响。

其一,加剧高等教育和高素质人才的竞争。发达国家凭借他们优质的教育资源和良好的环境条件,分割发展中国家的教育市场。出国留学的普遍化、低龄化和多样化充分反映了国家之间高等教育发展不平衡所带来的冲击。人才的竞争不仅表现在数量上,更表现在质量上。这种竞争迫使我们提高办学水平,使得一批高校和一些学科专业加快建设,力争在较短的时间内接近或基本达到国际公认的水平;同时,提高大学的教学质量,改革人才培养模式,尤其要把培养学生具有进取精神和创新能力放在突出的位置,造就更多宽口径、厚基础的复合型人才,以及具有全球视野和国际交流能力,能够把握国际经济、政治或科技发展趋势的高素质、高层次人才。

其二,促进高等学校贴近人才市场与经济建设。随着新的竞争机制引入,大学生的就业将越来越受到就业市场供求关系的影响。人才的价值与其就业层次、岗位、薪酬挂钩越来越紧,价值也会较多地通过价格来体现,人才的薪酬水准和质量越来越向国际市场水准靠近。高校毕业生在就业市场的表现,将逐步成为评估大学水准和质量的重要标准。经济全球化带动了全球性经济结构、产业结构、技术结构大规模的调整,随之而来的却是高等教育结构、人才培养结构,甚至学科专业结构大范围的变化。高等教育必须适应经济建设,高等学校的专业设置和学科结构调整应当满足高新技术发展和加入世贸组织对新型人才的需求。

其三,推动高等学校教学内容与教学方法的改革。毋庸置疑,教育具有鲜明的民族性和本土性,为民族的振兴与繁荣是教育的出发点和归宿点。但是,随着时代的进步和发展,特别是全球化进程,现代教育不仅表现出其民族性,而且还反映出所具有的国际性。向学生灌输的教学内容,展现的知识视野,培育的思想观念,训练的实践能力都必须具有面向包括本土在内的全球理念。当前全球性问题日益严重,如和平与安全、环境保护、南北关系、控制国际犯罪、打击恐怖活动、对付艾滋病等。对这些全球性问题的认识与解决,不仅是整个人类社会的责任,也是各种教育不可回避的内容。因此,应该对现行的教学内容进行调整和充实,增加具有国际意义的课程,如国际政治、经济、文化、历史、地理等。通过这些课程的学习,让学生了解世界各国地理位置、经济优势、历史演变、著名人物、风土人情、文化艺术等知识,理解不同社会制度国家之间民族文化和价值观念的差异,具有宽阔的胸襟和包容性,能够与不同国家、不同民族的人民一道从事共同的事业。

二、华侨高校的办学特性顺应高等教育国际化的潮流

暨南大学1906年创建于南京,是我国政府最早兴办的一所面向世界的华侨高校。1927年,暨南大学首任校长郑洪年指出:"鉴于侨胞处于殖民政府铁蹄之下,受尽帝国主义之蹂躏,暨南教育非提高程度,扩充为完善大学,不足以增进侨胞之地位,不足以谋适应其特殊环境,不足以使华侨父老咸达自由平等之目的。"暨南大学的办学,所招收的学生来自五洲四海,而培养的学子学成毕业后又分赴世界各地,谋生图发展。这种跨地域、跨国界的教育,就是国际高等教育的形式之一。从某种意义说,暨南大学的教育具有国际化的特征。这种教育将中国的文化向世界传播,即通过学子们将所学的中华文化带到他们的居住地,与当地的民族文化进行交流、融合,产生新的文化,适应于他们生活的地区和一道劳作的民众,逐步演变成为世界文化的一部分。

由于是为全球华侨华人服务的教育,无论教育的形式,还是教学的内容,均体现"中西合璧"的教育精神。中国传统文化,如中国的历史地理、语言文字、伦理道德、民俗风情等无疑为侨校教学的主要内容。因为,学子们需要掌握民族文化的真谛,在海外继承、弘扬与光大中华民族的优良传统。但是,学校并未固守这一教学内容,而是有一种全球视野,从国际经济发展的形势和工业革命对产业调整的要求,以及海外学子在异国他乡的生存与发展等诸多因素考虑,除学习中华文化外,还需掌握与现代科技相关的专业知识和专门技能,如工商、会计、机械、建筑、化工、生物、中医中药等方面的知识。在教育的形式上既有专业教育,也有职业教育;既有大学教育,又有预科教育。

华侨高等教育的形成与发展与其他类型高等教育的产生具有明显的不同。华侨高等教育是在国家出于对本国侨民教育的基础上,由基础教育逐步发展起来的高等教育。这种教育具有浓烈的民族传统教育的色彩,她肩负着向海外传播中华文化的重任,又有鲜明的西方教育的"风味",教育教学中的民主性、科学性和开放性,充分体现近代高等教育的时代特点。由于这种教育的特点,引发了

在教育对象、培养目标、教学内容和教学方法上众多的不同。因此,在兴办华侨高等教育的过程中,华侨高校不仅要依据国内的教育方针与政策,而且还要遵循高等教育的发展规律,符合国际惯例,如学校最早于1922年在领导体制方面实行董事会制度;在教学管理方面也是最早实行学分制的高校之一;在内部管理结构方面也是最早实行校院系三级;在学科建设方面也是综合性大学较早设立医学学科的高校,等等。这一切表明,暨南大学由于特殊的使命,使得其办学从一开始就与国外著名大学办学的思路、方法相"对接"。

三、华侨高校对外办学成效显示应对高等教育国际化的实力

改革开放以来,在党和国家的亲切关怀下,在海外侨胞、港澳台同胞的积极支持下,国内华侨高等教育得到了迅速的恢复和快速的发展,办学规模、层次、结构、质量和水平均取得了显著的成绩和长足的进步。仅从1978年开始,暨南大学就培养了来自海外的毕业学生6 280名。目前,来自五大洲44个国家和地区的5 061名海外及港澳台学生在校就读,占学校全日制学生人数的36%,是国内拥有海外及港澳台学生最多的高校。20多年的发展,不仅使"面向海外,面向港澳台"的办学方针得到全面的贯彻、落实,为港澳回归,祖国统一,为增进中国人民和世界各国人民的友谊作出了贡献;而且在教育教学的理论与实践中形成了一整套既适应中国国情,又符合国际惯例的对外办学思想、观念以及教学体系和管理办法,为暨南大学今后更大范围、更阔领域、更高层次的对外办学奠定了坚实的基础。暨南大学与国内其他高校相比具有不同的使命,因此在招生、教学、管理和对外交流等方面有着一定特殊性,从而也就形成了自身的特色。

1. 灵活多样的对外招生。党和国家要求华侨高校"招生的主要对象是华侨、港澳、台湾和外籍华人青年"。为了广开渠道,扩大学生来源,学校采取灵活的形式,广泛招收海外及港澳台的学生。国家批准华侨高校在港澳设立办事处,由学校单独命题,自主在港澳地区招生。同时,学校还通过我国驻外使领馆、华侨华人社团以及校董招收海外学生。对于在港澳地区中学就读的成绩优良的学生,有的可以通过校长推荐直接入读;通过中七统考的可以免试入学。学校率先实行对外春秋两季招生,方便海外及港澳台春季毕业的学生随时进入学校就读。通过多年的努力,暨南大学已实行全方位、多层次的对外招生,本科教育、研究生教育、成人教育和预科教育全部面向海外及港澳台,形成了各类、各层次联合对外办学格局。

2. 对接国际的办学模式。暨南大学从创办到恢复与发展,一直是按国际高等学校的架构来设立和运行。学校是一所人文、社会、自然以及工程技术科学相融合的综合性大学,文学、历史学、新闻学、经济学、管理学和法学学科颇具特色,生命科学、医学和药学融为一体,数学、物理、化学、计算机、环境、土木、食品等自

然科学和工程技术学科相互依托又相互交叉融合。华文学院是国务院侨务办公室华文教育的基地,肩负对外办学的重任;也是国家汉办惟一批准在广东设立的汉语水平考试举办单位。多年来,学院通过多种形式的教育,既向海外广泛地普及汉语言文字,传播与弘扬中华文化;又培养大批对外汉语方面的高级专门人才,向海外的华文教育输送高水平的师资。学校的预科教育在对外办学方面也发挥了重要作用。为了适应中国加入世贸的需要,2001年学校新建国际学院,实行全英语教学,全力培养国际型人才。华侨高校实行有董事会的校长负责制,充分发挥海内外知名人士、工商首领、著名专家学者的聪明才智和优质资源共同办好侨校。学校实行校院系三级管理,同时,引入竞争和激励机制,始终保持旺盛的生机与活力。

3. 适应海外及港澳台的教学改革。华侨高校培养的学生,学成毕业后绝大多数返回他们各自不同的居住地区就业。毕业生就业的这些国家和地区之间存在许多不同的方面,如经济发展水平不同、产业结构不同、人才需求不同和就业程度不同。因此,学校除了一般的教育外,还要考虑他们的充分就业,根据本校海外及港澳台学生就业的国家和地区社会经济发展情况、就业形势和人才结构设置专业。海外及港澳台学生可以根据自己的基础、能力和兴趣自主选择专业,也可转换专业。

由于海外及港澳台学生与内地学生在社会制度、文化背景、基础知识等方面存在较大的差异,学校采取因材施教、分类教学。对于公共基础课程的设置和教学从以下三个方面考虑。

一是从人生观和价值观的角度,开设一些有关如何认识社会、认识人生的课程,帮助他们树立正确的人生观和价值观。无论来自何地的青年学生,也不管他们生活在什么样的社会制度之下,他们大学毕业后都要走上社会,面对人生道路的选择。学校主渠道的教学工作应该起到正确引导和积极帮助的作用。通过课程的学习使他们认识到成为合格的公民,做一个有利于社会的人是大学生的基本准则。

二是从形成爱国思想和建立民族情感这个角度,开设一些有关中国语文、历史和文化等方面的课程。让他们了解中华民族的悠久历史、灿烂文化与优良传统以及中华民族对人类所做的贡献,使他们有一种民族自豪感和自信心。

三是从谋生与创业的角度,设置一些适应于他们回到居住地能顺利就业的工具性或技能性的课程,如外语、计算机。过去,相当多的华侨华人学生继承父业,从事商务。近几年来,发展中国家都在进行产业结构的调整,知识密集型产业的比重在不断地提高,加上科技革命的影响,新的技术、新的行业迫切要求他们掌握更多的现代科技知识。因此,不少的外招学生不像以往那样主要选择商学,而是选读电子计算机、电子工程、生物工程等与高新技术相关的专业。

4. 内外有别与适当照顾的管理方法。海外及港澳台学生和内地学生由于在生活方式、学习规律、作息习惯等方面多有不同,如果对他们的管理完全用一个模式,难以奏效。因此,在管理上不同的事务采用不同的方式。对于执行学校的规章制度两类学生一视同仁,不搞特殊,以体现从严治校;对于学校组织的活动两类学生一道参加,比如社会实践、毕业实习、科技文化体育等活动,以增强同学之间的感情交流;对于生活管理方面尽量考虑外招学生的习惯,如住得宽松一点,等等。另外,海外及港澳台学生可组织自己的社团,开展活动;可以在校园过自己民族的节日;可保留自己的宗教信仰,但不能搞宗教活动。

四、华侨高校对外办学战略体现融入高等教育国际化中的作为

加入世界贸易组织有利于促进我国高等学校的双向开放,在 WTO 规则的保护下积极实施"走出去"战略。高等教育国际化的进程将鼓励我国有条件的高校,充分发挥比较优势和后发效应,主动走出去办学。另外,在一些地区,与某些发展中国家的高等教育相比,我国的高等学校也有相对的优势,在尊重这些国家主权和民族习俗等方面也有较好的基础,完全可以吸引这些国家来华的留学生。

暨南大学经过近百年的办学,有着悠久的对外办学历史,在海内外享有盛誉。学校长期积淀的办学经验、形成的办学体系和建立的良好办学信誉,完全能够在我国实施"走出去"战略中有所作为。进入 21 世纪,华侨高校对外办学的思路更加清晰,发展的战略更加明确,即在对外办学中"立足港澳台,面向东南亚,走向全世界"。

1. 突出重点,充分利用华侨高校的优势,巩固海外及港澳台办学成果。改革开放以来,学校贯彻"面向海外,面向港澳台"的办学方针,重点为港澳回归与祖国统一大业培养人才。因此,港澳台地区学生在我校外招学生中一直占有较大的比重。随着香港、澳门的回归,除暨大和华大外,内地在港澳地区招生的高校已有一百多所;加上,香港自身有较宽裕的高教资源以及国外高校的插足,一场无硝烟的高校生源争夺大战早已在港澳打响。尽管如此,我校凭借多年的经验和众多校董与校友的帮助,在港澳地区招生仍然保持一定优势,2002 年共招收录取了新生 1 450 名。在巩固海外及港澳台办学的基础上,我们逐步把对外办学的目光投向更加开阔的地区。

2. 抓住机遇,拓展东南亚地区的华侨高等教育和华文教育。东南亚地区是我国的相邻地区,自古以来这个地区的国家和人民与我国保持友好交往和传统友谊。这个地区也是华侨华人居住最多的地区之一。我国政府历来重视与这个地区国家之间在政治、经济、文化、教育等领域的交流与合作。1997 年亚洲金融危机后,由于中国在这场亚洲金融危机中表现出负责任的态度,赢得了这些国家的高度赞誉和信任。加上,我国经济保持着持续增长的态势,与这些国家的经贸

往来日益活跃,如泰国即使在金融危机之时,与我国的贸易都没有下降。经济活动推动着这些国家和政府对华语地位与作用的重新认识,加上华侨华人的强烈要求,使华文教育的开展出现了新的局面。一些国家解除对华文的限制,容许华文教育的普及,还有的要求政府官员学习和掌握汉语;汉语基本上与英语、当地语具有同样的地位,在一些学校普遍开设;有的国家采取积极、灵活的措施开放教育市场,欢迎外国大学入境办学。可以说,这是改革开放后华文教育在东南亚地区迎来的又一个春天。

暨南大学以其敏锐的办学直觉,迅速地抓住机遇,大力开展面向东南亚地区的办学。近几年,来自东南亚地区的学生逐年增多,人数在我校外招学生中排列第二。学校还不失时机地利用我国与周边国家良好的关系,通过校董、校友以及华侨华人社团开展对外办学。一方面,编写华文教材,帮助这些地区解决华文教育中所遇到的困难;另一方面,分别在马来西亚、泰国、缅甸、越南、老挝等国家设立对外办学的招生点,便于学校对外招生宣传和当地学生的报考。

3. 积极筹划,努力开辟北美地区的华文教育。改革开放以来,中国的海外移民大幅增加,经济发达的北美地区成为新移民的首选地,美国华人今已超过230万,其中来自中国大陆者逾50万;加拿大的100万华侨华人中大陆新移民也占1/5。大陆新移民不仅数量可观,而且其文化素质之高也是有目共睹的。发达国家普遍地通过调整新移民政策以吸引本国所需要的职业和技能移民。以留学人员、科技人员、技术移民为主的大陆新移民,其科学文化水平不仅远高于祖籍国而且高于所在国同龄人口的平均水平,如在新移民较为集中的美国新泽西州,华人平均9人中就有一个是博士。这些众多新移民子女的华文教育,一直成为他们日益关注的问题。加上这一地区,比较宽松的文化、教育政策,近年华校发展之快,被业内人士以"雨后春笋"所形容。这个地区一种新型中文学校非常活跃,以其教育教学的师资、形式、内容和质量受到当地华侨华人的欢迎。这种华文教育的氛围和环境,为华侨高校对外办学提供了良好条件。目前,我校正在积极研究进入这一地区办学的途径和策略。通过提供教材和举办夏令营的形式保持与中文学校的友好交往,逐步发展培养师资,输送人才,打好基础;再通过侨团、侨社、校董、校友合作办学,开辟新的对外办学渠道。

总之,华侨高校就其办学渊源体现出国际性,就其办学特性也与全球化和高等教育国际化的潮流相一致,就其办学成效也充分显示参与高等教育国际化的竞争能力,就其办学方向也可在实施"走出去"战略中有所作为。因此,我们殷切期望在全球化和高等教育国际化的进程中,党和国家能够把暨南大学建设成为面向21世纪具有国际影响和竞争能力的高水平大学。

(原载《中国高教研究》,2002(9):33-36。)

弘扬中华文化　发展华文教育
传播华夏文明　促进文化交流

　　初冬的羊城,虽已渐透丝丝寒意,但此刻我们的心情却是格外温暖。值"暨南大学华文学院建院 50 周年庆典"隆重召开之际,我谨代表暨南大学对华文学院表示衷心的祝贺,对国务院侨办领导、各位嘉宾、校友的光临表示热烈的欢迎和诚挚的谢意!

　　暨南大学创办于 1906 年,是一所历史悠久、享誉海内外的国立高等学府,也是国家面向 21 世纪重点建设的 100 所大学之一。

　　长期以来,学校坚定不移地贯彻"面向海外,面向港澳台"的办学方针,"宏教泽而系侨情"。1993 年 6 月,在国务院侨办的大力支持和领导下,已经走过 40 年历程的广州华侨学生补习学校和暨南大学对外汉语教学系以及预科部合并,组建成立了暨南大学华文学院,继续弘扬中华文化,发展华文教育,传播华夏文明,促进文化交流。

　　从华侨补校到暨南大学华文学院,经历了整整半个世纪。在这半个世纪里,不管中间经历了多少历史变故,补校和暨南大学总保持着某种渊源和感情。

　　华文学院作为暨南大学面向海外开展汉语和中华文化教育的专门学院,每年有来自世界几十个国家和地区的学生在这里学习汉语,研修中华文化,华文学院成为海外学生学习汉语和中华文化的重要基地。

　　除了对外汉语教学,预科部也是华文学院办学的重点之一。

　　暨南大学是中国大陆向海外传播中华文化,维系海内外炎黄子孙亲情和开展中外文化交流的一条重要纽带,在我国高等教育史上有着特殊的地位。而华文学院则是暨南大学向世界各地传播中华文化的一个极为重要的窗口。无论是当年的补校,还是现在的华文学院,她的成长都一如既往地得到了国务院侨办的直接领导、关心和支持。暨南大学也将进一步加大投入力度,继续支持华文学院的建设和发展。为充分发挥华文学院的窗口作用,我们已建立了一系列行之有效的制度,如教学商榷制度、外出调研制度、学术交流制度等。以此为基础,我们还将加强对外汉语教师队伍的建设,加大人才引进力度,吸引更多的优秀人才加入我们的队伍,实现教学师资高学历化、专业化、梯队结构合理化,使华文学院成为能承担各级各类对外汉语教学和重点、重大科研任务的教学研究中心,在学科理论和与对外汉语教学相关的汉语本体研究中形成一支较强的科研队伍,并进一步帮助学院扩大对外招生和合作办学,通过各种渠道加强对外宣传,加强与国外著名大学、华文教育机构、驻外使馆等的联系与合作。同时,支持华文学院发展远程华文教育。

暨南大学华文学院作为华南地区对外汉语教学窗口,我校已将其作为国家对外汉语教学基地建设目标列入学校"211工程"建设规划及年度工作计划,以发挥自身优势,推动国家对外汉语教学事业的发展。

今日校友汇聚暨华园,抚今追昔,但见桃李争妍,硕果流丹!让我们一起祝福华文学院,共同创造华文教育更加美好的前景!

(在暨南大学华文学院建院50周年庆典上的讲话。原载《暨南大学校报》,第369期,2003年11月30日。)

欢迎印度、尼泊尔、巴基斯坦新同学

在新年即将到来之际,我们怀着无比喜悦的心情,迎来了印度、尼泊尔、巴基斯坦 3 个国家的 24 名新同学。在此,我代表学校 3 万名师生员工对同学们的到来表示热烈的欢迎和诚挚的问候!

大家经过长期的努力,严格的选拔,终于能够步入暨南大学这所海内外知名的"华侨最高学府"接受高等教育,以提高自身的全面素质,丰富自己的人生内涵。首先,我向大家介绍一下你们将要在此度过一段宝贵学习时光的暨南大学。

暨南大学是中国第一所由国家创办的华侨学府,是中国历史上最悠久的大学之一,是国家"211 工程"重点大学,是中国第一所招收留学生的大学,也是目前中国拥有海外及港澳台学生最多的大学,其前身是 1906 年清政府创立于南京的暨南学堂,曾先后迁址南京、上海、福建等地办学,最后扎根广州。

"暨南"二字出自《尚书·禹贡》篇:"东渐于海,西被于流沙,朔南暨,声教讫于四海。"意即"向东直达大海,往西传播至极远之地,既到南又到北,使声威教化到达世界各地"。当时的创办者就将"朔南暨"中的两字颠倒为"暨南",取朝向南方办学之意,因为当时华侨华人分布最广的就是东南亚地区,这就是说要将中华文化远远传播到海外。

暨南大学始终恪守"忠、信、笃、敬"的校训,积极贯彻"面向海外、面向港澳台"的办学方针,要求学子们做到"言忠信、行笃敬",注重以中华民族优秀的传统文化培养造就人才,在近百年的办学历程中,已为海内外 106 个国家和港澳台 3 个地区培养了各类人才 20 万人。暨南大学不但培养出国内的领导人,而且还培养出外国领导人,这在中国高校中是独一无二的。

自 1996 年成为国家"211 工程"重点大学后,学校根据自身"侨"校特色,制定了"侨＋名校"的发展战略,与时俱进,开拓创新,在国内高校中创造性地采取了许多敢为天下先的改革措施,各项工作跃上了一个又一个新的台阶。学校现已在全国 1 700 余所高校中稳居前 50 位左右;科研经费已经连续两年超过 1 亿元;在去年、前年和今年的招生工作中,暨南大学更取得骄人成绩,报考并被学校录取的海外及港澳台学生数,均大于全国其他高校的总和。

目前,学校在广州、珠海、深圳三地拥有四个校区,设有 20 个学院 44 个教学系 56 个本科专业,131 个硕士学科专业,54 个博士学科专业;在校工作的中国科学院和中国工程院院士 7 人;拥有博士学位的老师 454 人,占专职教师的 1/3,超过全国设有研究生院大学的平均水平;学校设有 8 所附属医院,有 6 所是国家级三甲医院。学校共有各类学生 30 499 人,其中全日制学生 23 752 人,包括本科生 16 336 人,博士、硕士研究生 6 074 人,研究生与本科生之比为 1∶2.7。作为中国拥有海外及港澳台学生数最多的大学,学校有来自世界五大洲 71 个国家和港澳台 3 个地区的各类学生 10 609 人,国际化特色更加明显。

同学们,你们现在来到了具有悠久历史和优良传统的暨南大学,为学校注入了新鲜血液;同时,你们的学习和生活也在美丽的暨南园有了一个崭新的开始。借此机会,我对同学们提几点希望:

第一,希望同学们发奋学习,不断充实和完善自己。

同学们要尽快在学习方法、生活方式等方面对自己进行角色调整,不但要刻苦学习科学知识,更要学会严谨治学的态度,学会对社会的责任感,学做人、学做事,把进入暨南大学学习作为步入人生更高层次的起点。希望同学们在未来几年的学习和实践中,能刻苦钻研,只争朝夕,不断充实和完善自己。

第二,希望大家恪守"忠信笃敬"的校训,发扬暨南大学的优良传统。

诚实守信是为人处世的根本,也是人类社会共同遵守的道德准则。"言忠信、行笃敬"正是暨南大学的优良传统,它要求每一个暨南人无论是做人,还是处事,都要言行一致、诚实不欺、精益求精,自觉地注意自己的言行,遵守社会公德,遵守校规校纪,不做任何违法和损害社会利益的事情。我也希望大家将"忠信笃敬"的校训做为立身之本和行事准则,并进一步将其发扬光大。

第三,希望同学们以学校的大局为重,自觉支持学校的各项基建工作。

为了力尽所能地为同学们创造更好的学习条件,广州校本部正在进行建校以来最大规模的基础建设,这可能会给大家的生活、学习带来诸多不便。但是,困难是暂时的,希望同学们以学校的大局为重,以乐观的精神、积极的态度支持学校的工作。到明年百年校庆之时,你们看到的将是更加美丽整洁的暨南园。

(在印度、尼泊尔、巴基斯坦新生入学开学典礼上的讲话,广州,2005 年 12 月 21 日。)

立足侨校 服务青年 让青春绽放绚丽的光彩

伟大的时代激扬青春的风采,宏伟的事业成就青年的理想。满载着历史的荣誉和对未来的憧憬,共青团暨南大学第十一次代表大会隆重开幕了。我接受校团委的邀请参加今天的大会,一进入会场,就感觉好像又回到了五十年前我加入中国新民主主义青年团(中国共产主义青年团的前身)的时候,当年,我也担任过团支部书记、团总支委员和团委书记等职务,所以,今天跟团员代表们一起参加共青团暨南大学第十一次代表大会,我感到非常高兴。在此,我谨代表全校3万余名师生员工并以我个人的名义,对大会的召开表示热烈的祝贺!向全校共青团员和广大青年工作者表示亲切的问候!

共青团是党的忠实助手和后备军,共青团事业是党的事业的重要组成部分,青年工作是党的群众工作的重要内容,是党联系青年群众的牢固桥梁和纽带。青年是祖国和民族的希望,我们党的主要领导人,历来十分重视青年工作。毛泽东同志把青年比作是早晨八、九点钟的太阳,形象地指出青年是推动国家发展和社会进步的生机勃勃的力量。邓小平同志在青年身上寄寓了我们事业兴旺发达的光辉前景。江泽民同志指出,青年兴则国家兴,青年强则国家强;青年有希望,未来发展就有希望。胡锦涛同志对青年提出了要勤于学习、善于创造和甘于奉献的要求。这些精辟论述,都集中反映了党对青年的高度重视、热情关怀和殷切希望。这对于学校从全局和战略高度,认真做好新形势下侨校的青年工作,在暨南园形成爱护青年、关心青年、鼓励青年成才、支持青年干事业的良好氛围,具有重要的指导作用。

大学是培养青年学生的重要阵地,其办学水平和办学层次的不断提升是培养优质人才的重要保证。为创造一个优良的育人环境,学校自 1996 年成为国家"211 工程"重点建设大学以来,坚持"从严治校,从严治教,从严治学"的办学原则,优化专业结构,提升办学重心,在学分制、学生培养、教学质量评估、基础课教学、英语授课、学生考试、专业设置、招生时间、合作办学、机构改革、人事分配制度、师资队伍建设、教师科研、财务管理、后勤社会化、机关作风建设、廉政建设等方面采取了一系列改革措施,在全校师生员工、特别是在全校共产党员和共青团员的共同努力下,学校各方面工作取得了显著的进步和成效。

(一)办学规模变大了

2003 年与进入"211 工程"前的 1995 年相比,学校各类学生总数已由 13 012 人增加到 26 881 人,增加了 1 倍多,研究生已由 615 人增加到 4 236 人,增加了近 6 倍。本科生由 5 377 人增加到 14 025 人，增加了 1.6 倍。华侨华人和港澳台学生由 1 982 人增加到 7 484 人，增加了 2.8 倍。综合以上数据，学校当前的规模相当于在 1995 年的基础上多办了一所暨南大学。与此同时，学校的校园面积进一步扩大，校园占地面积由 112 万平方米增至 174 万平方米，增加了 55.4%。建筑面积由 46 万平方米增至 107 万平方米，增加了 1.3 倍。另外，学校在合作办学方面也有了长足发展。尤其是我们新办的珠海学院，现有全日制博士、硕士和本科学生 5 200 多人。

（二）专业结构优化了

到目前为止，暨南大学的本科专业已由 1995 年的 30 个增加到 48 个，其中电子信息工程、会计学、新闻学、汉语言文学、生物技术等 5 个专业被评为广东省名牌专业。硕士学位授权学科已由 1995 年的 50 个增加到 88 个，博士学位授权学科已由 1995 年的 7 个增加到 28 个。教学系由 1995 年的 21 个增加到 37 个。其中国际学院是我国第一所采用全英语教学的综合性学院，深圳旅游学院是中国内地首家通过世界旅游管理专业教育质量认证的高等旅游院校。现有的 16 个学院 37 个系的 48 个本科专业涵盖了文、史、经、管、法、理、工、医、教育等九大学科门类。而且在我们的医学院下面，增加到八所附属医院，其中六所医院是国家三甲医院。

（三）科研水平提高了

我们学校在这 8 年里实现了从教学型大学向研究型大学的转变。学校的科研经费已达 8 000 万元，是"九五"末期的 20 倍。教职工发表的学术论文数从 1995 年的 502 篇增长到 2001 年的 1 311 篇。2002 年，学校教职工发表的学术论文被三大索引收录的论文数达 105 篇，与"八五"末期相比增加了近 11 倍。"八五"以前，学校的专利申请数几乎为零，但自 1996 年以来，共申请专利 86 项，获得专利授权 20 项。获得省部级奖励由"八五"期间的 10 项增加到"九五"末期的 61 项。

8 年来，学校新增了 2 个国家重点学科，7 个广东省重点学科，1 个国家人文社会科学重点研究基地，1 个教育部重点实验室，1 个教育部工程研究中心，1 个广东省重点实验室和 1 个省教育厅重点实验室，设有国务院侨务办公室华文教育基地。除广东省重点学科和省教育厅重点实验室以外，其他方面均属于实现零的突破。结束了无博士后科研流动站的历史，现有 6 个博士后工作站。

（四）师资队伍结构改善了

学校现有专任教师 1 363 人。教师中有研究生学位者 909 人，占专任教师总数的 66.7%。有博士生导师 71 人，教授 225 人，副教授 560 人。学校新增了两院院士 2 人，实现了零的突破。新增博士生导师 63 人，获教育部设置的"长江学者奖励计划"特聘教授岗位 2 个，广东省设置的"珠江学者计划"特聘教授岗位

2个。有11人增选为广东省"千百十"工程省级培养对象。

(五)"侨"字特色更加鲜明了

随着实力的增强,学校在外界的影响和名气也更大了,虽然竞争日益加剧,但生源形势却是越来越好。到目前为止,学校有来自世界52个国家和港澳台3个地区的海外及港澳台学生7 484人,占在校生总数的40%多。正是由于办学层次和水平的提高,暨南大学已成为海外华侨华人和港澳台青年来中国大陆求学的首选学校,海外及港澳台学生人数一直稳居全国高校榜首。2002—2003年,暨南大学的海外及港澳台学生录取人数连续两年超过了在中国大陆的招生人数,总数达到3 500多人,这也是学校自1978年以来外招生录取人数首次超过在国内的招生人数。

(六)办学层次和办学效益更高了

目前,学校研究生与本科生之比由1995年的1∶8.74上升到1∶3.31,专科生由2 472人减为零。与"九五"初期相比,全校的教职工和专业教师人数基本没有变化,且学校所获上级经费投入并未大幅增加,但学校完成的任务却成倍增长,这必须有优良的管理质量和办学效益做保证。在2002年广东管理科学研究院"中国'211工程'大学教师人均效率排名"中,暨南大学排在第41位。

(七)综合实力和办学质量更高了

1996年,暨南大学成为国家面向21世纪重点建设的大学;2002年,学校的"十五""211工程"顺利通过立项论证。根据中国第一大教育门户网站——网大《中国大学排行榜》调查数据显示,暨南大学在中国高校的综合实力排名现已由1998年的第87位跃居2003年的第36位。另外,学校的固定资产总值由1995年的2.7亿元增加到2002年的15.5亿元,增加了近5倍。图书馆藏书量由1995年135万册增至2002年的184.26万册。教学科研仪器设备值由1995年4 985万元增至2002年1.7亿多元,增加了2倍。

学校的快速发展,为青年学生们提供了更好的成长环境和发展空间,我们要珍惜这来之不易的大好局面。学校成为名校,学校的全体共青团员、全体学生将会受到名校对你们一生的保护和支持。青年历来是社会上最富有朝气、最富有创造性、最富有生命力的群体,我们党总是把关注的目光投向青年。学校的发展与未来有赖于青年。借此机会,我想对青年朋友们提三点希望。

首先,广大青年要树立理想,坚定信念,认真学习贯彻"三个代表"重要思想。理想信念是人生的精神支柱和动力源泉。个人理想抱负只有与全民族的共同理想相一致、与祖国发展的历史洪流相融合、与人民前进的伟大步伐相统一,才能真正得到实现。

其次,大家要勤于学习,学会做事之法与做人之道。在知识经济已现端倪的21世纪,一个人要立足社会,报效祖国,必须学会学习,学会做事,学会做人。教育青年大学生如何做人的目的,旨在使受教育者具有良好的非智力的品质。勤能补拙,一个人不论智商高低,只要有理想,只要勤奋,只要善于抓住机遇就能够为人类社会作出你自己的贡献。

最后,我希望大家恪守"爱国爱校,团结奋进"的暨南精神,在共青团工作中体现侨校特色,在工作思路中突出"时代特征,青年特点,暨大特色",用自己的青春和热血奏响时代的最强音,充分展现侨校青年与时俱进、奋发向上的精神风貌。暨南大学作为中国最特别的一所高校,我们的共青团在工作中如何把7 000多名港澳台和侨生感染成为爱祖国的人才、爱中华文化的人才、拥护"一国两制"和反对"台独"的人才,这就是我们共青团的光荣任务。要使暨南大学源源不断地向港澳台输送进步青年,为祖国的统一大业、为中国的现代化事业作出暨南大学的特殊的贡献。

时代召唤青年,青年创造未来。全面建设小康社会的伟大事业,需要青年为之奋斗,也为青年提供了建功立业的广阔舞台。青年朋友们,学校的各项事业正呈现全面上升的强劲态势,你们要以自己的实际行动充分发挥表率作用,用青春与智慧为学校的进步贡献力量。今天你们以学校为自豪,明天学校以你们为骄傲。让我们携手同行,埋头苦干,为迎接母校百年华诞,为创造暨南的美好事业,燃烧自己,照亮别人,让青春在不懈的奋进中绽放出绚丽的光彩。

预祝大会取得圆满成功!

(在共青团暨南大学第十一次代表大会上的讲话。原载《暨南大学校报》,第374期,2004年1月5日。)

答谢珠海人民

今晚,灯火辉煌的香洲文化广场显得格外美丽。到处洋溢的新年气氛和即将开始的精彩演出都在预示,这将是一个美好的夜晚。在此,我谨代表暨南大学3万余名师生,感谢珠海市党政领导和珠海人民几年来对珠海学院的支持、帮助,并向所有对珠海学院付出心血和劳动的教职员工表示感谢,祝大家在新的一年里工作顺利,万事如意!

在即将过去的一年里,暨南大学在全体教职员工的共同努力下,各项事业蒸蒸日上。今年上半年,我校被教育部《中国高等教育评估》杂志列为中国77所研究型大学之一,名列第53位;在网大《中国大学排行榜》的高校综合实力排名中,我校已从1998年的第87位跃居至今年的第37位。广东管理科学研究院今年的"中国'211工程'大学教师人均效率排名"中,我校排在第41位。目前,学校已圆满完成"九五""211工程"建设任务,顺利进入"十五""211工程"建设全新发展时期。

与此同时,珠海学院在各方面也有了长足的发展。学院已开设汉语言文学、英语、新闻学、广告学、计算机科学与技术、信息管理与信息系统、金融学、国际经济与贸易、法学、行政管理、财务管理、会计学、工商管理和市场营销等14个本科专业,现有博士、硕士和大学一至四年级的本科学生4 200人,已形成一个完整的人才培养结构。学院的各项设施设备先进、齐全:多功能餐饮中心、活动中心,美观舒适的学生公寓,新颖的运动场地,等等,这些,都为珠海学院的学子们提供了良好的学习、生活环境。短短的几年里,珠海学院已成为一个充满生机的现代化的综合性学院。

作为有96年历史的中国最悠久历史的大学之一,我们感到十分荣幸,在1998年8月,暨南大学与珠海市人民政府合作开办珠海学院,开创了珠海特区历史上开办全日制高等教育的先河。2000年4月,暨南大学再次与珠海市人民政府达成共识,将暨南大学珠海学院迁址珠海市中心,并由珠海市人民政府永久无偿提供866亩土地作为暨南大学珠海学院新校园的建设用地。值得骄傲和欣慰的是,我们没有辜负珠海人民的厚爱和期望。除1997年我校与珠海市人民医院即暨南大学第三附属医院为珠海合作培养第一批研究生外,2001年7月,珠海土地上培养的第一批大专生从我校珠海学院毕业;2002年7月,珠海土地上培养的第一批本科生依然毕业于我校珠海学院。

在珠海学院茁壮成长的背后，是珠海市党政领导的热心关怀，是珠海市人民的鼎力支持。珠海学院有如此美好的今天，是珠海市委市政府和珠海市人民扶持的结果，是所有关心珠海学院发展的中央、地方各级党政领导、干部以及社会各界人士支持和帮助的结果。为此，我们在这除夕之夜，由我校师生呈上一场特别的广场式露天文艺演出，向珠海市政府和人民表达我们深深的谢意！

（在答谢珠海市委市政府和珠海人民汇报演出暨新年文艺晚会上的讲话，珠海，2002 年 12 月 30 日。）

在授予马万祺先生名誉博士学位仪式上的讲话

在澳门即将回归伟大祖国怀抱的前夕,国务院学位委员会批准暨南大学授予马万祺先生名誉博士学位,我们深感荣幸。首先让我代表暨南大学的全体师生员工向马万祺先生表示崇高的敬意和衷心的祝贺!

马万祺先生是著名的爱国人士。长期以来,他不仅为澳门的经济发展和社会进步作出积极贡献,而且与其他爱国人士一起团结广大港澳同胞大力支援祖国的社会主义建设,推动祖国的统一大业。在中葡两国政府关于澳门问题的联合声明发表以来,他不顾高龄,参加起草澳门基本法和各项筹备工作,为澳门回归祖国而竭尽全力。马万祺先生一向热心公益事业,大力支持教育事业的发展,建树卓著。

暨南大学是一所具有 93 年历史的华侨学校,素称"华侨最高学府"。改革开放以来,我校坚定不移地贯彻"面向海外、面向港澳"的办学方针,致力于为海外和港澳台地区培养人才。1996 年 6 月,我校通过了国家"211 工程"部门预审,进入了全国面向 21 世纪 100 所重点建设大学的行列。几年来,学校在教学、科研、学科建设等方面都取得新进展。多年来,我校在办学过程中,得到马万祺先生的热情关怀和鼎力支持。马万祺先生从 60 年代起就担任暨南大学董事会董事,1985 年,又担任我校董事会副董事长,他不仅从财力、物力等方面帮助暨南大学,而且为宣传暨大的办学方针,扩大暨大在港澳地区和海外的影响做了大量工作。马万祺先生对暨南大学的建设和发展所作的贡献,我校师生员工将永志不忘。在此,我们谨向马万祺先生表示衷心的感谢!

(广州,1999 年 10 月 23 日。)

在曾宪梓科学馆落成典礼上的讲话

今年是一个具有特殊意义的年份,庆祝中华人民共和国成立50周年和迎接澳门回归两件盛事,使我校师生员工深受教育和鼓舞,正满怀信心迈向21世纪。今天,我们怀着无比喜悦的心情在这里举行曾宪梓科学馆的落成典礼。首先让我代表暨南大学的全体师生员工,谨向曾宪梓副董事长和夫人表示崇高的敬意和衷心的感谢,向光临庆典的各位领导、各位嘉宾表示热烈的欢迎和衷心的感谢。

曾宪梓先生是一位经过艰苦创业,事业有成的著名工商界人士。他爱国爱港爱乡。在他事业取得成功之后,不忘报效祖国,造福社会。多年来,他为祖国改革开放和现代化建设,为祖国的教育、体育等事业的发展,为香港的回归和落实"一国两制、港人治港"、高度自治,作出了重要贡献。

暨南大学是一所具有93年历史的华侨大学,一向以弘扬中华文化,培养华侨华人子女为办学的宗旨。改革开放以来,学校坚决贯彻"面向海外、面向港澳台"的办学方针,致力为海外和港澳台地区培养人才。1996年6月,我校通过了国家"211工程"部门预审,进入全国面向21世纪重点建设100所大学的行列。我校在办学过程中,始终得到广大的海外侨胞、港澳同胞多方面的支持和帮助。曾宪梓先生自从担任暨南大学董事和副董事长以来,一直十分关心和大力支持暨南大学的建设和发展。1986年我校在香港设立教育基金会。曾宪梓先生多次向我校教育基金会捐款,共达100万元。1994年1月,暨南大学董事会举行三届一次会议,讨论学校提交的关于创造条件争取进入国家"211工程"行列的报告。曾宪梓先生对此给予大力支持,在会上表示要向暨南大学捐建一座科学馆。后来,虽然发生了亚洲金融风暴,曾先生也有不少困难,但他始终关心和支持科学馆的建设。经过几年的努力,现在科学馆终于建成并交付使用。曾宪梓先生为科学馆捐赠巨资1 000万元,这座科学馆凝聚着曾宪梓先生的心血。在此,让我再次向曾宪梓先生表示衷心的感谢。对于曾宪梓副董事长为暨南大学建设和发展所作的巨大贡献,我校全体师生员工和海内外校友将永远感念在心,并化为前进的动力。

曾宪梓科学馆是我校在世纪之交建成的一座标志性工程,建筑面积13 500平方米,于1996年我校90周年校庆时奠基,1997年11月动工兴建,1999年10月竣工。全馆建设经费达3 800万元。科学馆共7层,内设计算中心,电教中心,外语中心和语音室,艺术中心和国际会议厅等,融教学、科研为一体。科学馆的建成,将使我校的办学条件进一步完善,对促进我校"211 工程"项目的建设,全面提高教学、科研、管理水平,更好地为海外和港澳台地区培养高质量的人才,必将发挥重要的作用。

我们决不辜负曾宪梓副董事长的厚望和广大海外侨胞、港澳同胞、台湾同胞的重托,一定要加倍努力,继往开来,改革创新,为实现"211 工程"建设的目标,为把暨南大学办成一所享誉国内外的一流大学而奋斗。

(广州,1999 年 10 月 23 日。)

贺暨南大学香港社会学同学会成立

在这天朗气清、秋风和畅的美好日子里,暨南大学的新老校友欢聚一堂,隆重举行暨南大学教育学院香港社会学同学会成立暨第一届委员会就职典礼,我由衷地感到高兴。

多年来,诸位校友在香港社会努力营造和谐环境,积极关注国计民生,致力于经济发展和社会进步,为香港的发展做出了突出的贡献。特别是在香港回归以后,社会学的广大校友在维护香港的稳定方面,在反对任何形式的分裂祖国的行为和言论方面,扮演了积极的角色,并且在促进香港与祖国内地的交流合作方面进行了长期不懈的努力,为香港的稳定繁荣、为两地的经济发展和社会进步做出了新的贡献。校友们在展现卓越才华和成就骄人事业的同时,也使母校赢得了社会各界的广泛好评和高度赞誉!

诸位校友尽管已经离校,但仍然时刻关注母校的发展,积极为学校的发展出谋献策、捐款捐物,借此机会,我也代表学校对所有给予学校捐助、支持的校友们表示诚挚的谢意!正是在广大校友和海内外各界人士的长期帮助和大力支持下,勇于开拓、敢于创新的暨南大学在1996年成为国家"211工程"重点大学后,为了取得更好发展,采取了许多敢为天下先的改革措施:

全面推行学分制改革,率先实行与国际接轨的弹性学分制(即标准学分制);对内地、海外及港澳台两类学生制定不同的培养目标、培养方案和教学要求;在全国高校中第一个建立校史馆;实行教授必须上本科生基础课制度;实行课堂教学三重评估制度;率先取消补考,实行重修制度;狠抓英语、中文、计算机语言"三语"教学;率先实行春秋两季招生、春秋两季毕业制度;改革预科教育,将一年制改为半年制、一年制和三年制三种;率先在世界五大洲设立报名点;实行全新的量化考核指标和分配体制,即校内工资制度,被媒体称为"暨大模式";较早地实现了一级财务管理;全面推进校园信息化建设,是广东省第一所接入世界互联网的高校;重视提高干部的管理水平,2004年、2005年分别把机关部、处、直属单位一把手和各学院院长送到美国威斯康星州立大学、澳大利亚格利菲斯大学等进行管理培训和经验交流;面向海内外招聘10位院长;第一个成立全英语教学的国际学院;2004年创办了华南地区第一家集教学和科研为一体的知识产权学院;第一个实行学校医院联合办学;国内第一个高校与省检察院签订共同预防职务犯罪,加强廉政建设;第一个在世界五大洲均建有姊妹学校的大学,并已向国外的姊妹大学交换了161名学生。

上述改革措施的实行,使学校在近几年的工作中取得了显著成绩,成功实现了跨越式发展:学校已在全国1 700多所高校中跃居前50名左右,科研经费已连续两年过亿元。目前,学校设有20个学院44个系56个本科专业,涵盖了文、史、经、管、法、理、工、医、教育等九大学科门类;拥有131个硕士学科专业,54个博士学科专业。在1 484名专职教师中,有中国工程院和中国科学院院士7人,博士学位拥有者502人,占专职教师的30%,高于全国设有研究生院大学的平均水平。学校现有全日制学生23 752人;其中,本科生16 336人,研究生6 074人,研究生与本科生之比为1∶2.7,目前,共有来自世界五大洲71个国家和港澳台3个地区的学生近11 000人在校学习,数量为全国高校之冠。暨南大学正逐渐成为海外及港澳台学生到大陆求学的首选高校,连续三年报考我校并被录取的海外及港澳台学生,均大于全国其他所有高校的总和。

明年,暨南大学即将迎来百年华诞,我衷心地希望校友们踊跃地以实际行动来为母校的百年华诞庆典献礼。同时,我也真诚地邀请校友们在百年校庆时回母校看看,届时,我们又可以一起共道人生历程,展望美好未来。

最后,衷心希望暨南大学教育学院香港社会学同学会在第一届委员会的带领下不断发展,大有作为,为香港的繁荣发展作出新的贡献!

(在暨南大学教育学院香港社会学同学会成立会上的讲话,香港,2005年11月27日。)

贺暨南大学澳门校友会会长就职

　　值此老友新朋相聚的美好时刻,我谨代表暨南大学 3 万余名师生员工向澳门校友会 2004—2006 年度新任会长、理事和监事表示诚挚的祝贺,向暨南大学澳门校友会的各位校友致以亲切的问候和良好的祝愿。

　　创办于 1906 年的暨南大学,在近一个世纪的风雨历程中,逐步建成具有"侨"字特色和自身优势的一流大学。如今,学校已桃李芬芳天下,暨大的校友遍及祖国的大江南北和世界各地。尤其是澳门的校友,活跃在澳门的各行各业,已成为澳门社会的重要力量,为澳门的回归和繁荣稳定作出了积极贡献。学校为你们的业绩深感骄傲和自豪。校友们身在澳门,但心系母校,多年来你们通过不同的方式对母校给予捐助、支持,体现了大家对母校的深情。在此,我代表学校对你们表示诚挚的谢意。

　　暨南大学作为国家"211 工程"重点建设的大学,正向新的征途奋进。学校确立了把暨南大学建设成高水平的研究型大学的目标,任重而道远。这更需要我们广大校友的鼎力支持和社会各界的关心。希望校友们更多关心母校,为母校发展献计献策。

　　让我们所有"暨南人"更加紧密地团结起来,心向母校,迎着新世纪的曙光,共建更加美好的锦绣校园,共铸暨南大学新的辉煌。让我们用实际行动和丰硕的成果迎接 2006 年百年校庆的到来。祝澳门校友会在新任会长及理事、监事的带领下更有作为,继续为澳门的繁荣发展作出新的贡献!

（在暨南大学澳门校友会 2004—2006 年度会长理监事就职典礼上的讲话,澳门,2004 年 4 月 2 日。）

前进中的经济管理学院

上海工业大学经济管理学院于 1985 年 3 月 5 日经上海市人民政府批准正式成立。它的前身是上海机械学院冶金分院,于 1978 年由上海机械学院、上海市冶金局、闸北区三方联合创办,属上海市冶金局主管。设有冶金、冶金机械和工业自动化等三个系,属工程技术类院校。1980 年起更名为"上海工业大学分校",改设了企业管理工程系,并开始注重管理专业的建设。

由于上级领导的关心和重视,社会各方的支持,在全院教师、职工共同努力下,学院从建院至今各方面有了很大发展。尤其是近几年来发展较快,学院已初具规模。1985 年建院初期学院仅有一个系和一个专业,现已设有三个系、三个专业、一个研究所。

学院现有教职工 215 人,其中,教师 112 人,职工 103 人。

学院现有各类学生 786 人,其中,研究生 9 名,本科生 448 名,专科生 37 名,劳模学生 27 名,夜大学生 195 名,总工程师岗位职务班 37 名,厂长经理培训班 33 名。

为适应社会对各类管理人才的需要,学院以培养研究生、本科生为主,还开设了干部专修科和劳模大专班。同时开设了总工程师、厂长、经理培训班,大力开展干部培训和成人教育,多层次的培养管理人才已形成了经济管理学院办学的一大特色。

1980 年以来已为上海培养了管理人才 3 786 名。其中,研究生 33 名,总工程师培训 310 名,厂长、经理培训 2 354 名,劳模和干部专修科 410 名,夜大本科 171 名。

在研究生培养方面,我院近几年来有了很大进展。自 1983 年起,我院的管理专业就开始招收研究生。这对新办的专业来说确有一定的难度。刚开始时,研究生生源不足,要靠从报考其他院校的研究生生源中调剂。经过我们的努力,1987 年起情况有了很大的变化,生源充足,报考数与招生数的比例不断上升,近年来始终在 15∶1 左右。研究生的论文质量也得到了同济大学等专家教授的肯定与好评。

对本、专科生的培养,学院领导始终把学生思想政治工作放在首位。经常对学生进行时事政治教育,进行理想、道德、情操和纪律教育,进行爱国主义和普法教育。近年来,通过建立班主任工作汇报制度及由部分干部教师参加的督导员制度,并根据我院学生走读,在校时间少,与社会家庭接触多的特点,采取家庭访问和邀请家长来院座谈等形式互通信息，形成一个学校、家庭齐抓共管的局面。同时，学院领导针对学生的思想热点，经常邀请现任厂长、经理的校友来院作"大学生成才之路"，"怎样当好一名厂长"，"企业家应有的素质"等报告，使学生了解社会对人才的需求。通过这一系列教育措施，学生的政治思想素质有了普遍提高。1986年学潮中，我院没有学生参与。1989年动乱中，在绝大多数大学停课的情况下，我院仍能维持正常的教学秩序，正常上课，准时考试，参考率达98%以上。

为了加强对学生的基础理论教育，使之更好地适应上海经济建设和社会主义发展的需要，在加强基础理论课，拓宽专业知识面和提高实践能力等方面采取了必要的措施。首先，组织教师制定合理的教学计划，并根据发展需要及时修订计划，增设各类选修课。到目前为止，全院已先后开设了三十多门选修课。同时加强了学风、校风的建设，树立了良好的学习风气。特别在计算机和外语教学方面成绩显著，以全国大学生四级统考为例，我院历年都取得较好的成绩。1987年我院学生及格率为55.5%，超过了全国重点高校平均37.2%的及格率。1990年及格率达58.9%。同时，学院还重视学生身体素质的提高，积极开展体育活动。学院师生克服场地狭小、体育设施简陋的困难，因地制宜开展小型多样的体育活动，取得了良好的效果。近年来，在全校性体育项目比赛中，我院学生取得了较好的成绩。如长跑、篮球、足球等曾多次获得校冠军，在1987、1988年全市高校篮球联赛中，我院学生男子篮球队连续荣获高校乙组冠军。

学院根据社会对管理人才的需求，结合自身的专业特色，为上海培训了一批高层次的管理人才，赢得较好的社会声誉。从1980年起，我院就开始试办企业的厂长、经理培训班，每期半年左右，使在职的厂长、经理学习了现代化企业管理的知识，提高了企业管理水平。十年来，学院共培训了厂长、经理2354名，经我院培训的厂长、经理在全国统考中取得优异成绩，获得优秀成绩人数的比例高于全市平均水平。

近年来，我们还走向社会，分别在普陀区和宝山县开办厂长、经理培训班，受到了高教局、市经委的嘉奖，被评为市成人教育的先进典型，还召开了现场会。1985年受中央组织部和国家教委委托，我院承担了培训总工程师的任务，现已举办了10期，培训了310名总工程师，使我院成人教育的办学层次又提高了一步。

为了满足企业不同层次管理人才的需求，我院还开设了两年制的干部专修科，使工矿企业中的一些中层以上的干部通过成人高考来我院脱产学习两年，取得大专学历。实践证明，这些学员具有丰富的实践经验和管理能力，学得好、学得快，掌握了管理理论知识，回企业后马上能用，深受企业的欢迎。从对我院专修811班的跟踪调查来看，全班46人毕业后分别担任了企业各级领导，挑起了企业管理的重担。

根据市总工会的要求,我们还举办了劳模大专班,已有130名劳动模范先后经过两年时间的学习取得大专学历。

对于高等院校来说,教学和科研犹如两条腿,缺一不可。学院在搞好教学的同时,重视科研工作的开展,发挥研究所、研究室等专业机构人多力量强的优势,承接国家和省市的重大科研项目和纵向课题。还鼓励教师利用厂长、经理等校友积极开发横向课题,1985年来,共承接科研项目67项。其中,"动作因素分析法"获1985年上海市科技进步三等奖;"高技术开发区论证"获1987年上海市科技进步二等奖;"崇明县2000年经济、科技、社会发展规划"获1987年市科技进步二等奖。1985年以来全院科研经费达138.1万元,其中1987—1989年合计为126.4万元。

随着科研工作的广泛开展,教师的学术水平有了较大提高。1985年以来在国外和国内一级刊物上发表的论文有63篇,出版专著12部,译著7部502万字。为了总结广大教师的科研成果,学院组织了专门力量收集、整理我院教师的论文,组织出版"上海工业大学经济管理学院论文汇刊"。1989年学院在资金紧张的情况下还抽出5万元经费作为学院提供给全院教师的科研基金,目的是使更多的教师有机会参加科研,1989年度有73人次教师提出了19项科研项目。

近几年来,学院在抓紧搞好教学、科研工作的同时,还加强了师资队伍的建设。师资队伍是办学的基础,办学历史短、新开专业多,师资不足是我院的突出矛盾。1985年经济管理学院建院初期,我院仅有教师75名,其中副教授3名、讲师46名。通过5年的努力,师资队伍有了很大的发展,现有教师112名,其中教授5名、副教授(包括副研究员和高级工程师)16名、讲师、工程师71名。几年来,我们依靠上级的支持及自身的努力,发展了师资队伍,同时采取了各种途径来弥补因师资不足而影响的教学质量。如:通过上级领导的支持,从其他院校调进部分骨干教师;选用部分本校和外校的本科生和研究生;聘请兄弟院校、科研单位或社会上学有专长的人才作为我院的兼职教师;通过国际学术交流的途径,先后请美国、加拿大、英国、荷兰、日本、中国香港等国家和地区的专家教授来我院讲学或直接为学生授课,几年来已有14批外籍专家和教授来院讲学、上课,加强和开阔了学生的外语水平和知识面;选派教师在国内或去国外有关院校进修。几年来,我院已选派了3名教师在国内、13名教师去国外进修学习,为中、老年教师配备好助手,以老换新,提高师资水平,建立学术梯队,以便后继有人。

几年来,学院在教学、科研、师资队伍建设等各方面的工作得到很大发展,取得一定的成绩,这是与艰苦创业、自强不息,改善办学条件的努力分不开的。管理学院的校舍是由一所中学改造的,面积小(占地面积8.88亩),校舍差(校舍总面积7 000多平方米),办学条件非常艰苦。这些年来,在上级领导的关心和社会支持下，依靠全体师生员工的努力，我们的办学条件已有了较大的改善。如：1983年由市经委支持拨款建造一幢3 200平方米的教学大楼。1987年以来，节约开支，利用有限的经费在原有8台微机的基础上，陆续增添了26台微机，改造了学院计算机房，成立了计算中心。计算中心在教学科研中充分发挥作用，使每个学生上机时间达50学时以上，并承担了17项科研项目（其中已完成12项）。1988年学院改造了外语语音室，购置了先进的语音设备，使我院的外语教学设施有了改善。学院还因陋就简盖起了200平方米的简易室内体操房，添置了体育设备，使体育教学条件得到改善。同时，自己动手完成北楼的加层，增加了200多平方米的办公用房，缓解了办公用房紧张的局面。通过三年多的不懈努力，用自筹资金建造的3 376平方米的七层教学、食堂综合楼目前已破土动工，一年后建成，这将使学院的办学条件得到更大的改善。

通过对管理学院近几年工作的回顾，我们看到，在校党委和钱伟长校长的领导下，学院各方面都有较快的发展。但是，由于学院底子薄，建院历史短，各方面条件差，又远离校本部，所以学院在继续发展的道路上还会遇到很多的困难。但我们相信，在校领导的关心支持下，只要全院师生员工团结一致，同心同德，发扬自强不息、艰苦奋斗的精神，管理学院的各项工作定将会做得更好，学院的前景将是十分美好的。

（原载《工大三十年》，上海工业大学校刊编辑室主编，上海，1990：129－134。）

（编者注：作者时任上海工业大学副校长，并兼任该校经济管理学院首任院长。）

第五章　人才培养

加强基础　从严治校　培养高素质人才

　　1996年是暨南大学建校90周年。经过几代暨南人的辛勤耕耘,学校已为海内外培养了5万余名暨南学子。在世纪之交的今天,如何继往开来,进一步办好华侨高等教育,提高教学质量,使暨大的事业在"九五"再上新台阶,以崭新的姿态迎接21世纪的挑战,是海内外暨南校友与关心侨教事业的热心人士关注的话题。

　　高等教育的本质特征是培养高级专门人才。现在在校的大学生作为跨世纪的一代,他们的素质如何,不仅反映和代表了一所高校的办学水平,而且在很大程度上影响中国的综合国力能否大幅度提高。教学工作是学校经常性的中心工作,是学校工作的主旋律和永恒的主题。重视教学质量,大力提高办学水平,是高校最重要的工作之一。学校就是要搞教育,全校教师与各级领导,时刻不能忘记学校最基本的活动是教学和科研,而不是其他。暨大作为一所"面向海外,面向港澳"的华侨学府,不仅历史悠久,积累了丰富的办学经验,而且在海内外享有声誉。但今日之暨大与学校辉煌的过去相比,离国家"211工程"的具体要求尚有差距。为了重铸暨大的辉煌,创一流大学,必须从严治校,团结全校师生员工,同心同德,脚踏实地,真正把学校的事情办好。华侨高等教育不仅是我国整个高等教育事业的重要组成部分,而且也是贯彻国家侨务政策的重要方面。立足广东,面向海内外,适应国家侨务工作的需要培育英才,是暨大义不容辞的职责。下面,就如何抓住机遇,深化改革,迎接挑战,提高学校的办学水平与教育质量谈几点思路。

一、拓宽口径,重视基础课教学

　　作为一所开放型、外向型的综合大学,必须十分重视基础课教学。大学本科教育是通才教育,它所培养的不是高级专家,而是复合型的通用人才。因此,我们应该在本科教学中给学生以比较广博的知识,使学生毕业后能够适应社会变化的需要,能够适应当今科学变化与发展的需求。

1.调整专业结构。专业是构成高校教学的基本单元,专业要适应社会主义市场经济和未来科学技术发展的需要,根据我校特殊的办学任务与具体情况,应坚持"应用性和涉外性"的原则,努力拓宽专业口径。对于纯理科和冷门专业,要逐步缩小,理科要往应用方向转移,要理工结合,以工为主。对一些专业面过窄或招生分配困难的老专业,应分情况采取减少招生、停止招生等措施,并积极创造条件新设一些社会急需的专业。在现今这种情况下,专业调整的任务非常紧迫,也非常艰巨,既要保证学校的长远发展,也要考虑社会的需要与学生的意向。

2.突出"三语"、"两课"教学。"三语"指大学英语、大学语文、计算机应用基础,"两课"指政治理论课、德育课。这5门课是学校覆盖面最广的课程,是每一个暨大学生都应该学好的课。抓好这5门课的教学,对于提高人才培养质量,树立暨大在海外的声誉至关重要。"两课"的目的是培养学生良好的品德。如果我们培养的学生熟练掌握了英文和中文,加之象征20世纪文明的计算机语言,又具有良好的品德,暨大在海外肯定会赢得良好的声誉。

3.坚持教授上基础课。教授上基础课对提高教学质量,激发学生的学习兴趣有积极作用,要长期坚持下去,使之成为制度。同时要进一步完善学分制,部分专业课逐步采用英语教学。

二、办学质量是学校的生命

要办好学校,离不开严格、科学化的管理。严师出高徒,只有从严才能建设优良的校风、学风和教风。办学质量是学校的生命。提高高校人才培养质量,是世界各国面向21世纪共同思考的主题。没有质量就没有效益,在激烈的竞争中,学校就会无立足之地。我在各种场合多次强调,要从严治校,从严治教,从严治学。坚持用"三严"来管理学校,而强调"三严"关键是要处理好教与学的关系,要有一支结构合理、素质较高的教师队伍。有了一支好的教师队伍,很多问题都会迎刃而解。所以,从严治教,抓好教风,这个环节是第一位的,是最关键的,是最值得学校重视的问题。在抓好教风的前提下,才能抓好学风。作为教师要为人师表,要有敬业、乐业、精业的奉献精神。教师不得提前下课,不得对教学工作应付了事。对学生要实行严格的考勤制度,对考试作弊者要严肃处理。要使考试作弊这一可耻的现象能够在向一流目标前进的大学里减少直至被杜绝。对在工作、学习方面表现突出的师生要予以重奖。

要办好学校,不能靠"人治",要靠"法治",学校制定的规章制度任何人都得自觉遵守。管理出效益。对于管理学校,我主张实行"分口分级管理"的原则,即校长主持全面工作,根据校领导的具体分工,日常工作由主管校领导分口负责,各级都有相应的责、权、利,用规章制度规范管理,从而避免"人治"。

三、一切为了学生

学生是学校的主人。我们要树立"学生第一"的思想,应该明确在大学里学生是第一位的,因为办大学是为大学生服务,是为了培养、造就高素质的人才。1995年10月我到美国访问时,在约翰逊·威尔斯大学,我发现一个特别的现象,这所学校从校长到每个办公室的秘书直至学校的所有教师,每个人胸前都佩戴一枚徽章,章上写道:"Student first"(学生第一)。对此我感触良多,也深受教育。

暨大是一所华侨学府,学生来自世界五大洲和祖国各地。他们来到暨大求学,是为了接受中华文化的熏陶,是为了学好专业知识,学有所成。无论生源、成绩,我们都应该一视同仁,并因材施教。我们绝对不能厌弃成绩差的学生,在90年代我们要继续发扬"有教无类"的传统教育思想。

"给学生以机会","给学生以关怀","给学生创造环境","一切为了学生","使学生全面发展",是我们必须遵循的原则。尽管学校的工作千头万绪,但是以教学和科研为中心,一切为了学生的原则必须坚持。只有我们培养的学生成才了,暨大的声誉才会提高,暨大才会成为海内外莘莘学子向往的求学胜地。

四、以科研促教学

要进一步提高教学质量,必须大力提高科研水平。教学与科研是互相联系、互相促进的。全校教学及科研人员,要树立热爱科学、献身科学的精神,以科研促进教学水平的提高。一流大学的关键是科学研究。一流大学要出一流人才,但一流人才的培养必须在一流的科研氛围中进行。

在科学技术飞速发展的今天,如果一位教师不从事科研工作,不进行知识的更新,不深入到学科的最前沿,要想提高教学水平,开阔学生的视野,激发学生的思维,是不可想象的事情。只有从事科研工作,才能转变教学思想,更新教育观念,吸收最新的教学内容,改革课程体系,从而使课程结构和课程内容整体优化,把学生培养成为有较强的自学、适应能力、知识结构合理的高素质人才。

要提高学校的办学水平,办法和措施很多,在此我不再一一赘述。作为一校之长,我深感责任重大。暨大作为"华侨最高学府"和成立较早的少有的著名的国立大学之一,在我国高等教育史上占有不可或缺的重要一席。我们应该站在这样一个定位上,即立志把暨大办成国内一流,并在海外有良好声誉的著名学府。尽管由于屡遭播迁与停办,加上某些人为因素,学校曾失去了好几次发展的契机,但是令人欣喜的是,现今正值国家实施"211工程",学校90华诞,面临世纪之交,1996年是"九五"的开局之年,加之国家即将对港澳恢复行使主权,学校又一次面临着重大的发展机遇。

学府巍巍，历史悠悠。暨大已走过了 90 年的沧桑历程，暨大的事业是美好的、永恒的。在今天办好华侨高等教育，挑战与机遇、困难与希望同在。我们要振奋精神，励精图治，抓住"天时、地利、人和"的难得机遇，为海内外培养高素质的人才，把一所声誉卓著、办学一流的暨大带入 21 世纪，为我国华侨高等教育事业在 21 世纪初叶的飞速发展奠定坚实的基础。

（原载《暨南教育》，1996(1)：1－3。）

发挥侨校优势　培养高素质人才

　　高等华侨教育事业是我国高等教育事业的重要组成部分,党和国家对我国的高等华侨教育事业极为重视。素称"华侨最高学府"的暨南大学,以面向海外、面向港澳台地区为办学方针,迄今已走过了 92 年的办学历程。经过几代暨南人的辛勤耕耘,今日之暨大已发展成为一所涵盖文、史、法、经、管、理、工、医诸学科的综合性华侨大学。继 1996 年通过国家"211 工程"部门预审后,1997 年 9 月,学校又通过了"211 工程"立项论证。在世纪之交的今天,如何进一步发挥侨校优势,抓住机遇,大力发展研究生教育,使暨大的事业在"九五"期间再上新台阶,以新的面貌迎接 21 世纪的挑战,是摆在海内外暨南人面前的重要课题。

一、发挥侨校优势

　　我国的高等学校担负着培养高级专门人才,发展科学文化和促进社会主义现代化建设的历史重任。在长期的发展过程中,由于校情、学科及学校背景迥异,不同的高校逐渐形成了不同的特色。高等教育发展史表明,一流大学都有自己的鲜明特色。在激烈的竞争中,高校要讲究策略,体现自己的特色与优势。暨大生源来自海外、港澳台地区和祖国大陆各地。自 1978 年以来,学生来源于五大洲 67 个国家以及港澳台地区。本学年度,来自 31 个国家和港澳台地区的学生人数达到近 3 000 人,占在校全日制学生数的 1/3。在全国千余所高校中,暨大最大的特色就是"侨"字,这种特色是暨大的优势所在。暨大要以特色求发展,以侨为"桥",加强海内外学术交流,大力拓展海外招生,沟通海内外炎黄子孙之间的联系,向海外传播中华文化,为香港特区的繁荣稳定、澳门的回归和台湾问题的解决,发挥更为重要的作用。

　　作为综合性大学,暨大学科门类比较齐全,并且在全国高校中第一个设立医学院。这就为文理渗透,理工医结合,进行学科的交叉、融合、互补,组建学科群,对大学生实施综合素质教育,培养适应性强、基础厚实的复合型、应用型与涉外型的高素质人才提供了便利条件。加之,暨大办学历史悠久,1927 年就成为民国时期仅有的 10 余所国立大学之一,在长期的办学过程中积累了丰富的办学经验,形成了优良的校风、教风和学风。这些光荣的办学传统是暨大的优势所在。扬长避短,发挥现有优势,将为暨大在 21 世纪初叶的腾飞奠定基础。

二、大力发展研究生教育

成天下之才者在教化,教化之所本者在学校。当今世界综合国力的竞争,实际上是高科技与高素质人才的竞争。科教兴国,人才尤其是具有博士、硕士学位的高素质人才是关键。研究生教育是我国最高层次的教育,是国家培养高素质人才的主要途径,在实施科教兴国和可持续发展两个基本战略中占有重要地位。科技发展史表明,一个国家要实现现代化,离不开教育与科技的现代化。随着人类步入信息社会,高科技对经济和文化的影响越来越重要,知识更新的频率越来越快,对研究生人才的需求也比以往任何时候都更为迫切。

对于一所高校来说,研究生的数量和质量在很大程度上代表了该校的教学、科研水平与综合实力。暨大作为全国首批具有学位授予权的高校之一,改革开放以来已为海内外培养了数千名博士和硕士。现在学校有在校研究生 1 003 人,分布在 53 个硕士点、7 个博士点以及 8 个学科门类上。我校还充分利用党和国家赋予的特殊政策,从 1984 年开始招收海外和港澳台地区研究生,1989 年又获准对来自港澳等地区的研究生实行"兼读制"。迄今已有 100 多名海外和港澳台地区研究生获得博士、硕士学位,既为港澳台及海外华侨华人社会培养了一批高素质人才,又扩大了学校的学术知名度,体现了我校"面向海外、面向港澳台"的侨校办学特色。

在对研究生培养的过程中,要始终狠抓政治思想素质、业务素质和人文素质教育,使他们能在几年的学习过程中,在各方面得到锻炼。学校还十分重视对研究生的能力培养。如通过对他们进行创新能力的教育,引导他们通过扎扎实实的科研活动,承担科研课题,进入学科前沿,鼓励他们发现问题、解决问题,从而攀登科学高峰。事实证明,研究生的科研活动是学校科研工作中的重要组成部分。同时,学校还通过导师的言传身教,以及浓郁的校园文化氛围,对研究生进行做人的教育,使研究生懂得只有恪守"忠信笃敬"的校训,砥砺品性,"修身齐家",方能"治国平天下"。我给学校研究生报题词时,曾用了"博学明理,励志创新"8 个字,表达了我培养研究生的思路。

三、以"211 工程"建设为中心,从严治校

暨大凭借其办学特色与实力,已进入国家"211 工程"行列。以"211 工程"建设为中心,推动学校各项工作的开展,是暨大工作的重中之重。暨大有 7 个学科获准立项,即"文艺学与汉语文学"、"产业经济与工商管理"、"汉语言文学与华文教育"、"生物技术与生物医学工程"、"计算机信息与通信技术"、"中外关系史与华侨华人"以及"生殖科学与计划生育"。抓好这 7 个重点学科的建设,是实施"211 工程"的核心所在。重点学科建设与研究生教育有紧密的联系。一般来

说，重点学科都有一批博士、硕士点作为依托，师资的整体实力较强，教学、科研水平较高，是培养博士生、硕士生的重要基地。反过来，研究生作为一支新的生力军，通过他们勤奋、活跃与卓有成效的科研活动，又会促进学校重点学科的建设。可见，二者是相互依存、相互促进和相互制约的关系。我校在重点学科建设与研究生培养过程中注重体现侨校特色，既考虑到为国家侨务政策服务，又兼顾国家和广东省社会经济发展的需要。

在人类正迈向 21 世纪的今天，高校要以质量求生存。办学质量是学校的生命。提高高校人才培养质量，是世界各国面向 21 世纪共同思考的主题。没有质量就没有效益，学校就无法为社会输送高素质人才，从而也就失去了立足之地。而要提高办学质量，关键是要从严治校，从严治教，从严治学，坚持用"三严"来管理学校；同时在大力加强社会主义民主法制建设的今天，学校要依法治校，建立健全规章制度。只有这样，一所高校才会赢得社会声誉，从而走上办学质量与办学效益都得以提高的良性循环之路。

历史悠悠，学府巍巍。作为"华侨最高学府"和我国成立最早的著名的国立大学之一，暨大在我国高等教育史上占有重要一席。我们应该站在这样一个定位上，通过弘扬江泽民总书记为我校题写的"爱国爱校，团结奋进"的暨南精神，高举邓小平理论的伟大旗帜，学习贯彻党的十五大精神，全面实施"211 工程"总体建设规划，在 21 世纪初把暨大办成为我国面向海外、面向港澳台地区办学，培养高层次专门人才以及传播中华文化的重要基地，办成为在港澳台地区和海外华侨华人社会具有重要影响的社会主义综合性华侨大学。

（原载《学位与研究生教育》，1998（1）：10－11。）

面向 21 世纪的研究生教育

研究生教育基于本科教育而又高于本科教育,是一所高等学校综合实力的集中反映。一所名校的持久发展离不开强大的研究生教育作为支撑,无数名牌大学之所以声誉远播,研究生教育在其中起了极为关键的作用。事实业已证明,本科教育是立校之本,研究生教育才是强校之路。即将来临的 21 世纪是科学技术和生产力高速发展的时代。在知识经济已初见端倪的今天,研究生教育在我国科教兴国的发展战略中占有不可或缺的重要地位。一方面,社会经济的发展对人才层次需求的重心上移,另一方面,国家对高等学校知识创新、为新的经济增长点作出贡献的期望值增大,社会经济发展在更大程度上依赖于高等教育的积极主动参与。研究生教育是最高层次的教育,也是新世纪高层次人才的主要来源。研究生将成为高层管理者和决策者,以及国家创新体系中一支奋发向上的科研生力军。因之,可以说我国的学位与研究生教育在世纪之交面临着前所未有的发展机遇。

几年前,我在给暨南大学研究生题词时,曾用了"博学明理,励志创新"8 个字,表达了我培养研究生的思路。下面,我围绕这一主旨,就面向 21 世纪的研究生教育问题谈三点认识。

一、研究生应有学术理念

大学作为思想最活跃、最具创造力的学术殿堂,以及新知识、新思想的摇篮,理应拥有崇高的学术理念与追求。研究生正处于人生中精力最充沛、求知欲望最强烈,创新精神最旺盛的阶段,同时又具有本科阶段的基础知识和一定的实践经验,因而是处于本学科领域从事创造性研究的最佳时期。

对于大学的学术追求,蔡元培先生曾经指出:"教育者,养成人格之事业也","大学为纯粹研究学问之机关,不可视为养成资格的场所,亦不可视为贩卖知识之场所。学者当有研究学问之兴趣,尤当养成学问家之人格。"他还说"大学学生当以研究学术为天职,不当以大学为升官发财之阶梯"。《中华人民共和国学位条例》亦明确规定,硕士生应"具有从事科学研究工作或独立担负专门技术工作的能力";博士生应"具有独立从事科学研究工作的能力","在科学或专门技术上做出创造性的成果。"显然,积极从事科学研究工作,是研究生肩负的一项神圣使命。90 年代初期以来,校园这一神圣的学术殿堂受到了经济大潮的猛烈冲击,不少学子们无心向学,在校园内滋生了一股重商轻学的思潮。而学术所需要的是默默耕耘和"板凳要坐十年冷"的执著。急功近利、剽窃乃至鄙视学术,是与一所高校的立校宗旨相悖的。事实表明，研究生只有参与或承担导师的部分科研课题，在导师的悉心指导下，才能进入学科前沿，而且，研究生在科研实践中，逐步掌握了科研方法与学术规范，理清了学术思路，进一步坚定了其追求真理、崇尚科学的信念。高校充溢着一种由伟大思想、不朽著作和学术传统形成的令人陶醉的学术气氛，云集着大方之家，深沉之士和敦良之师。研究生置身于学术殿堂，学到的不仅仅是较强的专业技能，而尤为重要的是养成了善于观察、勤于思考、勇于探索的品质，从而能在学术上有所创新。

二、做事之法与做人之道

学会学习，学会做事，学会做人，学会生存，是当今各类学校肩负的教育人才的基本职能。作为教育龙头的高等教育亦概莫能外，依然要教会研究生做事、做人。研究生在浓郁的校园文化气氛里，在导师的严格训练与潜移默化的熏陶下，懂得只有恪守学术规范，砥砺品性，"修身齐家"，方能"治国平天下"。

做事是运用知识分析和解决实际问题的能力，体现于其办事的思路、方式与技巧上。古人云，授人以鱼不如授人以渔。研究生教育应重在使受教育者真正掌握"渔"或"猎"的本事，使其学成后能适应社会，具有较强的独立工作能力，能在复杂多变的局面下，处变不惊，开创工作的新局面。

而要想做事，必先做人。教育学生如何做人的目的，旨在使受教育者具有良好的非智能品质，包括自信心、进取心、意志力与自制力等。一名优秀的研究生，应具有自觉的社会责任心，强烈的历史使命感，造福人类、献身社会的服务意识，锐意创新、不断进取的人生追求，严谨认真、一丝不苟的工作作风，知难而进、百折不挠的顽强意志，与人为善、团结合作的处世态度。这些优良品质是确保研究生成长为未来优秀科技工作者、高级管理者所必备的。

三、培养研究生的创新能力

江泽民主席指出："创新是一个民族进步的灵魂，是国家兴旺发达的不懈动力。一个没有创新能力的民族难以屹立于世界先进民族之林。"可见，创新是提升我国综合国力，抢占世界科技和经济制高点的重要保证。

一般而言，我国的高等教育偏重于知识的传授以及应试技巧的训练。中国学生勤奋好学，成绩优异，但往往不重视创新能力的培养，忽视个性发展。在知识经济时代，高等教育应着力培养研究生正确识别、选择文化和创新文化的能力。在某种意义上可以说，"创新能力"已经成为人们适应社会急剧变迁的一种"生存能力"。在求学阶段，应培养研究生求疑、实证、严谨和理性的治学精神；在学习和从事科学研究过程中，既要重视继承人类文化科学遗产，又要大胆发现问题，通过求证和科学实验解决问题，并且在这一过程中锻炼创新能力。

创新能力的培养是提高研究生素质的核心，是一名研究生质量高低的重要标志。对一名硕士生尤其是博士生而言，其学位论文应体现创新性，而要做到这一点，必须从三个环节着手。其一，要把好选题关。学位论文的选题是进行科研工作的起点，选题既要瞄准学科前沿，又要注重学科交叉，能够填补科研空白。其二，要把好方法关，在方法上有所改进、创新。譬如对前人方法的创新，采用新的统计方法进行分析，还可以对传统的实验方法进行创新改进。其三，要把好写作关。在论文写作中要不落俗套，有新的分析视觉，敢于提出一家之言。

　　21世纪是一个知识化、学习化的社会，是一个教育的世纪。比尔·盖茨在《未来之路》一书中曾精辟地论述道："在一个不断变化着的世界上，接受教育是人们为了能适应社会所能做的最好的准备。每当经济转型，那些受到了适当的教育的人们总是表现得最出色。社会给予有技能的人的奖赏将越来越高，因此我建议大家要接受一个良好的正规教育，并且这之后还要不断地学习。穷此一生，都要不断地发展新的兴趣，新的技能。"我愿以这段话作为本文的结尾。衷心祝愿莘莘学子，为了中华民族的伟大复兴和综合国力的提升，为了大力推进内地和香港特区的现代化建设，而勤奋学习，锐意创新，勇攀世界科学高峰。我深信，在21世纪，在世界科学的制高点上，定会有大批不畏艰辛勇于登攀的研究生们在那里饱览迷人的科学风光。

（原载《一九九九香港研究生教育会议论文集》，香港，1999：51－53。）

大力发展具有侨校特色的研究生教育

春回大地,万象更新。新学期伊始,我们会聚一堂,在这里召开 2004 年暨南大学研究生教育工作会议,共商研究生教育和学校发展之大计。这是本学期也是 2004 年学校工作的头一件大事。时隔数载,当我们的研究生教育规模和水平发展到一个新阶段,在面临今后如何进一步发展的关键时刻,召开这次研究生教育工作会议,其意义非同一般。在此,我代表学校对这次会议的召开表示热烈的祝贺!

几年来,我校研究生教育的发展取得了令人瞩目的成绩。大家出于对今后研究生教育发展的极度关切,也感到研究生教育中存在一些矛盾和问题,如研究生的培养质量问题、扩招带来的教育资源短缺问题、导师队伍问题、学科专业发展的不平衡问题,等等。存在矛盾和问题并不奇怪。用辩证法的观点看,矛盾是普遍存在着的,矛盾不仅存在于事物发展的一切过程中,又贯穿于一切过程的始终。研究生教育也是如此。研究生教育在快速发展的道路上,会不断出现新情况、新问题、新矛盾、新困难,解决这些矛盾和问题的过程,实际上就是发展和提高的过程。问题是如何抓住主要矛盾和矛盾的主要方面,解决最紧迫的问题,使其他问题迎刃而解。我今天讲话的主题是,大力发展研究生教育,努力建设具有侨校特色的高水平研究型大学。

一、回顾过去,研究生教育的快速发展使我们深切认识到"发展是硬道理"

我校的研究生教育发展到现在的规模和水平来之不易。今天,我们应该回过头来审视我们的发展历程,从中总结出经验和需要思考的问题,为今后的发展提供依据和借鉴。总体说来,暨南大学研究生教育的发展大体可分为两个阶段。第一阶段为暨南大学复办到 20 世纪 90 年代中期,可视为起步阶段。暨南大学复办后,我校成为全国首批具有研究生学位授予权的高校之一。1981 年,我校首次获得全国第一批硕士学位授权的学科、专业达 9 个(分别是政治经济学、文艺学、比较文学与世界文学、英语语言文学、基础数学、分析化学、眼科学、药理学)。1984 年,我校首次获得全国第二批博士学位授予权的学科、专业有两个(专门史、内科学〈血液病〉)。其后,我校博士学位授权学科点的建设发展速度缓慢:第三批获得博士学位授权学科点 2 个(1986 年),第四批 2 个(1990 年),第五批 1 个(1993 年),直到第六批为零(1995 年)。此时,全校仅有 9 位博士生导师,7 个博士学位授权学科点,50 个硕士学位授权学科点(含三级学科),相当于二级学科点 43 个,其中包括 MBA(全国首批 26 所试点单位之一)。在校研究生数量为 615 人,其中博士生仅 52 人。

90 年代中期即我校成为"211 工程"重点大学至今为第二个发展阶段,可视为快速发展阶段。为了抓住机遇,谋划暨南大学发展的未来,新的校领导班子对学校的办学思路进行了重新审定,1996 年提出以教学和科研双中心代替以往以教学为中心的低目标的发展思路。同时,对办学结构也进行了调整,果断砍掉了专科教育,大力发展研究生教育,积极加强学科建设和学科点建设,使我校研究生教育驶上了发展的快车道。由于确立了正确的发展战略,当 1999 年全国高等教育扩招时,我校已经具备了很好的发展基础。我校也因此能够抓住新机遇,再上新台阶。经过第七次、第八次申报工作的努力,到 2000 年,我校博士学位授权点的数量达到了 14 个,与 1996 年相比翻了一番。"生物医学工程"博士点的批准,实现了我校一级学科博士学位授权学科点零的突破。

去年,第九批申报博士学位授权学科、专业结果公布,我校获得"应用经济学"、"工商管理"两个一级学科博士授权点;"工程力学"、"病理学与病理生理学"、"中国古代文学"、"中西医结合临床"4 个二级学科博士点,使我校博士学位授权学科点的数量升至 28 个。与 2000 年相比,我校博士学位授权学科点的数量又翻了一番,与 1996 年以前相比,则翻两番。硕士学位授权学科点的数量也升至 89 个,与 1996 年相比,数量也翻了一番。目前,又传来喜讯,国务院学位办公布了 2003 年在一级学科范围内自主设置学科、专业的名单。我校在"生物医学工程"一级学科内自主设置的"生物材料与纳米技术"、"生物医学信息技术"、"生物医药工程"、"生物与医学物理"和"细胞与组织工程"5 个二级学科、在"工商管理"一级学科内自主设置的"财务管理"二级学科,共 6 个博士学位授权学科专业获得批准。这样,使我校可以开展招生的博士学位授权学科点的数量升至 34 个。

作为研究型大学标志之一的博士后流动站的数量去年也翻了一番。学校原有"应用经济学"(1999 年)和"临床医学"(2000 年)两个博士后流动站和一个"暨南生物医药开发基地"博士后工作站。去年我校"工商管理"、"中国语言文学"、"生物学"三个博士后流动站获得国家人事部批准,使我校博士后站的总数达到 6 个。

在校研究生的规模也呈现出跨越式发展。2000 年,在校研究生的数量为 2 007 人,其后三年的年增长速度在 30% 左右,2003 年在校研究生的数量达到 4 236 人,其中硕士生为 3 709 人,博士生为 527 人。与 1995 年相比,研究生总数增长了近 6 倍,其中博士生数量增长了 9 倍。在研究生中,港澳台、华侨、华人研究生的人数达到历史新高,为 747 人。

学校师资力量也明显加强。现有专职教师 1 363 人,其中中国工程院院士

2人,中国科学院院士1人,教授225人,副教授560人。近期经过研究生导师遴选,现有博士生导师117人,为1995年的13倍,硕士生导师636人。研究生导师队伍也开创暨南大学有史以来的新高。

所有这些数据都生动表明,暨南大学的研究生教育在过去几年中呈现跨越式的发展态势,办学规模不断扩大,办学层次不断提高,学校的整体实力在明显提升。

回顾研究生教育的发展历程,使我们深切认识到发展是解决学校所有问题的关键,"发展是硬道理",是第一要务。我校研究生教育取得了重大的成就,一条重要经验就是在全国扩招前学校已做好了从思想到办学条件方面的充分准备,因而当扩招机遇来临的时候我们能够抓住发展机遇,扩大研究生办学规模,促进学校整体实力的提升。事实表明,抓住了发展这个主题,我们就可以高屋建瓴、统领全局,学校就会呈现出朝气蓬勃、欣欣向荣的大好局面。

回顾研究生教育的发展历程,使我们清楚地看到,关键时刻办学思路的确立决定着学校具有重大意义的发展举措。办学的思想、宏观的战略,决定着前进的方向,决定着学校发展的前景和未来的地位。只有加强宏观思考和战略分析,才能总揽全局,把握方向,谋划好学校改革与发展的未来。

回顾研究生教育的发展历程,也使我们看到发展过程中存在的问题。例如,(1)我校至今尚未被批准试办研究生院;(2)我校博士学位授权学科点和博士后流动站的数量整体上仍然偏少;(3)我校最早获得硕士学位授予权的若干学科、专业,至今未能获得博士学位授予权;(4)在研究生的数量中,代表一个学校研究生教育水平的博士生的数量偏少;(5)我校至今还没有论文入选全国百篇优秀博士论文;(6)在发展的同时,有些点上的培养质量管理工作还存在问题,等等。所有这些问题都值得大家认真地思考。

二、与时俱进,大力发展研究生教育是实施"侨校+名校"战略的基石

我们应该清醒地看到,暨南大学在前进,广东高校乃至全国高校也都在前进。近年来,国内高校都在抢抓历史机遇期,集中智慧、精心谋划,实现学校跨越式的发展。高校之间的竞争空前激烈,其势头如千帆竞发。为了提升自己的实力,一时间许多学校合校,高校阵营发生变化。据统计,到目前为止,全国有500多所高校进行了整合,最终形成了1533所新的高校。合并结果使得强者更强,强者的羽翼更丰,实力更加雄厚。在这种形势下,我们要问:暨大怎么办?

为了自立于全国高校的强手之林,暨南大学的应对战略是:始终如一地贯彻执行"面向海外、面向港澳台"的办学方针,实施"侨校+名校"的发展战略,走国际化、现代化、综合化的道路,大力发展研究生教育,朝着建设具有侨校特色的高水平研究型大学的目标迈进。

"侨校"是我们的特色,是我们的生存之本。任何时候我们都必须固本强基,牢记为侨服务的宗旨。不仅如此,我们还要充分发挥侨校的特色,特色就是竞争力,特色就是战斗力,在"侨"字上大做文章,发挥优势,以特色取胜。暨南大学的学位与研究生教育在发展中初步形成了自己的特点,总结起来有这样几点:

- 暨南大学的学位与研究生教育是最早获得教育部批准(1984年),面向港澳台地区和海外自主招收研究生的高校;
- 暨南大学是目前招收港澳台研究生数量最多的高校(在校研究生747人),并为香港、澳门的顺利回归作出贡献;
- 暨南大学是首创招收兼读制研究生的高校(1989年);
- 暨南大学是在海外及港澳台地区多处设立兼读制硕士面授点的高校(在香港、澳门、台湾、新加坡等地设立了8个面授点);
- 暨南大学是采取一年两次研究生招生,招生方式灵活的高校。

这些特点我们今后不仅要发扬光大,而且还要继续开创新思路,使我们的特点发挥得更鲜明、更突出、更全面。

"名校"是什么?名校就是高水平的研究型大学。什么是研究型大学?国内外对此有不同的评价标准。归纳起来,研究型大学至少应有以下四个特征:拥有相当规模的学科点和学位授权点;能够获得相当可观的科研经费;拥有相当数量的高水平学术成果;拥有一支高水平的学术队伍。《中国大学评价》杂志在2002年提出了中国研究型大学的三条分类标准。其一为:将全国所有大学的科研成果得分按降序排列,并从大到小依次相加至得分超过全国大学科研成果总得分的70%为止,各被加大学就是研究型大学。

应当承认,将暨南大学建成不仅是研究型大学,而且是高水平大学,这是对我们的挑战。要实现这一目标,学校必须与时俱进,大力发展学位与研究生教育,在现有研究生教育发展水平的基础上,采用多种形式,继续扩大招生规模,进一步提高培养质量,使研究生教育水平处于全国前列。通过深化改革,优化学科结构,加强导师队伍建设,构筑研究生培养的质量保障体系,改善办学条件,全面开创研究生教育的新局面。从现在起到2010年,是我校研究生教育发展的第三阶段,可称为"更上一层楼"阶段。为此,我们要在大力发展研究生教育上下功夫。

1. 大力发展研究生教育,必须继续扩大研究生教育的规模。

现在我校研究生的规模是4 236人,到今年秋季新生入校预计可超过5 000人大关。这离学校提出的到2010年发展到8 000人的规模,实现本科生和研究生的比例1∶2的要求尚有一定的差距。要实现上述目标,我们应当对以下几方面的影响因素给予充分考虑:① 目前全国研究生数量发展处于稳定期,我校扩招的空间在缩小。② 扩招要有一定数量学科、专业点支撑,目前我校博士学位授权学科点偏少,这会在一定程度上影响我们的扩招工作。这就涉及第十次博士点的申报工作。全面启动第十次博士点申报工作是我们这次会议的重要内容。总结经验,表彰先进,未雨绸缪,争取再创佳绩是我们的目的。希望在座的各位对此要高度重视,积极出谋划策、及早进行准备。③ 国家针对过去十年博士研究生招生年平均增长 21.3% 的发展情况,对研究生教育的层次结构进行调整,提出今后将稳步发展博士研究生规模,大力发展硕士研究生规模,使授予博士学位与硕士学位之比接近 1:10。这与我校博士生教育前期发展较慢,希望今后予以重点发展的愿望相左,加大了博士生扩招的工作难度。今年下拨的博士生招生指标(155 人)与我们上报的数目相差甚远就是例证。如何处理好这一矛盾需要认真思考。④ 国家对学位研究生的培养在进行类型调整,提出专业学位研究生培养的规模必须相应有较大的发展。这应该说是我们扩大招生规模的一个重要途径和机遇。日前,"会计硕士"专业学位获得批准,但总体上我校具有的专业学位种类较少,招生规模较小,这方面的工作有待进一步加强。⑤ 我们不受在外招收研究生数量指标的限制,如何充分利用这一优势进一步扩大海外及港澳台生源、如何调动院系领导和全体研究生导师招收海外及港澳台学生的积极性等,需要认真思考和拿出对策。

2. 大力发展研究生教育,就必须抓好学科建设。

我们知道发展是硬道理,但发展要靠实力,实力要靠建设。建设不仅包括基础设施建设,更重要的是学科建设。学科建设是高校发展的龙头。高校的人才培养、科学研究和为社会服务三大任务,都是以学科为基础进行的。在学校的整体建设中,要坚持以学科建设为主线,以重点学科建设为核心,学科建设的根本任务就是凝练学科方向、汇集学科队伍、构筑学科基地。但要注意,在规划学科建设时一定要与研究生教育的发展紧密相联,要统筹考虑,统一规划,不能脱离研究生教育孤立设计学科建设。

关于学科建设与申报学位授权点的关系。可以说,两者是相辅相成的。学科建设是获得学位授权点必要的前提条件;而获得学位授予权是学科建设"瓜熟蒂落"的结果。博士点、硕士点的获得是学科建设的必然结果,是学科建设获得成就的具体表现形式。一方面,我们在学科点申报过程中要积极地付出努力,千方百计地去争取;另一方面,我们更应该注重平时对学科建设的不懈努力和长期积累。

3. 大力发展研究生教育,就必须加强导师队伍建设。

导师队伍对研究生的培养质量和学校发展的水平至关重要。我们和世界一流大学的差距主要体现在导师队伍的水平方面,新世纪高校之间的根本竞争还是导师队伍的竞争。导师不仅在学术上要严格要求,更要在思想上严格要求学生,具有实事求是、严谨的治学学风、科学的思维方法和良好的道德品质。优秀的导师必须具有三个特点：第一，要有创造性的工作方法、创新精神，做一些别人做不出来的结果。第二，必须是严师，对学生要求严格，鼓励学生大胆创新，勇于冒风险。第三，导师要做到教书育人，将自己的好作风好思想、严谨的治学态度潜移默化地传授给学生，把肩负的政治历史使命融入教育当中。这三个特点，可以概括说成是"严师出高徒"。因此，我们必须不断建立严谨治学的研究生导师队伍，把培养高水平的导师队伍作为一项重要的工作来抓。

4. 大力发展研究生教育，就必须成功申办研究生院。

试办研究生院是发展我国研究生教育的一项重要举措。我国于1984年首批试办研究生院，加上1989年和2000年的两批，以及特批的3所，共批准56所高等学校成立了研究生院（其中合并2所），占全国高等院校的5%。试办研究生院应具备一定的条件：学科、专业比较齐全，科学研究基础好；有较多能够指导博士生和硕士生的教授、副教授和学科、专业授权点；有多年培养研究生的工作经验，管理制度比较健全；有供博士生、硕士生使用的专业实验室，并配有必要的实验设备和测试手段，图书资料比较齐全等。

研究生院的实质是一种研究生的培养制度，确立了一种符合高层次人才教育规律的培养机制。研究生院的功能主要表现在提高大学的学术地位和层次，争取高水平的研究人员和师资，争取各种科研项目和经费，制定研究生教育管理政策，保证研究生的培养质量，促使研究生教育服务于国家需要。

研究生院的设立和建设对研究型大学的形成和发展具有不可替代的作用。为研究型大学学科间的高度融和、交叉、渗透和整合提供广阔的操作平台。我校要办成研究型大学，首先就要成立研究生院。因此，我殷切地希望我们全校同志，团结一致，上下努力，力争尽早成功申办研究生院。

三、从严治校、从严治教、从严治学，努力提高研究生的培养质量

研究生培养质量是高等学校教育和科学研究综合实力的体现，代表了教师群体的科学认知水平和创造性，是衡量大学水平及学校在国内外地位的综合指标。我们要大力发展研究生教育，就要从严治校、从严治教、从严治学，努力提高研究生的培养质量，尤其提高博士生的培养质量。博士生教育是高等教育的最高层次，博士生的培养质量是一个学校乃至一个国家高等教育水平的重要标志。我们一定要高度重视博士生的培养工作，强化质量意识，在资源配置上向博士生教育倾斜。始终坚持"育人为本、质量第一"的观点，正确处理发展、创新、质量的关系，弘扬创新主旋律，牢记质量生命线，确保培养质量的不断提高。

强化过程管理，做好研究生培养过程每一环节的工作，是提高研究生培养质量的关键。过程管理则是比较微观具体的管理，是根据不同学科、不同专业的特点，提出一些具体的实施措施和方式。要把工作重点放在包括修订培养方案、重

视课程教学和学位论文的研究写作等阶段的管理上来,通过对各培养环节的强化管理和考核,以利于高质量创新人才培养工作的顺利进行。

1. 建设一支高水平的导师队伍,是提高研究生的培养质量的根本保证。研究生教育的特点决定了导师在研究生培养过程中的中心地位和主导作用。"师者,所以传道授业解惑也"。研究生导师素质直接关系到研究生的培养质量;导师的学术水平、思维方法、治学态度、思想作风等直接熏陶着研究生。这些都涉及导师队伍的建设。

研究生导师是培养研究生的重要工作岗位,而不是一个固定的职称、职务和荣誉称号。上学期,学校根据学科、专业的发展和研究生招生工作的需要,遴选出一批博士生导师与硕士生导师,同时出台了《暨南大学审核研究生导师招生资格的暂行规定》,除要求导师承担有一定科研项目、经费充足、有稳定的研究方向、连续的科研成果和高强的科研能力外,还对导师每年的招生人数进行了限制:"原则上每人每年招生的人数不超过 3 人;同时兼招博士生和硕士生的导师招生人数一般不超过 5 人"。这为保证研究生的培养质量将起到积极的作用。

导师的知识构成和学术水平直接影响着研究生创新能力的培养。高水平的导师能够站在学科前沿,预见学科发展的未来,具有创新性的思维方法、工作经验,治学严谨,对研究生要求严格。研究生对这样的导师也十分敬仰、爱戴,把导师看成自己心中的楷模。这表明导师对研究生的影响在其培养与成长过程中起着关键性的作用。为了能使新遴选的导师尽快进入角色,这学期我们要试行新导师上岗培训制度。一方面,通过培训使新导师了解、熟悉研究生管理的规章制度;另一方面,邀请学术造诣高,培养、指导研究生富有成功经验的导师现身说法,使新导师尽快进入指导研究生工作的角色,使他们身为人师,发挥传道、授业、解惑的作用。对个别不负责任的导师,除了用规章制度来约束外,还要建立对导师的评估机制,做到优胜劣汰。

2. 严把招生关,确保生源质量。优秀的生源是提高研究生培养质量的重要保证。近年来,学校的扩招也使报考研究生的人数急剧增加,在这种背景之下,如何保证生源质量,客观、科学地测评生源水平,如何把研究生的入学考试成绩与优秀人才的选拔结合起来,将素质好、有创造潜能的学生选拔进来,是亟待解决的问题。为了适应社会对高层次人才的需求,教育部调整了全国硕士研究生入学考试科目。从 2003 年开始,将硕士研究生入学考试中的初试科目由 5 门课改为 4 门(政治理论课、外国语课、基础课和专业基础课),将专业课调整到复试中去进行,专业课的考试形式和内容自定。这种做法体现了复试是进一步考察考生的综合素质和能力的重要功能。我们要认真研究和加强复试工作,积极探索和完善重在考察学生的素质和综合能力的复试形式和办法,逐步扩大复试比例,加大复试权重,制定和完善复试标准,形成一套在研究生录取过程中从初试到复试的科学、规范的质量把关体系,特别是严格执行复试程序,进一步规范管理,以提高复试的公平性、公正性和有效性,严防招生中的失范行为。

3. 科学的研究生培养方案的制定,是提高研究生培养质量的前提保证。培养方案是研究生培养过程的指导性文件。由此确定研究生培养的目标和研究方向,明确研究生培养的过程和环节,其科学与否直接关系到高层次人才培养质量。研究生培养方案的修订和实施是一项复杂的系统工程,需要调动培养单位的领导、导师、研究生秘书等的积极性,齐心协力,集思广益,根据不同学科类别和专业的特点,跟踪学科前沿,拓宽研究生知识面,在充分讨论的基础上制定出切合本学科专业实际的培养方案。

新修订的培养方案,要力争从研究生教育规律出发,坚持科学性、先进性、可行性与创造性相结合的原则,进一步明确培养目标,认真确定研究方向,拓宽培养口径,注意研究生能力的培养,在学制、学习量、学分要求、必修课课程结构等方面进行修订和调整,使研究生的培养立足于较高的起点和学科发展的前沿。在课程设置上,强调知识的系统性、前沿性和研究方法的科学性、创新性,进一步创造条件为研究生开设一系列拓宽知识面和应用性的选修课程,并加大对课程检查评估的力度。

对于研究生在学期间发表一定数量的学术论文问题,我们应给予客观的评价和思考。一方面,这是研究生的研究成果得到社会公开检验的体现,也是提高研究生培养质量的一个重要环节,并为提升学校的实力和排名做出一定贡献。另一方面,这一规定应制定得合理可行,使研究生通过努力既能达到目标,又不至于难以实现而出现学术失范行为。因此,要本着实事求是的精神,制定出切实可行的规定,对不同层次、不同类型、不同专业的研究生要分别考虑,不搞一刀切。对超过规定在权威刊物上发表论文、或被三大索引收录的,要给予适当的奖励。

4. 重视课程建设,改进教学方法。课程教学对研究生基础理论和专业理论水平的提高具有重要的意义,因此,为保证和不断提高研究生培养质量,对课程教学这一重要环节必须加强。不仅需要在教学秩序等方面进行严格管理,更应强调课程内容的拓展和更新。鼓励教师根据本学科的特点,紧密结合国际学术前沿和科研实践,推进研究生的课程建设,在充分调研和论证的基础上提出一个更合理的设置方案。学科组应对课程设置方案的针对性、先进性、课时等严格审查把关。同时鼓励高水平的教师编写研究生课程教材,力争入选全国研究生优秀教材。教学过程着重围绕培养研究生的科研能力、创新能力和解决问题的能力来进行,教师采取形式多样的授课方式如讨论式、问题式、参与式等来组织教学活动,并注意加强对现代化教学手段的引进。采用这些有效的教学方式和手段不仅要让研究生理解和掌握现有的理论知识,更要引导他们懂得这些知识是如何获得的,使他们努力发现新知识。在教学中不仅要让研究生学会分析问题,更要让他们掌握对所研究的问题进行综合归纳和比较,在学会发现新问题、寻找解决问题的突破口的同时,演绎出新的知识和结论。

5. 严把学位授予质量关。学位授予质量是衡量一个学校研究生培养质量的重要标志。研究生学位论文的主要目的是通过科研工作实践,提高自身独立从事科研工作的能力,这一过程包括在导师(导师组)的指导下,查阅文献资料,开展调查研究,了解课题的历史现状及前沿动态,深入进行思考,精心设计实验(试验),反复讨论交流,对主要矛盾分析解决,破解关键问题,最后总结成文,并通过答辩。显然,这是一个相当全面的训练,综合体现了对研究生培养能力的要求。学位论文应该是研究生科研能力和学术水平的集中体现。要完善对学位论文的监控措施,做好论文的中期检查、论文的评阅和答辩工作,逐步加大双盲评审的力度。在学位授予过程中,充分发挥导师、学位点、学科组、学位评定分委员会及校学位评定委员会的把关作用,从各个环节上加强管理和监控,把好研究生培养质量的最后一关,确保学位授予的质量。

同志们,我校这次研究生教育工作会议的召开,为大家提供了一次总结审视过去、设计规划未来的交流平台,这对于我校研究生教育今后的发展意义重大。我希望在座的各位珍惜机会,开阔视野、启迪思维、畅所欲言、认真讨论。全校上下要抓住机遇、为大力发展我校的研究生教育,将我校建成高水平研究型大学而共同努力! 我相信,在大家的共同努力下,2004 年暨南大学研究生教育工作会议一定能够取得圆满成功!

(在暨南大学研究生教育工作会议上的讲话,广州,2004 年 3 月 10 日。)

坚持大力发展研究生教育

跨入 21 世纪,世界各国更加重视学位与研究生教育和拔尖创新人才的培养,均从国际视野和战略高度谋划与推进本国高层次人才战略计划。2001 年,美国《加强 21 世纪竞争力法》提出,三年内每年吸引 19.5 万优秀高新科技人才。欧盟各国积极应对,每年吸引 8 000 名至 20 000 名高新科技人才。日本、韩国分别实施"人类新领域计划"和"21 世纪头脑开发计划",引进短缺的高新科技人才。我国基于"科学技术是第一生产力"和"人才资源是第一资源"的科学论断,及时制定与实施"科教兴国"战略和"人才强国"战略。

今日之世界,竞争呈现出新的特点:全球战略资源争夺由物质资源转向人力资源、由自然资源转向科技资源,拔尖创新人才已成为国家之间竞争的核心和焦点。处于和平崛起和发展中的我国,始终将学位与研究生教育作为国家发展和事业进步的人才库与智力库,通过科学研究与人才培养相结合的方式,自主地培养经济建设、社会发展、科技进步和文化繁荣所需要的拔尖创新人才和高层次、复合型专门人才,为国家的发展和民族振兴作出贡献。

同样,作为肩负国家"面向海外,面向港澳台"办学重任的暨南大学,在新的世纪里为实现党和国家的"三大任务",将责无旁贷地通过学位与研究生教育为海外华人华侨社会和香港、澳门、台湾地区培养和造就各类高层次人才,为加强中国人民和世界各国人民的友好交往,为香港、澳门地区的稳定、繁荣,为实现祖国的统一作出我们应有的贡献。

暨南大学和我国其他著名高校一样,是改革开放以来最早开展学位与研究生教育的高校之一,也是国家实施"面向海外,面向港澳台"办学方针,培养高层次人才,对海内外形成最具影响的华侨高等学府。学校历来非常重视学位与研究生教育和高层次专门人才的培养。尤其,1996 年学校通过"211 工程"预审,成为国家重点建设的大学后,学校的办学类型发生了变化。这种变化意味着学校将从一所"以教学为中心的高校"向"教学与科研并重的高校"转变。我和学校领导班子清醒地认识到这种深刻变化带来的艰巨任务和对学校未来发展产生的深远影响。站在时代的高度,审时度势,果断决策,适时地提出了"退出专科教育,稳定本科教育,大力发展研究生教育"的战略构想和具体措施。

10 年过去了,"实践是检验真理的唯一标准。"我们可以欣喜地看到:

坚持大力发展研究生教育,使学校的办学层次、办学水平得到了迅速提升,实现了办学类型的转变。从 1999 年开始,学校再也没有全日制专科毕业生。在校研究生与全日制本科生的比例,由 1995 年的 1:8.7 发展到 2004 年的 1:3。目前,在校研究生达 5 300 多人,其中博士生 648 人,海外和港澳台研究生 741 人。

坚持大力发展研究生教育,使我校师资队伍的素质和结构发生了重大变化。1995 年教师队伍中具有博士学位的仅有 82 人,现在专任教师中具有博士学位的有 521 人,占教师人数的 1/3 强;而具有研究生学历的达到 76.98%。目前,学校有院士 5 人,博士生导师 124 人,硕士生导师 478 人。

坚持大力发展研究生教育,促使我校科学研究和科学技术的水平得到了空前提高。目前,学校有 65 个科研机构、2 个省(部)级工程(研究)中心、5 个省(部)级重点实验室、71 个实验室、250 名专职科研人员、科研经费已达数亿元。

坚持大力发展研究生教育,增强了学校的整体实力和竞争能力。1995 年,学校仅有 7 个学院、21 个系、7 个博士点、50 个硕士点、30 个本科专业。现在,学校拥有 20 个学院、39 个系、5 个博士后科研流动站、1 个博士后科研工作站、3 个博士学位授权一级学科、28 个博士学位授权点、36 个博士招生专业、90 个硕士点、52 个本科专业、2 个国家级重点学科、15 个省(部)级重点学科。

坚持大力发展研究生教育,为我校实施"侨校＋名校"战略奠定了坚实的基础和拓展了更大的发展空间。暨南大学素称华侨最高学府,已有百年的办学历史,在海内外享有盛誉。但是,暨南大学要办成高水平的著名大学,如果仅仅维持原有的办学层次,就难以吸引海内外高素质的生源和师资,而大力发展学位与研究生教育则是实施"侨校＋名校"战略的重要举措。

从以上几个方面,我们可以认识到,学位与研究生教育和学校的地位、声誉紧密相关。研究生教育作为科学研究创新的基地、高层次人才的培育中心和推动社会变革的动力站,不仅与国家的前途命运,而且也与暨南大学的荣辱兴衰紧密地联系在一起。无论过去、现在,还是将来,我们仍需坚持大力发展研究生教育。

我们肩负着历史的重任,任重道远。暨南大学作为唯一一所代表国家"面向海外,面向港澳台"办学的"211 工程"高校,在一个新的百年里,将以更高的水平、更好的质量和更强的实力立于世界高等学校之林,参与高等教育的国际化,参与拔尖创新人才的培养。我们正在绘制新的蓝图,制定新的目标,设想分为两步走,第一步,争取成功申办研究生院,实现学位与研究生教育新的跨越;第二步,能够在不久的将来,把暨南大学办成具有侨校特色、享誉海内外的高水平研究型大学。

(《引路者论道》(研究生指导教师学位与研究生教育研究论文选)的序言,暨南大学研究生部编,广州,2005:1-3。)

开启思想的眼睛

生活是由思想造就的。一个人活得愈久,就愈深信思想的力量。

新一届工商管理硕士(MBA)毕业了,看到年轻人学业精进、事业有成,深感欣慰。业界精英能利用繁忙公务的间隙,亲身引领学习的革命并将所学所用积淀成书,值得称道;作为教学成果及满足市场渴求,遴选优秀毕业生学位论文中上乘之作结集出版,值得尝试。

当教育将理论与实践分离时,通常就会没有效率。

案例教学法是由哈佛商学院首创的管理教学方法。这种方法贴近实践,将管理理论与经验有效融合,大大拉近了管理教学与实践商战之间的距离。案例教学也是我国 MBA 研究生培养的重要环节。但目前国内尚无专门的案例教材,所用案例多选自国外的样本。为切合中国 MBA 教育的发展规划,造就跨世纪"实务型"人才,急需大量从国情出发,真实描述我国社会主义市场经济环境下企业状态、危机与挑战的优秀案例,积累大批反映中国特色的企业运行规则和操作实务的资源储备。此书作为暨南大学在 MBA 教材和案例建设、MBA 论文学以致用等方面所作尝试之一,旨为实践"管理教育、兴国之道"的方略探路寻踪。

时代已经不同,我们对才华的定义应该扩大。教育最大的帮助,是引导人进入适应性的领域,使其因潜能得以发挥而获得最大的成就感。

本书作者多为企业金字塔顶端的高级主管,实际上是 EMBA(Executive Master of Business Administration,直译为高级管理人员 MBA)。他们超越同侪志存高远,将企业远景与个人潜能熔于一炉,渴望淋漓发挥铸就工商领袖。书中涉及企业发展战略、IT 技术运用等一个个生动的分析与规划个案,是企业高级经理们所面对的众多真实管理问题的记录,分述于案例背景、案例分析两部分,具有多样性、综合性、全面性的特点。可作工商管理专业人士论文写作的参考范本,也可作 MBA 教学中的备用案例,更把读者引入企业实际,置于一个实际经营者的立场上,从实践的环境出发学习什么是经营和如何经营。本书的特点在于不仅提出问题而且提供解决方案。这些观点来源于实践经验。"春江水暖鸭先知",企业管理阶层对市场态势、企业困境、因应之道体认最深。但正如案例教学的规律所示:不存在绝对正确的答案,而在于培养个人对经营状况理解和判断的情境感。面对瞬息万变的企业环境,立于高层次来把握和分析问题,运筹帷幄追求成功经营的思路和方法。

同时,我们深知,没有一种经验可以完全翻版。行胜于言。

一个人的真正动力来自于对自己所向往的方向的憧憬。如果我们知道要去哪，我们会很稳定地朝目标前进。事实是，一个人从来不是完全清楚自己的人生目标。所以，开启思想的眼睛，持续地聆听逐渐浮现的目的感，探明阶段性目标，十分重要；拭亮思想的眼睛，看到目标，并保持达到目标的决心不变，培养适应生命顺逆的能力，更为关键。只有了解内心的欲求，找到个人的存在理由，才能激发抱负和承诺的独特力量。

正如作者在论文谢辞中所述：MBA 教育中心的老师们在理论和实践两方面都给予了悉心指导，他们知识渊博，诲人不倦的精神令人感受到跨世纪的中国高等院校学者的典型风范。在此，我也想对我的同事们的辛勤工作表示感谢。一所学府的美誉传承于桃李芬芳、卓尔不群的莘莘学子，更依托于渊博笃实、追求杰出的校风师德。让我们开启思想的眼睛，让憧憬飞扬，共创新世纪的激情与梦想。

是为序。

（何振翔、郑海天主编：《MBA 案例》，序言，暨南大学出版社，广州，2000。）

亚洲 青春 竞技

今天,整洁美丽的暨南园彩旗飘扬,英姿勃发的亚洲青年笑语喧阗,在这喜庆的气氛中,第一届亚洲大学生田径锦标赛隆重开幕了。在此,我代表暨南大学3万余名师生员工向参加此次运动会的全体运动员、裁判员、教练员和各位来宾、各位朋友表示热烈的欢迎! 向一直热情支持第一届亚洲大学田径锦标赛的各级领导和社会各界表示衷心的感谢!

作为承办方的暨南大学,能够迎来亚洲的一批新朋友,我们感到由衷的高兴! 你们的到来,更为学校明年的百年华诞增添了新的荣耀! 因为素有"华侨最高学府"之称的暨南大学,本身就是一个国际大家庭,她是中国第一所由国家创办的华侨学府,是中国历史上最悠久的大学之一,是中国第一所招收留学生的大学,是中国第一所在五大洲建有姊妹大学的学校,更是目前中国拥有海外及港澳台学生最多的大学,现有来自世界 71 个国家和港澳台地区的 10 892 名学生在校学习。自创办以来,暨南大学一直为世界的和平与发展积极作着力所能及的贡献。在 99 年的办学历程中,已为世界五大洲106 个国家和港澳台地区输送了各类人才 20 余万人。暨南大学的海外学子学成回国后,积极致力于经济发展,始终勤勉于社会进步,不少人成为祖籍国的名人贤达和社会政要,为居住地的经济发展和社会进步做出了突出成绩,如著名侨领、新加坡大学首任校长李光前,泰国前议会主席、副总理许敦茂,新加坡中华总商会前会长陈共存等,便是其中的杰出代表。他们在展现卓越才华和成就骄人事业的同时,也使学校赢得了社会各界的广泛好评和高度赞誉。

现在,第一届亚洲大学生田径锦标赛在暨南大学隆重举办,又为暨南大学作出新的贡献提供了有利契机。这不仅可以推动亚洲各国大学生体育运动的更快更好发展,而且可以进一步促进亚洲各国青年之间的了解,增进亚洲各国青年之间的友谊。而此次运动会又是亚洲大学生的首届田径锦标赛,暨南大学全体师生员工怀着无比喜悦的心情,将承办此项赛事作为学校百年校庆的重要活动之一,对此给予了高度关注和大力支持,力争使本项赛事成为出色的一届大学生田径锦标赛,以隆重、热烈、圆满、精彩的效果载入史册。我也相信,在本届田径锦标赛上,来自亚洲 19 个国家和地区的 40 所高校的大学生运动员们一定能够秉承"亚洲、青春、竞技"的宗旨,大力发扬艰苦奋斗、不怕困难的拼搏精神,全面弘扬团结友爱、互帮互助的合作精神,奋力拼搏,共同提高,赛出水平,赛出风格,全面展示当代大学生积极向上、朝气蓬勃的无限活力和时代风采!

最后,祝第一届亚洲大学生田径锦标赛圆满成功!

祝所有选手在今后的比赛中取得佳绩!

(在暨南大学举行的第一届亚洲大学生田径锦标赛开幕式上的讲话,广州,2005 年 11 月 6 日。)

立足侨校　服务学生　全面推进我校学生德育工作

　　2005年暨南大学学生工作会议今天隆重开幕了。这是我校在新世纪召开的第一次学生工作会议。开好这次大会，对于学校更好地贯彻落实中共中央、国务院中发[2004]16号文和广东省委、省政府粤发[2005]12号文精神，全面推进我校的大学生德育工作，积极营造大学生健康成长的良好环境，为实施"侨校＋名校"的发展战略提供强大的思想保证，具有十分重要的现实意义。在此，我谨代表学校党政领导并以我个人的名义，对大会的胜利召开表示热烈的祝贺！向长期以来在教书育人、管理育人、服务育人岗位上辛勤工作，为我校研究生、大学生的健康成长付出心血与汗水的同志们，表示亲切的问候！

　　大学生是社会宝贵的人才资源，是民族的希望，社会的未来。青年大学生历来是社会上最富有朝气、最富有创造性、最富有生命力的群体，我们党总是把关注的目光投向青年大学生。党和国家的主要领导人，历来十分重视青年的成长。毛泽东同志把青年看作早晨七八点钟的太阳，指出青年是推动国家发展和社会进步的生机勃勃的力量。邓小平同志在青年身上寄寓了我们事业兴旺发达的光辉前景。江泽民同志指出，青年兴则国家兴；青年强则国家强；青年有希望，未来发展就有希望。胡锦涛同志对青年则提出了要勤于学习、善于创造和甘于奉献的要求。这些精辟论述，集中反映了党对青年的高度重视、热情关怀和殷切希望。这对于学校从全局和战略高度，认真贯彻落实中发[2004]16号文和粤发[2005]12号文精神，以胡锦涛总书记、省委张德江书记在全国、全省加强和改进大学生思想政治教育工作会议上的重要讲话精神为指导，做好新形势下侨校的大学生德育工作，在暨南园形成爱护青年、关心青年、鼓励青年成才，支持青年干事业的浓郁氛围，具有十分重要的现实意义。

　　高校是培养青年大学生的重要阵地，其办学水平和办学层次的不断提升是培养高素质人才的重要保证。为创造一个优良的育人环境，学校自"九五"开始，坚持"从严治校，从严治教，从严治学"的办学原则，优化专业结构，调整办学重心，在学分制、学生培养、教学质量评估、基础课教学、英语授课、学生考试、专业设置、招生时间、合作办学、机构改革、人事分配制度、师资队伍建设、教师科研、财务管理、后勤社会化、机关作风建设、廉政建设等方面采取了一系列改革措施，取得了显著成效。学校的跨越式发展，为青年大学生的成长成才提供了更好的成长环境和发展空间。为做好学校的大学生德育工作，下面，我讲几点意见。

一、恪守"学生第一"的办学理念,为学生提供最优质的教育资源

"学生第一"的办学理念反映了一所学校办学的价值取向,从总体上规范着学校的各种办学行为。在学校的教学、科研、管理和服务工作中,我极力倡导恪守"学生第一"的理念。没有学生,就没有大学,学校的一切工作都是为了学生。作为一所传承、创造知识的场所,大学是为学生而设。所以,我们要把学生看成学校的生存之本,人类社会的发展之本,把促进学生的全面发展看成学校的发展之本,把一切为了学生作为推动学校各项工作改革的动力之本。

"学生第一"的办学理念要求我们为学生提供最优质的教育资源,追求质量第一,教育质量是学校的生命,学校的一切工作只有在追求质量第一的基础上才能不断前进;"学生第一"就是要求育人第一,学校的本质是育人,无论是教学、科研、管理服务活动,乃至环境建设、文化氛围都是为了作育人才,只有坚持育人第一,才能在学校中形成人人都是育人工作者、处处都是育人环境的局面,才能最大限度发挥学校的育人功能;"学生第一"就是要求责任心第一,将造就人才作为第一位的任务,以培养创新型人才、拔尖人才为己任。

"学生第一"的理念,其基本立足点是充分尊重和关心师生,核心是致力于培养和造就人才,既要培养高质量的学生,也要造就高水平的教师。学校工作应当围绕并服务于培养人才,服从于培养人才这一大局,全心全意致力于促进人才的全面发展。"学生第一"的理念,体现了现代教育的本质要求。它不仅是对我校百年来办学经验的历史总结,是我校认真学习贯彻马列主义、毛泽东思想、邓小平理论和"三个代表"重要思想的生动体现,同时也是实现学校跨越式发展的根本需要。在建设高水平研究型大学进程中,全校上下必须牢固树立这一理念,并在实践中不断予以丰富和发展。

二、关爱学生,有教无类

善待学生,爱生如子,是每一个教育工作者的基本职责,也是建立新型师生关系的前提。卢梭在《爱弥尔》一书中说:"教育就是爱。"原苏联教育家赞科夫也说过:"当老师必不可少的,甚至几乎是最主要的品质就是热爱儿童。"现代教育社会学的研究表明,师生间的人际关系是整个学校教学过程中全部人际关系的最主要、最基本的部分。健康向上的教育教学氛围与和谐的师生关系是紧密联系的。而和谐的师生关系能启迪智慧,激发创造,从而使师生在愉悦的氛围中完成教学和学习的任务。热爱学生是建立民主、平等、和谐的师生关系的基础。教师真挚地爱学生就能对学生尊重、宽容、理解和信任,师生之间才能思想相通,情感交融。

著名教育家、清华大学老校长梅贻琦曾说:"所谓大学者,非谓有大楼之谓

也,有大师之谓也。"他提出,一所名校,大师比大楼重要。在现代大学校园,我们还要崇尚"大爱"的理念,营造一个以人为本的和谐校园氛围,真诚地爱护每一个教师、学生,使人才辈出而服务于社会,推动国家、民族的进步,这就是大爱。大师的言传身教就是在传播对全社会、全人类的大爱。大爱更源于大学的管理者——要求办教育的人少一分急功近利,大学师生方能多一分钻研创新。

今年,我校的生源来自世界五大洲71个国家和港澳台3个地区,不论来自何地,不论是干部、富商大贾的子女,还是平民百姓的孩子,抑或智力存在差异的学生,我们都要平等对待,一视同仁。这也是与孔子在《论语·卫灵公》中所推崇的"有教无类"的教育理念一脉相承的。孔子"有教无类"教育理念指:在教育对象内容方面,不分种类,即不分贵贱、庶鄙,不分善恶,不分阶级、阶层、年龄和地域,也不分个性差异,凡是愿意来学习的,统统收为弟子施予教育。我希望全校的教育工作者能弘扬孔子"有教无类"的思想,对学生多一份关爱与尊重,因为被尊重与平等对待是学生的一大愿望,能大大激发学生的学习潜能,给他们以自信和力量。

三、立足侨校,更新教育管理与德育工作的观念

暨大最大的特色是"侨"字,这也是学校的立身之本。办好华侨高等教育,为国家的侨务工作、统一大业和现代化建设培养大批高素质人才,是党和国家赋予学校的特殊办学使命。侨校学生的教育管理和德育工作,既遵循着高等教育的普遍规律,又彰显着独自的个性。下面,我想简要谈几个观点。

一是要立足侨校,始终不渝地坚持用中华文化对莘莘学子进行教育,使其能肩负起传承优秀的中华文明的使命,实现"朔南暨,声教讫于四海"的办学宗旨。二是全校教育工作者要肩负"传道、授业、解惑"的重任,授业是传授知识,解惑是启迪思维,传道是升华精神,三者不可或缺且依次递进,构成了育人的一个完整体系。三是要教会学生如何做人,这是立身之本。胡锦涛总书记在年初全国加强和改进大学生思想政治教育工作会议上明确提出:"培养什么人,如何培养人,是我国社会主义教育事业发展中必须解决的根本问题。"可见这一问题的重要性。从人的成长发展来看,要成就小事,主要靠业务本领,而要成就大事,得靠思想品德和综合素质。教育的根本问题是培养人的健康人格,而这应从培养良好的行为习惯着手,正如亚里士多德所说的:"播种一种行为,收获一种习惯;播种一种习惯,收获一种品格;播种一种品格,收获一种命运。"四是要教会学生如何做事,由传统保姆式的管理变为自主式的管理。中国传统的教育过多强调、要求学生听话、顺从,大小事情全由家长与教师一手包办,这种教育管理方式严重束缚了学生个性的发展与积极性、主动性的发挥以及创新能力的培养。我们要创造条件,积极引导学生进行自我教育、自我管理,在尝试、实践及与他人相处合作

共事过程中，锻炼能力、增长才干、经受磨砺，培养其自信心、进取心、意志力、自制力，以及自觉的社会责任心、强烈的历史使命感和自强不息的人生追求。

　　不断加强和改进大学生德育工作，深入贯彻实施"育人为本、德育为先"的工作理念，是新形势下党和国家对高校思想政治教育工作提出的新要求。学校即将迎来百年华诞，跨入第二个百年征程。暨南大学面临着千载难逢的发展机遇。"逆水行舟，不进则退"，学校正处于一个在实施"侨校＋名校"发展战略进程中的爬陡坡阶段。"上下同心，其利断金"；"人心齐，泰山移"。我希望全校师生万众一心，以主人翁的姿态为学校的发展贡献才智，以创一流的佳绩向百年华诞献礼。让我们以本次学生工作会议的胜利召开为契机，着力探讨、积极构建侨校学生教育管理与德育工作的新机制，圆满完成党和国家赋予暨大的特殊办学使命，为推进国家的侨务工作、统一大业和现代化建设而努力奋斗！

（在暨南大学学生工作会议上的讲话，原载《暨南大学校报》特刊，2005 年 12 月 31 日。）

爱低碳生活　创绿色校园

2009 年 12 月,哥本哈根气候大会向全世界 70 亿人民宣布:要保护地球!全球随即进入低碳经济时代。

冰冻三尺非一日之寒!

在茫茫宇宙中,地球是人类赖以生存的唯一的一个得天独厚的乐园。一万年来,人类与自然一直和谐相处。

但是,18 世纪末,人类进入工业时代以后,就进入了一个新时期。人类从大自然的手中夺得了权力,成为地球的主人,要征服自然!我们国家还出现"与天斗,其乐无穷"的誓言和行动。

200 年后的今天,全球能源告急!资源告急!环境告急!全球七十亿人的需求几乎要把自然拖向崩溃的边缘。

再看看我们国家,从 1978 年底改革开放以来,获得了举世瞩目的成就,经济持续高速发展,经济总量跃升为世界第三,即将登上世界第二的宝座,中华民族终于再次站起来了。

但是,我国经济的高速发展,主要靠物质投入的传统发展方式,在一定程度上,是以环境资源的巨大牺牲以及经济发展的扭曲与不合理为代价的。以推动国家经济增长的消费、投资、出口这三辆马车为例,长期以来,我国经济越来越严重的依赖出口这一辆马车的拉动。外贸依存度高达 60%,珠三角尤为严重。特别是我国的外贸出口,主要依赖大量廉价劳动力,大量资源、能源的消耗以及随之而来的环境污染的巨大代价。农民是廉价劳动力,目前用度已到顶。我国的资源十分有限:我国的石油储量仅占世界的 1.8%,天然气占 0.7%,铁矿石占 9%,铜矿石占 5%,铝土矿占 2%。在人均资源方面,我国人均工业化所需要的 45 种主要矿产资源为世界平均水平的 1/2,人均耕地、草地资源为 1/3,人均淡水资源为 1/4,人均森林资源为 1/5,人均石油资源仅为 1/10。以污染造成全球变暖为例,我国面临减排二氧化碳温室气体的严峻形势。从 2003 至 2006 年,我国四年能耗增量超过了以前 25 年能耗增量的总和。2003 年以前,我国发电能力不到两万亿千瓦,现在已经增加到七万亿千瓦。2003 年前钢产量为 2 亿吨,现在高达 7 亿吨。这些都要大量耗费碳资源。随之,我国二氧化碳排放量激增,2007 年超过美国成为世界第一排放国,排放量为 59.6 亿吨,占全球排放量的 21%,与 1990 年相比,几乎翻了两番。我国的排放量激增,最大的推动力是发电、交通运输、制造业以及现在人们的生活方式。

大量的研究表明，大气中的二氧化碳是地球升温的祸首。世界著名气候科学家、美国宇航局戈达德空昌研究所詹姆斯·汉森认为："我们的排放水平早在20年前就早已超标"。

超过临界点并不意味马上发生重大的灾难，但意味着一种从"可能"到"必然"的转变。

如果全球气温上升5℃，暴风和干旱等极端天气出现的概率会急剧增加，海平面将上升10米，海中的一些岛屿与大陆沿海地带特别是一些大城市会被淹没，全球一半物种可能面临灭绝。

如果气温上升6℃，地球上的生命将会遭到毁灭性打击。

我国是升温最为严重的国家之一，近100年来平均升高气温1.1℃，略高于同期全球平均升温幅度，近50年来变暖尤其明显。特别是广州地区，已经是连续第20个暖冬，近50年来，平均温度增加了0.6℃，是全球平均增温速率的2倍。发生极端天气与气候事件的频率和强度出现了明显变化。因此我们应尽快行动起来，热爱低碳生活，做好节能减排。

要建设低碳社会，我们的首要任务是要建设以低碳排放为特征的产业体系和生活模式。要改变高能耗、高污染的粗放型增长方式以及生活方式，以形成有利于我国可持续发展的经济和社会发展模式。

在这中间，建设绿色校园十分重要。

高等教育是国家重中之重的事业，既要为国家培养人才，又要为国家提供科技成果。要使这些人才和成果符合低碳社会的要求，学校就必须改变培养方式，引入先进的科学技术知识，设置新的专业和新的实验室，编写新的教材，充实原有教材内容。

低碳生活，对于学校师生来说，关键是态度。

如果整个社会是大海，每个人就是一滴水；大海遭受污染，影响着每一滴水；同时，也需要每一滴水的努力，帮助净化污染。

低碳生活需要人人参与！

学校应通过课堂主渠道，把"节粮、节电、节水、节材、节油"等知识纳入教学内容，使同学们对什么是低碳生活、为何要选择低碳生活、怎样做到低碳生活等有更深入理解，从而培育其"低碳生活是每一个人应有的生活态度"的意识，获得实现低碳生活技术的能力。

老子说："合抱之木，生于毫末；九层之台，起于累土；千里之行，始于足下"。创建绿色校园，让我们从课堂开始，从餐饮开始，从穿衣开始，从起居开始，从出行开始。让我们每个人从我做起，从身边小事做起。倡导"节粮、节电、节水、节材、节油"，成为低碳生活的倡导者，成为低碳理念的传播者，成为实现低碳生活技能的拥有者！

熄灭的是灯光，点亮的是意识！

哥本哈根离我们很远，校园就在我们身边！

让我们为缓解全球变暖做出自己的贡献！

爱低碳生活，创绿色校园！

（在绿色澳门建设研讨会上的发言，澳门，2010年6月5日。）

提高认识　办好成人教育

在普通高校中开展成人教育,是国家规定的普通高校基本任务之一。我校是担负此项任务的一所综合性大学。成人教育的教学工作是我校教学工作不可分割的一个重要组成部分。因此,我们将成人教育工作列入这次全校教学工作会议的重要议题,用半天时间专门讨论、研究成人教育工作。现在,我就这个问题谈几点意见:

一、进一步提高对成人教育在经济发展和社会进步中的地位与作用的认识,认真重视成人教育

今年六月,党中央和国务院主持召开了改革开放以来的第二次全国教育工作会议。在实现现代化建设第二步战略目标和建立社会主义市场经济体制的关键时期召开的这次重要会议,研究教育工作如何进一步适应加快现代化建设步伐和建立市场经济的需要,全面部署和动员全党全社会实施《中国教育改革和发展纲要》,实现 90 年代教育改革和发展目标,研究和解决教育改革和发展中的重大问题。在这次会议的主要任务与议题中,职业教育和成人教育不仅被列入而且被提到前所未有的高度去加以重视。会议认为,职业教育和成人教育是现代化教育的重要组成部分;大力发展职业教育和成人教育,是加快提高劳动者素质、振兴经济的必由之路。因此,会议将这两种教育的发展明确规定为我国教育发展的三大任务之一,将其放到调整宏观教育结构的突出位置之上,并将其确定为推行教育改革的重点。

在全国教育工作会议上对职业教育和成人教育所取得的这种共识,是对现代教育潮流把握的结果,是从我国国情出发借鉴发达国家发展教育经验的结果,也是对我国近十几年来发展成人教育的实践进行总结的结果。

第二次世界大战以后,作为世界性的教育潮流发生了很大的变化。由于科学技术的迅猛发展、信息量的扩大和知识更新速度的加快,传统的“一次性教育”的思想,已越来越不适应传播新知识、学习新知识和新技能、不断提高人的自身素质和竞争能力的需求,因而逐渐为那种将教育过程贯穿于人的一生的“终身教育思想”所取代。由于一次性教育思想向终身教育思想的转变,也由于科技进步所带来的教育手段、教育方法的创新,传统的、比较单一和比较刻板的办学形式也向着现代的、多元的和开放化的方向发展。成人教育在这种变化中可以说是起了一个带头的作用。

纵观世界，成人教育的发展程度大体上与一个国家科技、经济发展的程度相一致。几乎所有的发达国家不仅有比较完善的普通教育制度，而且也有比较成熟的成人教育制度。德国在这方面的情况就更为突出些。我国正在向现代化的目标迈进，发达国家在教育方面的举措与经验，是人类的共同财富，当然值得我们去借鉴和学习。更何况成人教育比普通教育花钱要少些，发展成人教育适合我国的国情，也符合我们穷国办大教育的需要。

党的十一届三中全会以来，我国成人教育发展很快，取得了可喜的成绩。全国现有成人高校1 300多所，此外，还有近700所普通高校开展了成人教育。十多年来，全国共培养了本、专科毕业生364万名，占全国本、专科毕业生的46%。按照《纲要》的要求，到2000年，这个比例还要提升到48%，通过成人教育所培养的本、专科毕业生人数也要大为增加。这就预示着今后数年我国成人教育的规模将要进一步扩大，发展速度也将进一步加快。

我校的成人教育，自1982年始办以来也有很大的发展。历年来从我校各类学历班毕业的成人教育学生已达12 000多名。这些毕业生，在各自的工作岗位上大都为经济建设和社会进步作出可喜的贡献。目前，我校在学的成人教育学生人数已达4 600多名，占了我校学生总数的三分之一。我校的成人教育，在办学层次上，已由专科发展到本科和双学位；在招生区域方面，已由省内发展到省外，乃至境外。正在香港开办的有中医骨伤大专班，社会学专科起点本科班；在澳门开办的有护理大专班，社会学专科起点本科班；正在新加坡招生办班的有中文本科班；正在马来西亚招生办班的有中文本科班和商学本科班。目前我校已初步形成了多层次、多形式、多渠道和灵活的成人教育办学体系。

从总的来说，我校的成人教育是有成绩的。我校成人教育的教学质量有一定的保证，成人教育的毕业生大都得到用人单位的好评，如香港社会学专业大专班毕业生郑耀棠（班长）是香港工联会主席、人大代表、香港议员，毕业后在社会工作中起到很大作用；又如澳门工联会正、副理事长均是我校大专班学生，毕业后被选为议员的有好几个。这些学员的良好表现，使我校成人教育在社会上具有较高的声誉，并为我校的成人教育带来较为充足的生源。所有这一切都为我校成人教育今后的发展提供了良好的基础和创造良好的条件。

在党中央国务院高度重视下，我国的成人教育必将有个大的发展。在全国的大好形势下，我校的成人教育也将发展到一个新规模和攀升到一个新的台阶。然而，我校成人教育今后的发展，还有待于我们对成人教育认识的进一步提高，也有待于目前我校成人教育中存在问题的克服。

应该说，我校各院、系、所对开展成人教育基本上是重视的。有些院系对于此项工作更是当作一种事业来看待，认识明确、领导重视、精心策划、一丝不苟，任务完成得相当好。在上次教学工作会议上和这次会议上介绍经验的单位，就是在开展成人教育工作中做得比较好的单位。然而,也应该指出的是,还有一些同志对成人教育存有偏见,认为成人教育是一种低水平的非正规的教育,更有的人将成人教育仅仅看作是一种创收的手法。这些认识和看法,都是偏颇的、错误的,如不加以纠正和提高,必将成为我校成人教育发展的障碍。

目前,我校成人教育的运转可以说是基本正常,但在其中也还存在着不少问题:

(1) 我校成人教育的办学条件,从硬件来说,还不够好。特别是在课室、宿舍和教学设备等方面跟兄弟院校相比较,我们的条件较差。今后,学校将争取尽快改善成人教育的办学条件。

(2) 成人教育的教学质量有待提高。教育学院的同志曾对前后六届的成人教育毕业生质量进行了跟踪调查,发现前几届的毕业生质量要比后几届的毕业生质量高。

(3) 成人教育管理体制还没有完全理顺。1991年学校颁发了《暨南大学成人教育管理暂行规定》,明确规定全校各类成人学历教育和成人非学历教育归由成人教育学院统一管理。但《规定》并未得到彻底执行,各行其是的问题时有发生。

以上问题的存在,不利于我校成人教育质量的提高,不利于我校成人教育的健康发展。这些问题的解决,正是我们这次会议要讨论研究的重要内容之一。

二、认真学习中央指示,进一步明确我校成人教育的任务和方向

中央在1983年给予我校指示:"学制要灵活多样,除招收本科生和研究生外,还可办预科和函授教育,实行学分制。"国务院侨务办公室在1985年又对我校指示:"同意你校设立函授部,对国外华侨、港澳同胞、外籍华人和归侨、侨眷开办函授教育。"

上述两个指示,非常明确地指出了暨南大学成人教育的任务和方向,也就是说,暨南大学"面向海外、面向港澳"的办学方针,不只是对全日制而言,而且包括成人教育。所以努力开拓港澳台、海外成人教育,是我校成人教育的基本任务,也是我校成人教育发展的方向。

就当前港澳台和海外的现实情况来看,也迫切需要我们加快开展港澳台、海外的成人教育。首先,港澳台同胞、海外侨胞迫切要求能在不离开现职工作岗位的情况下,通过函授加面授,学习祖国的文化,学习汉语,学习中医、针灸,学习中国的对外贸易政策,学习中国的法律,等等;其次,当今世界上掀起的"中国热"和"汉语热",必将推动汉语(中文)函授教育的发展;再次,是港澳向"一国两制"过渡的需要。鉴于香港1997年、澳门1999年回归祖国日益临近,为能顺利过渡以及过渡后能实现港人治港、澳人治澳的方针,人才是关键。为此,培训在港澳工作的干部,提高他们的文化素质和学历层次的任务,已迫在眉睫。担负此项任务,对我们华侨大学来说,是责无旁贷的。

综上所述,我校积极开拓港澳台、海外成人教育,不但必要,而且非常迫切。今后要集中优势兵力向外发展,立足港澳,着眼海外。

为此,全校各单位对这个问题要有一共同的认识,要同心协力,充分发挥我校综合性大学科类齐全、师资雄厚、设备先进、信息灵通的优势,打破院、系、专业的界限,都把强项拿出来,形成"拳头",切实办出一些具有我国、我校特色的专业,以增强对外招生的吸引力。

在"走出去"的同时,还要"接进来",即接收海外和港澳在职成人或华侨子女来校参加各种长短不等的专科班、进修班、经济考察班、文化旅游班等。

三、加强管理,理顺关系,进一步提高我校成人教育的质量

教学质量是成人教育的生命线,是我校成人教育能否生存和发展的关键。我校成人教育的质量,从总体上来说,是有保证的,用人单位反映是好的,并基本上得到社会上的认可。但是,我们要看到当代科技的发展非常迅猛,改革开放不断深化,高科技产业愈来愈多,因而对人才的要求也愈来愈高。在这种新形势下,我们所培养的人才与社会的需要还有一定距离,并且根据追踪调查资料,发现我校近几年来的教学质量有下降的趋势。这个问题不能不引起我们高度的重视。

从今年开始,广东省高教局成人教育办公室加强了对教育质量的调控管理,今后对全省成人学历教育的办学条件、教学质量要进行评估,对部分基础课和专业课进行全省统考、抽考,并在一定范围内公布成绩和名次。

为了切实保证我校成人教育教学质量,为了我校在省成教办统考、抽考中取得较好成绩,从而进一步提高我校成人教育在社会上的声誉,我们必须认认真真地做好如下几项工作:

1. 各级领导要重视成人教育工作

我校成人教育招生计划是经国务院侨办、国家教委正式批准下达的任务,是全校招生计划的一个重要组成部分,并非计划外招生。各级领导要把成人教育任务纳入本单位教学任务之内,要指定一位领导兼任此项工作,并成立一个成人教育小组,经常研究、检查本单位承担的专业班的课程教学情况,对教学上存在的问题,要及时给予解决,对本单位开出的课程的教学质量全面负责。

2. 要重视成人教育教师队伍的配备和管理

提高教学质量的关键在教师,建立一支具有良好政治业务素质、结构合理、相对稳定的教师队伍,是提高我校成人教育质量、改革和发展我校成人教育的关键所在。对这个问题,我们必须取得共识。

252

首先,各单位在选派教师担任成人教育课程时,一定要注意质量,具有讲师以上职称的教师,不能少于 70％,凡未上过讲台的新教师(含在学高年级研究生),一定要通过试讲合格后,在老教师的指导下上课。担任干部培训班的课程,要选派有实践经验、业务水平较高的教师。

其次,为了有利于积累和总结成人教学经验,各单位选派担任成人教学班课程的教师,要稳定三届不变,如因特殊原因需要换教师时,需经教育学院审核后送主管校长批准。

3. 加强基础课建设,逐步建立公共课试题库

(1)抓好基础课建设。确定第一批重点建设课程为"公文写作"、"英语"、"计算机应用"、"经济数学"、"政治经济学"等五门。按学校对重点课程建设的要求进行建设,每门课程由教育学院拨给一定的建设费用。

(2)抓好部分专业基础课建设。在基础课建设取得经验的基础上,再重点建设一批专业基础课,如市场学、会计学原理、统计学原理、管理学基础、公共关系等课程。

(3)抓好试题库建设,对重点课程逐步实行全校统考,以促进学风、教风的好转。

(4)要进一步理顺管理体制,加强管理队伍建设,逐步实现管理科学化、现代化。

开拓海外成人教育,任务重、难度大,必须由学校统一组织和安排,各单位分工合作。为此,要进一步理顺我校成人教育管理体制,要坚决贯彻执行《暨南大学成人教育管理规定》,做到应统则统,尤其是有关涉外的成人学历教育和非学历教育,均应由教育学院代表学校统一管理。

要加强对管理队伍的培训和考核,提高管理人员的素质,不断提高工作效率,改善服务态度,主动与各教学单位加强联系,搞好协作;要健全和完善各项规章制度(本次会议印发了五种规章制度,请大家认真讨论和修改补充),逐步试行学分制;进一步完善计算机管理学籍的软件,充实计算机等硬件,尽快实现管理电脑化。

我相信,只要全校上下左右通力合作,共同努力,我校成人教育质量将会步上一个新的台阶,我校向外开拓成人教育的步伐将会加快。

(在暨南大学 1994 年教学工作会议上的讲话,原载《暨南教育》,1994(2):9－12。)

第六章　教　学　科　研

谈谈科研中的几个问题

党的教育事业需要的是德才兼备的教师。作为一个合格的大学教师,政治上,要坚持党的教育方针,坚持四项基本原则;业务上,要既搞教学,也搞科研。教学与科研好比一个人的两条腿,我们必须两条腿走路。仅搞教学而不搞科研,或者仅搞科研而不搞教学,都不能算是一个合格的大学教师。只有把科研搞好了,才能促进教学的发展。今天,我想结合自己在科研中的一些经历与体会,谈几个问题。

任何人搞科研,其目的都是要获得科研项目的成功。而要达到这一目的,能在科研上有所建树和有所贡献,每个人可以根据自己的具体条件,走不同的道路,这是由每个人的素质、性格、基础知识以及所处的环境(包括大、小环境)等各种因素决定的。比如,从上海到北京,可根据每个人的不同情况选择不同的路线,可以坐火车,也可以乘飞机,可乘早班机,也可乘晚班机,可以走济南的航线,也可以走合肥的航线。搞科研也是如此,要达到目的,应根据各人的具体情况与特定条件,走不同的道路。对别人的经验,只能参考、借鉴,而不能完全套用。

党的十一届三中全会以来,搞科研的环境好了,主管部门和学校领导都很支持大家搞科研,为我们开创了一个较好的外部条件。因此,现在的关键就在于个人的内在因素。从个人内在因素的角度来看,要取得科研项目的成功应该具备哪些条件呢?

第一,是要有远大的志向。这表现在两个方面:(1)应该把搞科研看成是我们民族的需要,社会主义祖国的需要。对这一点,在前几次有关的会上,我都反复地强调过。我们中华民族是世界上人口最多的民族,应该在世界上有一定的地位,但目前我们国家在科学技术上还比较落后,国家和人民迫切需要我们拿出更多的科研成果来。每个人都要为中华民族的振兴、祖国的腾飞而奋斗,要在科学研究中贡献自己的力量。搞科研,就要从这样的高度来认识。(2)要树立在各自的业务领域中有所创新、有所建树的雄心壮志。现在,在每个科技领域中都有许多前沿科学的重大课题,如我国已经提出了高技术范围内七个重大科技领域中的十五个重大科研项目。每个人都应该具有在各自领域的科研中,力求达到国际水平的理想与抱负,力争自己在社会主义四个现代化中作出贡献。就好比每个体育运动员在奥运会上,都要力争在各自参赛的项目中创纪录、拿金牌,为国争光。我们应该有这样的远大目标:把我们学校建成符合社会主义现代化要求的高等学府,并力争建成具有国际水平的第一流大学。每个教师,要争取拿到科研上的金牌。当然,要求每个人的科研成果都达到国际水平,都能拿金牌,是不可能的。但是,每个教师首先必须有搞科研的积极性,要有远大的志向、奋斗的目标,不能只安于现状,只求把书教好就行了。一个安于现状、不求有所作为的教师不能算是一个合格的大学教师。

第二,要有百折不挠、艰苦奋斗的精神。搞科研并不是一件轻松愉快的事情,而是一件十分艰苦的事业,将会遇到许多想象不到的困难和障碍。这一点,老同志都是有体会的。十一届三中全会以来,在党中央的正确指引下,大气候变了,搞科研的环境很好,当然,小障碍还是有一些,如同志之间、学校之间、学派之间还是会有些矛盾的,但总的形势是好的。但是,不管遇到什么障碍,即使是天大的困难,在科研的道路上,也必须以大无畏的精神和排山倒海的意志,冲破急流险滩,一往无前。1964年,我搞了个精密仪器方面的项目。当时,我在兰州大学工作不久,只有二十三四岁,去一个工厂里找课题,厂里告诉我,在60年代初期,我国曾击落了一架侵入我国领空的美国"U2"型高空侦察机,之后,又击落了一架美国"P2V"型低空侦察机,该机中有一台测高度的精密仪器,它是该机的心脏部件,其核心是一块锯齿形波纹圆板,它的功能是实现飞机的超低空飞行,帮助飞机躲过我国警戒雷达的监视。研制这台精密仪器,关键是解决一个力学上的问题,被列为国家的攻关项目。我跃跃欲试,回校后向党支部书记作了汇报,但没得到支持,理由是我教学任务重又兼任班主任工作,应该把本职工作搞好,哪有精力去搞什么研究。我只好违心地答应放弃这项研究课题,但我仍利用业余时间进行研究。由于得不到学校的支持,加上课题本身难度又大,搞了一段时间没取得什么进展,又因1965年下乡搞"四清",就更没有什么时间了。接着"文革"开始,我由一位"红专旗手"突然变成了"修正主义苗子"和"牛鬼蛇神",被关进了"牛棚",一待就是两个多月,从"牛棚"出来后,因靠边站而不准工作,我就利用这段"空余"时间,又暗暗地开始了已经中断很久的研究。谁都知道,这要冒很大风险的,当时,我们学校抓阶级斗争特别厉害,已经整了几百人,谁也不敢搞什么研究。作为知识分子,我坚信从事科学研究是国家繁荣富强的需要,搞研究是为了国家而并非为了个人。因此,我躲在家里继续研究这个课题,为了掩人耳目在家门口挂了个竹帘子,这可以挡住来人的视线,而我却可以洞察到室外的一切。终于在1968年我完成了自己的研究课题,并写出了论文,但论文却无处发表，更谈不上推广应用了。直到 1969 年我又为工厂搞成了几个项目后，当时又正值学校要求我编一本论文专集，我才有机会把自己的文章拿出来。但万万没有料到，系里"造反派"的头头竟说它是什么基础理论的东西，以不宜刊登为借口，又退了回来。直到 1972、1973 年有两本全国性的属于我这一行的科技杂志（《数学的实践与认识》和《力学》）复刊后，我才算又有机会投递出自己的文章。很快，我的文章被两份杂志的创刊号录用，但令人费解，却迟迟未予发表。到 1976 年底，"四人帮"倒台后，新来的党总支书记，一位正直的老干部，才把事实真相告诉我，原来《力学》杂志接连来过 5 封信，要学校出具我的政治身份证明信，就是那位"造反派"的头头，虽不能在我"解放"之后再说什么，但却扣压信件，用拖延时间的办法，把这件事给无限期地拖压下来。直到那位老干部担任总支书记以后，我的文章，即《波纹圆板的特征关系式》，才在"文革"后恢复的《力学学报》创刊号上登了出来。这篇在"文革"中"偷偷"写成的科研论文得了中国科学院重大科研成果奖。由此可见，在过去，要搞科研不但困难重重，还要冒政治上的风险。现在大气候改变了，但个别的压制情况还是有，特别是个别的基层领导有时压制得很厉害。因为我有过这方面的痛苦经历，所以我作为管理学院的第一任院长，坚决支持大家搞科研，愿意做大家的铺路石，决不允许有人设障碍、搞压制；有受压制的，可以直接向我告状，我给你们撑腰。当然，对于个人，要有百折不挠的奋斗精神，一方面，要经受得起在科研中碰到的种种困难，另一方面，还要承受得住别人打击、压制造成的痛苦。"文革"中，有人批判我是"走资产阶级成名成家的道路"，甚至还攻击说我的论文"就是给人擦屁股人家也不要"。你听了这些话就不干了？那不行，要顶得住，不能因流言蜚语而退缩不前，应该抱着为国家作贡献的坚定信念，勇往直前。这样，科研才能成功，才能出成果。

第三，要具备一定的基础知识。在这方面，每个教师都应当自觉地积极锻炼自己，不断地提高自身的科研能力，打好基础，这当中包括外语、数理化、计算机、文学和本专业的技术基础和专业知识等。

从外语基础讲，外语应懂得越多越好，越精越好。当然事实上对每个人来说，不可能掌握很多种外语。因此，在学习外语方面应有一个战略，首先，要有一门外语擅长、精通，在这个基础上再去搞第二门、第三门。首先要精通哪一门外语？我认为以英语为好。现在全世界的科技文献是每十年增长一个数量级，其中，60％是英文科技文献，主要的发达国家的科技文献大都以英文出版。所以，选择英语作为第一门外语，对搞科研很有好处。当然，如果做翻译又另作别论。比如，你去学一门尼泊尔语，这作为翻译是必要的，但对搞科研则用处不大。如果学第二门外语，我建议学俄语。全世界科技文献中俄语版约占 20％居第二位。两个超级大国，在经济、科技上都是领先的，首先学好这两门外语，对搞科研是大有帮助的。很难想象一个不懂外语的科技人员，能在 80 年代的今天搞出重大的科研成果。当今世界,时间就是效益,要等翻译家为你翻译出科技文献来,那就晚得多了。全世界 40 多亿人口,那么多的国家,那么多的大学和科研机构,同一个课题就有许多不同肤色的人同时在搞,谁搞得快,胜利就属谁,谁就得金牌。所以,一定要具备扎实的外语基础,要能直接看外国科技文献,缩短收集信息的时间,才能赶在前头。

关于数理化基础。当前的科学可以分成两大类型:一类是以文字描述性为主的科学;一类是以数学工具为主的科学,又叫精密科学。你们基础教研室的许多课程属于精密科学。我院的预测研究所,在预测技术中要搞数学模型等,也是精密科学。我们管理学院的专业也要向这个方面发展,充分运用数学工具。数学王国很大,一个人不可能都精通,但懂得太少也不行。同样一篇科研论文,是否利用先进的数学工具加以描述、论证,对论文的质量影响很大。理化基础也很重要,当然,不同专业有不同的要求,有的专业理化基础要求厚实一些,有的专业则要求低一些,但最好是都适当的学一点、懂一些。学科之间都是相通的,知识面宽一点,对搞科研大有帮助。还有计算机,现在是微机普及的时代,新的科技革命是以计算机的应用为主要标志的,没有计算机的基础知识,就会影响你的科研质量。现在我院还有一部分教师不会使用计算机,所以,我们要办普及班,要求全院教师学会用计算机,要下功夫去掌握它,迅速补上这一课,使我们学院的教学、科研,包括行政管理,都建立在应用计算机的基础之上。

文学基础对搞科研也很重要。一篇科研论文,要表达清楚,有条理,有逻辑性,还要简练,那就非有一定的文学基础不行。有许多问题要靠文字叙述,即使你有很多精辟、独到的见解,但词不达意,表达不清,别人就不能确切理解,就起不到应有的推广效果。现在有的论文语言表达太差,语病很多,文理不通,甚至错别字连篇,连标点符号都不会用。这样的论文,请人家去审阅,往往通不过,很容易就被否定了。所以不管你搞哪一领域的科研,文学基础很重要。

第四,要掌握一定的技巧。每个人都应该有自己的绝招,有擅长的东西。打个比喻,古代的将军对十八般武艺并不是样样都精通的。关公擅长的是大刀,回马刀是他的绝招,如果换成箭、换成枪,就不一定行,而罗成擅长使枪,秦琼善于用锏,各有各的特长。搞科研也是这样,每个人要有自己擅长的东西,有自己的绝招,要扬长避短,才可能有更快的速度和有更多的成功机会。现在全世界有那么多的大学,美国有三千多所,中国也有一千多所,再加上业余性质的,同一领域的科研有很多人同时在搞,你要胜过别人,强人一手,没有绝招、长处不行。要了解自己,扬长避短,发挥自己的长处与特点,而不要拿自己的短处去同别人比,否则,你就会失败。有人对伟大科学家下过一个定义,认为在科学上创造一个伟大概念的人才算是伟大的科学家。一个诺贝尔奖金获得者只是创造一个伟大概念的人。爱因斯坦是现代最伟大的科学家,他一共提出了七个伟大概念。不过他也不是样样都行,而是有几个方面的特长,但他充分发挥了自己的特长,所以他成功了。体育比赛有第一名、第二名和第三名,而搞科研,同一个课题,却只能取一名。谁先成功,谁就是第一名,所以你没有绝招,不善于扬长避短,就不可能摘取金牌。

再说查文献的技巧。课题确定以后,首要的就是查文献,以此来论证课题的正确性。题目出得对不对是很关键的,题目出对了,就等于科研成功了一半。只有通过查文献,才能了解在这一方面世界上已经做到了什么程度,以此来验证你的课题是不是超前的。如果百米赛跑的世界纪录已经是9.9秒,你不了解,还在那里搞什么10秒,就是搞出来也没有意义。通过查文献,如果发现这一课题人家已经做得很好了,你不能超越人家,就不要再做了,把人家最高水平的东西拿来用就是了。如果发现人家做的东西不够,你就加以改进。如果发现这一课题人家根本没有做过,那就是空白,谁最早做出来,谁就是填补空白。现在,每个专业在国际上都有一本专门的文献杂志,并分成两个集团,一个是苏联的,一个是英美的。例如,《应用力学评论》就是一本力学方面的权威文献杂志,把全世界公认的高水平的论文都收进去了,并附有评论,你要翻阅有关力学方面的文献,就可以看这本杂志。我们要查文献,除查出英美的文献杂志和苏联的文献杂志外,还要查国内的文献杂志,只有通过这几个方面的查找,才能论证所选题目的可行性,以便科学地把课题最后定下来。

第五,还要善于拜老师。老师有两个,一个是书本,一个是人。现在着重讲后一个老师。人类科技的进步,都是后人在前人成功的道路上继续前进的。从来没有搞过科学研究的人,会把科研看得神秘莫测,高不可攀。实际上科学研究也是人间的烟火,没有什么了不起。只要攻下了这个堡垒,也是感到平平而已。窗纸捅破了就是那么回事。只要你善于拜老师,把这个老师的绝招学到手的话,就可以跟着老师去做,从查文献起,到写成论文,完成实验等,很快就可以入门。拜老师最好要拜名师,所谓"名师出高徒"很有道理。能多拜几个老师更好,除了个别行业老师很少,一般行业的老师是很多的。我们中国培养人才,常常是从大学生开始,然后读硕士、博士,一直在一个老师身边,要到四五十岁才放出去,这叫近亲培植。发达国家在这方面的经验值得借鉴,他们培养博士生,常常不找自己的学生,而到另外学校去找。毕业后,自己学校不能留他,而是逼他出去到外校任教,到外单位工作。美国的科技人员一般一生要调动五次工作,这群人才流动以后,走了几个地方,就是找老师。多拜几个老师,就可学到几个绝招,这样才能开创出自己的路子,才能标新立异,去采"星星"、摘"月亮",拿下大的科研成果。

第六,要有拼搏精神,切忌老换题目。看准方向后,选中一个题目,就要钻进去,沿着选定的方向,始终不渝地前进。不要因难而退,中途改换题目,这不会给你带来成功。当然，如果题目确实选错了，需要改变方向，那是另一回事。要想在科研上有所作为也绝非轻而易举，关键是要知难而进，不能退缩，只要"拼命"去干，就会成功。比如陈景润连走路都在思考问题，撞到了树上。我也有过这样的经历。1971年，一机部要搞一套生产高压聚乙烯的设备，这套设备的压力是2200个大气压，要是出问题，一个小城市就完了。当时要我去研究其中一个难度较大的课题，即计算自动保护装置的应力，并规定3个月一定要完成。我这个人也比较好强，就一口承担下来，当时资料室还没开放，我只好到杂乱无章的资料室的书堆中去找资料，接连几天几夜马不停蹄地去干，但一无所获。真是心急如焚、坐立不安，吃不下饭，睡不好觉，日思夜想着自己的课题，长期的奔波使我病倒了，尽管医生关照必须安静休息，但我还是坚持搞下去，最后终于找到了办法，如期完成了任务。所以，搞科研常常是苦头吃足，绝不会一帆风顺的。这正如运动员一样，在历经千辛万苦和付出大量汗水后，才能夺得金牌，搞科研也同样要有这种拼搏精神。

要争时间、抢速度。搞科研要分秒必争，争取以最快的速度拿出科研成果来。最近，国际上出现了超导热，许多国家同时在那儿搞，谁搞得快，早出成果，哪怕是提前一天就是胜利，就是为祖国争得了荣誉。要写好科研论文，论文的文字要简洁，论点要明确，层次要分明，并要及时发表和推广。整个科研过程，有的要几个月，有的要几年，甚至几十年。如搞种子的优化，从选出好的种子，到大面积的培育，再到喜获丰收，周期很长。陈景润摘取数学王冠，还有一步未做，这种大题目需要很多年。有的科学家喜欢多方面搞，而有的科学家一生就守着自己的一个领域。但不管怎样，都要争时间、抢速度，要不停顿地搞下去，就好像兔子与乌龟赛跑，只要乌龟不停地走，它最终就可以走在停停走走的兔子的前面。科学在日新月异地发展，搞科研也要有紧迫感，要不停顿地前进。

最后，谈谈管理学院基础课的教师怎么选课题、搞科研。基础课教师的教学工作量大，这是事实。但一定要打破没有时间搞科研的思想，高等学校普遍存在这个思想。作为一个教师本身应该具有教学与科研这两种职能，基础课教师也不能例外。我以前也担任基础课教学，当时，我开材料力学课，教学任务很重，课时排得很满，还要改作业、带学生下厂实习、劳动，另外兼带十个人的毕业论文和班主任工作，但我还是千方百计地抽时间搞科研，时间是靠挤出来的。拿我们学校的暑期来说，暑期不等于休假，它主要是给你著书立说的时间，搞科研的时间。国外大学里，教授每人要上两门课，如果没有科研成果，没有论文，就没有科研经费，就不能招收研究生。研究生实际上又是助手，粗活都要研究生去做，上计算机、普通实验等要研究生去做。国外的教授也不是轻轻松松地在搞科研。所以，基础课教师一定要打破这一观念，要善于挤时间和利用假期，积极地搞科研。我认为以后中青年基础课教师没有进行科研就不能提职称，老年基础课教师则给予适当照顾,因为这是历史造成的。

现在相当多的课题是集体性的,个人性的很少。丁肇中教授得到诺贝尔奖金,实际上也是好多人一起做的,是共同的成果,丁肇中不过是总的负责人。他在联邦德国汉堡市有一个研究中心,就有几百人围着他转。基础教研室可以同其他系、室结合起来搞,也可以与总校、其他学校搭档进行。比如我们的化学实验室比名牌大学的有较大差距,要搞大的项目是不可能的,怎么办?可以同总校或其他学校联合起来搞,以弥补我们自己的不足。

我们学院的基础课教师搞科研要注意一个问题,即尽量少做纯基础的课题,而多做应用工程性的课题。我们在上海这个经济中心,已经培训了那么多的厂长、总工程师、干部专修班的学生,要充分利用这个有利因素,到工厂去找课题,多搞应用工程性的科研。我们现有的设备与资金,很难为基础性的科研提供条件,因此不宜众人都去搞这方面的课题,当然,国家急需的项目除外,即使我们赔钱也要搞。

最后我还要特别强调两条。一条是搞科研一定要有求实的精神,诚实的态度,不要搞虚假。搞虚假,既害人,又害自己,别人拿了你虚假的科研成果去用,是害了别人,虚假的东西终究要被拆穿,结果身败名裂。许多基础课教师以前没有搞过科研,可以从小事扎扎实实地做起,一点一滴地积累,不断地锻炼和提高自己的能力,这样,既利于己,更利于国家。另一条是要善于同别人合作,相互尊重,取长补短,不能互相拆台,更不能在背后说些不负责任的话,因为合作是为了增强力量,而不是互相削弱,否则就难达到成功的目的。另外,合作中要发扬风格。对于成果的分享既要实事求是,也要发扬风格,即使同事间出现矛盾,也要真诚解决,坦然处理。总之,希望大家要互相支持、互相谅解,团结奋斗,为振兴中华、为 2000 年的翻两番,为实现社会主义四个现代化,做出经济管理学院应有的贡献。我今天的讲话,如有不妥之处,请大家批评指正。谢谢大家。

(1987 年 4 月 7 日在上海工业大学经济管理学院科学报告会上的讲话(按录音整理),原载《高教研究》,1987,1(2):15－20。)

根据侨校特点改进教学工作
采取有效措施提高教学质量

我的报告讲三个大问题：(1) 教学和教学改革工作的回顾；(2) 根据侨校特点改进教学工作，从多方面采取有效措施提高教学质量是我们面临的紧迫任务；(3) 下一阶段教学和教学改革工作的思路。

一、教学和教学改革工作的回顾

自去年 5 月召开全校教学工作会议至今已过去了一年半时间。在过去的一年半里，我们以《中国教育改革和发展纲要》的精神为指导，认真贯彻德、智、体全面发展的教育方针和"两个面向"的办学方针，从严治校，从严治教，从严治学，深入进行教学改革，加强教学管理，进一步改善教学条件，使教学工作发生了许多新的变化。上次教学工作会议提出的加强基础课教学等多项任务得到了较好的落实。这一年半我们所做的主要工作和收到的成效有如下几个方面：

(一) 深入学习《纲要》和《教师法》，进一步增强了我们搞好教学工作的信心

学习中共中央和国务院颁发的《中国教育改革和发展纲要》是我们上一次教学工作会议所定的三项任务之一。《纲要》进一步明确要把教育摆在优先发展的战略地位，这对我们教育工作者是一个巨大的鼓舞和鞭策。华侨高教事业是我国整个教育事业的一个组成部分，然而又是一个比较特殊的部分。搞好华侨教育工作，对国家的现代化建设将起到特殊的作用，具有特殊的意义。《纲要》对我们更好贯彻德、智、体全面发展的教育方针具有实际的指导作用。

《中华人民共和国教师法》的制定和颁布，不但有重大的现实意义，而且有深远的历史意义，是体现党和国家以尊重知识、尊重人才为核心的知识分子政策的重大举措。《教师法》的颁布，使保护教师的合法权益和对教师的管理等走上了法制化的轨道。

总之，通过学习《纲要》和《教师法》，使我们看到了教育事业发展更美好的前景。我们搞好教学和教改工作的方向更明确了，信心更足了。

(二) 进一步完善学分制，为更好适应"两个面向"办学创造了更为有利的条件

我校是全国较早实行学分制的高校之一，但由于原计划经济体制对办学的制约和其他某些条件不具备，学分制不够完善。学分制的主要特点是以学分作为计算学生学习分量的单位。学分制与学年制的主要区别有两条：一是突破学制年限规定,学生何时毕业,学业上的要求仅看是否修够了专业规定的必修学分和总学分,而不问修学年限;二是在一定范围内学生可以自由选课。正是学分制的这两大优点,能够较好克服学年制条件下统得过死,本科教育模式单一,学时偏重,专业面过窄,不利于学生创造能力的培养等弊端。采用学分制,可以更多地照顾到学生个体的志趣、性向、智力水平、学业起点不同等因素,从而更好地贯彻因材施教原则。尤其像我们这样的侨校,学生来源广,特殊情况多,更应该采用学分制这种比较灵活的教学管理制度。这样做,也便于我校的教育与国际教育接轨。基于这些考虑,我们采用了逐步完善学分制的做法,使学分制一步一步地与学年制脱钩。从1993年开始,我们采用了标准学分制度,规定每个学期本科学生须修读的标准学分数为23个学分。采用标准学分制是进一步完善学分制,规范教学管理和深化教学改革的一个重大步骤。这也是国外实行学分制的学校的普遍做法。在标准学分制条件下运作,学年的概念将淡化,学分的概念将强化。我们做了"新生新办法、老生老办法"的规定,把重修、副修、修读第二学位等学分纳入标准学分数内。重修不另收费。根据标准学分制的规定,各专业修订了教学计划,均衡了各学期的教学任务,压缩了部分课内学时,为今后按学分收费上学打下了基础。特别值得一提的是,因为标准学分制的出台,重修不另收费,使曾经矛盾比较突出的重修问题得到了比较迅速和比较顺利的解决。

（三）加强教学质量监控,使教风和学风有了一定好转

我们在多种场合,包括在上次教学工作会议的报告中都提到,教学质量是我们暨大的生命。本科是暨大办学的主体,如何提高本科层次的教学质量,尤为全校上下所关注。要保证教学质量就必须对教学的每一环节进行严格把关,其中课堂教学和考试是两个非常关键的环节。课堂教学目前仍是理论课教学的主要形式,因此,我们采取了评估、听课和检查相结合的措施来加强对课堂教学质量进行监控。

1. 评估、听课和检查。为在评估上采用现代手段,去年学校教务处购置了光标阅读器,经各方面征求意见选取了教学态度、教学内容、教学方法和教学效果等4项内容为课堂教学质量评估的一级指标,选取"倾注爱心、教书育人"等12项内容为二级指标,并印刷了适合光标阅读器阅读的评估表,在全校的本科课堂进行了两个学期的试评。每次有3 000多名学生参加评估,被评估教师400多人。凡认真按照要求组织学生评估的系,评估的结果可信度是比较高的,反映也比较好,对促进提高课堂教学质量起了较大作用。教师中不认真备课,课堂讲授比较随意的情况未再发现了。个别教师(占被评估教师的3%左右)讲课学生评价不及格,对他们震动较大,能积极与学生沟通,更新教学内容,改进教学方法,提高授课水平。

为避免学生单一评估可能出现的偏差,学校组织了文、理、经、医几个专家听课组,以便掌握教学第一线情况,同时对某些教学质量有争议的课堂教学作出较权威的结论,对某些疑难问题进行验证。专家组20位专家已听课167门、510节,被听课教师211人。专家们通过听课获得了大量的教学信息,反映了不少宝贵意见。与此同时,学校还规定了校院系和教研室负责人等听课的制度;教务处的同志开展了定期和不定期的日、夜间检查和巡视课堂教学情况的活动。

2. 严肃考试纪律。与早些年比较,这两年学生的考风有了较大的好转,上个学期全校只发现5起考试作弊行为。学校对命题、考场管理、试卷交印和评阅、成绩登记及作弊处理办法等都做了具体规定,并严格执行。特别是从去年开始,对考试问题做了两项更为严格的规定:一是取消补考,不及格课程必须重修;二是对作弊学生一律不授予学士学位,对再次作弊的学生给予开除学籍的处分。考试制度严了,促进了学风好转,用学生自己的话来说就是"再也不敢掉以轻心了"。现在学生白天抓紧学习和自觉晚修的增多了。

(四)突出抓好重点课、特别是全校公共基础课的教学和建设,取得了不少喜人的成果

大学英语、计算机应用基础和大学语文是全校最主要的几门公共基础课,学校统称"三语"教学,这"三语"教学始终放在课程教学和建设的重点来抓。从德、智、体全面发展考虑,有关的政治理论课(包括对华侨和港澳台学生开的爱国主义教育课)和体育课的建设,也是学校关注的重点课。另外,还有为部分学院开的公共基础课(如高等数学),或是同一学院内各专业的共同基础课等,多数都已列为校一级的重点建设课。校的重点课第一批68门、第二批40门。学校对重点课实行政策倾斜,从人、财、物等方面加大投入。包括1988年的投入,学校已投入重点课建设经费150万元。目前,学校正组织专家组对到今年建设期满的第一批校级重点课进行评估验收。待验收完毕连同上个学期验收的一道公布结果,并研究下一步的做法,下达第三批重点课建设经费。

1. 加强基础课教学。为抓好基础课教学,学校采取了几项具体措施:① 安排教授上本科基础课。教授在学术上造诣深厚,教学经验丰富,由他们开设基础课对本科低年级学生思维空间的开拓,基本知识、基础理论和基本技能的掌握,学习兴趣的激发,乃至蓄积足够的学习后劲,提高这一层次的整体教学质量,都是十分重要的。根据统计,教授上本科课程的百分比已由原来的18％上升到目前68.7％。② 推广经济学院教师挂牌上课的经验。经济信息管理和会计等系部分课程实施挂牌上课,在校内外反响热烈。全院上个学期有8个课堂600多名学生自由选;本学期还有3个课堂继续挂牌上课。挂牌上课是完善学分制必然要采取的做法,是实行平等竞争,打破论资排辈,保证良好教学效果的一项措施。它与教授上本科基础课相辅相成。经济学院在这方面先行一步,值得肯定。学校对挂牌上课积极鼓励,给予支持。③ 扩大大学英语强化教学试点。大学英语强化教学原只在计算机系试行,从去年开始扩大到医学、国际金融、国际新闻等 7 个专业。根据外语中心提供的资料,强化教学总的效果是好的,强化班比非强化班的四级统考通过率一般可高十多个百分点。

2. 抓好体育课教学。我校是全国 106 所体育课程优秀高校之一,并是全国普通高校体育电教学会理事长学校,也是广东 7 所高水平运动队学校之一。前些时候,广东省高教局还向国家教委申报我校作为全国 30 所高水平运动队学校之一。我校如能跻身于全国高校体育 30 强之列,这对提高学校的声誉和推动各项工作将产生重大影响。在今年暑假举行的全国大学生运动会中,我校成果甚丰,计有:① 田径方面,我校获金牌 5 枚,银牌 1 枚,铜牌 6 枚。这是我校在全国大学生运动会上金牌"零"的突破。(另在今年夏天日本东京国际田径明星赛上我校马丽雯同学获得女子 100 米银牌。)② 乒乓球男子团体和男、女混合双打第3 名。③ 网球女子团体第 3 名。我校不但体育参赛成果较喜人,而且体育部的教学改革也很有特色,体育电教等成果获省级以上 3 次奖励。根据侨校的特点,体育部规定在学生学完一学期基础课以后可自行选项学习。这种选项教学法与经济学院试行的挂牌上课有些类似,学生学得主动活泼,教学效果明显增强。

3. 医学院的"人体解剖"和中文系"现代汉语"两门课建设成果突出,已列为省重点课。企管系的"管理学原理"、中文系的"文学概论"和计算中心的"计算机应用基础"3 门课已获得省级重点课评选资格。经济信息系的"统计学原理"、医学院的"生理学"和社科部的"马克思主义原理"等课程建设成果也比较突出。

(五)加强电化教育和教学设备建设,教学条件有所改观

由于学校的争取和国务院侨办的支持,从 1992 年开始港中旅将连续 5 年每年资助我校 680 万港元用于添置和更新教学和教学管理的设备等。从去年全校教学工作会议至现在,学校教学设备固定资产纯增值 960 万元,等于教学设备固定资产总值增加了 20%,同时,部分教学设备的档次也有所提高。由于教学设备条件改善,现在基本上能按教学大纲要求开出实验。去年以来,全校新增实验项目 163 个,同时实验质量也明显提高。如医学院病理解剖课等学生原使用已老化磨损的显微镜观察组织细胞形态,有时无法分清是病态的细胞还是正常的细胞。现在显微镜更新了,学生反映视野清晰了,观察的内容也可以作出正确判断了。特别是由于投入约 435 万元购置了 100 多台微机和添置了四套进口 WE—7900 型语音设备,使计算机和大学英语的教学条件有了很大改善。计算机课目前可以达到理论/上机 1∶1 的教学要求;大学英语课增加 192 个座位的语音训练设备,可供每人每周在语音室上课增加 2 节。

我校的电化教育近年来在普及和提高两个方面都有了较大发展。全校现有功能齐全的多媒体组合教学课室两间;有普通电教课室 80 间 3 120 个座位;有语言实验室 19 套 760 个座位;有各类电视教材 3 841 部 9 683 小时。全校有 273

门课程有配套音像教材,有 70％的教师利用电教手段上课,仅去年就有约 8 万人次(包括师生)接受电化教育。发展电化教育意义重大深远,在传统教学中引入现代视听结合的手段进行教学,大大缩短了教学时间,拓宽、深化和丰富了教学内容,提高了教学效果,是教育的一场革命和飞跃。今年暑假,学校投入 20 几万元在几个主要的教学楼的 80 间课室安装了投影仪,并在这些教学楼备有幻灯和无线扩音系统,进一步改进了电教条件,受到师生的欢迎。教师们利用现代媒体教学的积极性和热情越来越高,要求制作配套电教教材的学科越来越普及。我校在《遗传学》课程获省多媒体组合教学试验奖励后,今年又有《空间解析几何》课程得奖。还有《中国古代史》、《生理》和《无机化学》等 3 门课参加省的多媒体组合教学试验立项。

(六) 招生与考试、培训工作

学校顺利完成了 94 届毕业生工作和 94 级新生入学工作;顺利组织了去年中、去年底和今年中的大学英语四、六级统考工作,以及今年 10 月全省高校的计算机应用基础课统考工作。此外,学校还组织办了 4 期共 300 多名教师参加的使用电教设备培训班。

(七) 教改收到效果

全校有不少单位和个人积极进行教学和教学改革探索,并在不同程度上收到了效果。

1. 经济学院和文学院决心落实李岚清副总理今年 5 月 3 日来我校视察时的讲话精神,从抓打通部分基础课开始实行通才与专才结合的教育。经济学院各系已基本商定 95 级开始打通 21 门经济类课程,其中包括国家教委高教司规定的财经类学生必修的 11 门核心课程。文学院也已初步确定在全院开通三至五门公共必修课,以后逐渐增开。该院还从上学期开始了分步实施多层次课程内容检查工作,检查教学计划、教材选定、讲授内容等各个教学环节。上个学期已完成本科层次的检查,本学期进行大专层次检查,下个学期拟检查研究生层次及重点课建设情况。通过检查,促进了教风和学风好转。

2. 新闻系学生无论到全省哪个单位实习,对方都不再收实习费,走通这条路子是很有价值的,现在全国高校中能做到这一点的极少。计算机、化学等系结合教学设法吸收学生参与可能的科研的做法大受学生欢迎。社科部部分哲学课教师将一贯的灌输式教学法改为专题讨论式教学,收到了比较满意的教学效果。该部的爱国主义教育课《中国古代文化》出版的新教材《智圆行方的世界——中国传统文化新论》各方面反映较好。中文系坚持多年的导师制,一名导师指导几名学生写作,包干数年,颇有成效。

3. 在教学、教改工作中,许多教师的实绩突出。今年教师节我校表彰的教师中有魏中林等 39 名国务院侨办授奖的优秀教师;有宋献中等 4 名广东省授奖的"南粤教坛新秀"。教师队伍中新进了大批博士,派出海外及港澳台进修和回校的教师数增多,教师队伍素质进一步提高。

4. 从学生方面看,品学兼优和单项成绩突出的比率都有所增加。今年有 30 名学生办理修读双学位手续,有 27 名学生申请副修专业,有 28 名学生可免试升读硕士学位。在近年两项影响较大的全国高校新闻奖活动中,"可口可乐杯"赛 37 所高校各交 3 篇作品参赛,我校新闻系学生夺得了唯一的特等奖和 5 个一等奖中的 2 个;在"韬奋新闻奖"中,我校学生也夺得一、二等奖各一项。要求较高的"计算机世界奖学金",每届奖六七十名,我校每届有 2 名学生获奖。92 级内地学生四级统考通过率的前 3 名为:金融系、经济信息管理系、商学系;海外及港澳台学生通过率的前 3 名为:医学院、经济系、新闻系。

(八) 新成立的华文学院和中旅学院克服困难开展了各具特色的教学工作

第一届中旅学院学生已进校学习,该院还对 38 名新生进行了为期两周的军事训练。对学生进行军训,在我校尚属首次。

华文学院已基本理顺各方面的关系,使教学工作走上正轨。今年对外华文教育招生有较大发展,有来自 19 个国家和地区的 197 名学生来求学,是我校这类招生历年来最多的一年。今年还召开了海外华文教育交流会,有十多个国家和地区的代表到会,扩大了对外影响,加强了对外交流。华文学院办学正朝着上档次、上层次的方向发展。

另外全校的专科教学也稳步发展。

二、根据侨校特点改进教学工作,从多方面采取措施提高教学质量是我们面临的紧迫任务

我校从 1978 年复办以来已招收和培养各类各层次学生 26 635 人,其中海外及港澳台学生 4 468 人。目前在学的(包括成人教育)12 506 人。我们办学 16 年,能够为社会输送这么多高级专门人才,这是值得骄傲的事。但我们也必须看到,我们的教学质量距离应有的要求还有不少的差距;同时,我们面临的办学压力却越来越大,任务越来越繁重。办学压力包括港澳回归的日期越来越临近,台湾已创办新的暨大,港澳也增办新大学;原来对外招生我们与华大两争天下的局面已被打破,而且会进一步打破;"211 工程"的实施,众多高校争上质量、争上水平,等等。在这些压力面前,我们如果缺乏有力的抗争措施,我们办学的前景就不容乐观。现在除大学英语、计算机统考外,还有多门课也已列入统考范围。另外,上级组织的各种各样的评估也在逐渐展开。从学、教和管几方面看,还存在不少问题。我们已长期习惯于"满堂灌"、"抱着走"的教学方法。教学内容有的已陈旧、有的则过多重复,教学手段也较落后,远远跟不上形势发展的要求,适应不了不同学生的学习需要。

谈到教学质量问题,许多人埋怨我校学生来源复杂、参差不齐。这的确是影响我们的教学质量的关键因素。但我们又不得不正视现实。这个现实就是:首先,暨大作为一所华侨大学,不可能不招海外及港澳台学生,不但要招而且要尽可能多招;其次,暨大目前在海外及港澳台一些国家和地区还只能招到学业较一般的学生。在上次教学工作会议报告中,我谈了倾注爱心,促进教学相长的问题。今天我想再讲一讲这个问题。我们招收的海外及港澳台学生由于来自不同的国家和地区,学业参差不齐,确实给教学工作带来很多困难。但我们也要看到,所有来暨大上学的学生,都还是经过了考核挑选的,不是基础最差的学生,有的学生甚至很优秀。而且这些学生绝大多数都是满怀对祖国的感情和对暨大的信赖来上学的,因此,我们不能有嫌弃情绪,不能使他们失望,要满腔热情关心他们的进步,千方百计促使他们成才。凡古今中外的教育家和优秀的教育工作者,都是主张教育的平等性和慈爱性的。我们进行的是普通高等教育,不仅仅是培育出类拔萃的英才。一名真正优秀的教师,他的才华不仅要反映在能教好基础好的学生,更重要的是要能发现学生个体的特长,因材施教,教好基础差的学生。海外及港澳台部分学生开始基础差一些,学得吃力一些,但他们的动手能力和思考问题的能力不一定比内地的学生差,这是大家都公认的。我们能否针对海外及港澳台学生的特点在教学以及教学管理上更灵活一些,更切实际一些呢?这个问题大家可以展开讨论。但无论采取何种方式,我们都必须对海外及港澳台学生的学习花费更多的精力。暨大办学的宗旨就是培养海外及港澳台学生,如果不招他们,不培养他们,暨大也就没有存在的必要了。李岚清副总理讲暨大这个牌子很响亮,中国就这么一所很有特色的华侨大学。特色也好,响亮也好,都离不开一个"侨"字,离开了就没有特色,也不响亮了。对外招生是党和政府交给我们暨大的任务。这对祖国的统一、富强和振兴有重大的战略性意义。因此,无论从教育工作者的一般责任来讲,还是从完成政治任务的高度来讲,我们都必须把招收来的海外及港澳台学生培养好。可以肯定地说,暨大绝不可能靠多招内地的学生再造辉煌,而只能靠经过不懈地努力把教学质量搞上去,靠质量,靠办学水平吸引更多的海外及港澳台学生再造辉煌。

三、下一阶段教学和教学改革的思路

下一阶段或今后一年教学和教学改革工作总的指导思想和总的任务是要继续认真贯彻《纲要》的精神和德智体全面发展的教育方针;要认真贯彻今年全国和全省教育工作会议精神;要强调根据侨校的特点进行教学改革,改出成效;要坚持从严治校、从严治教、从严治学的方针,使校风、教风和学风有明显好转,使教学质量上一个新台阶("三严"、"三转"、"一上")。

具体的任务和要求是:

1. 继续提倡尊师爱生,使教风和学风进一步好转。转变教风是转变学风进而形成良好校风的关键。转变教风要从爱生入手,从备课、教材选择、课堂讲授、实验(实习)指导、教学方法的运用等各个教学的具体环节入手,看教学态度,看教学水平,看教学效果。要务实,不务虚。

转变学风要看到上课、作业、参加实验(实习)、讨论发言和自觉早、晚修等情况,要看学习态度,看遵守学习纪律,看学习效果。

在教与学这对矛盾中,教是主导,学是主体。教师是人类灵魂的工程师,是办好学校的主力军,理应受到全校的尊重;反之,教师应当关心和爱护学生,为人师表,教书育人。我们应当通过各种宣传方式使尊师爱生的口号深入人心,使尊师爱生蔚然成风。爱生与从严要求学生是对立统一的,两方面缺一不可。

2. 要以课堂教学为核心,进一步强化教学质量管理,措施有四条:

① 进一步完善和扩大学生评估工作。各单位要把学生评估课堂教学质量当作一项重要的工作来抓,尤其要训练新生,使之开始就抱积极的态度,当做正常的教学活动来完成任务。评估工作每学期都在第15至第16周间进行。由于采用光标阅读器阅读评估表,评估的要求必须严格遵守。这项工作要派责任心强的同志经办。本人有任课任务的要回避。老师们应加强与学生的交流,让学生熟悉自己的姓名,以便准确填写评估表,避免张冠李戴。评估的结果必须送达每位老师,及时纠正评估中可能出现的差错。

学生评估本学期拟从本科课堂扩展到专科课堂,今后还要创造条件评估实验、实习课。

② 坚持专家组听课和评估。专家组要通过听课和评估沟通更多教学信息,验证疑难,纠正学生评估中可能出现的某些偏差。

③ 落实各级领导的听课制度。领导听课要恰当安排,听课节数要用适当方式予以公布。

④ 奖优罚劣。明年教师节前要评选课堂教学优秀的教师。同时,要挑选教学效果特别好的课堂举行观摩教学活动;课堂教学质量要与职评等挂钩,评估不及格者黄牌警告,不予晋级。对特差者要出示红牌,调整其工作。

3. 进一步健全学分制。总的构想是要达到"四按"、"二制"、"三自"的目标,并分步到位。

① "四按"指按标准学分制规定注册,按标准学分制规定交费,按标准学分制规定选课,按总学分规定毕业。

② "二制"指导师、导生制和电脑选课制。导师的主要职责是指导学生选课,关心学生平时的学习和思想表现,引导学生德、智、体全面发展。导生从研究生或高年级的优秀学生中选拔,主要职责是协助管理学生宿舍生活和社团活动,并帮助低年级学生顺利选课。学分制逐步完善,学生打乱自然班上课的情况会

越来越普遍,学生人手有一张自己的课表,只有用电脑选课,并在网络条件下运作,才能在较短的时间内理顺大量的选课关系。为此,要编排和出版全校课程手册,要制作和试验电脑选课系统,任务很艰巨,需要较长时间准备。

③ "三自"指学生可以自主确定专业方向,自主选择上课教师,自主安排学习进程。自主确定专业方向,指同学在低年级时不分专业,修完学科基础课以后,可在一定条件下根据个人志趣与学习状况在本学科范围内确定专业方向。如同一课程有多位教师开课时,学生可选择听自己满意的一位教师的课。只要符合标准学分制的规定,学生可以多修、少修、缓修、免修各类课程。

李岚清副总理说搞学分制是已定下来的方向,暨大可以走得快一点。因此,我们要在已有的基础上积极推进,但是要避免盲目性和急于求成。

4. 要根据侨校特点积极开展教学研究和教学改革试验。这是本次教学工作会议的主要议题。1997 年和 1999 年香港和澳门将先后回归祖国。我们不但要研究过渡期港澳台学生的教育问题,还要研究港澳回归后的教育问题。

① 希望每个系一级教学单位、尤其是海外及港澳台学生较多的单位明年能拿出一两项比较有特色的教学改革成果。

② 明年要为 1996 年全国第三届优秀教学成果评奖做准备(最近广东省高教局已就此下发通知);我们要及早做好报奖工作,要重奖教学工作成绩突出的单位和个人。

③ 今后优秀的教学研究论文要视为教育科研成果,在评职称晋级时给予肯定。我们准备拿出一笔经费支持教师们进行教学研究。

5. 要进一步做好新教师上岗培训和尚未掌握电教技术的教师的培训。要研究电教设备和课室如何方便教师上课使用的管理问题,切实提高各类教学仪器设备的利用率。由于目前课室数量不足,今后晚上要适当排课,请各单位和老师们要理解和支持。

6. 要进一步抓好课程建设工作。各系一级教学单位都要把重点课程建设纳入自己的教学管理任务范围,有些单位把此视为课程承担人个人的责任是不对的。课程建设要重点与一般相结合。学校拟实行校、院、系分级管理分级建设课程的办法。重点课程要突出抓好教师梯队建设、教材建设、教学内容更新和采用现代化教学方法、手段等环节,使课程教学质量有明显提高。

7. 要进一步改善教学条件,加强实践教学环节。实践课比重较大的单位要严格规范实践环节管理,保证实践教学的效果。明年要就此进行一次专门调查研究,总结经验,提出改进措施。

8. 要加强艺术教育,艺术中心要开设更多的艺术课程。要按照广东省高教局和国家教委有关通知的要求,对学生进行健康的高雅的艺术教育,培养学生的审美情趣,提高他们对艺术的鉴赏力。现在在校的学生是下一世纪的人才,他们需要有较全面的知识结构,要有艺术修养。我们要充分认识艺术教育在普通高等教育中培养德、智、体全面发展人才的重要地位和作用,搞好有关的管理和建设。

9. 要进一步加强考试管理,从严从快处理各种考试舞弊行为。从 94 级开始,学校将用光标阅读器阅读学生成绩登记表,请老师们积极配合。

10. 这次大会除印发了《关于进一步健全学分制的若干意见》外,还印发了《暨南大学教学工作规范》、《暨南大学预订教材管理办法》、《暨南大学教研室工作条例》和加强电化教育等几个教学工作文件,经过大家讨论修改后,要加以贯彻实施。教学工作是学校经常性的中心工作,我们必须进一步增强教学意识,花时间来研究解决教学上的一些重大问题。我们要进一步树立信心,创造更多的教学工作业绩向建校 90 周年献礼,为把我们暨南大学办得更有特色、更有水平而努力奋斗!

(在暨南大学 1994 年度教学工作会议上的讲话,原载《暨南教育》,1994(2):1-8。)

教学是主旋律

今天，暨南大学教学工作会议隆重召开了。这次学校教学工作会议意义特别，第一，党的十五大发出了"高举邓小平理论伟大旗帜，把建设有中国特色社会主义事业全面推向 21 世纪"的号召，这是我国高等教育事业改革和发展的又一次重大历史机遇。我校的这次教学工作会议，就是要从时代和社会改革的高度出发，高举邓小平理论的伟大旗帜，把握难得的好时机，全力推动学校教学改革，努力使之有新的突破性进展。第二，两周前，由教育部召开的第一次全国普通高等学校教学工作会议（这是新中国成立以来，首次由国家教育行政部门召开的全科类教学工作会议），明确了今后一段时间高校深化教学改革的基本思路，即：贯彻教育方针，更新思想观念，拓宽专业口径，改革内容方法，加强素质教育，提高教育质量。我校的这次教学工作会议的议题正是"转变教育思想，深化教育改革，提高教学质量"，与全国高校教学改革总思路相一致。第三，暨南大学自1978 年以来，通过全校教职员工和几届领导班子的共同努力，学校的教学工作取得了较大成绩，教学改革积累了丰富的经验，近年我校教育的整体发展可以说是历史上最好的时期之一。这为我校面向 21 世纪的教学改革打下了比较扎实的基础。因此，我特别寄希望于这次教学工作会议，希望它开得热烈，开得卓有成效。在此，我谨代表学校党政领导，对暨南大学教学工作会议的召开，表示热烈祝贺。

在此世纪之交，我校的人才培养工作正处于一个历史性的关键时期，我们的教学工作也面临着新的挑战和困难。切实深入的教学改革，是我们迎接挑战，战胜困难的唯一出路。对于高校来说，培养人才是根本任务，教学工作是主旋律，提高教学质量是永恒的主题，教学改革是各项改革的核心，本科教育是其基础。我校在深化教学改革，提高教学质量的同时，一定要明确"教学是主旋律"与"211工程建设是中心工作"的并行不悖、密不可分的关系。学校"211 工程"建设得好，将直接带动学校整个教学工作的发展，诸如现代教育技术的发展，实验条件的改善，各类实践基地建设的加强等。最近，从国家"211 工程"主管部门获悉，从"十五"计划起，"211"项目的遴选先定学科、后定学校，届时评不上国家重点学科的"九五"的"211"学校，将被滚动出列。我们面临的压力是巨大的，进入"211"来之不易，保住"211"更需要全校教职工的继续齐心协力。在"211"高校行列中建设我们学校，它的"主旋律"将更加优美嘹亮。

教学改革，一定要紧紧抓住培养什么样的人和怎样培养人这两个根本问题。长期以来，我国高等学校的本科专业设置过窄，实行的是一种狭隘的专业教育。

随着科技的发展及社会主义市场经济体制的建立,这类"专才"毕业生愈来愈与社会的需要不相适应。因此,我们必须拓宽本科教育的口径,减少专业种类,扩展学科基础。今年上半年,教育部将颁布新的本科专业目录,全国本科专业总数将调减一半。学校各院系及教务部门一定要以此专业调整、改造和重组为契机,调整人才知识、能力和素质结构,拓宽基础,整合课程,构建新的专业平台,增强专业方向设置的柔性。不断深化教学改革,努力培养出基础厚、口径宽、能力强、素质高的适应21世纪的新人才。

我校的学分制在全国实行较早,也有一定的影响。但目前也存在学分偏多、课时偏多的问题。学生负担较重,不利于学生综合素质的培养。因而,我们的教育思想必须随学科发展和社会需求变化而转变,要制定合理的培养方案和教学计划,大力压缩课时总量,减少总学分,减轻学生负担,为学生的全面成长留出必要的时间和空间。同时,图书馆、实验室等要充分向学生敞开,要开展多种形式的课外科技、文化和社会实践活动,开辟"第二课堂"。

我们学校是一所"面向海外,面向港澳"的华侨大学,"侨"字就是我们的特色。目前,我校外招生人数已近3 000人,占学校学生数的30%以上。不久,将努力达到国务院侨办提出的内外招生数各占50%的比例要求。为此,我校已进行了系列改革,如两季招生,午选课,分流教学,等等。特别是尝试对非英语专业的部分课程采用英语教学。这项尝试应着力抓下去,并要加快步伐。作为侨校,理应在这一方面走在全国前列,我们的方向,应是"双语教学"的学校。因此,我们每个系、每个专业可否增加一门英语授课课程,并努力做到逐年递增。这是一项艰巨而现实的工作,也是我们这所海外及港澳台学生即将占50%的华侨学府的必然而迫切的要求。

教学的改革,要有与之相适应的教学管理体制。教学管理是一门科学,兼有学术管理与行政管理双重职能。学校各级领导干部都应学习教育理论,研究教育思想,懂得教学规律,熟悉教学管理。我们在深化教学改革的同时,也要进一步深化校内管理体制的改革,管理跟不上,教学改革也将落不到实处。因此我们要继续坚持"发挥优势,深化改革,保证重点,改善条件,提高质量"的办学原则,并把它落实到"严"、"法"、"实"三个字上。"严",就是要严格管理、严格要求;"法",就是要依法治教、依法治校;"实",就是抓大事、干实事。这样,才能使我校的教学改革有保障,教学质量得以提高。各位老师,各位同志:21世纪将成为一个教育世纪。21世纪的经济将是知识经济。我们今天在此召开的暨南大学教学工作会议,正是面向这一伟大世纪而进行的一次教育思想改革的探讨。我相信这次教学工作会议,将会对我校今后教学的发展起到极大的推动作用。希望全校教职员工心往一处想、劲往一处使,努力使我校的教学质量、教学水平再上一个新台阶。

(在暨南大学1998年度教学工作会议上的讲话,原载《暨南教育》,1998(1):1-2。)

本科教学是基础

今天我们探讨教学问题。本科教学是基础，是我们学校的主旋律，搞好本科教学与全校各方面有关，大家要共同来把教学搞好。但是我们学校还存在很多问题，这不是危言耸听，我们有很多问题，如最简单的、最面上的问题，别人走到我们校园里，会看到我们学校的校风、学风、教风跟名牌学校有差距。

尽管我们的学风比过去好多了，但是，学生的向上力、创造力不够，我们教师的向上力也不够，所以，我们应该想办法推动我们的向上力。首先是老师，老师们有了向上力，才能推动学生。这个是我们学校当前内部的深层次的问题。过去我们还不提这个问题。进入"211工程"已经5年了，我们必须参加本科评优。于是，向上力的问题就显示出来了，我们要抓这个事情。同时我们学校面临两大类学生的教学问题，过去不严重，因为我们过去只有1 000多海外及港澳台学生，对内我们是二本招生。今天就不一样了。我们已经在全国一本招生，招重点线以上的，而且非常的热门，仅安徽和四川两个省就有1 000多人报名。我们收10几20多个学生竟然有那么多人报名。那么我们进行一本招生的结果是什么呢？差异就大了，矛盾就大了。加上我们海外及港澳台学生的数量在增大，达4 000多学生。这4 000多学生上个年度来自34个国家，不同的中学背景，不同的教材，不同的文化背景，走到了我们这个学校来，我们教学的难度很大，现在更难了，就得想办法解决。

我们学校从1993年开始实行标准学分制，就是要和国际接轨。前年的全国教学工作会议提出，高等学校要实行弹性学分制，这一点我们学校早就实行了，走在全国的前面。很多的干部、教师、学生对学分制仍然不了解。其实暨南大学要办得成功，就是要把标准学分制执行好，严格执行，才能保证质量。为什么呢？学分制就是对学生因材施教，当学生进校后，通过这个体系，自主学习，而不是被动的学习。过去是保姆式教育，学生进校以后是学校给他安排课程，学校给他安排老师，安排教学，安排时间。学校给他安排一切，包办一切，这是中国的传统。而学分制就是要让学生自己来选课程，选上课的老师、时间、毕业的时间。你愿意听怎样的课，是自己来选，充分调动青年人的内在动力来学习。我认为这是一个非常好的管理制度，就像我面前的这个灯泡，是两天生产还是三天生产出厂，是一样的，都是合格产品。我们对学生的培养也是一样，走出校门合格就行了，他可能因为智商的原因，因为身体健康的原因或经济的原因，等等，可能要延长时间学习才能拿到学位，这是允许的。不能够一个模式来安排，应该因材施教，因人而异来培养学生。

另外,关于标准学分制的学时问题好多人也不清楚。为什么我们是 150 学时?这是在全世界考察后定的,不是随便提出来的。发达国家如英国的学分制,学年学分 40,分三个学期,共三个学年,周学时是 12～14。外国绝不像我们中国这样满堂灌,是少课时,少而精的课时让学生自主学习,查资料,做作业来提高。外国学校周学时 12～14 学时,我们现在是 20 学时,是考虑到政治课;另外体育课要算学时,英语课要算学时,这些在欧美是没有学分的。所以我们考虑到中国的特色,周学时 20 学时。学生没有自主学习的时间是完不成任务的。大家不要去超学分。要用现代化教学方法精选教学内容,少而精地教给学生,提高质量,要在这个方面下大力气。抓教学质量的提高,可以说,比抓科研还难。为什么中国古话说十年树木、百年树人?要教人,要把一个学校办好,那真得几十年的功夫。我们现在向世界学习,把发达国家、先进国家的方法引进来。所以,要提高教学质量,首先要把标准学分制执行好。我们学校周学时 20,就是你上课不要超过 20 节,上课的内容就是 20 节的内容。你如果加,周五不加,周六、周日加,那么一样增加学生负担。这个是上课时间概念,一周里面就是 20 节课。要用标准学分制,用严格管理制度,使学生紧张起来。所以要大家认识、宣传标准学分制。学生要循序渐进,一门课学不好就要重来,学好再往前去。我们的学生工作秘书要改变观念,改变工作习惯。不是学生进校和毕业时都要在同一个班级,班级是打乱的,没有班级的观念。我们的学生工作必须要建立在这样的思维基础之上,要符合新情况。我们后勤的同志、教务部门的同志、其他部门要有这个观念才行。教学制度变化了全校都要注意到。

由于我们的宿舍不够,学生读完 4 年必须离开。但我们在慢慢改变,很快会缓解。学生 5 年、6 年毕业不了,还可以住下来学习,最多读 7 年。学分制就是学习可长可短,只要达到了人才培养的目的就行。在欧美名牌学校,本科生按时毕业的只有 30％。我们学生好像 100％都要在进校 4 年后的暑假走出校门,这个观念是不对的。急于求成,对学生的培养质量是不好的。

我希望今天的会议能形成共识:提高教学质量是暨南大学全体教职工的共同责任。我们每一个人要想一想,你与提高教学质量有什么关系?你在这个岗位上要怎样做才能为这件事做贡献?我们学校像几千个轮子零件组成的一列车,每一个轮子都起作用,每一个零件都要好好运作,这列车才能向前。所以,把教学工作搞好,是我们时代的必须,必须每一位教职员工努力才行。

关于"侨校＋名校",这个也要深入人心才行。侨校,从我们学校诞生之初就是侨校,这个是我们学校的本质,不要忘记。我们任何时候、任何工作都不能忘记"侨"字。这是我们的生命线,是宝贵的东西,是我们的核心。大家不要忘记这个侨字的特殊性,要体现在工作每个方面。中国很大的特色就是有华侨,世界各民族只有中华民族有这个特色,所以邓小平同志说:海外关系是个好东西。因为中国华侨特色的存在,使中国从一个落后王朝走到现在民主的社会。大家想一想,90年以前,辛亥革命时中国社会多么落后,是梳着长辫子的时候。如果不是华侨,不是孙中山领导的华侨冲击,中国落后的王朝不知还要到什么时候。所以,中国的华侨功不可没。抗日战争、新中国的建立都这样。改革开放后华侨华人作贡献,全国外资的投资,70%来自华侨华人。所以,中央十分肯定侨务工作,暨南大学要"面向海外,面向港澳"办学。我们一定要坚持侨校的特色,一切为侨服务。

我们同时要提名校,为什么呢? 因为如果我们不办成名校,"侨"的任务就完成不了。国外的大学教育已经大众化,普及化,我们中国是精英化教育。我们在广州办侨校要能吸引人家,要靠什么办法、什么招数? 只有办成名校才行。只有有名的学校,才能吸引学生,才能完成侨务工作。那么什么是名校,人人都明白,从孔子办私塾、到朱熹办岳麓书院等,是有名的。

哈佛大学培养了那么多名总统,剑桥和牛津出了那么多诺贝尔奖金获得者,这是名校特色。所以,我们要实行侨校+名校战略,把暨南大学更往前推进一步。我们要以教学和科研为中心,把教学和科研搞好,走到下一步,逐渐变成研究型的大学,这就是我们的目标。

(在暨南大学2001年度教学工作会议上的讲话(按录音整理)。原载《暨南教学报》,2001年4月9日。)

严格教学制度

学校的教学工作十分重要,请大家要认真对待。

一、教学工作是高校的中心工作,是学校的主旋律,在任何情况下都要紧紧抓好本科教学工作。

二、本科教学一定要严格执行标准学分制。

学分制体现了因材施教原则,是一种很好的教学制度,对优秀的和学习成绩差的学生都适合,所以全世界的许多高校都在实行。但学分制是一项系统工程,需要全校所有教职工都重视才能搞好。我校自 1978 年试点,1983 年全面施行学分制,1993 年又开始实行标准学分制,学分制在我校已实践了 20 多年。对于标准学分制的各条规定,一定要严格执行。

四年制本科生每学年标准学分为 40 学分,每学期为 20 学分。各院系教学计划要按照学分制要求来安排。学生可根据本人学业情况少修或多修课程。少修每学期不得少于 15 学分,多修学分要受学分绩点的限制,只有学习成绩好的同学才能多修学分,多数同学是按标准学分(20 学分)选课。我们对成绩优秀,即绩点很高的学生实行奖励学分,免收学费。

实行学分制后,就打破了年级、班级的概念,学生学习的快慢完全由学生自己定。欧美发达国家的状况是:70％左右的学生四年不能毕业,只有 30％左右的学生按时毕业。因此,我们不能要求四年后学生都能毕业。

我校今年的在校生来自 56 个国家和港澳台地区,各国和地区的中学水准无统一标准,学生学业程度参差不齐,因此,实行学分制更有必要。我们对外招生的教学要求是"面向海外,应用为主",对内招生的要求是"加强基础,目标上移"。我们要从国家利益的高度认识培养侨生的重要性,要以更多的爱心来对待海外学生和港澳台学生,认真做好培养工作。

以前学生在修大学英语课时出现过没有修过低段就去修高段、修了高段再反过来修低段的不正常现象。这种情况在今后一定要防止,修课要处理好先修后继的关系。为了方便学生选课,一些主干课程今后要每学期都开,而且一课多师开,在不同时间开,学生愿意上午上的就上午上,愿意下午上的就下午上。

三、做好大平台招生试点工作。

我校准备今年在经济、管理、外语、新闻与传播、华文五个学院试行大平台招生。学生进校一年或二年后根据个人意愿和学业成绩再选专业。大平台招生是适应本科"通才"教育趋势的做法,大学不仅仅要向学生传授知识,更重要的还要教会学生技能，教会学生自学的本领，"授人以鱼，不如授人以渔。"

四、坚持 16 周上课制。

我校现在实行的是 16 周上课制。一学期 20 周，16 周上课，2 周用于补课、答疑、复习、备考，2 周考试。有些课程没有严格按照这个规定，提前进行考试，这是不对的。

（在暨南大学教学专题会议上的讲话（按录音整理）。原载《暨南大学校报》第 351 期，2003 年 3 月 25 日。）

教学是学校的生命

教学是学校的基础工作,是学校的生命,是学校的主旋律。我们招进了学生,第一位的任务就是教育他们。教学工作至关重要,无论何时都应该重视。不要因为我们现在提了"侨校＋名校",我校成了名牌学校,成了研究型大学,就忽视教学。成了名校之后,不注意教学,就会把学校的名声搞坏。所以我们学校这些年一直坚持每年召开一次教学工作会议。每年的教学工作会议有一个主题,今年的主题是实践教学问题,强调抓实践教学。在讲实践教学问题之前,我想先强调一下几个问题:第一、我们学校确定了"侨校＋名校"的发展战略,这是我们学校的定位。这四个字,我们的上级领导同意,其他的高等院校听了我们的介绍之后也非常赞赏。办一所大学首先是定位问题。在昨天刚刚结束的全国高校教学研究会议上我也作了这个发言,会议也非常欣赏我们这个定位。因为现在很多高校定位问题没解决,所以这次全国高校教学研究会议就研究高校的定位问题。现在我们学校确定了"侨校＋名校"的发展战略,就应该按照这个定位搞好各项工作。全校所有的教师、所有的职工、所有的部门都应该围绕这四个字做好工作,实现这个发展战略。

第一个词是"侨校",这个很明白,这是我们的特色,是从1906年建校以来就确定的特色。暨南是中国政府办的第一所侨校,如果摆脱了"侨"字,就不能成为侨校。侨校的特色是什么呢? 就是要侨生多。所以我们应该注意侨生的比例,而且要高比例才行。但是应该说,经过若干年的努力,到现在侨生的数量仍然偏小。我们现在是7 400个境外生,其中3 500个香港学生,2 000多个澳门学生,500多个台湾学生。我们的华侨华人学生偏少,只有1 000多人。这个数目,与学校学生总的数量相比也是偏少。但我们学校的性质,新中国成立后给我们的定位,是"面向海外、面向港澳台",因此,港澳台学生也是我们重要的服务范围。那我们加强港澳台的招生工作、培养工作也是非常重要,甚至是特别重要。所以我们首先是追求港澳侨台学生的数量,其次是质量,培养他们成才。我校自从进入"211工程"学校以来,在"侨"字上做了大量工作,全校的海外及港澳台学生由1 900人发展到今天的7 400人,8年里的发展速度还是很快的,但离我们的目标还有一段距离。我们希望全校内地与海外及港澳台学生的比例达到1：1。目前全校是14 000名本科生,4 300多个研究生,还有一点预科生和华文教育学生,总共是19 000个全日制学生。但只有7 400个海外及港澳台学生,还不到40％,还有点距离。侨生比例偏小,无论是学校的招生办,研究生部的招生办,还是成人教育的招生办，都应该把大量的力气用到海外、港澳台去，这是我们的任务。最近中央派出了调查组到我们学校来调查研究，为了香港和澳门的稳定、繁荣、发展，希望暨南大学更多地做出贡献。这只有把学校办好才有可能，所以仅仅提"侨校"还不行，为此，这几年我们提出了"名校"。既然要完成为港澳台培养人才，完成世界华人华侨心系祖国、心向故乡的任务，如果不是一流的名校，我们就绝不可能吸引全世界的华侨华人把孩子们送到我们这里来读书。试问，哪个家长愿意把孩子送到一个办得很差的学校去读书？每一个家长，每一个青年人，都愿意去读一所好的学校，获得一个好的文凭。因此，暨南大学不办成名校，侨校的任务就无法完成。祖国的统一大业，祖国的现代化事业这个伟大任务，要求我们暨南大学成为一所名校，这是客观的需要。我们前几年没提，那是因为我们还不太强，这几年学校有了巨大的发展，我们得到国内外的好评，我们才提出这个"侨校＋名校"的战略。所以今天这个战略应该让每一个师生都知道，为这四个字来作贡献，凝聚我们所有的力量，发挥我们所有的优势，创造一切的条件，来完成这个伟大的任务，为我们祖国的统一大业，为我们祖国的现代化事业作更多贡献。这四个字我们应很好地理解，很好地执行，这是时代的需要。那么，由这四个字又引伸出另外几个字的要求，我们要走国际化、现代化和综合化的道路。

第一，国际化。国际化的道路是名校所需要的。一所名校必须与国际进行紧密的学术交流，文凭在国际上得到认可。所以我们一直在打国际牌，并完成了几个方面的工作：

一是招生。现在一共有 52 个国家的学生在我们学校求学，世界五大洲主要的发达国家及发展中国家都有学生在我们这里读书。我们教学大楼前面的万国墙，每年都在增加国家数。暨南大学更多地为世界所了解，远在千里万里都愿意到你这里来读书，说明有吸引力。国际化要求生源要国际化，我们的学术工作要国际化，人才要国际化，所以我们教师队伍也开始从海外招聘，甚至有外国人到学校来任教。我们的学术工作一定要以世界的前沿学科为准，前沿的水平为准，来发展我们的科学研究工作。应该说我们现在已经在世界上找到了朋友，我们加入了世界大学校长联盟，我校是世界大学校长联盟的成员。

我们在世界五大洲建立了姊妹学校，同时我们又靠着侨校的性质，在华侨华人最多的东南亚每一个国家都找到了姊妹学校，明年可以完成这个目标。这样的结果，就是我们的学生可以到对方去学习，对方也可以到我们这里来学习。交往的结果就是互相承认学分，承认学校。我们找的又是好大学，一流的大学做我们的姊妹学校，那么我们的文凭就会在那个国家得到承认。由于"文革"前外交战略的原因，影响了我们与东南亚国家的关系，工作是非常困难的。在越南我们大概花了三、四年的功夫才得到批准得以进入。当然，即使晚进去，我们也是国内第一个进去的学校。到印尼、马来西亚、柬埔寨、老挝我们都是国内第一个在那里找到地盘的学校。国际交流合作处这些年来做了大量的工作,各院系配合,我校与越南的大学,最近与老挝唯一的一所大学老挝大学结盟,柬埔寨皇家金边大学也与我校结盟。皇家金边大学是柬埔寨的第一号大学。印尼的第二号大学等几所大学也已与我校结盟。这次我们去了菲律宾,菲律宾教育比较普及。菲律宾的第五号大学,即将与我们签署姊妹学校的合作协议。文莱唯一的一所大学也将与我们结盟。我们在东南亚各个国家基本上都找到了建立合作关系的姊妹学校,现在就剩缅甸和独立不久的东帝汶了。东帝汶现在还有维和部队在那里,包括中国派驻的维和部队,高等教育现在还不知道怎么样。缅甸的仰光大学长期关门,目前我校只能招生。现在东南亚10国包括新加坡,都有好的学校、最好的学校与我们结盟。所以,东南亚华人华侨最多的地方我校已基本覆盖了,这对我们学校为华人华侨社会服务带来了好的条件。

下面谈谈学术研究。这些年来,科研工作发展非常快,是我们在进入"211工程"前的科研经费的20倍,科研论文也成倍增加,国家许多重大重点项目我们都能拿到,但我们和名校相比还有较大差距。北大、清华的科研经费都在10亿元左右,而我们还不到一亿元。首先我们要奋斗过一亿元大关。我们那么大一个学校过去科研经费才400万元,那是说不出口的事情。我们科研的题目也不错,科研的项目、论文、专利、应用、产业化都走出了一大步,甚至我们科研的推介会还去泰国开过,这在国内其他高校从来没有过。哪个大学科研的推介会跑到国外去过?说明我们的科研走出了国门,我们的科研迅猛地飞跃前进,为我校国际化增加了光彩。但我们在国际化的征途中还有很多工作要做。

第一,提高我们的学术水平。你学术水平不高,发达国家的大学不承认你。如我们学校就无法与美国一流的前几位大学结盟,美国前10名的大学根本就不认可你。只是有一次机会,我们错过了。我们和美国一流大学的关系仅仅在管理学院做EMBA教育方面,邀请斯坦福大学的教师为我们的学生上课,现在我们的学生正在斯坦福大学上课。一个大学如果能够和世界的名大学在教学方面进行交往,就会提高这个大学的品牌。我们一定要和一流的科学家、一流的学者进行交往。今年诺贝尔奖金获得者能够在学校的讲台上做学术讲座,这就是一个标志。如果你这所学校很差,人家不会到你学校来。所以我们要请名家、名师,国际的、国内的来我校讲学,切磋学术,要进行学术的合作,这样我们学校才能走向世界的前沿。国际化包含了非常多的方面,这些我只是从高度上说,具体的还要制度的改变。你的方法、策略、管理都要国际化。我们的学分制管理走向了国际化,但我们还有差距,最大的毛病是我们的选修课太少,必修课太多,不利于培养具有创新素质的人才,所以我们的学分制还要继续前进。尽管在国内我们是不错,每个学校都很赞赏,但在国际上我们还有差距,还要改革。所以在国际化上我们要大做文章,首先是要加强招生工作。几个招生办都做得很不错,无论是研究生层次,本科生层次还是教育学院都在努力做这个工作。这个工作还要继续加强,我们在国外设了很多招生办,要采取若干措施,重视发挥招生办的作用,不仅职能部门、学校各院系都要配合。

第二,现代化。首先是学校硬件的现代化,校园的现代化。现代化的管理,现代化的思维,现代化的措施和现代化的硬件设施都要搞好,都要符合这个标准。我们的校园还不够好,还有很多很差的房子,规划得不好,现在还来不及做。现代化的管理也不够,人治的问题还很严重。前几天我接到一个台湾学生给我的来信,批评我们两个部门的管理人员的工作。这个学生写得语重心长,他毕业了,在离校的时候给我校长留几句话。我们有些部门同志的态度从来就没有好过,无论是科长还是科员没有一个好面孔对学生,根本就不是现代化管理。现代化的管理从企业的角度来说就是顾客第一的思想,学生是学校的第一,有了学生才有我们老师,才有我们校长,才有我们干部。你不好好为学生服务,谈何把他培养成为高素质的人才? 所以我们机关干部的服务工作,尽管经过了"三讲"教育,好多部门仍然是做得不够,有极个别的老师也非常糟糕。最近我们在处理一个教授,向自己的研究生勒索,要研究生出钱帮忙买东西,干这干那。为人师表到哪去了? 这哪里是现代化的思想。所以我们的服务工作要更进一步地改善,除了我们现有的硬件以外,实验室、图书馆也要搞好。我们希望在不久的将来,每一个老师都有工作间,为成为一个名校创造基本条件。要把实验室搞好。要建图书馆大楼,让我们所有的图书资料都能尽快地与读者见面,自由地借阅。我们现在只有30万册的图书在开架,很多图书没有开架,没有地方,所以图书馆要新建,要现代化,实验室的设备要加强。校园也偏小,我们要争取把校园扩大。最关键的是现代化的观念,没有现代化的观念,就没有现代化的管理,没有现代化的办学,没有现代化的环境,所以全校特别是今天在座的各位领导、教授们,要用现代化的观念来发展我们的学校,做好工作,特别是教学工作。学校也投了大量的钱来做这件事情,我们希望在"211工程"第二期结束的时候,现代化的局面更好一些。现代化的观念还要强调依法治校,今年校办出版了两本文件集,希望大家按照制度办事,以制度办事,才能科学地发展。我们把制度定好,不好的制度我们就改,把它改成现代化的制度,我想暨南大学若干年后就会成为一所很好的名校。

第三,综合化。这是因为我们是综合性大学。世界上的高等院校发展的历史证明,综合性的大学在培养人才方面能够形成最好的氛围,单科性大学的学生其思维、观念、学识都比较单一和狭隘,所以要强调学校综合性的重要性。我们学校以前只有30个本科专业,现在已发展到52个本科专业,专业面扩大了,我们还要有更多的专业。如果要与硕士点、博士点相平衡的话,我估计要有60个专业。而我们目前缺乏的是工科型专业,工科太弱,文经管历来比较强,理工医差一些。理工医学院要大力加强自己的建设,成为一个名牌学院,与名牌学校相适应。理工医为什么吸引不了海外生,就因为知名度差,硬件差,教师素质差,那就要找出弱点,奋起直追。这几年来,我们的生命科技学院有了大踏步的飞跃,给学校争了很多的光彩,但也要更进一步的发展,其他学院要跟进。没有博士点的学院赶紧争取,想办法下次能申请到博士点。博士点太少的学院,要增加博士点。整个学校二级学科的博士点是 28 个,跟我们学校的名声还不相称。尽管比过去好了很多,但是数量偏少,国家的重点学科偏少,这两个问题需要每个学院努力去奋斗。要把综合性的内涵做好。比较冷门的专业,要想办法办成热门,热门专业要维持热门的地位。只有这样,国内外的学生才愿意报考我们学校。这几年招生办的日子觉得比较好过,每年招生的时候我们不用去求人,不是等着哪个学校录取完了以后,才开始我们的录取。我们现在第一批录取,第一志愿的就足够了,所以日子好过。对海外及港澳台学生而言,尽管有 137 间高校在港澳竞争,许多高校条件都比我们好,但大部分考生还是考我们学校,我们能招到好学生。在莫斯科举办国际高等教育展的时候,我们暨南大学的摊位,最多人来询问。我们在海外的知名度高,这就是我们学校办学质量高的结果。否则到海外举目无亲,怎么办? 就要靠你的知名度和你在海外的校友。

"侨校＋名校",国际化、综合化、现代化的办学道路要坚持。这几年来学校实行了一系列改革措施,这些改革措施是我刚才讲的,要能够有所进步。没有改革是不可能变好的,但在改革中我们花了很多的精力,很多人不理解,很多人反对。学校班子忍受着这些痛苦,才使学校有所进步。大家可能还记得我校在取消补考的时候,多少人不理解,上千人反对。当我们实行财务集中管理的时候,当我们砍掉专科的时候,当我们实行量化分配制度改革的时候,非常的困难,一步一个脚印才走到今天这个地步,所以每一个干部,特别是今天在座的干部要珍惜我们今天改革的成果,要坚持我们改革的措施。有些措施还没有实行好,比如学分制,本来应该是最亮的亮点。但是对个别学生重修的门数,很多院系管教务的人不管。今年我们有一个出现状况的学生,读了 10 年书,11 门课重修。有这种学生但从来没汇报到学校来。他怎么读得下去呢? 读了十年书,本科毕不了业,无路可走嘛! 怎么能让他背那么重的包袱呢? 这是有些人在学分制的管理上出了毛病。从教学开始,哪门课不及格就得及时重修,不能积累。从 1993 年开始实行标准学分制就强调这点,但很多单位怕得罪人,又允许学生去选课,他11 门课长期不及格,他吃得消吗? 他心理压力大,分管学生工作和管教学的系主任、班主任没来汇报过,让一个好好的青年人出现问题,即使他读不完大学,他还是可以去好好工作嘛。所以我们各层次的领导干部、教师们,要把学生当作自己的孩子来爱护。不是每一个人都可以成大才,他读不完大学,这辈子还可以好好做人嘛,对不对? 我们的工作,思想工作不到家,学分制度没实行好。所以我希望我们的改革大家能理解，严格去贯彻。如果我们把学分制真正实行好了，就不会拖到那么晚。又比如我们的量化考核，校内工资的量化，鼓励教师的积极性，能者多劳，多劳多酬，优劳优酬，这是现代化的管理制度。但现在还有很多人想不通。我们调查了一下，都是很多工作量完成不了，做不了科学研究的人。我最近打听了一下，我们学校有些人做了十几年的讲师，还在那个岗位上，你说他能教好课吗？就是这些人在说话。所以我们一定要加强我们的量化改革工作，淘汰不合格的人。我们在元月3日、4日开教代会，要把定编定岗的方案交给全校教工来讨论，讨论以后我们就执行。我们除了干部定岗，科级干部、处级干部定岗以外，员工要定岗，教师也要定岗，不合格的我们就要淘汰，到人才中心或调出去做其他工作。要坚持我们的一些制度，实在差的人，系主任就要赶快告诉学校，这个人已不适合在这个工作岗位。现在有些领导怕得罪人。怕得罪人，你这个系的工作就搞不好。要使学校的工作做好，就必须使所有的员工都能很好地在自己的工作岗位上工作，完成他岗位上的任务，这样的干部，这样的教师才能继续聘用。我们实行的聘用制必须要坚持。还有我们强调的教授上基础课。我们从1993年就开始了，教育部2001年才下文件，我们超前了。由于我们在许多领域超前，才换得学校的进步。我们有些老师当了教授就不上基础课。教授不上基础课，本科生的质量就很成问题，学生进校以后得不到很好的打基础的训练。因为教授知识渊博，积累很多好的经验，他可以把最先进的经验很浅显地告诉学生，以他为师表对学生进行培养，将会使我们的新生得到很好的培养，养成读书求学、做学问的好习惯，或者怎么做人，学到这些本事。所以我们坚持教授上基础课，希望这次会议以后去查一查，各个院系你的教授上基础课没有？我希望大部分教授都能担任本科的基础课程，保证我们暨南大学基础课的质量。我们的"三语"（中文、英文、计算机语言）教学改革是非常不错的一个改革措施。但是我现在发现我们的英文方面还有差距，还需要加强。当然我们比过去好多了，我看到我们的英语四级统考通过率达到90％多了，我刚来到暨南大学时及格率不到50％。但是我们英语的口语方面不行，看可以，答卷可以，说话不行，这是我们整个中国英语教学的失败，从名牌大学到我们学校都有这个问题。现在幼儿园都在教英语了，读到大学毕业都开不了口，怎么教成这样？哑巴语言。我们是侨校，我们跟国外打交道最多，但是我们的人都开不了口，那怎么行。所以英语的教学，应加强再加强。比如我们可用强化训练和课堂上教学方法的改革。许多高校在英语方面都非常努力，但是在这方面我们走得比较前，办国际学院，全英语教学的专业，这是我们暨大的亮点。我们才能跟人家对口，他的学生才会到我们这来读书。最近我刚从菲律宾、文莱回来，包括我去访问菲律宾军事学院，这是菲律宾最高等的军事学院，已有一百年历史，军事人才全是这个学院培养的，将军院长在跟我们见面的时候，知道我们学校的情况，他要派学生到我们学校来读书。全中文教学怎么能吸引人？我们的国际学院是英语教学，所以我们的国际学院要扩大，每个学院要去支持它，使得暨南大学成为双语的学校，既要让人们到了暨南大学以后受到五千年的中华文化的熏陶，同时又能使他走向世界，使他容易寻求职业，使他的工作能做得更好。基础要靠英语，英语的教学无论是公共课的教学，还是专业的教学都要进一步加强。我们尽管做了改革，但我们还不够。我们的管理要跟上，刚才讲的思想工作等问题还差得很远。我举个简单的例子。这两天全国高等学校教学研究会议在我校召开，周远清副部长，还有高教司司长刘凤泰，许多名牌大学的校长、院士来我们学校开会，这是很好地让人家了解我们的机会，我们有意把校史馆打开，让人家看看。一看知道我们暨南大学了不起，因为很多人第一次来暨南大学，对我校不了解。周部长讲，他到了很多学校，有些高校真的不像高校，走进去到处摆摊卖东西。他说我们学校不错，真像好的高校。我们学校漂亮在哪里？我们有几条道路比较好，绿化很好；再就是我们的三个湖泊很好，日月湖和南湖。但是这几年我们管南湖的听说是离退休处，学期没结束就把水放干了。我看了以后，觉得真是不会管理。每一个部门，即使是小部门都要想到学校的荣誉、学校的面孔。从进大门开始，每一个角落，直到食堂的每一张桌子都要弄好，你这个学校才是好学校。我去国外，有些大学给我留下终生难忘的印象。上次我去英国看剑桥大学，一看那真是了不起，你一走进那个学校就感觉到那真是世界名校。就看面孔不去看它的教学，看环境，看它的校园，看它著名的剑桥河（学生比赛的那条河），看它的草地。那里游客很多，我跑到草地上想去坐一下，刚坐下去，马上就有管理人员跑过来干涉我，告诉我不能坐。而我们学校的一些人，没有这个意识。把湖水放干了，不知道要干什么？那样的事情假期里做嘛。学习期间要让学校非常漂亮，让师生员工生活在漂亮的环境里面。有些人不知道围绕着学校的名声去服务。我希望全校每个人、每一个部门的管理工作都要想到学校。我举这个例子，不是说这个管理部门犯了什么大错误，但对学校的荣誉确实不太好。我们的改革要加强，做了就把它做到底。

　　还有考试的严格管理。8月份的全国各大报纸新闻"作弊学生告倒暨大"，这样的大标题，全国各大报纸、媒体、电视台播这个事情。我们有的人惊慌失措以为这下麻烦了，给学校的声誉带来麻烦。我正在开院士大会，我看了，我不怕。中央电视台叫我去做节目回答这个问题，各个媒体找我谈话，要我发表校长声明。我说，如果作弊的人都能把一个名牌学校、好学校告倒的话，那还有什么天理！一个星期以后，我们教务处收集的信息80％都是支持暨大，只有少量学生说同情那个作弊的学生。显然公理会战胜谬误，进一步人家会说你暨大了不起。所以只要我们坚持改革，坚持从严治校、从严治教、从严治学、从严治党，坚持依法治教，坚持实事求是，我们学校就一定能办好。所以，我们的改革，切记要把它做得更好更完善。

今天的会议是讨论实践教学，这是很重要的问题，因为长期以来在我们中国的高校普遍存在着重理论、轻实践的现象，各大学都这样。教实验课的教师地位低，教理论课的地位高，这成为一个常规。实验课受到轻视，实验课的效果就会受到影响，再加上这些年来学校经费的困难，实验课的投入仍然不够，设备不够先进，设备的数量不符合我们扩大招生的要求，怎么把实验教学搞好是个关键。其实人人都明白，理论一定要和实践结合才能取得成功。培养高素质的人才，必须实验、实习、实践都加强，而且要特别重视。我们学校的定位是加强基础、突出应用，我们主要培养应用型的学生。根据暨大生源的情况，我们这个学校主要不是培养科学家，更多的是培养应用型人才。应用型人才就是实践重要，实验重要。就像我们医学院一样，医学院学生走到医院里面，有一番理论，治不了病，看不好病行吗？病人就是检验他学习好坏的标准，能不能看好很重要。所以实验、实习非常的关键。这次会议强调这个事情，为我们学校培养学生"加强基础，突出应用"这八字努力，所以今天开完会后，希望大家重视我们的实践教学，重视实习，把这些工作搞好。尽管我们现在钱不够，设备不够，但大家要想办法把学生培养好，培养学生成才，成为有素质的人才。这次会议时间不长，刚好在期末，各方面的工作都比较繁重，又加上今年上半年的"非典"的危害，使得我们学校上半年的许多工作压在了下半年，社会上的任务又压到学校里面来，所以我们学校的工作就比较紧，会比较多，希望大家全心全意把这次会议开好。教学是生命，教学是基础，教学是主旋律，而且是我们这所大学的第一需要。我们现在被国内各大媒体的排行榜排为研究型大学，按道理"侨校＋名校"就是要做一个研究型大学的侨校。什么是研究型大学？就是我们研究生层次的数量要与本科生层次的数量大体相当。现在国内通行的说法，什么是研究型大学？第一就是学生比例，研究生与本科生的比例必须达到 1：1，一个研究生，一个本科生，或者最少是 1：2，就是一个研究生，二个本科生，我们离这个比例还差一段。1995 年是 1：8.7，现在是 1：3。根据国家给我们的发展规划，至 2010 年要达到 1：2。研究型大学学生的比例要达到一个研究生，二个本科生。我们现在努力实现这个目标，实现研究型大学的目标。我们的本科生从 4 000 多人发展到 16 000 人，而且今年已达到这个标准。我们已录取报到 4 000 个本科生，目前我们不再扩大，维持每年招收 4 000 个本科生的规模。研究生现在 4 300 多人，要翻一番到 8 000 人，还差 3 700 人，还需要大家努力。我们现在 88 个硕士点，只有 28 个博士点，博士点偏少，博士生数量偏小，硕士生与博士生的比例，硕士生偏大，博士生偏小。所以学校各院系都要努力增加博士点，使博士生的数量增加，使研究生整体的数量增加。尽快争取达到 8 000 个研究生，达到 1：2。

第二个指标是国际型学生，海外生要占 15％以上，这个可以算是达到了。

我们比其他学校要好。全国很少有学校达到这个数字,我们这个达到了,但我们海外及港澳台地区生源的素质还不够高。要吸引优秀的学生,就像美国把我国优秀的学生吸引到美国去读书,这才是第一流大学。你把差的学生吸引进去,不算有本事,你要把海外及港澳台的优秀学生吸引到你这里来读书,这个还有一段距离,我们还需要努力。还有我们的科学研究要再上台阶,我们名师太少,院士太少。一个学校没有名师,没有院士,就谈不上研究型大学。尽管你其他都达到了,但缺乏名师,缺乏名学科,这是不行的,学校核心的支撑是名师、名学科。要我们全体领导、所有的教授都为总体的目标而努力,把我们学校办成一个研究型的大学,是侨校性质的研究型大学,这是我们未来的任务。希望大家进一步努力,发挥优势,继续进行改革,完善各项措施,加强管理,提高质量,把品牌打造好,为我们国家的统一大业,为我们国家的现代化,作出我们暨南大学的贡献。

(在暨南大学 2003 年度教学工作会议上的讲话(按录音整理),原载《暨南高教研究》,2004(1):1-6。)

287

抓好教学质量

本次教学工作会议以全面启动本科教学迎评工作、全面提高本科教学质量和管理服务水平作为主题很好,也非常必要。在此,我围绕会议主题讲两个问题:一、教学质量问题;二、本科迎评问题。

一、关于教学质量问题

1998年教育部印发的《关于深化教学改革,培养适应21世纪需要的高质量人才的意见》指出:"在高等教育中本科教育是基础,本科教育质量是衡量高等教育质量的重要标志,是学校综合实力的重要体现"。近年高等教育的规模发展较快,质量问题比较突出,所以,在连续几年扩招后,教育部明确表示今后要将高教工作的重点转向提高质量。因此,我们要树立教学工作质量第一的思想。教学工作是学校的中心工作、基本工作。学校的工作千头万绪,但今天是召开本科教学工作会议,主要讲本科教学的事。本科生是学生人数最多的层次,是学校办学的主体。我校贯彻"两个面向"的办学方针,"十五"计划中内招、外招生数1:1的目标已实现。我校外招生数占了全国外招生数的56%,这是值得自豪的。但我们还要做得好上加好。外招生来自不同的国度、地区,受教育的背景不同,培养工作的难度较大。如何培养好外招生尚是一个世界性的难题。

中华文化要传承,我们要有好的教学质量和教学水平。我们许多老师很敬业,使学校的声誉上去了,学校不但在国内影响好了,在国外也可以跟名牌大学联盟了。我校正处在"爬坡"的阶段,要紧紧围绕教学和科研,抓好教学每一环节的质量。教学改革要坚持,如学分制、"三重评估"、教授上基础课、加强"三语"教学、严格考试制度、"平台+模块"、导师制等要坚持。导师制在国外高校实施得很成功,但我校各学院做的不平衡。还有,大学生创新要扶持。总之,一系列教学改革要坚持下去,并且每一项都要注意质量。

二、关于本科迎评问题

教育部80年代以来一直抓本科教学工作评估,我校将在2006年接受评估,压力大、难度大。从现在起到明年评估前,迎评是学校的一项重点工作。这一年多学校的大事多,要办亚洲大学生田径锦标赛,要筹备100周年校庆,要申办研究生院、申报博士点等,都很重要,但本科迎评是重中之重。迎评工作涉及了本科教学工作的各个方面,除业务教学外,还有思想教育、管理服务、各种硬件设施建设、经费投入、社会评价等。因此,这里必须强调,全校各部门、各单位、各院系、全体师生员工在今后直到 2006 年评估结束前的迎评特殊时期里,要树立全局意识,所有单位、各个学院都要积极配合。大家都要服从迎评领导小组和迎评办公室的统一调度,讲大局,讲奉献,心往一处想,劲往一处使,齐心协力做好评建工作。按照指标体系,责任分解后,属于哪一个部门、哪一个单位、哪一个院系、直到哪一位老师、哪一位管理服务人员承担的任务,都要高度负起责任,找出差距,及早建设、及早准备。这是学校的整体利益,谁也不许造成失误,不许拖后腿,不许出现拖拉扯皮现象。特别是各单位的党政一把手要亲自抓迎评。同时,各部门、各学院还要根据学校下发的评估任务分解表,提出本单位的迎评方案并加以实施。

根据其他高校的经验,全面启动迎评工作后组织工作要跟上。

首先,会后要立即组建 5 个工作组。

1. 文档资料组:负责全校迎评文档资料的收集、整理、编码和指导建设等。

2. 文秘写作组:负责迎评主报告、校长汇报和相关项目报告的起草等工作。

3. 宣传工作组:负责迎评工作的各项宣传工作。

4. 学生工作组:负责学生口的各项迎评工作。

5. 条件建设组:负责硬件指标的达标审查和建设指导等。

其次,要调整迎评领导小组、充实迎评办公室。

由于部分单位一把手变动,去年调整过的迎评领导小组成员需要进一步做新的调整;同时,领导小组成员要做明确分工。

此外,为加强迎评办的权威性和便于协调工作,学校已批准迎评办主任由主管教学工作的纪宗安副校长担任,教务处处长刘洁生同志任副主任。

迎评对学校是一大考验,对每一个师生员工也是一次考验,要确保按进度表如期保质完成各项迎评准备工作。从本学期起,迎评建设任务完成情况要纳入工作业绩考核,明确奖罚办法。

再次,各部门、各学院、直属教学单位要相应地成立迎评工作机构。

学校的每一步发展、特别是像这种全国性评估的结论,都事关每一个暨南人的利益;要维护我们自身的利益,就要维护暨大这个品牌的声誉。现在暨大这个品牌在海内外越来越响,本科评估对这个品牌是一次考验。我相信大家都不愿意看到由于评估结果差而给这个品牌造成损害,甚至因此而砸了这个品牌,使品牌"掉价"。我们希望看到的是评估结论优秀,从而锦上添花,使品牌增值。

我们更要清醒地认识到,暨大的发展不仅事关全体暨南人的利益,更重要的是事关国家的利益,事关全球华侨华人和广大港澳台同胞的利益。本科教学工作水平评估的结果无论怎样，都要在网上公布，为海内外社会所广泛知晓。因此，评估的结果对于学校的声誉，对于招生、毕业生就业，对于学校今后的发展都会带来不可估量的重大影响。总之，这是一项只能做好、绝不能做砸的大事。我们必须要尽职尽责地去做，要全校动员，全员参与，举全校之力做好迎评工作，要确保评估得到优秀结论，为实施"侨校＋名校"的发展战略增添新的光彩，并向国家、向上级主管部门、向全球华侨华人和广大港澳台同胞交一份满意的答卷。

（在暨南大学 2005 年度教学工作会议上的讲话，原载《暨南大学校报》，第 410 期，2005 年 5 月 20 日。）

我国力学专业教育现状与思考

首届"力学课程报告论坛"在全国高等学校教学研究中心、全国高等学校教学研究会、教育部高等学校力学学科教学指导委员会、中国力学学会教育工作委员会和高等教育出版社的发起和组织下,在大连理工大学的支持下,经过前期精心的准备,于今天开幕了。请允许我代表教育部高等学校力学学科教学指导委员会对论坛的召开表示热烈的祝贺! 我们有理由相信,通过本次"力学课程报告论坛"将对提高全国力学课程教学质量起到积极的推动作用!

我代表教育部高等学校力学学科教学指导委员会就我国力学专业教育现状与思考谈一些看法,我的报告分三部分:

一、目前高等教育面临的任务与挑战

二、我国力学教育的现状

三、创新力学专业教育的思考

一、目前高等教育面临的任务与挑战

目前,我国高等教育在学总人数超过了2 300万人,规模位居世界首位,毛入学率达到21%,在一个较短的时间内实现了历史性跨越,进入了国际公认的大众化发展阶段。"十五"期间,高等教育教学改革不断深化,人才培养质量稳步提高,科学研究水平全面提升,社会服务能力显著增强,国际合作交流日益广泛,国际地位明显提高,各项改革取得突破性进展,为各行各业输送毕业生1 397万人,高等教育迎来了生机勃勃的崭新局面。但是,高校人才培养面临不少困难,存在许多薄弱环节,深化改革的任务相当艰巨。

在今年4月教育部各类教学指导委员会成立大会上,周济部长强调"十一五"是我国社会主义现代化建设承前启后的重要时期,要站在科学发展观的战略高度,准确把握新时期高等教育发展的历史任务。

根据教育部的总体要求和目前高等学校面临的历史机遇与挑战,我们认为要以科学发展观统领高校教学工作,必须紧紧抓住高等教育质量这一生命线。育人是高等学校的根本任务。培养德智体美全面发展的一代新人,必须要充分发挥教学的主渠道作用,切实提高教学质量。必须加大教学投入,强化教学管理。要加强学风建设,营造良好育人环境;要加强教学评估,完善质量保障体系,这是保证教学质量行之有效的手段,今后必须坚定不移地开展下去;要加强教师队伍建设,深化教学改革。要以培养学生的创新精神和实践能力为重点,不断深化人才培养模式、课程体系、教学内容和教学方法的改革，推进教学改革向纵深发展。

在北京的主任委员会上，与会者认为，对于高等学校教学工作应该在六个方面"进一步重视和加强"：进一步重视和加强高等学校育人根本任务的实施；进一步重视和加强本科教学在学校工作中的地位；进一步重视和强化素质教育；进一步重视和加强学生思想道德和人文修养的教育；进一步重视和加强学生实践能力和创新能力的培养；进一步重视和加强国家优秀教学成果、精品课程以及各种教学改革成果的推广和应用。

二、我国力学教育的现状

力学学科是历史悠久而又充满活力不断发展着的学科。力学发展的活水源头一共有三个：这就是生产与工业的需求，同其他基础学科的渗透以及力学内在发展的矛盾提出的新课题。时代不同了，力学的研究内容、手段也在变化。从近20年的趋势来看，两个特点必须认识到，一是计算机科学和力学的结合，一是非线性力学提到突出的地位。

力学人才，来自高等学校力学专业，2003年据高等学校理工科教学指导委员会统计，我国理学类理论与应用力学专业点17个，工学类的工程力学专业点64个，工程结构分析专业点2个，力学专业总数达83个。我国高等学校力学专业曾经历过辉煌，也面临过困境，20世纪80年代中后期至90年代渐渐被冷落了。这种冷落是全社会对力学淡忘的反映。它反映在优秀学生不报考力学专业，反映在一部分力学专业纷纷改名换招牌，反映在力学学生毕业分配不吃香，反映在力学家中也有部分人认为力学不需要单独办专业，等等，它是整个理科教育衰落的一个侧面。

中国力学教育的特点是，许多大学都存在力学系。但在数理基础教育的质量上近年有所下滑。我们的学生的数学基础比较薄弱，其他课程如物理学基础和能力培养也存在很大差距。而我国高等学校年招生超过500万，其中需要以力学课作为基础课的理工学生近50万。

关于我国力学专业的教学质量的评估，就扩招前已设置力学专业的39所高校而言，已经建立了一个基本的质量保障体系；但是1999年扩招以后，大部分新建专业还很难说能保证力学人才的教学质量。从20世纪80年代以来，力学专业历届指导委员会建立了一整套力学人才的培养目标、教学计划、数理基础与力学主干课程的设置、培养学生实践和创新能力的教学环节等规范并逐渐完善，形成全国力学教育界各主流学校的共识。还制定了要求明确、简便易行的专业评估方法并在二十多所学校的工程力学专业中进行了三次评估。在课程设置方面，确定7门基本的力学课程为主干课程，制定了课程的基本要求和大纲，组织编写、出版与推荐了一批好教材,组织力学教师暑期培训班,并对各校弹性力学、流体力学等课程进行了课程评估。由于国家的投入和各校的努力,近十多年以来上述 39 所力学专业的办学条件有了很大改善,建立了 5 个力学教学实验基地,学生应用计算机的条件大大改善,师资队伍得到了更新与发展,目前 45 岁以下的青年教师已占 55% 以上,其比例远高于其他专业。

与本专业的过去相比,近十年来力学专业所培养的人才质量总体来说有所提高,特别是计算能力、外语能力和知识面宽度有所上升,但由于各种因素的制约,理论分析能力有所下降。总体说来,由于本专业对人才培养坚持了基础扎实与重视实践的指导思想,力学人才在数理基础,综合素质方面比国内一般工科专业强,但与欧美、特别是一流大学相比,仍有差距。欧美顶尖的大学非常注意大学生数理基础培养,相比之下,我国目前大多数高校的力学系,大学数学课一般只安排 4 学期(两年),比 20 世纪 50、60 年代与 80 年代减少许多,使学生的数理基础与分析能力受到了较大的削弱。

力学专业学生的优势在于:目前力学专业本科生招生人数比扩招前增加了约 1 倍,远低于其他工科专业本科生、研究生扩招人数的倍数,而中国高校总规模的扩展,仅仅一般工科院校力学师资一项就有很大需求,力学及各种工程专业研究生对于生源也有很大需求,力学本科生的培养有利于提高工科研究生与基础力学师资的质量。其次,鉴于当今科学技术发展迅猛,从今后高校本科生培养着重于通识教育的角度考虑,力学专业学生基础好、计算机能力强、适应面宽,与我国目前高校所培养的单一工程领域的工科学生相比,较容易转换服务领域。

针对上述情况,上届力学教指委对我国高等学校力学专业发展提出以下几点建议:

(1) 在稳定招生总人数的前提下,设置力学类专业的学校数目应当做到稳定规模、提高质量,进一步调研新办力学专业的办学质量,加强督导。

(2) 国内各高校力学专业本科生培养模式提出了适应社会需求,多层次、多模式、多渠道培养力学人才的改革方案。人才市场是波动的,专业人才培养却是相对稳定的,所以必须从宏观和微观两个方面来考虑问题,即使是毕业生供小于求也要进行改革。

(3) 不论是工科力学专业还是理科力学专业,均有培养模式呈多元化、课程设置模块化的趋势。目前并没有一种统一的做法,但总体而言,仍认为数学和力学的基础要宽一点、厚一点。

(4) 要加强对以下问题的研究:首先是复合型力学人才培养;其次是 21 世纪的力学教育体系;以及研究型力学人才创新能力培养基地。

三、创新力学专业教育的思考

力学专业改革与发展的总体思路是进一步拓宽力学人才的知识面,培养交叉型、复合型人才,以满足新世纪对力学人才的需求。其主要着眼点在于:

(1) 在现有理科力学专业的基础上,发展新的交叉学科方向,如力学与生命科学的交叉、如力学与材料科学的交叉等,以培养新的交叉型力学人才。

(2) 在现有工科力学专业的基础上,以我国的大规模工程建设、大科学工程为背景,发展复合型的力学专业,扩大力学的领域面,推动力学的发展,培养大工程需要的复合型力学人才。

(3) 研究新形势下的力学人才培养模式、课程体系及内容,研究在新形势下如何提高人才培养质量等问题。

根据目前新形势下力学学科专业发展需要,我认为应当在以下几个方面开展进一步的工作。

1. 充分发挥力学教学指导委员会在力学专业教学指导中的作用,推动力学专业教学改革

教学指导委员会的具体工作应该包括五个方面的内容:

(1) 理论指导。教学指导委员会要进一步组织并加强教育教学理论研究、本学科的发展战略研究、本学科专业的质量保障研究等,用研究成果来指导大学本科及高职高专教育。

(2) 政策指导。把教育部有关教育教学方面的政策及时转化为教学规范,对高校的教学工作起到指导的作用。

(3) 质量指导。"十一五"规划明确提出高等教育的主要任务是全面提高质量。这要求教学指导委员会要进一步强化质量意识,加强教学质量保障措施的研究与制定工作。

(4) 经验指导。积极推广教学改革的成功经验,推广优秀教学成果,促进本学科领域先进教育理念、教育方法、质量保障措施的推广运用。

(5) 信息指导。采取各种形式,及时收集本学科领域教学、科研、招生和就业等方面的信息,加强各科类教学指导委员会的经验交流,构筑信息交流的平台,为高校提供信息服务。

2. 根据新的人才培养形势和要求,组织全国高校中力学专业合作,进一步完善与充实我国"力学专业发展战略研究"报告和其他三个专业及评估规范

今年教育部向我力学教指委下达了四项"高等理工教育教学改革与实践项目",我们准备在广泛调查研究基础上高质量完成"力学专业发展战略研究"报告以及"力学类专业指导性专业规范研制"、"力学基础课教学基本要求研制"和"力学类专业专业评估研究与实践"等三个项目,为教育部提供准确、客观、可靠的咨

询意见、建议和决策依据。

为体现分类指导的原则,调查研究的范围应考虑不同地域、不同层次、不同类型的高校,尤其还要考虑没有教指委委员省份的情况,要加强与他们的联系。要召开针对地方院校的力学专业办学和人才培养的研讨会议。同时讨论地方院校应如何进行专业划分,以利于学生的就业。

3. 加强教材研讨建设和国家精品课程建设,将创新人才培养提高到一个科学的水平上

教材建设与研讨是提高力学专业教学质量的一个重要因素,国家精品课程在力学专业教学中的示范作用已经为大家所广泛接受。今后我们将在各门力学基础课程内容之间的衔接与融合、力学基础课程教学与创新人才培养的关系、加强力学基础课程作为技术基础课的地位以及名优教材建设方面开展研究。从各专业创新人才培养的角度,组织基础课教师、专业课教师、专业第一线资深的学者与工程技术人员,对现有的教材进行深入的研讨,真正将教材建设推向一个新高度。

在国家精品课程建设上,坚持"宁缺毋滥"的原则,充分发挥力学各专业指导分委会的作用,制定关于精品课程推荐的程序,将此项工作规范化、制度化。

4. 高度重视力学类专业学生的实验能力培养问题、重视实训基地建设与实验室建设问题

实验是基础力学教学中不可或缺的一个重要环节,是学生素质教育与能力培养的重要环节,目前不少学校的力学实验教学现状与本科生培养目标是相矛盾和不协调的,影响了力学专业的教学质量,应该引起我们的高度重视。

加强基础力学实验室建设,要结合本科教学评估要求,呼吁学校加大对基础力学实验室的设备经费的投入,要改革实验教学内容,提高实验教学的质量,将现代化教学手段引入实验教学,实行开放教学,提高实验室有限资源的有效利用。力学教指委将组织专门的研讨会,就目前我国力学类专业中在实验教学和实验室建设问题展开专题研讨,就该问题提出专门的调研报告。

5. 进一步加强中青年教师的培养

我们应当清醒地看到:目前青年教师的学历虽然有普遍提高,但教学经验欠缺,对课程的体系与教学内容了解得不深,在教学的严谨性和教学法方面也有待于进一步提高。为了将已经取得的十多年的力学教学改革成果应用到教学中,在提高教学质量中发挥作用,加强中青年教师的培训成为当务之急。

我们要重视先进教学手段使用与开发技术的交流与培训,定期举办中青年力学教师的专题培训和研讨、全国力学青年教师讲课比赛等得到大家认同的活动,使这项工作制度化。

6. 建立力学教学指导的信息门户网站,实现优质教育资源共享

经过教育部工作部署和前几届教指委积极响应和贯彻,已经在力学网络课程、国家级精品课程、立体化教材、教学素材库和题库等方面形成了一系列优质教育资源。力学教学指导委员会将建立信息门户网站,并与中国力学学会网站紧密合作,向全国的力学工作者和学生提供一个强大的信息共享平台和交流平台,充分发挥力学基础课程教学改革取得的重要成果,特别是国家级精品课程、获国家教学名师奖的优秀教师的示范、辐射作用,充分地发挥优质力学教育资源的作用,实现资源共享,从而促进力学类课程教学质量的大面积提高。

7. 加强力学专业评估与考察,开展相关研究工作和质量监控工作

今后5年我们将接受教育部委托开展大量的力学专业评估与考察,教指委要认真组织实施,将评估工作与相关研究工作结合起来,与质量监控结合起来,真正发挥教学指导委员会在教学质量评估与监控方面的主导作用。

高等教育所面临的新的挑战以及力学专业所面临的新的形势,使我们每个力学教育工作者所担负的责任也是很大的。全面提高全国高等学校力学专业的教学水平与质量,需要我们每一位力学教育工作者的积极努力,需要我们大家一起集思广益、献计献策,并身体力行地进行艰苦的教学实践。我相信在大家的不断努力下。在全国高校力学专业的广泛协作和互相支持下,一定能够促进全国高等学校的力学专业发展,全面提高全国高等学校力学专业的教学水平和质量,为我国社会主义现代化建设培养出具有创新精神的合格力学人才,一定能为我国力学学科的发展做出重要的贡献!

以上是一些粗略看法,不妥之处请大家指正,谢谢大家!

(在首届"力学课程报告论坛"上的讲话,广州,2006年11月3日。)

图书馆是大学的心脏

今天，我们在施工现场隆重举行暨南大学新图书馆封顶仪式，我感到非常的高兴和振奋。因为有人曾经说过"教授是大学的灵魂，图书馆是大学的心脏"。在一定程度上讲，图书馆的发展水平就是大学发展水平的一个间接体现，暨南大学新图书馆的兴建正可以说是学校发展历史的一个新起点，也是学校实现跨越式发展的一个新标志。

自进入"211 工程"建设以来，学校一直在多方筹集办学资金，积极进行基础建设，努力改善办学条件，在学校进行可能是有史以来最大规模基建的同时，学校采取的各项创新性改革措施仍然取得了可喜的效果，使暨南大学成功实现了跨越式发展。现在，暨南大学共有各类学生30 499人，其中全日制学生23 752人，博士、硕士研究生跨过6 000大关，达到6 074人，较去年增长 20%，是 10 年前的10 倍，办学层次有了进一步提高。在校的海外及港澳台学生突破万人大关，共有来自世界五大洲71 个国家和港澳台地区的各类学生10 609人，数量为全国高校之冠，较去年增长 20%，较 10 年前增长 4.4 倍。拥有 131 个硕士学位授权学科，较去年增长 47%，较 10 年前增长 1.6 倍；新增了 3 个一级学科博士点、12 个二级学科博士点，一级学科博士点不但较 10 年前实现了零的突破，数目也达到了 6 个；二级学科博士点达到 40 个，较 10 年前增长 5 倍；加上自主设置的二级博士学科专业，学校共有 54 个博士学科专业，较去年增长 59%，较 10 年前增长6.7 倍。高水平科研论文数量持续上升，被三大索引收录 297 篇，较上年增长30%，较 10 年前增长 31 倍，科研能力有了进一步提高；据 2005 年中国网大的中国高等学校综合实力排名，暨南大学居 42 位，继续稳定在中国2 000多所高校的名校之列。

图书馆建设一直是我校"211 工程"基础设施建设项目之一，学校始终对图书馆的硬件软件建设倾注了大量心血，并给予了大力支持。现在，一座新的更大规模的图书馆即将落成，这对于更好地为教学科研提供支撑，丰富学生第二课堂，拓展学生的知识面，必将起到重要作用；同时，对于进一步促进学校"211 工程"建设，也为我校迎接即将到来的教育部本科教学评估打下了坚实的基础。希望图书馆能抓住发展的良好机遇，进一步树立现代图书馆的新理念，努力开拓创新，以一流的环境、一流的管理创造出一流的服务、一流的业绩，为学校的发展做出新的贡献。

在竞争日益激烈的 21 世纪，我们的面前会有不少的机遇和挑战，这就需要每一位暨南人担负起历史赋予的责任，以纵观学校总体、服从战略部署的眼光，从学校事业的高度来考虑各项工作。我诚恳地希望全校教职员工能以新图书馆的建设为契机，团结一致，努力拼搏，以昂扬的姿态、崭新的面貌投入到工作中去，为开创我校工作的新局面，为把暨南大学早日建设成为一所国际知名的高水平研究型大学而努力奋斗。

（在暨南大学新图书馆封顶仪式上的讲话，广州，2006 年 1 月 14 日。）

创新路上的感想

创新这个题目,是个很大众化的题目,是人人都知晓的题目,也是个很难讲的题目。今天讲的题目是"创新路上的感想",是讲自己碰到的方方面面有意义的事情,讲自己参与创新的经验和体会。

创新是一个相当宽泛的概念,创新不仅仅是技术创新,也可以指理论创新,还可以是观念、体制的更新等,创新应该包括人类生活、社会发展取得进步的各个方面,其核心要素是取得新的认识或获得新的成果,是在突破原有认识基础上的一种创造性的智力活动。

纵观人类社会的发展史,实际上就是创新的过程,创新的历史。从石器时代到信息时代、从原始社会到工业社会,在人类数百万年的社会发展过程中,创新起到了极其重要的作用。新的科学理论、新的发明、新的技术、新的工程、新的材料、新的思想、新的文化、新的制度等,层出不穷,渐次递进,推动了人类社会向前发展。因此,创新仍然是当代的主旋律,仍然在社会发展和人类进步中发挥着重要作用。

今天主要讲两个问题:第一个问题讲创新是社会进步的动力,第二个问题是创新的一点感想。

一、创新是社会进步的不竭动力

(一) 自然科学的创新

社会发展核心的问题是要创新,它是社会发展的动力。实际上人类社会的发展史就是创新的过程、创新的历史。首先是自然科学理论的创新十分重要,对社会的关系甚大。从 15 世纪起,产生了现在的自然科学。遗憾的是,尽管我们中华民族创建了世界最优秀的历史文化,但自然科学却没在我们中国产生。这是我们的制度、管理出了毛病,造成自然科学没在中国产生。除南欧外,欧洲的其他地区历史比较短,在 10 世纪以前都还是蛮荒时期,10 世纪以后才比较好一些。我们中国在宋朝、明朝时经济总量已经是全世界第一,全世界经济总量一半以上在中国,可惜我们错过了机会。第一只火箭是中国人发明的,宋朝就有火箭了,但是我们只把它作为娱乐的工具,没有把它作为科学技术。因为我们传统的管理把科学技术作为一种下贱的工作,以前的技术人员被称为匠人,这些匠人只能够做下贱的工作,连参加科举考试的资格都没有。所以,我们虽然早有科学技术,但不受重视,因而不可能产生自然科学。为什么当时世界最强大的国家是英国、西班牙、葡萄牙这些国家,就是他们先搞自然科学。

自然科学的开始,产生于意大利文艺复兴时期。开始了数学、力学、物理学、化学等理论研究,核心部分是数学微积分、高等数学的诞生。伟大的文艺复兴名家达·芬奇有一句名言:"数学是科学的皇后,力学是数学的天堂。"直至 500 年后的今天,这句名言依然意义深远。自然科学包括数学、物理学、化学、天文学、地理学、生物学、力学 7 门科学。这些学科内容从表面上看似乎对人类关系不太大,但是实际上每一个理论的出现对世界的影响都是巨大的,甚至使社会实现跨越式的发展。库仑提出电的库仑定理,最后导致今天的电子时代。所以自然科学一个理论的产生,将对人类社会产生翻天覆地的变化。我们要重视自然科学基础理论,这对人类的发展关系很大。世界上近 100 年来的历史,是人类几百万年历史中发展最快的时期,原因就是自然科学理论有出色表现,特别是 20 世纪初爱因斯坦相对论的提出。我们今天可以在天空飞行,特别是 1969 年 7 月 20 日美国阿波罗飞船载人登上了月球,更显示了自然科学理论的伟大作用。我们中国晚了几十年,现正在赶上来,"神七"载人飞船的发射就是一个有力的证明。大家都遗憾中国到现在都没有诺贝尔奖获得者,其原因就是我们的基础科学薄弱,加之长期以来又不受重视。

(二)技术和工程科学的创新

我们对技术科学和工程科学的创新要抓紧。人类改变世界就是通过技术科学和工程科学来实现的。技术中首先就是生产工具方面要有创新。我们中国 1 万年前是石器时代,是把石头打磨成劳动工具;然后进入铜器时代,进行青铜的冶炼、制造。不知道大家去过四川省广汉市三星堆博物馆看过那些铜器展品没有?非常精致,我们中国的铜器制造在世界同一个时代是最强的。铜器时代过了是铁器时代,铁比铜更坚硬。后来是蒸汽时代、电器时代,然后到今天的信息时代,发展就更快了。以前是几千年一个时段,现在是 10 来年就是一个时段,一个技术创新可以带来很快的时代进步。1946 年,美国出现了第一台计算机,把人类社会大大地推进了一步。90 年代互联网的出现,代表了全世界地球村时代的来临。中国出现互联网才 10 年多的时间。过去大家对另外一个国家感觉很遥远,现在大家随时可以跟全世界的人通话,信息交流非常方便了。所以技术创新使生产力和人类生活很快进步。

科学理论和技术的集成便是工程科学。工程科学的创新更是推动社会迅速向前迈进的动力。著名的登月工程、三峡工程等就是典型的杰作。

(三)创新推动社会制度的变革

第三个方面就是创新推动社会制度的变革。比如说人类早期的原始社会,原始社会过了是奴隶社会,接着是封建社会以及资本主义社会,最后是社会主义社会。这些社会制度的变化,带来了生产力的进一步发展,使人们的生活水平迅速提高。

　　我出生在抗日战争时期，是四川成都人，亲眼看到日本飞机轰炸我们祖国。那时国家非常落后，尽管日本飞机飞得很低，我们也拿它没办法。我的祖父是1903年清朝政府派到日本振武学校留学的学生，同盟会会员，他去的时候把辫子剪掉，回国的时候没法回来，要装一条假辫子。那个时候是中国非常落后的时代，后来辛亥革命推翻了清王朝。再后来中国共产党又把蒋介石推翻，建立了社会主义社会。几十年来社会进步非常快，特别是1978年3月18日，中国的第一次科学大会在北京举行，邓小平同志说"科学技术是第一生产力"、"知识分子是工人阶级的一部分"，这两个著名论断也是制度的创新。老同志都知道，那时说这两句话是相当不容易的。过后，以经济建设为中心30年，中国经济实现大幅度跨越，解决了温饱问题。与我们年轻时相比，现在食品丰富，居住条件改善，交通便利，各方面都有巨大进步，这是社会主义初级阶段制度中的创新带来的。小平同志带着我们中华民族进入了盛世时代，2007年中国的经济总量GDP是世界第四。

（四）文化上的创新

　　第四方面，文化上的创新也推动着人类社会的进步。我们中华民族在春秋战国时是百花齐放、百家争鸣时期，文化非常灿烂，以至于现在从人们基本的生活方式到思想，还是受那个时代的影响。2001年世界100多位诺贝尔奖获得者聚会发表宣言："21世纪，地球上人类的进步要依赖孔子的思想。"先进的文化一定要传承，要发扬光大。孔子非常有远见，他的许多思想在两千年以后的今天仍然值得中华民族坚持，外国人都看到了这一点。我们国家现在开始重视了，已在世界上建立了200多家孔子学院，把孔子的思想推向世界。

　　世界上的文化也是一样的。欧洲18世纪启蒙运动的文化创新，揭开了思想解放的序幕，声势大，影响远，其中代表人物是法国思想家孟德斯鸠。他的思想导致了三权分立制度在欧洲建立，如法国、英国等，使欧洲成为世界的科技、经济强大地区，使美国成为强国，形成了西方文明。

　　所以我们不要把创新仅仅看成科技创新，其他方面也很重要，缺一不可，每个方面都要创新才行。但是对于我们每个人来说，要具备什么条件才有可能进行创新呢？这就是我要讲的第二个大问题。

二、创新的一点感想

　　首先，一个人希望进行创新就必须要有"三个心"：责任心、耐心和好奇心。其次，还要具备三个条件：宽厚的知识积累、勤奋和善于抓住机遇。

（一）要有"三个心"

1. 责任心

因为创新是大脑的智慧活动，要实现创新需要许多精力和时间，甚至要经受许多艰难和曲折，所以搞创新的人首先要有责任心，做事要负责任，做事要自始至终坚持，做事要一丝不苟，做事要为国家和民族的事业着想。没有责任心的人，他不可能做出创新的事来为大家服务。

2. 耐心

没有耐心的人，今天想到个问题，提出新的设想，明天可能就把它丢掉了，那是做不下去的。一定要坚持，要有恒心。创新的概念在提出的时候往往是大家都不支持，甚至受到挖苦、打击，很多困难使人做不下去，因为你的创新大家都没认识到。如果你提出来一个所谓新的东西大家都支持，那基本算不上创新。很多人都不认识的时候，你提出来，有的人会说你这个人骄傲、异想天开，领导也不一定喜欢。所以，一个人要进行创新，一定要有忍耐的精神，没有忍耐的精神你是做不出创新的。

我自己一辈子用耐心来要求自己，一辈子的很多事之所以能够成功就是靠耐心、靠忍耐。忍字当先，没有忍耐，今天回想起来，许多事是做不成的。20 世纪 70 年代末，那时的中国人才学会访问我："你成功的秘诀是什么？"我马上就回答是"忍耐"。尤其是我们中国人，创新的氛围历来较差，做事就更要忍耐。

3. 好奇心

作为一个要有创新思想的人，好奇心很重要，必须要对事物好奇，要有兴趣。一个人对生活没有兴趣，根本就不可能提出各种问题，生活中的问题、工作中的问题、国家的问题、世界的问题。只要有兴趣，你才能在这种兴趣中找到一些新的思想。

（二）要具备三个条件

1. 宽厚的知识积累

创新，是要在前人基础之上得到一个飞跃，智慧的飞跃。创新，是人家没有做过的没有想过的事情。人类已经有几千年的知识积累了，积累了很多优秀的东西，你如果没有什么知识，不知道这些东西，你提出来，而别人早就提过了，早就有人做过了，这不是创新。牛顿说过他是在巨人的肩膀上成长起来的。前人的东西已经非常丰富，所以你想要创新，就得有丰富的知识，不仅要有本专业的知识，还要有其他专业的知识。

2. 勤奋

这个条件大家很明白。所有的科学家、成才的人都说他的成才的基本点是勤奋，不勤奋的人在这个世界上是做不出成就的。关于勤奋，有很多名言，比如唐代文学家韩愈说："业精于勤，荒于嬉；行成于思，毁于随。"著名数学家华罗庚说："聪明出于勤奋，天才在于积累。"英国文学家、历史学家卡莱尔说："天才就是无止境刻苦勤奋的能力。"东西方的科学家、成功人士都会讲勤奋，这个是基础。

3. 善于抓住机遇

这个条件也是很多人讲的，机遇就是你提出创新的机会。机遇往往是突然来临的，是没有先兆的，突然来到你的面前。所以，机遇总是喜爱那些提前准备好的人。有些人老是羡慕别人比自己强，其实这些人都是抓住了机遇。很多人都遇到过机遇，但是很多人都没有抓住机遇。因为机遇到他面前的时候，他没有具备条件。法国科学家巴斯德说过："机遇只偏爱那些有准备、有头脑的人。"我们绝不能等到机遇来了才临时抱佛脚，那是不能成功的，要创新必须要善于抓住机遇。

下面就讲讲自己的体会，生活上的、管理上的、科学上的，都是自己的亲身经历。提供给大家参考。

（三）创新的一些故事

1. 大学校长的管理创新

今天在场的有很多是大学老师和大学生，大家都知道一个大学的管理是非常难的。在中国目前的大学校长圈里，流行着一句话："大学的校长不是人当的。"一般人会说："当大学校长多光荣啊，社会地位多高啊，多受尊敬啊！在国外的大学校长还要厉害，可以去竞选市长、省长甚至国家总统。"实际上，中国大学校长的确不好当。我在高校里面当了 20 年的校领导职务，亲身体验到做好校领导之苦，越是有心把学校办出水平，日子会过得越苦。但是另一方面，又觉得大学这个舞台，可以为国家多作些贡献，是一件十分有意义的事情。想通了这一点，我才有勇气承担校长职务。积 20 年办学之经验，要把工作搞好，要把学校办出水平，就必须在管理上要有创新思想。

我原来在上海工业大学任副校长，做著名科学家钱伟长校长的助手，后来上级把我调到广州暨南大学任副校长，接着又任校长，前后长达 20 年之久。新中国成立以前，暨南大学在上海真如办学。当时这个学校在全国排行大概在第五到第九名之间，是中国著名的大学。那时，上海有 4 所国立著名大学：上海交通大学、同济大学、复旦大学、暨南大学。这个学校在中国是非常有特色的大学，今年（2008 年）已有 102 年的历史，是中国历史最悠久的大学之一，是清朝光绪皇帝亲自签字批准建立的，是中国第一个对海外办学的大学。从清朝开始办学就招海外学生，一直到现在都是华侨大学。但是这个学校又是多灾多难的大学。老一辈人都知道，在"文革"以前，有海外关系对个人来说是很可怕的事。所以一解放，这个学校就关闭了。后来，一些中央的领导意识到华侨仍然很重要，同时侨胞们也要求复办，于是就在广州复办。因为广东是中国最大的侨乡，中国的华侨有一半是广东人。暨南大学在广州复办的第一任校长是陶铸同志，这说明中央很重视。"文革"时期，学校再次停办，直到 1978 年重又恢复。这个学校在 102 年的时间长河里面停办 3 次，停办一次就换一遍老师，只剩个校名了。

办学尽管这样曲折，但是学校仍然培养了很多杰出人才。据不完全统计，有13位国家领导人、10多位院士，还有外国领导人，以及国内外许多的杰出人士。总之，对国家的贡献很大。

华侨对中国的贡献很大。从辛亥革命开始到现在，几乎每一次中国的巨大前进的跨越，都是华侨华人出了大力。没有孙中山先生领导的华侨同胞，我们的辛亥革命无法成功。30年的改革开放又是靠华侨华人、靠港澳台同胞出了力，取得了巨大成功。这30年来中国引进的外资，70%是华侨华人、港澳台同胞完成的，不是靠洋人。许多西方人是不喜欢中国上去的，他们不会发善心希望中国上去。我们的华侨华人和港澳台同胞爱国、爱故乡。全世界没有哪个民族像我们中国人，他就是改了名字，拿了外国的身份证，仍然爱这个祖国、爱这个故乡。祖国经过30年努力，成功了，成了世界第四经济大国。

20世纪90年代初，上级调我到暨南大学任职，来到了广州。可是，进了这个学校就让人伤心。学校办得太差了，已没有好名声。离开上海的时候，同事们都问我是不是调到山东济南去了。许多人都不知道这个学校，学校的知名度很低。广东和上海不一样，上海的高校办得比较好，而广东的高等学校在老百姓的心目中却办得很不好。都被取了很难听的绰号，这在全国都很罕见。老师和学生都不愿戴校徽，大家不愿在外面说自己是暨南大学的老师、暨南大学的学生，嫌丢人。我在上海工作得好好的，去了个名声不好的学校当领导，你说心里咋能高兴？我一向服从组织安排，只得耐着性子继续待下去。于是，我就团结大家、依赖大家，想办法要把这个学校办成质量好的学校，以"侨校＋名校"为发展战略目标，以"从严治校、从严治教、从严治学，依法治校，实事求是"（简称为"严、法、实"三字经）为方法，开始一次一次的改革。大概做了20多项改革，许多是全国高校第一次进行，共制定了327个管理制度。

这个学校的新生进校学习的程度很不一样。它的办学宗旨是"面向海外、面向港澳台"，是全国大陆两所实行校长负责制的学校之一，是个特殊学校。学生来源是全世界的华侨华人的子弟、香港澳门台湾的学生和大陆的学生。全世界高中毕业不是同一个水平的，不可能像跳高一样规定一个同样高度，不能统一高考。美国的学生跟德国的学生不一样，跟非洲的学生不一样，跟毛里求斯这些国家的学生又不一样。学风也不好，我1993年秋天分工管教学，检查时发现早上8：00上课，到8：30还有很多学生没到教室，老师也不管。因为一些老师喜欢"搵钱"，就是到外面赚钱，对本职工作不负责，教风不好。我听了几节课碰到几件怪事。一个老师到了教室，上了讲台就问："同学们，你们是本科生还是大专生？"他走上讲台还不知道听课对象。有一个老师还问："你们上节课上到哪儿了？"他连上一节课上到哪儿都忘记了。我又检查了第4节课的下课情况，严重到无法想象的程度，本来是12：00结束，一位教师在11：10就下课了。

要想办法把学校办好,首先就要使学风变好。为改变学生平时不努力学习,仅靠一次次补考来过关的现象,对学生就采取了第一项改革措施:取消补考、实行重修。1993 年,这个学校就没有补考了。这在全国是第一次,以后就在全国推广了。学生成绩不及格,不需记入档案。非常宽容,允许重修三次。学生如果不想要低分成绩,愿意要高分,也可以重修。因为重修不仅要多花时间,还要多花钱,所以不仅学生重视,而且家长也会帮学校管好学生。这样一来,许多学生就努力读书了。

第二项改革就是从 1993 年开始实行标准学分制。这个制度规定本科学生拿到 160 学分就可以本科毕业,并允许提前毕业。70％是必修课,30％是选修课。一年两个学期,每学期 20 周,一学期 20 学分。优秀生可以读快一点,差的学生读慢点,还允许学生休学。总之,学生可以按照自己情况读 3 年、4 年、5 年,甚至 6 年、7 年都行。我觉得大学生就像产品一样,对社会来说符合质量条件出去就行了。有的人可以慢点,有的人快点。实行这个新制度之前,学生的学习负担很重,有的专业周学时竟高达 40,以致学生学习疲于奔命,既学不好,又使学生非常厌烦学习。所以就把学分降下来,搞少而精,跟国际一致。学生在校学习一年 40 周,每学期 16 周上课,2 周复习,2 周考试,学生有备考时间。一门课可以同时有几个老师主讲,学生既可以挑上课老师,也可以挑上课时间,就是根据自己的情况读书。传统的中国大学是保姆式大学的培养人才方式,这不是优秀的制度,优秀的制度应该是使学生根据自身情况和爱好来上课。这样,我们实施了中国第一个弹性的学分制。加上取消补考的措施,学生从学期开始到结束都努力用功,而且关怀学生,在考试前给学生 2 周时间复习功课,以使学生在考试前有充分时间准备。这样一来,学生的学风好转了,学生的学习质量也提高了。

我们的考试制度非常严格,在全国应该是最严的学校了。大家都知道中国过去的学校,包括在我们小时候,都没有作弊的现象。到了 20 世纪 80 年代,出现了考试作弊现象,而且越来越严重,这对培养中华民族的接班人很不利。大家作弊的结果就是不讲信用,作假。而且有的老师也跟着作弊,学生给老师送个礼就把分数改过来,这样搞下去我们的民族还有什么前途。诚信是一个民族最重要的基本素质。我们花费了很多精力,设计了一套完整的考试制度,以消除作弊现象。期末考试时,实行大考场制度,全校学生都在体育馆里面考试。840 人考试,大考场,学校统一监考,这件事《人民日报》等媒体都报道了。大考场中,考生看不到周围同学的相同内容的试卷。考试桌子也做了专门设计,桌子没法私放东西。进考场的时候,学生所有东西都要存放。进到大考场以后,学生要靠自己的智商和能力来完成考试,在那种情况下作不了弊。自从设立大考场以来,便没有学生作弊。学生无法作弊,考试质量就很好,而且公正、公平。学生要考试好就得平时学习好。平时学习不好就不行,所以整个学习过程都能够管住。我们学校每年要把一些优秀学生送到国外去读书,交中国的学费到国外留学一年,学生如果作弊拿好成绩选拔出国留学,显然有失公平。由于我们的考试管理严格,有一次,我们省就把干部的考核放在我们学校举行,请我们监考,当场抓出了两个作弊的副厅长,后来听说省里免掉了他们的职务。

还有阅卷制度改革,首先考试题出法就改了,用试题库。出题是一群老师出的,每人出一道题,然后组成试题库。对试题库每套试卷题编好号码,考试前两天由主管校长随机选号抽题,此时谁也无法知道考题内容。然后请几个人去印卷子,这几个印卷的人跟外界不能来往。改试卷是集体阅卷,每位老师改一道题,不能拿回家由一个老师来改。所以严格而公平的考试制度会使学生的学风变好。

为改善教风和提升教学质量,从1993年开始,我们便要求教授上本科基础课。同时,对老师的课堂教学管理使用了三重评估制度。我在外国呆过几年,看到国外大学的学生在期末课程结束后要根据教师的授课质量给老师打分,以评估教师的授课质量。我就把这个制度借用过来,让学生给老师打分。对上课的内容、教材、教法等项目,由学生打分。开始时老师不服,说因为教学生很严,学生便给打低分。后来我就搞了三重评估,第一个就是学生评老师;第二个就是校、院、系领导评老师,并具体规定了领导每人一学期听多少课;第三就是专家评老师,全校请了40位专家,大多是教课教得好的刚退休老师,返聘回来,每周规定他们每人听课8小时。他们在全校任何时候随机听课,不通知任何人,就变成一个随机的抽样检查,这是用数学办法,运筹学的概念。像我去听课,临上课前一两分钟才进入教室,坐在教室后座,不让讲课老师发现,以免老师紧张,又可看到真实情况。听一节课下来就给老师打分了,看他讲得好不好。领导、专家、学生三方面考察,综合评定等级。然后每年全校表扬10位最佳授课老师,大照片挂在学校公告栏里面,树立榜样让大家向他们学习。同时,升工资,给激励。对于每年考核不合格的老师就亮黄牌,警告;再不及格,就下岗。下岗后,必须重新学习才能再上岗或改做其他工作。通过这样的办法管理老师,老师的教风很快就好了。

与此同时,我们在全校推行新的分配制度——暨南大学量化考核制度。中国高校现在普遍实行两种分配制度,其中一个典型是北大、清华的九级岗制度,另一个就是暨南大学的量化考核制度。当年《光明日报》同一天报道了这三个学校的两种分配模式。清华、北大模式是把老师分成一至九等,发放岗位工资。这种制度实施可能比较麻烦。我们是按照公平和激励原则,不用奖金概念,不鼓励院系部处创收,而是由学校直接筹款来增加教职工收入。我们将全校教职工每人的收入分为两部分,一部分是国家规定的,称为国家工资;一部分是学校发的:称为校内工资。校内工资采取量化考核办法,把每一个老师的工作细分成很多项,再按项计分。比如说上课,上本科生、硕士生、博士生、成人教育的课有不同分数。甚至上短期培训班的没有学历、学位证书的都有分数。学生数量多了也有加分,重复班也有分数,搞得比较公平。你教不同的课程,有不同的分数。星期日上课比平时上课要加一点分,在外地上课要加一点分,在海外及港澳台地区上课也多加一点分,晚上上课要加一点分,中午上课也加一点分,分得很清、很细。指导教学实验、批改作业都有分数,当班主任也有分数。还有社会任职的分数,在外面学术界任个什么职务,对学校知名度有提高,也给分数。然后,出版著作、发表论文也有分数。在国内外不同级别杂志发表的文章各有不同分数。做的科研成果被转化为产品,有分数。拿到科研项目也加分。在外面获得奖励、作了贡献也有分数。学年结束时,评为优秀的,也要对原始分数乘以大于1的系数。多少分,就多少钱,也不封顶。这样下来,大家都愿意干活了。很快,学校科研高速发展,教学质量稳步上升,教职工收入大大增加。当我 2006 年初从校长岗位退下的时候,以校本部教职工为例,2005 年全年人均收入为 8.89 万元,是1995 年平均收入 8 000 元的 11 倍。在全国高校校长开会的时候,有人说我们学校工资是全国高校第一了。周边学校领导私下跟我说:"我们的压力太大了,请校长手下留情。"发给教职工的工资总额在全校总支出中仅占 30%,增发的余地还很大。

这个分配制度的变化还促进了工作变化,办学水平提高了。我刚到学校工作时,暨南大学居然没有一个省部级的重点学科。现在不仅有 15 个省部级重点学科,而且还有 2 个国家重点学科,博士点由 7 个增加到 54 个,研究生由 615 人增加到 6 567 人,海外及港澳台学生由 1982 人增加至 10 270 人,整体上去了,由一般大学成为国家"211 工程"大学,成了中国的名校。以中国网大排行榜为例,在全国 2 000 多所高校中,2005 年排在第 42 位。走到海外,你们碰到在中国读过书的,你问他在哪读书? 很多回答是读暨大的。2000 年,中国大学校长代表团到葡萄牙访问,桑帕约总统给我们安排一个翻译,那个翻译走到我面前说:"刘校长,我是你的学生。"她是我们学校外国语学院的毕业生,在葡萄牙工作。世界各国有很多我们暨南大学的学生。据统计,2005 年,暨南大学有 2.2 万多学生,其中海外及港澳台学生占一半,有 81 个国家和地区的学生在这里留学,海外及港澳台华侨华人和港澳台学生占全国大学同类学生总数的一半以上。

现代化大学的显著特色是老师们既能教好书,又能做好科学研究。但是,我刚去时的暨南大学的老师却不是这样,几乎无高水平的学术论文,科研水平较差,一年里全校仅有几篇 SCI 和 EI 论文。于是从 1996 年开始,我提出用"教学、科研"双中心目标取代了过去单一的"教学中心"目标,并用"不做科研的老师是残疾老师"的讲话来转变大家的观念。接着,又采取了一系列措施,如大力引进博士,引进优秀人才,改革职称评审制度,加强研究生质量管理,对老师的科研成果进行量化考核等,从而使学校的科研项目、科研经费、科研论文和成果推广快速增长。科研经费从1995年的400万元上升到2005年的1.3亿元,增长近32倍。三大索引(SCI、EI、ISTP)收录的学术论文从1995年的9篇上升到2005年的297篇,增长32倍。

一所大学,如果经费太少,那是很难办好的。1995年,全校经费短缺,实验设备费仅50万元,基建费仅300多万元,而且全校从上到下忙于搞创收,严重影响学校的办学质量和发展。为此,从1996年开始,实行财务集中管理的措施,把各院系和部处资金集中起来实行一级财务管理,各院系部处不再搞创收,由学校直接发放校内工资,让教职工集中精力安心做好本职工作,这一方法在全国亦具有开创性质。学校实行开源节流原则,以开源为主、节约为辅。学校通过多种方法筹措资金,一方面请求中央和省政府加大投入,其次是调整结构,增加收入,同时又强调勤俭节约,不准浪费。对各单位的账户进行了清理,并加大了监管力度,不准做假账,不准做两本账,禁止搞"小金库",实行"收支两条线"既有助于廉政建设,保护干部,预防腐败、又使学校的办学经费大幅增加。同时,又要求大家严格遵守国家及相关部门的财务制度,不准乱收费。这一系列的改革,使学校财务状况越来越好,保证了学校教育事业健康和高速的发展。2005年,全校总收入达到13亿元,为1995年2.26亿元的5.8倍。同时,2005年,学校的固定资产总值达到16.3亿元,为1995年3.26亿元的5倍。学校的校园面积达到174.43万平方米,为1995年112.32万平方米的1.5倍。已经建成和正在建设的校舍面积共83.81万平方米,为1995年46.39万平方米的1.81倍。图书藏量增至270万册,为1995年135万册的2倍。教学科研设备增至2.7亿元,为1995年4 980万元的5倍多。我卸任时,在校本部,还给后任校长留下积余的近3 000万元现金。

暨南大学历史上很有特色,出了很多知名人物。可是,很多人不知道暨南大学,同学们甚至连暨南大学的"暨南"是什么意思、怎么来的都不知道。我做了校长以后派人到中国历史档案馆去查,查出学校申办时光绪皇帝的批准签名,查出哪天成立的。最后我们便办了校史馆。校史馆可以鼓励学校师生们热爱自己的学校,珍惜前人留下的宝贵遗产,不忘记历史。大家的反映很好,知道了自己的历史,更爱自己的母校。当时全国一个校史馆都没有。1998年,在暨南大学举行全国100所"211工程"大学校长第一次聚会,大家看了我校的校史馆后说:"很有特色。"现在,很多大学都建了校史馆。

1998年,我们接受珠海市委和市政府的热情邀请,经上级领导口头批准同意,在珠海唐家湾创建了暨南大学珠海学院,既是在珠海特区创办的第一间高等学校,又掀开了新中国异地办学新的一页。建立的时候,有人就说:"刘校长你要犯政治错误了,中国哪能允许异地办学。"我觉得中国大学太少,办大学于国家有利,于人民有利,又不是贪污腐败,应该大胆地去办学,即使犯了罪,坐了牢,未来也会平反的。暨大珠海学院在唐家湾办了两年后,又迁到珠海前山。可以说,办学的酸甜苦辣均尝尽,靠勇气坚持,靠办学质量坚持,靠珠海市委、市政府黄龙云书记等领导的大力支持,才得以坚持至今。我们始终坚持珠海学院与广州校本部是同水平招生、同水平办学、一样的毕业文凭。前不久,教育部周济部长来校视察,赞扬说:"暨南大学珠海学院是暨南大学校本部的延伸。"做这些创新的事情,很多时候是冒风险做的,你只有认定目标,坚持下去才能成功。创新肯定跟周围不一样,但是创新的目的是为了进步。

我们中国为什么在世界上没有有名的大学,其主要原因之一是中国的大学都是关门办学,很不开放,主要招自己的学生,外国的学生愿者上钩,到中国来几个算几个。这么办国际化大学是不可能成功的。现在地球是一个村,人家先进的东西要学习,你有先进的要输出,才能够提高。大学是为社会培养现代化人才,要培养有世界观念的人才,所以要主动送你的学生出去,要欢迎人家的学生到你这儿来。

我第一次出国,到了国外一看,感觉我们太落后了。1981年初出国的时候是从中国科技大学出去的,第一批全国仅有8个人,由西德直接挑选的洪堡学者,作为世界优秀青年科学家出去。出发前,受到著名科学家钱三强先生的亲切接见和热情鼓励。到了西德,发现西方的管理在变化,大学办得不错。应该把人家好的东西学回来,提高自己,只有这样才能说中华民族是伟大的民族,才能把我们的国家变成伟大的国家。当时我就在反思,怎么才能把中国的大学办好,为中国培养优秀人才,我们中国才有希望。从1995年底任暨南大学校长后,便开始在校内狠抓办学质量,并实行开放式办学,走国际化之路,花很大力气在世界五大洲建立姊妹学校,全是有名的大学。经过10年来的努力,我校在世界五大洲共建立姊妹学校46个。比如说我到埃及以后,想和他们的名校建立合作关系,非洲和中东地区最好的大学肯定是埃及的开罗大学,我就去拜访开罗大学校长。他不知道暨南大学在何方,我跟他讲了以后,开始他不愿意,我讲了半小时就把他讲同意了,这样,我们便与埃及的开罗大学建立成姊妹学校。要使世界的主要国家、华侨华人多的国家尊重我们,承认我们的文凭,使我校学生在该国能站住脚、求职顺利、工作发展顺利,就必须让人家知道中国有一个办学质量相当不错的暨南大学,才有可能。与该国著名大学结成姊妹学校是一条好途径。现在,海外及港澳台学生到中国来读书,大多选择暨南大学。一道风景线是,全校1万多海外及港澳台学生,来自世界五大洲81个国家和地区。

暨南大学众多学生来自海外及港澳台,到广州来读书,不仅要学好中文,同时也应该掌握好英文,成为双语的人才。对于内地生说来,由于国内从小学到大学的英语教育不太成功,时间虽花得多,到大学毕业时,许多学生仍不能开口讲英文,致使国内非常缺乏英语好的专业人才,只好靠留学归国人才来满足需要。考虑到上述情况,我们从 1996 年起,便在全校院系开始双语教育,部分专业课程用英文授课。2001 年,更设立国际学院,学院内的全部专业一律使用英文授课,现已开设 6 个专业:临床医学、药学、食品质量安全、国际经济与贸易、会计学、行政管理。这个学院既为海外及港澳台学生所欢迎,又令内地生喜爱,成为中国内地首家兴办的不用出国留学就享受留学效果的大学。

暨南大学是新中国第一个设立医学院的大学,但是只有一个附属医院,学生培训、实习的地方严重不足,而且我们又无钱再办医院。经过认真研究,我们选择跟深圳特区最好的一所三甲医院——深圳市人民医院谈判,他们很高兴,就签字了,成为我们的第二附属医院,这是中国第一次大学与医院联合办学,受到时任国家卫生部副部长殷大奎的高度赞扬。后来,我们一共建了 8 所附属医院,都是广东的好医院。他们成为附属医院以后,重视科研,医疗水平也上去了,病人愿意到那里去看病。我们学校的学生到那里实习也不花钱,实习的条件也很好。那些医生还免费给我们培养研究生。现在很多大学都在采用我们这个办法。

还有与广东省检察院实行合作预防职务犯罪。由于社会腐败严重,所以几乎每一个校内重要会议我都要讲一次预防腐败。我虽然苦口婆心地讲,但是仍有个别干部不听忠告继续搞腐败进了牢房。为此我就想了一招,加大反腐力度,请求广东省检察院张学军院长支持,合作预防腐败。包括暨南大学建房子、采购、招生等,这些比较容易出现腐败的地方,请省检察院派人来监督。广东省检察院将此事上报中央,中央批示表扬我们做得好,这也是全国高校第一次做此事。因为高校不是避风港,也有腐败。有些学校连校长书记都被抓过,腐败确实严重。检察院进来以后,他们每件事都参与,威慑作用很大。从那以后,暨南大学就比较太平,我也比较放心。这是管理上的创新。

下面,我再讲一个我自己的有趣的故事,急中生智救治垂危病人。

2. 生活中的一次创新经历

这个故事发生在甘肃省平凉地区泾川县黑河公社马漕生产队,这是个非常落后的山区。

当时正值"文革"时期,我被下放到泾川县插队落户当农民。下放的地方十分落后。黑河公社的地形是东西长 30 公里、南北宽 5 公里,黑河从中间经过,是山区。我所在的是东边第一个生产队,距离公社所在地有 30 里路。我们 10 个老师编成一个班,在一个生产队。刚到的时候,发现当地人基本上都患有大骨节病。男人全都是矮子,手足全部是大关节。很可怜的一个生产队,人口数在新中国成立后都没变化,始终是 107 个人。全村由于人矮炕小,就没有一个炕可以让我睡觉。我近 1.8 米的身高,没法睡觉,每晚只好头睡里面,把腿悬空在外面,十分辛苦。但我是被改造对象,不能提要求。后来,生产队长发现了,关心我,找一个炕让我一个人睡,我就睡对角线,这才解决了我的睡觉问题。这个生产队缺医少药,农民治病困难,考虑到我有一些医学知识,我就大胆地自愿当一名义务赤脚医生,一边劳动一边给他们治病。在那里待了半年,我成了全科医生,什么病都看,仅一个病人没处理,有一个妇女难产,我不敢看,就婉拒了。他们平时不太用药,吃一点药,就很灵光,很快就好了,所以我的威望越来越高。后来我就看出名了,成了"神医"。

1968年冬天的一个半夜里,很冷,凌晨两点钟,有人叫我快起来,说有一个人昏死过去了。我就赶快去救人,我也是胆大,什么医疗器械都没有,就靠知识。现场一看,一个二十三四岁的小伙子昏死过去了。检查完毕,发现睾丸肿胀很大,判断他是疝气发作,已经快没气了。按理说这个病必须立即做手术,把小肠送回腹腔才能救活。可是这个地方离县城医院有80里,没有公路,只能抬担架,要走一整天,现在人已经休克,显然此法不可取。我就另想出路。因为我是学力学出身,就想利用重力原理,让小肠返回腹腔。我就叫几个农民把他头朝下,脚朝上地提起来,他已经没气了,死马权当活马医。5分钟后,他就有呼吸了,10多分钟后就活过来了。大家欢呼说:"刘老师,你是神医啊!"这是关键时候没有办法的办法。但是如果你胆小怕事,就救不了人。我觉得在生活中也有机会创新。自那件事以后,方圆几十里的人都来找我看病。

3. 高压超高压容器试制的科技创新

现在讲自己在科技上的创新。我18岁时在"581工程"中担任中国第一颗人造地球卫星一个研制小组的组长,在科研上得到许多锻炼。但是两年以后,由于上级说我的政审不合格,因为我家里既是归侨家庭,又是台属家庭,所以被迫离开了人造地球卫星研制小组。"文化大革命"中的1969年夏天,我在兰州汽车修配厂当工人时,机会就来了,得以在兰州石油化工机器厂做科技创新。

这个石油化工机器厂是当时中国石油化工机械的第一号工厂,是苏联援助中国的156项工程之一。这个厂二分厂当时的技术科长,就是十届人大常委、曾任湖北省委书记的贾志杰同志。他是留苏学生,喜欢搞技术革新。他仿照世界领先水平的美国设备,在中国第一次试制了6台生产航空煤油的铂重整装置。试制出来以后一检验,发现不合格,没成功。因为这是个高温中压产品,工作的时候是摄氏300度高温,要80大气压,但是他们的试制产品只能达到60大气压。一台设备价值几千万,这个问题如果不能解决,花费巨大人力物力研制的设备将全部成为废品。在兰州的第一号有名大学是兰州大学,也是当时全国27所重点大学之一。他们就到兰州大学求援,找到军宣队队长。兰州大学没有化工机械专业,没有压力容器专业,找来找去就只能是我们力学系。力学系里面能够与这个产品有点关联的就只有从事板壳理论研究的我和我的老师叶开源先生。叶先生正在蒙冤挨批斗,无法接受研究任务。于是军宣队将任务交给我一个人。

我那时 29 岁,没有搞过实际研究,唯一的长处是我有一点理论基础。我是中国除了北大以外第一批学力学的大学生,搞过一点理论研究,发表过 3 篇学术论文。但是,我读书时没有得到机械工程知识的培养,学校办学条件差,没做过一次实验,没学过制图,要承担这个任务,难度可想而知。

我立即去了工厂,向贾志杰科长报到。他们就给我说这个问题,图纸我也看不懂,我只学过板壳力学,没有学过压力容器。我觉得这个设备重要,这是个机会。我不能说我不干,就说:"我好好努力吧"。那时正是知识分子接受改造的时期,因此我就自己决定半天跟工人师傅一起劳动,当铆工、当焊工,半天搞研究。这个装置封头是开孔椭球壳,我没有学过,文献中也找不到相关理论,于是我就自己创造理论,给出了计算公式。经过 3 个月的日夜奋战,我终于把这个问题解决了。我给的结论是:试制产品封头开孔处强度不够,应予补强。随后,贾科长他们又做了试验验证,所得试验值与我的计算值吻合,证实了我所建立理论的正确性。于是接受我的建议,在封头开孔的地方沿着孔焊一个 32 毫米厚的钢板,1 台花了几千元钱。弄上去以后就行了,就能达到 80 大气压了。他们好高兴,我也是好高兴。

我是本科生,又不是研究生毕业,知识面就是那么一点点,但就是我热爱科学、有创新的思想使我为中国第一台生产航空煤油的装置试制成功贡献了力量,不然试制产品就成废品了。我们那个时候做科研也没什么好处,既没有补助,也没有奖金,也没有表扬。《人民日报》报道的时候,只说是兰州大学力学系一位老师的帮助,名字都没有。但是我觉得只要对国家有好处,就值得。如果一个人一生只想着名利、想着升官发财,那是成不了功的,要抛弃这些名利才能成功。

这位贾科长,也确实了不起,他做了很多创新。当时国家以农业为基础,但化肥不足,尿素是最好的肥料,他便仿照世界王牌产品——荷兰设备试制中国第一台大型尿素合成塔,22 米高,压力高达 220 大气压。这种装置一旦出问题,周边地方都要遭殃,很吓人的。我年轻时就是胆大,我跟他们做的时候都没怕过,死了人要负责任,但是当时都没考虑过这些。这个产品就是吸取了前面铂重整装置试制的经验,前一台封头弄得太薄了,这台就弄很厚。可是厚了以后封头孔边就产生很多裂纹,一个高压容器带有很多裂纹就不安全,不能用于生产。他们又请我赶快把这个问题解决。为此,我又创立了世界上第一个实用的厚壁球壳理论,给出了设计公式。计算后就做试验,理论结果居然对上了。于是,他们又接受我的建议:将球形封头减薄,去掉开孔地方的补强圈,使产品试制成功。

接着就研制我国第一台大型换热分离氨组合设备,其中的水冷却器是高压高温设备,它的厚管板属于关键部件。厚管板是圆形的厚板,厚 230 毫米,直径 700 毫米,上面要开 745 个孔洞,每个孔洞的直径约为 10 毫米,孔洞中接上管子,用管子作冷热交换。石化和炼油厂中大约有 40% 都是这种热交换器。世界上这一领域的最权威学者是波兰的乌班诺夫斯基。他创立的是薄管板理论,而厚管板理论全世界没有。当时要设计制造 230 毫米厚的管板,全中国没有一个厂能加工。中国最大加工能力只能做到 190 毫米,再厚一点就做不了。他们又找到我,看能不能把管板减薄。做了半年,我自己建立了厚管板理论,给出了解析解,完成了这一课题。"文革"结束后,经仔细查阅文献,发现还是全世界第一个厚管板理论。根据理论计算结果,建议管板按 150 毫米厚度设计制造就可以了。这个产品是西德的专利,厚度是 230 毫米。比较保险,我建议厚度为 150 毫米,工厂不敢做,太薄了出事怎么办呢?他们就采用了中国当时能加工的最大厚度的 190 毫米来加工管板。最后,产品设计制造成功。

后来我又参加研制中国最高压力容器,按世界王牌产品英国设备研制 2200 大气压的高压聚乙烯反应器。反应器需要在筒体侧边开个孔,压力太高不好处理,要我计算孔边应力。我拿着这个题目做了两个月都没有任何头绪。甚至生了场病,眼睛都红肿了,以至到医院做手术。朝思暮想,一个晚上在似睡非睡的时候终于想出来了一个解决办法,采用复变函数方法来处理这个问题,给出了解析解,从而使中国第一台最高压力容器顺利研制。

由于在兰州石油化工机器厂做了一点创新工作,校军宣队就表扬我,并且在兰州大学为我出了一本科技专刊,这在当时是非常罕见的。我非常感动,觉得给国家做了点好事。科技创新非常重要,中国的第一批高压超高压容器产品就是这样研制出来的。

4. 精密仪器仪表波纹膜片弹性元件设计理论的创新

现在再讲一个科学理论上的创新故事。这是我一生刻骨铭心又十分心酸的一个故事,也是我的成名作,这就是波纹圆板特征关系式。在精密仪器仪表中,波纹圆板被称为波纹膜片。波纹圆板一般是用铍青铜和不锈钢等金属做的,非常薄,一般仅有 0.1 毫米厚度,用到卫星上不到 1 厘米直径大,用到其他仪表中则有几厘米大,是一些精密仪器仪表的心脏元件。1963 年在兰州大学毕业后留校任教,我想做科研,便到兰州的工厂去调研。找到一家国家级的仪表厂,当时他们正好有一个任务,就是研制锯齿形的波纹圆板。

那时,美国有两种飞机经常侵略中国的领空,一种是 U2 飞机,一种是 P2V 飞机,成天在中国的上空飞行。U2 飞机飞得太高了,20 000 多米高。我们打不着。P2V 飞机只飞几百米高,但我们的雷达找不到它。后来我们设法击落了一架 P2V 飞机。击落以后,我们国家对这架飞机的高度表进行仿制研究。高度表的心脏元件就是一个锯齿形的波纹圆板,很薄,只有 0.1 毫米左右的厚度,根据大气压力的不同产生的变形不同来测量高度。这个东西中国过去不能制造,我所到的这家厂就要制造这个东西,以供中国军事飞机使用。

这个厂无法研制,便请我给他们先计算一下。我没学过这个理论,不知道怎么计算,可是我很喜欢这个课题,愿意做。厂里同意我做,我就回去汇报。汇报的结果是:"你这么忙还到外面去干什么?"并给我戴了顶帽子:"不务正业",把我批评了一通。领导不同意,就没办法签订课题合同。但是我觉得这是国家急需的重要课题,我们的军事工业、航空工业要上去,精密仪表是先行官。于是,我就利用业余时间悄悄进行研究。

从文献上看到,苏联科学家巴诺夫院士研究这个问题最早,接着是他的两个学生,他们都只研究很简单的问题,且所获得的理论结果精确度很差,远不能满足设计要求。后来又有几位日本和美国科学家做这方面研究,也没能解决这个问题。美国是理论加经验做出这种产品。这是个世界难题,是一个非线性数学问题,理论难度很大,全世界就几个大人物做。我那时是初生牛犊不怕虎。世界上没人做的才好嘛,国家也需要,我一直做到 1965 年夏天。后因参加农村"社教"和"文革"开始而被迫停止,但是只要有空,我就躲在家里继续做这项研究工作。

当时家里很穷,还要自己掏钱买纸买笔。研究计算工作量很大,连手摇计算器都没有。尽管系计算室有,但不让用。我要用五位数字运算加、减、乘、除、开方等,用手算,打算盘,翻对数表,用了几麻袋计算纸张。那个时候做业务是要被批判斗争的,于是我爱人保护我,她经常在门口帮我看着,有人来,我就马上收起研究资料,在外面放一本《红旗》杂志。没有办法,做科研还要搞秘密活动。终于在 1968 年 4 月算出来了,不仅计算方法、程序和公式简单,而且计算结果的精确度远远超过了苏联的世界领先水平的成果。他们算出来的误差大约是 30%,我的误差只有 5%左右。在大学的时候学了 2 年数学专业,加上 3 年力学专业,所以我是靠自己努力把这个问题攻克了。但是攻克了以后,没有马上发挥作用,工厂也不要你的成果,因为没跟工厂签课题合同。从 1966 年夏天开始,所有的中国学术期刊都停办了,没地方发表,也没地方汇报,你说了还要挨批判,我只好把成果锁在家里。以后虽有两次发表的机会,但因各种干扰,始终没有发表成。

直到十年后的 1978 年 3 月,我的波纹圆板的学术论文才得以在《力学学报》发表。

这篇论文发表时,我已经 37 岁,正好调到中国科技大学近代力学系飞行器结构力学专业教研室任教。1978 年 12 月,第五届全国精密仪器仪表弹性元件学术会议在上海召开,会议筹备委员会发现了我的这篇论文,便请我在大会上做特邀报告。大会报告后,会议评价这篇学术论文达到国际水平,立即引起轰动,《文汇报》马上报道,中国科技大学表扬,中国科学院发文件通报全院表彰,国务院副总理方毅也签字表扬。以后,我又将自己的波纹圆板的一系列成果在全国许多精密仪器仪表厂和研究所推广,从而改变了我国以往的经验设计的历史。

1978 年 3 月份发表这篇文章,距我开始做这个题目的时候,已经长达 14 年。按道理说,这么多年这个课题应该早有人做过了,可居然世界上还没有人攻克这个理论难题,仍然是世界前沿的作品。"文革"前,我在《科学通报》发表了 3 篇文章,这是当时中国的权威杂志,也是非常好的,但是我的成名作还是这一篇。这个创新故事,我是吃足了苦头才获得成功的。这就是科技的创新,只有经过坚忍不拔的努力,还要有知识的积累,还要抓住机遇才能成功。

5. 提出"东水西调"工程创意设想

最后,再讲一个最近的事情。2004 年,通过中国工程院和广东省人民政府参事室,我向国家提出"东水西调"工程建议。以后,又陆续在一些地方作过讲座,报纸也有报道。最近又获得国家科研经费资助,正式开始了这一课题的研究。

21 世纪制约我国经济发展的重要因素之一是水资源缺乏问题。我国人均水资源不到世界平均水平的 1/4,其中华北和西北地区的水资源更是极度贫乏。北方的黄河、淮河和海河三大主要流域的河川径流量不到全国的 6%,而耕地面积却占了全国的 40%。水资源的不足,不但影响工农业生产,影响人民群众的日常生活,而且制约着我国经济社会的可持续发展。一些北方城市已长期对居民实行水的限制供应,有的城市(包括首都北京)因大量开采地下水,造成了地面大幅下沉,存在很大的隐患。同时,由于生态环境的恶化,我国北方的一些沙漠迅速扩展。为此,国家开始实施"南水北调"工程,以解决北方缺水的困难。然而,中国南方淡水也不足,故不是长久之计。

海洋占地球面积 70%,海水取之不尽。故我提出"东水西调"工程的建议,把渤海和黄海的海水由东向西用管道输送到首都、华北和西北各省区,以永解当地之"渴"。在防止土地盐碱化的前提下,在沿线建立若干咸水湖,并在湖边按需建立海水淡化工厂,供当地人民淡水需要。据了解,目前海水淡化的成本是 4 元/吨,若技术更新,当可进一步降低成本。海水还可综合应用,比如建化工厂,提炼盐和稀有元素,综合效益可观,更可造福人类。咸湖水的自然蒸发,亦可改善当地气候,进一步可增加耕地,变沙漠为良田。

"东水西调"工程,可以根据财力,逐步向西推进。当务之急,是首先解决首都北京的缺水问题。按目前我国的工程技术能力与财力来看,启动"东水西调"工程已不是困难之事,希望此创新得到大家的支持,以更快地造福于人类。

我在这里讲一生的创新故事,就是要告诉大家我的感想。我们人类的进步要靠创新,无论是科技、制度、政治、文化方方面面都需要创新,没有创新人类就不能进步,是无数人的创新才使我们的社会进步。但是也不可能人人每天都在创新,应该说多数情况下,为了保证产品和办事的质量,大家都要按标准、按部就班地工作。只是当生活、工作有需要更新的时候,才用创新去解决问题。天天都在创新,那是要搞坏的。现在人们对创新谈得很多,不注意这个问题。我们多数人、多数时候应该按标准化的工作方式进行工作,只是社会应该给创新一个宽容的气氛。我们整个中华民族应该鼓励有创新思想、创新概念的人,要鼓励他们、帮助他们,要给他们减少障碍,要宽容,即使创新失败了还要宽容。

(2008 年 5 月 27 日在上海科技会堂应上海市中国工程院院士咨询与学术活动中心的邀请做的报告(按录音整理),原载《科技创新与品牌》,2009,(1):10-16;2009(2):8-11。)

第七章 社会服务

"科学技术是第一生产力"的趋势
及我国高新技术发展的战略

面对世界新科技革命的蓬勃发展,经济、科技在世界竞争中的地位日益突出的态势,10年前邓小平同志高瞻远瞩地提出:"科学技术是第一生产力。"其最重要的含义就是科技是第一位的变革力量,是变化中的主导因素。"科学技术是第一生产力"的思想不仅符合中国国情,也同样具有世界意义。因为,"实现人类的希望,离不开科学;第三世界摆脱贫困离不开科学;维护世界和平也离不开科学。"邓小平同志特别重视"发展高科技,实现产业化",他88岁高龄南巡途中,满腔热情呼吁"搞高科技,越高越好,越新越好",表达了他对科技发展的殷切期望。未来的21世纪将是科学技术广泛交叉融合、迅速转化的世纪,是不断印证邓小平"科学技术是第一生产力"思想的新世纪。审时度势及时制定我国高新技术发展战略,是时代之必然。

一、"科学技术是第一生产力"的国际趋势

自二战结束以来,在世界范围内兴起并仍在继续进行的新科技革命,是人类历史上规模最大、范围最广、层次最高、影响最深远的一次革命,是科技革命史上全新的时代。这场革命分为五个阶段[1]:1945—1955年,第一个10年,以原子能的释放和利用为标志,人类开始了利用核能的新时期;1955—1965年,第二个10年,以人造地球卫星的成功发射为标志,人类开始摆脱地球引力向外层空间进军;1965—1975年,第三个10年,以重组DNA(脱氧核糖核酸)实验的成功为标志,人类进入了可以控制遗传和生命过程的新阶段;1975—1985年,第四个10年,以微计算机大量生产和广泛使用为标志,揭开了扩大人脑能力的新篇章;从1985年至今,以软件开发和大规模产业化为标志,人类历史迎来了信息革命的新纪元。在信息时代,最重要的资源是信息,人们主要利用脑力劳动创造社会财富,服务业成了信息时代最庞大的经济部门。

21 世纪将是科学技术全面发展的时期。以信息技术、生物技术和材料技术三大前沿技术为代表的高新产业开始占据主导地位,并将和能源、航空航天、海洋开发以及农业、医疗保健、制造业和环境保护等方面的技术一起,对经济、社会以及人们的生活方式产生重大影响。

新科技革命缓解了资源在国家实力中的重要地位,减轻了经济发展和军事对资源的依赖;新科技革命,吸引各国重视高精尖技术的运用,变追求数量为立足于质量;新技术革命削弱了军事冲突的作用,提供了武力以外的新的抗衡手段。国家实力内涵的更新,迫使世界各国完成了从生存意识到发展意识的飞跃,把推进高科技的发展确定为国家战略重点,由此引发新一轮剧烈的国际竞争。当今国际社会"科学技术是第一生产力"的竞争有如下趋势。

1. 技术产业化

高新技术产品的广阔市场和高额利润,使许多国家特别是发达国家产业界在加强科技发明和创造同时,把重视技术的应用作为突出措施来抓,以加强高新技术产业化进程,因而在科技进步日新月异的今天,科技转化的周期越来越短,高新技术的转化更为明显。20 世纪 50 年代,一项高新技术从实验到产品问世,一般为 10 年,长的要 20~30 年。如地球卫星从研制成功到上天运行,花了 30 多年。如今,发达国家更新产品周期已缩短至 3~5 年,而在微计算机领域,大约每隔半年就有新的机型面世。诚然,加快科技成果产业化并非易事。如技术上的发明需要三分努力,应用开发就需要七分努力,而使它投入批量生产则需加倍的力量。

由于高新技术产品拥有广阔市场和丰厚利润,引致发达国家和地区不遗余力地推动高新技术的产业化进程。其有效的措施是增强开发投资,加快科技优势向商品优势的转化,如美国在 80 年代末,用于研究性开发的投资即达到 1 300 亿美元。进入 90 年代,随着冷战结束后形势的变化,又逐步调整有关基础研究和应用研究的传统观念以及政策法规和资金分配计划等,关闭一些无实际意义的国家级重点实验室,以保证国家级高新技术成果的转化。兴建科技园也是发达国家转化高新技术成果的有效途径。高科技园是科研、高校和产业部门联手合作的共同体,这种共同体的最大优势就是能加快高新技术产业化。

2. 投入集约化

高新技术的竞争,除了人才、技术因素外,最重要的是经济实力的竞争,即使人才、技术也与经济基础密切相关。高新技术由于研制的艰巨性、复杂性及其大量人力物力的消耗,使技术的前期投入比较高,从而产业界获得技术专利的支出相当昂贵;高新技术产品的独创性和高精密特点则要求生产设备、检测手段、工作环境和原料选用都达到较高水平,因而高新技术产业化的一个重要条件是资金密集、投入集中。为了在国际高科技竞争中不至于落后,各国竞相增加科研经费的投入。近几年,日本科研经费的增长速度居世界第一位,1995 年的经费总额占国民生产总值的 3.19%,到 2000 年将上升到 3.5%。美国准备把今后 5 年的国家科研基金预算提高 1 倍。

3. 科研前沿化

发达国家积极向科学研究的前沿领域进军。以日本的计算机为例,目前世界上使用的最先进的计算机是第四代大规模集成电路计算机。科学家正在着手研制第五代智能计算机和光子计算机,而日本已在研究生物计算机和第六代仿人脑计算机的理论了。科研前沿化需要大批优秀的人才,现在不少国家到国外用重金聘用人才。日本计划 1/3 的研究人员准备从国外引进。美国、加拿大、澳大利亚和新西兰为了在国外网罗人才,再次修改了移民政策。

4. 科技保密化

对高技术采取严格的保密措施,这在美国表现得最为明显。美国为了恢复和保持在高技术领域里的优势,采取了许多"技术堡垒"措施,如制定《知识产权保护法》、不允许外国人向美国商用数据库检索资料、限制外国在战略领域里的投资等。科技保密化趋势使各国高科技的发展必须建立在吸引国外高新技术与本国自行开发相结合的基础上。

5. 经营全球化

全球性经营战略不仅反映在产品的国际化销售不断扩大、也反映在跨国公司设置的全球化进程日益加快。跨国公司已有几十年历史,但以往主要集中在传统产业的扩张。高新技术产业公司由于技术因素,外扩势头不强。近几年,随着高新技术的日益成熟,生产能力的不断扩大,大公司急需寻求国外合作者。与此相适应,世界经济的蓬勃发展和购买需求的不断增强,以及消费层次的相应提高,为高新技术产业提供了更多更大的国际市场。欧美和日本的许多大公司不失时机到国外布点抢滩,加快实施产销一体化、经营国际化的战略。如美国的国际商用机器公司、摩托罗拉通讯设备公司等国际知名的高新技术企业,近两年已在中国、南非等 10 多个国家设立了组装整机、生产配件的专业工厂。继美国企业之后,日本的高新技术企业也纷纷兴办、"国际企业"。日本大举蚕食美国的高科技地盘,近 10 年,日本大规模集成电路的世界占有率,已从 28% 上升到 50%。

6. 银企联合化

金融业的发展特别是金融与企业的关系一定程度上决定着国家及企业经济的发展。高新技术产业由于资金需求量大、市场风险大,更需要银行部门的支持。因此,许多国家发展高新技术产业的又一举措,是加强银行与企业的联合,借助银行的资金优势、财会优势和管理优势,推进企业购买新技术,加快发展速度。

二、我国高新技术发展的基本状况

我国发展高新技术及其产业的基本思路有两条：一是沿着高新技术基础研究——高新技术成果开发——高新技术商品化——高新技术产业化的发展程式，这是由高新技术及其产业自身发展特点所决定的；二是运用高新技术改造面广量大的传统产业，最终使产业结构合理化、高级化，从而增大高新技术对经济增长的贡献率。主要内容包括直接采用高新技术生产更新换代产品，促使传统产业向高级化发展；利用高新技术改造旧的工艺（流程）；运用新材料技术开发替代传统材料的具有新功能、高附加值的新材料；运用具有较高技术含量的装备替代传统设备以及嫁接式运用高新技术或综合运用高新技术改造传统产业等。

1988年8月经党中央、国务院批准实施的火炬计划，经过10年艰苦努力，已经取得了显著成效，顺利地渡过了初创期，开始进入新的发展阶段。全国已认定了1.2万家高新技术企业，组织实施了近2 000项国家级火炬计划和近5 000项地方级火炬计划项目。52个国家级高新技术产业开发区已初具规模。高新区在近130万人就业规模上，实现了年人均产值近17万元。在市场经济条件下，高生产率意味着高产出、高收益和高竞争力。从国家总体经济来看，在1994—1995年我国工业增加值平均增长5.07％，而同期高技术工业增加值增长43.66％，高技术增加值占全部工业增加值比例已上升到10.55％，成为促进产业结构升级和拉动国民经济持续、快速、健康发展的新生力量。在一些关键领域，一批著名企业已创出了自有知识产权的名牌产品，具备了参与国内外市场竞争的实力。1992年，52个高新区年收入上亿元的企业仅有39家，而1996年已发展到390家，超10亿元以上的有30家。高新技术企业从小到大，显示出强大的生命力。

广东近年经济社会取得的巨大成就，无不得益于科学技术所起的重要作用。1991年广东明确提出今后的发展目标：工业中的科技含量要从20％提高到50％，农业要从20％提高到40％，高科技产品比例要从3％提高到7％～8％。广东已建立县以上科研和技术开发机构1 600多家，"七五"至"八五"时期，广东投入127亿美元，先后引进7 000多项先进技术项目、130多万台（套）技术设备，对全省工业进行大规模技术改造，使广东在较短时间内缩小了与国内先进省市和发达国家的差距。广东科技进步对经济增长的贡献率由1978年的19％增至目前的39％，广东GDP由1978年的184.7亿元增至6 097.42亿元。广东有2/3的新增产（行）业是由近20年来的科技进步带来的，劳动生产率的提高也有过半数得益于此，科技进步对广东新增GDP和新增GDP对新增工业产值的贡献率已分别达61.04％和66.54％。至1996年止，全省已认定高新技术企业569家。1995年，广东高新技术产品进出口总额达100.9亿美元，其中出口额为

53.39 亿美元,居全国之首。同年,广东大中型工业企业高技术产品销售 185 亿元,居全国第 2 位。广东利用高新技术发展农业,全省农业综合商品率达 80%,"三高"农业产品已占农产品总量一半以上,农产品及其加工产品出口产值占农业总产值的 30%[2]。广东实践无不证明科技进步是推动国民经济增长的首要因素。

由于我国高技术发展起步较晚,整体上仍处于发展的初级阶段,我国工业技术只有 20% 达到发达国家 80 年代水平,与发达国家相比差距甚远。政府对高新技术发展的支持力度不够,政策不完善,特别是投入不足,资金短缺已成为制约我国高技术快速发展的关键因素之一。发展高科技资金短缺的原因:第一,国家对高科技投资偏弱。高科技投入的总经费,我国不仅在绝对值上不足美国的 5%,全国人均经费仅为第三世界国家人均的 1/2;财政科技投入占国家财政支出的比重远远低于西方发达国家、新兴工业化国家和许多发展中国家。发达国家对高技术研究开发经费的投入占国民经济总值的 2.5%,而我国不到 1%,世纪末要达 1.5% 也不容易。第二,高科技投入的渠道偏少。我国高科技投入缺乏社会化的投资渠道,尤其缺乏大型企业的有效介入和科技风险基金的有效形成与动作,科技投入过分偏倚政府。企业本应是高技术发展的主体,发达国家的企业在高技术投入中一般占其总投入的 50%,而我国企业尚未完全成为真正独立的经营主体,缺乏对风险投资的激励机制和承担能力,尽管企业在银行的存款达 4 000 多亿元,但仍不愿向高风险、投资大、见效长的高技术产业投资。第三,高科技投入结构不当。由于投入额不足,条块分割,难以启动重大科研,只能进行低水平的重复。据统计,我国的科研项目,40% 与国外重复,管理软件的低水平重复率达 70%。第四,银行功能没有充分发挥。我国银行的资金规模已达 12 000 亿元,是支持高科技产业发展的重要力量。但由于银行体制仍未根本理顺,不愿将其资金投向高风险企业或产业。第五,利用外资不够。虽然我国高技术市场前景广阔,对外商颇具吸引力,却由于我国市场机制不健全和投资效益低等缘故,使一些外商望而却步。

高技术及产业化是两个层次的问题,目前在高技术研究方面我国取得一定进展,而产业化则是非常薄弱。我国的科技攻关能力在世界上是第一流的,如两弹一星的成果,而高技术产业化的水平却大大低于科学研究的水平。我们要积极探索一条中国式的技术进步新路子,发展高科技、实现产业化,全面推进"科技是第一生产力"的发展战略。

三、我国高新技术发展的战略选择

世纪之交,各发达国家着眼于 21 世纪的经济和科技的新一轮竞争,纷纷调整和制定高科技发展战略,为保持领先地位打下坚实基础。我国作为世界大国,任何时候"都必须发展自己的高科技,在世界高科技领域占有一席之地"(《邓小平文选》第三卷,第279页)。我国已制定了《高技术研究发展计划纲要》和《国家中长期科学技术发展纲要》,并启动和正在实施"863"计划、国家科技攻关计划、火炬计划等,组织各方面力量在经济建设主战场、高技术研究及产业化、基础性研究三条战线展开攻坚战。

我国发展高新技术的战略是:"跨越发展,开拓创新,系统集成,示范带动"。跨越发展是后起国家经济起飞的成功之路,世界格局从冷战转向经济竞争及我国改革开放20年的快速发展,为我们创造了跨越发展的历史机遇。要实现跨越发展,必须开拓创新。目前技术发展的国际化趋势,为我们技术引进提供了便利。21世纪初,我国将进入技术引进的第三阶段,在技术引进的基础上,要及时转向消化吸收和创新,以自立于世界高技术之林。系统集成是系统技术的需要,也是高新技术与传统产业集成、与社会要素结合的需要。示范带动是应用高技术促进经济发展的成功经验,只有采用示范带动的点源式样板,才可能激励、启示和引导广大企业积极跟进,最终达到以高科技研究和发展带动企业技术进步的目的。

发展我国的高科技,总的原则是:"一靠政策,二靠投入,三靠人才",要突出高新技术发展战略上的创新。

一是把培植高新技术产业作为科技立国的重大举措。高科技发展要以提高我国国际经济竞争力和市场占有率为目标。高科技发展要体现国家的产业政策,有所为和有所不为,多方联合,优势集中,有序分工。要实现我国的产业经济发展战略重心大转移,由重视传统的劳动密集型、机械密集型产业向科技密集型、技术密集型产业为主导的新型产业经济格式转变,使我国在不长时间内成为经济大国、科技强国;要站在世界科技发展的新前沿和能够驾驭未来竞争的制高点来审视、谋划我们的科技战略,通过培育高技术产业,加快传统产业现代化的改造,探寻新的产业经济增长点,使我们的综合国力有较大的提高,使科技进步跃上新台阶。

二是集中优势力量主攻科技难关。我国科技基础薄弱,尤其是高新技术起步晚、力量弱,许多方面难成特色。现有的高新技术企业有相当部分是与国外企业合资合作,借他人的实力和专利发展,有些电子、音像类技术还是从非正常渠道获取。因而时与外国企业,特别是欧美企业发生知识产权的矛盾和纠纷,给企业和国家造成不良的政治影响和经济损失。因此,从积极接受挑战、主动驾驭竞争的需要出发,我们应集中优势力量,主攻高新技术的重点。从技术力量而言,应发挥三方面的作用,即专业科研机构、高校科技力量和大中型企业的科技人员的作用。我国现有科技人员2 800万,其中1/5是高级科技人才,有足够的开发创造实力。但由于人员分散、专业限制、政策束缚和条件滞后等因素,导致信息不灵、力量分散、各自为政，甚至专业人才无用武之地，直接影响到科技力量的有效发挥。因此，一方面要加快产、学、研一体化进程，协调好国家和地方、科研和企业的合作关系，重大项目由国家或省统一部署，各参与单位分工负责，协作攻关，重点突破；另一方面加快与国际接轨，扩大信息量，及时掌握国际经济技术的新变化，调整我国的主攻方向，避免无效劳动、重复劳动，提高科技成功率。

三是规划跨世纪科技人才的培养。现代科学技术向高精尖、跨学科发展，产业向知识或技术密集型发展，战略资源不再是物质资本，而是人力资本，是知识。为保证我国未来经济健康、持续发展，培养跨学科人才是一项重要工程。培养此类人才，第一，要提倡导师指导和集体培养相结合的方法；第二，实行国内外、校内外联合培养研究生；第三，鼓励跨学科跨专业报考研究生。要改革教学方式，以大学为基地，将教育融入科研，在研究过程中培养学生，使学生能在产、学、研合作的实践中吸收更多有益的经验。

四是普及全民创造教育。创造力是科技和社会发展的一种动力，没有创造性思维的人，是不可开拓进取的；没有创造精神的民族，是难以实现繁荣与发展的；没有创造性的时代，必将是一个黯淡而平庸的时代。创造力和其他技能一样，是可以通过教育、训练而激发出来，在实践锻炼中不断提高的。创造力开发正是通过把关于创造的理论和方法，转化成劳动者的创造素质和技能来推动科技进步和经济发展。截至目前，全世界已有的创造技法，已达数百种，创造力测评方法达100多种，制定出创造力训练教学模式达10多种，已有40多个国家进行创造力开发教育。要使我国的人才真正形成创造优势，成为推动高科技发展的生力军，就必须从战略高度上重视全民创造力开发，为科技和经济的发展注入活力，增强后劲。

五是把有限的科技优势转变为竞争优势。我国的总体实力已接近中等发达国家现有水平，但我国的人均占有率较低，高校、科研单位的自创增值能力偏弱，企业积累能力太小，加之各地基建摊子铺得太大，资金饥渴情况普遍；各级财政十分紧张，预算内的科技经费十分有限；有限的科技资金过于分散，上不了大项目。解决投入问题已是我国高科技产业可持续发展的至关重要任务，应全方位、多层次增加科技投入。不止于国家有限拨款，坚持国家、地方都随经济发展而按比例增加科技投入；不止于财政有限拨款，坚持财政拨款、企业提留双向并进；不止于外部有限的输血，坚持放活高校、科研单位，让其自己增资创收；不止于国家有限投入，坚持对外开放科研，利用国外资本解决科技经费不足的问题。在增加科技投入的基础上，必须实行集中投入、保证重点开发。同时要鼓励有发展前景的高新技术企业兼并没有前途的中小企业，以利于现有的生产要素、扩大经营规模，带动产业产品结构的优化，以新的优势与国外企业竞争国内市场，再反弹到国际市场，扩大我国高新技术企业的生存空间。只要推动一批大型高新技术企业运作,我国的高科技实力和综合国力就能确确实实地进入世界技术强国之列。

参考文献

[1] 宋健.现代科学技术基础知识[M].北京:科学出版社、中央党校出版社,1995.

[2] 李超、杨颖柔.邓小平的科技观与广东科技发展的实践[J].现代哲学,1997(3).

(原载《邓小平科技理论与广东实践》(广东省科学技术协会、广东省科学技术委员会主编),暨南大学出版社,广州,32-42(1998)。)

传播科学思想　提高国民素质

　　两年前,当暨南大学出版社与清华大学出版社将联袂出版一套院士科普丛书策划方案报到我手中时,我就深感这一选题所蕴藏的特殊能量与时代特征。两年来,经中国科学院、中国工程学院的精心组编,清华大学、暨南大学出版社的精诚合作,以及两院院士的大力支持,中国第一部完全由院士撰写的大型科普精品——《院士科普书系》,今天正式面世了。这是中国科普工作的一件大事,它对于传播科学思想,提高国民素质,促进中国社会的现代化有着重要的意义。正因为如此,江泽民总书记在百忙之中,专门为这部科普书系撰写了题为《提高全民族的科学素质》的序言。这是党和国家领导人对我们这部书系的极大肯定,也是对我们工作的极大的鞭策。

　　近代科学400多年的发展历史,一直是在与形形色色的反科学、伪科学的社会势力的斗争中艰难前行;中国自五四运动以来,科学民主就一直是横扫一切封建腐朽势力的旗帜;党的十五大把"科教"提到了"兴国"的高度,"科教兴国"是中华民族越千年、跨世纪的战略,而科普工作正是科教兴国的重要组成部分,是知识传播的主要内容。在我们这个全民科学文化素养亟须提高的国度里,社会对科普的需求十分强烈,即使在社会日益文明的今天,"法轮功"之类的反科学、伪科学的邪教余孽,仍在毒害着一些缺乏科学思想的善良民众。崇尚科学、反对迷信,我们还有一段相当长的路要走。

　　这次由100多名德高望重的两院院士分别撰写的《院士科普书系》本本皆精彩,篇篇高水准。在院士们的笔下,科学原理严谨准确,技术内容通俗易懂;精炼生动的语言,融人文教育于科学教育;重视揭示科学方法,展现科技最新成果和发展前景。读者在领略院士科学家独特思考的同时,更将获得广泛而深层的思想启迪。院士参与科普工作,意义重大,正如江总书记在序中所言:"科教兴国,全社会都要参与,科学家和教育家更应奋勇当先,在全社会带头弘扬科学精神,传播科学思想,倡导科学方法,普及科学知识"。我相信,《院士科普书系》必将成为我国当今最高水平的系列科普品牌。感谢两院及院士们对本书的支持,感谢各级领导对本书的关心,也感谢两校出版社同仁们的齐心协力!

（在《院士科普书系》首发式上的讲话,北京,2000年6月4日。）

广东省发展高新技术的若干意见和建议

中国加入 WTO 后,我国高新技术产业将在一个开放的世界舞台上参与竞争,接受挑战。面对世界上发达国家在技术、资金、管理和人才等方面的竞争优势,加入 WTO 后,对中国高新技术发展从长远看是"利好"的,但从短期来看,"阵痛"是不可避免的。面临的主要挑战包括国内市场的国际化压缩了我国高新技术产业的发展空间,国外高科技产品技术优势和价格优势将使一大批创新能力弱,核心冲力不强的高科技企业难以为继;全球跨国公司大举进入中国,推行研发力量本土化的战略,中外企业对人才的争夺将从"背靠背"变成"面对面",优秀人才的流失也将对成长中的中国高新技术企业带来巨大的冲击。

广东毗邻港澳,处于改革开放的最前沿,对外贸易占全国 40% 以上。广东省外向型企业多,应积极采取应对策略,争取时间和主动,在这场汹涌的竞争潮流中站稳脚跟,并发展壮大。为此提出以下几点看法:

一、推行人才战略,构筑国际化人才高地

迈入 21 世纪,全球经济一体化明显加速。中国加入 WTO 后,国际化人才竞争加剧,广东实施外向带动的战略以及率先基本实现现代化、建设国际化大都市的目标等均使广东对国际化人才的需求日益迫切。广东高新技术发展要在科技全球化的竞争中脱颖而出,快速发展,拥有国际化人才是关键。

目前,广东高新技术企业要走向世界,面临许多不适应,包括人才素质不适应,技能不适应,人才结构不适应。具体表现在缺乏一批具有战略思维、世界眼光,通晓国际经济的"游戏规则",具备跨文化操作能力的企业家和掌握现代化知识的技术人员,此外各行各业均缺乏适应 WTO 的各类人才。

加速构筑国际化人才高地主要应从如下几个方面着手进行:

1. 加速广东本土人才国际化

人才培养,教育先行。建议在省内若干大学成立培养适应国际化人才的学院或培训中心。例如暨南大学去年率先在国内成立了采用全英语教学的国际学院,聘请国内外专家授课,专业设置文理兼容,与国际接轨,为广东本土人才国际化做了有益的尝试。

此外有组织地选派干部和企业领导人去国外深造,鼓励科技人员赴国外参加学术交流,并予以专项资金资助。鼓励企业走出国门,在国外创办研究所,直

接在海外环境中工作和成长。

在科技园或大学内采取种种措施吸收跨国公司设立研究机构,也是国际化人才培养的路子。例如中关村科技园活跃的技术创新氛围,吸引了像微软、英特尔、IBM 等跨国大公司聚集中关村,不仅为中关村培养了大批国际型人才,也为中关村在全球科技创新链中谋求了一席之地。

2. 制定人才吸引计划,充分利用海外智力资源

美国"9·11"事件后,加上欧美近年来经济不景气,广东各类留学生交流会吸收了大批海外留学人员。政府应及时成立专门的机构和中介机构,负责招揽海外人才,制定优厚的人才吸收计划及一系列规范配套的政策,做好载体建设,优化创业环境,为归国海外学子创造优良的工作条件和解决生活后顾之忧。建立充分体现海外人才价值、灵活有效的薪酬机制,为国际化人才来粤工作提供动力保障。

引进海外智力资源时,要重视定向引进。在重视基础领域的高水平人才外尤其要重视高技术领域和工程领域的高水平人才,在重视海外科研院所和高等学校人才的同时,还必须特别吸引在著名跨国公司工作的各类人才。

3. 充分利用国内的顶尖人才

充分利用区域外科技资源,满足本区域的技术创新需求和提升区域科技创新能力是弥补本地区顶尖人才不足的一种有效方法。广东两院院士少,顶尖人才缺乏,且高度集中在广州。广东应采取措施,吸收并充分利用省外优秀人才,建议推广深圳和宁波的做法,靠优越的创业环境和创新的文化氛围,先进的管理方式吸引国内的优秀人才,甚至不惜重金,对国内顶尖急需人才实行"候鸟"式或"飞人"计划,以短期工作方式,帮助解决重大技术和关键技术难题,培养高级专门人才。

二、重视基础研究和源头创新工作,增强国际竞争力

广东 2000 年 R&D 支出为人民币 107.1 亿元,仅次于北京,位居全国第二。R&D 是科技活动的核心部分,涵盖了基础研究、应用研究和实验发展三个阶段。

广东 R&D 活动高度集中在实验发展阶段,支出比重高达 92.7%,而在基础研究和应用研究的支出仅为 7.3%,远低于全国 22.2% 的相应指标,反映出广东目前许多高水平的基础研究和应用研究成果还需要从国内或国外引入。这种局面如不能迅速改变,源头创新能力将会进一步削弱,将来随着长江三角洲经济发展及内地其他省份经济发展和全球经济一体化,这种主要靠引进高新技术过日子,而没有源源不断创新能力的产业前景是十分令人担忧的。

广东 2000 年经济总量全国第一,约占全国 1/10,R&D 支出全国第二,创新能力则排在全国第三,且与北京、上海有较大差距,科技人力资源和科技意识在全国并无明显优势。据《洛桑报告》我国已连续三年国际科技竞争力排名下降,与近年来基础研究未被充分重视,投入不足有明显关系。实际上,在 21 世纪技术创新速度明显加快,基础研究与商品应用之间的周期缩短,从商品竞争转化为基础研究的竞争在高科技领域已形成潮流,谁抢占了高新技术的制高点,谁拥有自主知识产权的专利,谁就将在未来的竞争中处于有利的地位。创新基础薄弱,水平低已成为我省高科技产业未来发展的瓶颈问题。

基础研究与应用研究是高新技术产业链中不可或缺的一环,否则高新技术产业就会成为无源之水,无本之木。重视源头创新,必须从基础抓起。

1. 激活高校和科研院所存量产业资源

发挥广东高校和科研院所在科技进步与创新中的强大生力军作用对广东高科技发展十分关键。省政府应挑选若干所科研基础较强的高校,加大经费投入,支持其向研究型大学发展,逐步形成若干个科技创新能力强、特色鲜明、与国际接轨的研究型大学。省政府对省内为数不多的"211 工程"大学应加大扶持力度,对重点学科建设一视同仁,使之形成各自特色和优势,形成竞争、开放、滚动、优胜劣汰的局面,要充分发挥高校在高技术人才培养及关键技术和共性技术攻关上的优势。

2. 改革投入机制,加大对基础开发和应用研究的投入

要大力增加对基础研究和应用研究的投入,单靠政府主管部门的投入是远远不够的,应动员全社会的力量参与,多层次、多渠道、多形式筹集研究经费,实行政府资助和社会联动相结合。

3. 重视科技创新基地条件建设

至 2000 年,广东建有国家级和省级工程研究开发中心 157 家,其中国家级 46 家,省级 111 家,这 157 家工程中心所依托的企业总产值约占全省工业总产值 20%,说明这些研发机构对推动广东经济发展具有举足轻重的作用。全省大专院校 62 所,国家和省级实验室有 55 个。这是一支科技源头创新的载体和支撑力量,对提高广东省科技竞争力至关重要。

政府应关心和重视这些载体的条件建设,进一步激活这类积存的创业资源。建议政府在考虑特色和行业特点布局的基础上,为避免重复建设,应打破常规,与国家和部级实验室对接。广东省内的高校和研究机构,只要取得了部级以上重点实验室或中心,只要建设内容与广东省拟建的相似,广东省应直接挂牌并予以联动,给予等额的资助,使这些重点实验室或工程中心条件建设能锦上添花,尽快与国际接轨,形成强大的研发力量。

三、完善广东省各级风险投资机构，为高新技术发展提供动力支持和资金保障

我国科技成果商品化程度为10％，产业化率为5％左右，科技成果转化率相当于美国的30％左右。发达国家在科技成果的研究开发、中试、商品化三个阶段的资金比例为1∶10∶100，我国相应比例仅为1∶1.1∶1.5，资金投入严重不足已成为严重阻碍我国科技成果产业化的关键因素。

广东省高校科技成果转化率在全国排名很后，2000年全国高校科技型企业收入总额超亿元的35家高校中，广东无1家；全国20多家高校科技类上市公司，广东无1家；这与广东经济大省的地位极不协调，与广东省科技实力也不协调。究其深层原因，与广东省企业家和风险投资公司追求短期利益，缺乏战略眼光，不愿早期介入种子期或胚胎期科研成果有关。由于种子基金严重缺乏，大量的科技成果无法完成中试或无法成熟而被束之高阁。以广东省生物医药为例，目前有不少基因工程一类新药正在研究与开发之中。

国家一类新药研制完成实验室阶段后，还要经过中试和一系列安全性实验及若干期临床实验，才能获得药证许可。这一过程在顺利的情况下费时3～5年，投入至少600～1 000万元，这是高校及科研院所无法承担的。建议政府参照外省一些先进的做法，成立不同类型的风险公司，早期介入科研项目。如黑龙江省通过私募方式，加上政府引导资金成立了两家风险投资公司，一家专注于成长期企业的投资，一家专注于种子期企业的投资。"种子基金"投入将使大批新科技成果进入第二阶段。完成中试后，高校科技成果与企业的对接才能像接力棒似的不断进行下去，进入良性循环。政府的这种有限投入往往可以起到"四两拨千斤"的作用，大大提高我省科技成果的转化率，进而孵化一批上市公司。政府要采取措施，鼓励民间企业家对幼苗期，甚至胚胎期科技成果采取"提前介入，联合攻关，成果共享，风险共担"的投资模式。此外要对风险公司提供一系列政策支持，允许风险公司多渠道筹措资金，完善风险投资公司市场退出机制，使风险资金不断成长壮大，为高科技成果转化提供不竭动力。

四、重视高新技术发展规划，形成有鲜明特色的空间布局和产业发展格局

广东省发展高新技术产业要加强规划和布局研究，不要一拥而上，重复建设，形成恶性竞争。制定统一科学的高技术创新规划，结合国际高技术潮流和我省发展实际，有所为，有所不为，抓住高新技术发展的关键。各高新区要结合自己的优势和资源，在功能定位上要有分工，相互合作，优势互补，形成自己的特色。在产业创新链上要注意上中下游紧密结合，通过接力棒形式，在每个阶段都有相应的政策、法规、支撑体系及专门资金支持，形成上、中、下游密切结合的良

性循环。

在高新技术发展过程中尤其要重视装备制造工业的发展,制造技术是高新技术产业化的重要载体,是科技成果转化为现实生产力的物化手段和物质基础。制造技术不仅是衡量一个国家工业发展水平的重要标志,也是国际科技竞争的重点,离开先进的制造技术和强大的装备制造工业作为支撑,高新技术的重要性和巨大作用等于空谈。

现代机械制造已不是传统的机械制造,它是高新技术与现代管理技术在高层次上的有机结合的综合技术。

目前世界装备制造工业发展趋势表现为:

1. 地位"基础化"

信息化高度发达的工业化国家均重视装备制造业的发展,在工业中所占比例和贡献均占前列。

2. 产品高技术化

各种高新技术融入装备制造业,使之成为市场竞争取胜的关键。

3. 服务个性化

4. 经营规模化

我国装备制造业总产值在世界上列第五位,产品在 2000 年外贸出口中占 42.3%,表明装备制造业对我国发展外向型经济具有举足轻重的作用。我国是装备制造业大国,但不是强国,突出的问题主要有:

① 经济效益率低;

② 市场占有率低;

③ 技术创新力量薄弱,缺乏后劲;

④ 部分产品能耗大,污染严重;

⑤ 大企业不大不强,小企业不精不专,分散重复严重。

广东装备制造业底子弱,随着经济的发展,家用电器、电视机、冰箱、汽车、电梯、信息产品等机械制造发展较快,但与经济强省的要求尚有较大的差距。中国加入 WTO 后,广东的装备制造业要用信息技术武装,重视经济信息化、网络化、知识化,加快发展相关产品的开发。要抓紧世界制造中心转移到中国的历史性机遇,在专业上要做深做透,做大做强。因此,广东企业要注意全套掌握外来技术设备,并充分利用好长期经济效益好、投资规模大的核心技术价值链,避免为尽快赢利而盲目引进的短期行为。

(2002 年 1 月 31 日在广东省政协八届五次会议上的发言,原载《政协广东省第八届委员会委员建言选编》(政协广东省委员会办公厅编),广州,2003:289 - 297。)

以科技创新加快推进全面建设小康社会步伐

当今社会,人类业已进入 21 世纪和知识经济时代,以发展高技术和加速高新技术产业化为主要标志的科技经济竞争愈演愈烈,经济全球化进程在日益加快。改革发展中的中国面临着新的发展机遇和严峻挑战,中国应主动、快速应对全球知识革命的挑战。正如党的十六大报告所明确指出的:"我国进入全面建设小康社会,加快推进社会主义现代化的新的发展阶段。国际局势正在发生深刻变化。世界多极化和经济全球化的趋势在曲折中发展,科技进步日新月异,综合国力竞争日趋激烈。"改革开放 20 多年来,中国取得了举世瞩目的成就,在世界舞台上发自中国的声音越来越响亮。但我们也必须清醒地意识到,"我国正处于并将长期处于社会主义初级阶段,现在达到的小康还是低水平的、不全面的、发展很不平衡的小康,人民日益增长的物质文化需要同落后的社会生产之间的矛盾仍然是我国社会的主要矛盾。"如何抓住 21 世纪头 20 年这一社会经济发展和科技发展的重要战略机遇期,加快推进社会主义现代化,把"低水平的、不全面的、发展很不平衡的"小康社会,建设成为"经济更加发展、民主更加健全、科教更加进步、文化更加繁荣、社会更加和谐、人民生活更加殷实"的小康社会,科技创新在其中起着关键作用。可以说,科技的发展与创新既是全面建设小康社会的重要目标,也是实现经济社会各项战略目标的根本性措施。下面,我想着重谈一下在我国迈向全面建设小康社会的进程中,我国科技发展与创新所取得主要成就、存在的主要问题,以及我国科技创新的主要内容与思路,旨在为加快推进全面建设小康社会步伐建言献策。

一、科学技术是全面建设小康社会的重要支柱

人类社会发展进程表明,科学技术是第一生产力。工业革命以来的 200 多年,科技的发展与创新一直推动着世界历史的向前发展。英、美等国能成为世界强国,是与其持续领先与强大的科技创新能力不无关系的。18 世纪 60 年代,以英国蒸汽机的发明和应用为主要标志的第一次科技革命,使社会生产力发生了革命性变革,引导人类进入机器时代。上一个世纪之交,以美国等国电机、电动机的发明和应用为主要标志的第二次科技革命,把社会的工业化提高到一个新阶段,使社会生产力进入电力时代;发生于 20 世纪中期的以原子能、电子计算机和空间技术的发展为主要标志的第三次科技革命,使科学技术对经济社会影响的广度和深度进一步拓展。今天,人类社会已经进入到一个

知识不断创新、科技突飞猛进的新时代,科学技术的更新速度日益加快,科技成果商品化、产业化的周期大大缩短,科技创新正在成为经济和社会发展的主导力量。对于像我国这样的发展中国家而言,中国经济迅速发展与社会进步,本身就是对科技发展的最大挑战,也产生最大的社会需求,能否紧紧抓住新科技革命的机遇,是发展的关键所在。全面建设小康社会,就离不开我国的科技进步和创新。

1. 我国在科技发展与创新方面的主要成就

新中国成立半个世纪以来,尤其是改革开放以来,我国科学技术取得了飞速发展,有力地促进了我国社会经济的发展和综合国力的提升,并为全面建设小康社会,加快我国向科技强国迈进奠定了坚实的基础。这些成就主要表现为下述四方面:

① 科技创新能力逐步增强。通过实施国家"973"计划、"863"计划、重大科技攻关计划等一系列计划,我国科学知识生产数量增长很快。如我国科学论文在科学引文索引(SCI)、工程文献索引(EI)和国际科技会议论文索引(ISTP)所占总数,20世纪90年代前五年一直在第15名左右徘徊,2002年已跃居第6名。又如国内专利申请受理量和授权量,2001年分别达到16万余件和近10万件,分别比1991年增加了263%和364%。尤其是一批具有重要意义和影响的原始性创新成果相继涌现,譬如水稻基因组精细图绘制成功,13.1万亿次并行机研制成功,10兆瓦高温气冷核反应堆并网发电成功,神舟五号载人飞船发射成功等,表明我国在当今若干科学前沿领域取得了重要进展,某些重点和关键领域已接近或达到国际先进水平。

② 科技对经济社会发展的贡献不断增大。高新技术产业的蓬勃发展,已经成为拉动国民经济增长的重要力量。1991年到2001年,我国高新技术产业的工业总产值从3000亿元左右增加到18000亿元左右,年均增长20%以上,超过同期全部工业年均增长速度10多个百分点。在国民经济构成中,高新技术产业所占比例由10年前的1%左右提高到目前的15%左右。特别是通过持续不断的科技攻关,我国在产业技术研究方面取得了多项重大突破,有效促进了产业结构的优化调整,促进了社会可持续发展。我们先后制定了《农业科技发展纲要》和《可持续发展科技纲要》,建立国家工程技术研究中心200多家,在全国27个省市自治区的近2000家企业推动制造业信息化工程,解决三峡、"西气东输"等国家重大工程建设急需的关键技术和设备问题,推动清洁能源汽车、洁净煤技术等的开发应用,开展水资源及其污染治理等方面的研究和科技攻关。

③ 科技体制改革取得实质性进展,科技与经济脱节的"两张皮"问题得到基本解决。我国企业研究开发投入占全社会研究开发投入比重超过60%,已经成为研究开发活动的主体。应用型科研机构向企业化转制,形成了以市场需求为

主要导向的研究开发新格局。社会公益类科研机构分类改革，一支稳定服务于社会公益型事业的精干科研队伍正在加速形成。

④ 科技投入显著增加。2002 年，全国研究开发(R&D)投入 1 161 亿元，比 1990 年的 125 亿元增长了 8 倍多；全国 R&D 投入占 GDP 比例 2000 年开始超过 1.0％，实现了历史性突破。

2. 我国在科技创新方面存在的主要问题

在看到成绩的同时，我们也要清醒地看到，与欧美日等发达国家相比，我国科技水平整体上仍然相对落后，在相当程度上制约着我国现代化建设和全面建设小康社会进程。这主要表现在下述三方面：

① 中国科研产出数量占世界科学知识生产数量的比重仍然较小，尤其是原创性成果极少。从各国占科学引文索引(SCI)论文数量的比例看，美国基本稳定在 30％左右，英国、日本也都在 8％左右，而我国仅占 3％左右，我国大陆学者在国际上发表科学论文的引用次数与美英德日等国相比差距较大，只与韩国和我国台湾接近。特别需要我们增强危机意识的是，中国的科学研究模仿跟踪多，创新突破少，在一系列关系国家现代化建设全局，关系国家经济、国防安全的重大高新科技领域，我们拥有自主知识产权的科技成果还远远不能满足日益紧迫的需要，甚至在某些领域与发达国家的差距仍在继续扩大。原始创新能力不足，已成为制约中国可持续发展的突出矛盾。

② 产业发展对外技术依赖程度过大。这一问题集中表现在具有战略意义的航空设备、精密仪器、医疗设备、工程机械等高技术含量和高附加值产品。近年，我国每年形成固定资产的上万亿元设备投资中，60％以上用于进口。中国光纤制造装备的 100％、集成电路芯片制造装备和石油化工装备的 80％以上、轿车制造、数控机床、纺织机械等的 70％被国外产品占领。这使我国在工业化进程中付出了过高的经济成本，导致我国产业结构调整和升级易于受制于人，如不加快解决，就有可能被长期锁定在国际产业分工的末端。

③ 研究开发(R&D)人力资源薄弱，人均经费远远少于发达国家。我国 R&D 人力资源在绝对数值的比较上，居于世界前列，但在相对量的比较上，与发达国家相差甚远。1987—1997 年，我国每 10 万人口中 R&D 科学家和工程师人数为 454 人，而日本为 4 090 人，美国为 3 676 人，俄罗斯为 3 587 人，韩国为 2 193 人，我国与这些国家相差 5～10 倍。从 R&D 科学家和工程师人均占有经费看，中国远远落后于其他国家。按当年汇率折算，2000 年中国从事研究与开发人员的年平均经费为 1.2 万美元，而韩国是 8.9 万美元，日本是 15.8 万美元，刚刚达到韩国的 1/7 和日本的 1/13。由于我们投入过低，从事研究与开发人员的潜力无法得到充分发挥，大大影响了我国研究与开发的效率。

二、加快科技创新的主要内容和思路

在全面建设小康社会的进程中,科学技术的发展与创新,要着重研究经济建设、社会发展、人民健康和国家安全相关的重大战略需求,及时把握物质科学、信息科学、生命科学、数学、认知科学以及高技术的前沿理论与方法,制定中长期发展规划,用先进的科学技术理论与方法解决重大战略需求,登攀科技高峰,改革创新体制,培养、吸引和组织创新队伍,革新科技管理与文化,建设国家创新体系,实现我国创新能力的跨越式发展。

1. 科技创新的主要内容

在国家安全方面。要适应当代军事变革和现代战争的特点,为国防现代化建设提供技术支撑。在现代农业方面,要发展面向全面小康社会需求的生态农业。在信息科技方面必须满足安全、高效、多样化、网络化、智能化服务需求。在材料与先进制造的发展方面,应以提高我国产品国际竞争力,满足我国经济社会发展与国防战略需求为目标。在空天与海洋方面,要把握制空天权,认知海洋、开发海洋、保卫领海权益。在资源、生态、环境方面的重点是:使我国可持续发展能力不断增强,生态环境得到改善,资源利用效率显著提高,促进人与自然的和谐,推动整个社会走上生产发展、生活富裕、生态良好、文明发展之路。另外,还要在人口、健康与生物安全,城镇化与城乡基础设施,战略高技术,公共科学、技术与支撑平台,以及公共科学平台等方面,进行科技创新,从整体上极大地提升我国的国家创新能力。

2. 科技创新的主要思路

在本世纪头 20 年,我们要在建立和完善适应社会主义市场经济体制的科学技术体制并形成合理的科学技术布局的基础上,使我国逐步进入"科技大国"、"科技强国"行列,形成强大的自主创新能力,在科学和高技术领域占有重要的一席之地,掌握一批重要知识产权,形成支撑我国核心竞争力的知识创新和技术创新基础。具体而言,我认为,我国的科技创新可在以下八方面寻求突破。

① 加快高新技术产业化的步伐,大力提升和改造传统产业。走新型工业化道路必须发挥科学技术作为第一生产力的重要作用,推进产业结构优化升级,形成以高新技术产业为先导,基础产业和制造业为支撑,服务业全面发展的产业格局。目前,我国产业技术自主创新能力不足,尽管号称"世界工厂",但大量核心产业技术仍掌握在跨国公司手里,在国际分工中被固化在低技术、低附加值的环节。在世界制造业加速向我国转移的过程中,我们不能一味地强调发挥劳动力的比较优势,而应当通过传统产业的高技术化获得新的竞争优势,通过制造业的信息化,包括农业的信息化,为振兴传统产业提供强有力的技术支撑。

② 大力加强农业和农村科技工作。党的 16 大报告提出建设现代农业,发

展农村经济,增加农民收入是全面建设小康社会的重大任务。可以说,没有广大农村的小康,就不可能有真正意义上的小康社会。我国的农业和农村经济已经步入了一个新的发展阶段,同时面临着新的农业科技革命正在全球范围兴起的机遇和挑战,农业和农村工作中的中心任务是进行结构的战略性调整和增加农民收入。农业科技工作必须做到四个转变,即从主要注重数量向更加注重质量和效益转变;从生产服务向生产加工与生态协调发展转变;从强调资源开发向资源开发和市场开发相结合转变;从主要面对国内市场向面对国内、国际两个市场转变。我们要努力承担起为改善农产品的品质,增加农民收入提供科技支撑;为保障国家食物安全提供科技支撑;为缓解资源短缺的压力,保护生态环境,发展可持续农业提供科技支撑;为应对加入 WTO 的挑战,提高我国农产品的比较优势,增加国际竞争力提供科技支撑。此外,还要加强农业科技成果转化环节的工作,继续加大力度实施星火计划;为农业和农村经济结构的调整,为农民增收做出实质性的贡献;强调加强农业科技开展园区的示范和带动作用,增强其辐射能力。深化农业和农村科技体制的改革,加强第一线的农业科技力量,建立和完善农业科技推广和创新体系。制定有效政策,大力增加农业科技的投入,加强农业科技能力的建设,包括人才培养、科研基地建设和一些基础性工作。

③ 积极推进社会可持续发展领域的工作。社会发展领域的工作,包括环境、资源和人口与健康等方面。我们必须坚持以人为本的思想;突出科技创新为人类发展服务,把提高人民的生活质量作为社会可持续发展工作的根本出发点。重点是要突出保障食物安全、生态环境安全、水资源安全、油汽资源安全、战略矿产资源安全。

④ 加强基础研究和战略高技术研究,提高我国原始创新能力。应当说,我国在一些特色领域,如生命科学、信息科学、材料科学、环境科学、能源、航空航天技术等方面,取得了卓越成就,已经进入了世界科技前沿,甚至取得了突破性进展。但和欧美日等发达国家相比,我们在科技的整体实力和创新水平上,仍存在相当差距。我们必须奋起直追,通过不断的努力来提高原始性创新能力,要弘扬勇于探索的科学精神,要凝聚和培养创新型人才。同时各级政府要创造良好的环境,社会要营造新的文化,包括容忍失败,鼓励创造。

⑤ 深化科技体制改革,推进国家创新体系建设。我们必须把科技创新和体制创新结合起来,以"三个代表"重要思想为指导,以加强国家创新体系建设为目标,按照党中央国务院决定的要求,加大深化改革的工作力度,在大幅度提高各类创新主体创新能力的同时,着力转变体制和机制。我们应坚持体制和机制创新,坚持以人为本,坚持改革与发展相结合,坚持配套进行改革。科技体制改革的根本目的,是要建设国家的创新体系,提高我国战略创新的能力和产业的核心

竞争力。在建立国家创新体系时应遵循以下思路：进一步以深化改革为动力，发挥政府宏观调控功能和市场配置资源的基础性作用，优化配置国家创新资源，激发创新主体的内在活力，集成社会创新力量，形成多种所有制并存，国家和社会共同推动的创新格局，大幅度提高国家创新能力，加速科技成果的转化和应用，提高国家竞争力和人民生活质量。

⑥ 加强战略研究，制定科学和技术的长远发展规划。在战略研究方面，为了迎接加入 WTO 的挑战，国家科技部已会同有关职能部门提出了人才、专利、标准三大战略，并且形成了几个重大专项实施人才战略，就是要切实贯彻人才资源是第一资源的战略思想，把以人为本和知识有价落到实处，实施专利战略就是要努力提高原始性创新能力，掌握核心科技，增强科技、经济的竞争力。实施技术标准战略就是要尽快研究建立国家技术标准体系，打破别国技术壁垒，争取经济主动权。

⑦ 加强科技基础设施建设。我国在科学技术的基础设施方面，要建立与时俱进的、适应当前科技发展水平的、与我国财力增长相适应的科技条件的大平台，包括科研基地、重点实验室、工程技术中心，科技资源的共享和一系列的科技条件，也包括在科技期刊上我们有新的进展。

⑧ 加强科学技术的普及工作，弘扬先进文化。代表先进文化的前进方向是我们科技界面临的一项非常重要的任务。一个国家的科技实力，既表现在提高方面，也表现在普及方面；既体现在攻坚和创新的能力上，也体现在科学技术的普及程度和公众的科学素质方面。应该说，后一个方面是我们国家非常薄弱之处，我们必须坚持两个方面，普及科学知识，弘扬科学精神，在全社会形成崇尚科学，鼓励创新，反对迷信和伪科学的良好氛围。

目前，科学技术正以加速度推进人类社会的发展，形成一个鼓励创新、勇于创新的社会氛围，对一个社会的发展起着至为关键的作用。诚如江泽民同志所指出的："创新是一个民族进步的灵魂，是一个国家兴旺发达的不竭动力。"全面增强国家的创新能力，既是实施科教兴国战略的需要，也是为了加速推进全面建设小康社会的步伐。而科技创新反映了现代科技发展的本质规律，在国家的创新体系中占有举足轻重的战略地位。全面建设小康社会的伟大事业，热切期盼着科技的发展与创新为之提供科技支撑和强大动力。我相信，广大科技工作者一定会以自强不息，百折不回，勇攀科学高峰的精神，勤奋工作，开拓创新，为圆满完成党的十六大提出的各项战略任务，为实现中华民族的伟大复兴，为我国经济建设、国防安全和社会可持续发展，贡献自己的智慧与汗水。

（在广东省科技协会首届学术活动周上的讲话，广州，2003 年 11 月 11 日。）

泛珠三角:推进科技、教育和文化的区域合作

一、"泛珠三角"经济区发展应提升为国家级发展战略

2003年7月,中共中央政治局委员、广东省委书记张德江同志首次提出"泛珠三角"区域协作这个概念。他指出,广东要"积极推动与周边省区和珠江流域各省区的经济合作,构筑一个优势互补、资源共享、市场广阔、充满活力的区域经济体系。""泛珠三角"经济区概念一经提出,立即获得周边省区的热烈回应,并迅速进入了实质性启动阶段。

从科学发展观来看,"泛珠三角"经济区的倡导,符合区域经济发展的客观规律和要求。20世纪90年代以来,经济全球化和区域化已成为国际经济发展的主要趋势,世界经济正趋向形成欧盟、北美和亚太区特别是东亚区三大板块,区域间的竞争正成为时代的主要特征。就亚太区而言,亚洲金融危机后,东亚各国明显加快了区域经济合作的步伐,《清迈协议》的签署、东盟自由贸易区的启动以及"中国-东盟自由贸易区"("10+1")的倡导等,都是亚太区经济走向一体化的具体表现。

在经济全球化、区域化的国际背景下,CEPA的签署加快促成了大珠三角经济区的崛起,并为泛珠三角经济区的提出和启动提供了客观基础。与长江三角洲地区相比,大珠三角经济区的主要弱点是经济腹地不足。泛珠三角经济圈的提出,既体现了粤港澳经济能量集聚亟须扩大释放经济腹地的内在要求,也反映了周边省区接受粤港澳经济辐射的强烈愿望。"泛珠三角"面积199.45万平方公里,人口4.46亿,分别占全国的20.78%和34.3%,GDP占全国的1/3。由于它的鲜明特点,即自然资源和人力资源丰富,同时拥有资金、金融、技术、人才、交通的优势,因此,"泛珠三角"经济区的提出,对加强粤港澳经济合作,对统筹我国东、中、西部地区的协调发展,对沟通我国大西南和东盟的经济联系,并提高整个区域的国际竞争力,无疑都具有极其重要的战略意义。

从这一视角看,应将"泛珠三角"经济区发展,提升为国家级发展战略,以更有效统筹区域内各省区的合作与发展。

二、区域经济合作是一个系统工程

区域经济合作是一个包含众多领域的系统工程。就"泛珠三角"经济区而言,毫无疑问将首先在经济层面展开,现阶段可启动的合作领域包括:基础设施

建设和协调发展、自然资源开发及合理配置、产业的合理分工和配套、旅游资源的互补、物流运输服务系统的形成、统一共同市场的筹建及区域内政策的协调等;但是,考虑到经济与科技、教育、文化的密切互动关系,积极推进科技、教育、文化等方面的区域合作,也是其中极为重要、不可忽视的领域。

纵观人类社会的发展历史,经济发展固然推动了科技、教育、文化的发展,但实践证明,科技进步已经越来越成为生产要素中最重要的因素。研究表明,在西方发达国家,科技进步对经济增长的贡献率已经从 20 世纪 70 年代初的 50% 提高到现在的 80%。近年来频繁出现的知识经济这一概念,实际上就是突出科技进步在经济发展中的重要作用。

目前,经济全球化、区域化这一发展趋势,实际上也是由世界科技进步所决定的。随着科学技术特别是信息技术的发展,高新技术的使用范围越来越广。以计算机及其他信息技术为基础的高新技术在企业中的广泛应用已成为 20 世纪最后 20 年的主要特色之一。在技术全球化的背景下,产品生命周期进一步缩短,产品的研制开发难度越来越大,面对同一机会可以参与竞争的企业越来越多,这就大大加剧了国际竞争的激烈程度。

在技术全球化背景下,各国的生产诸要素出现大规模的跨国界流动,跨国公司大量涌现并在全球经营,形成分散性生产和世界性生产网络,供应链被拉长并在全球范围内配置各节点,全球供应链管理亦应运兴起。经济全球化、区域化有利于世界各国发挥比较优势,节约社会劳动;使生产要素得以在更广区域甚至在全球范围内得到合理配置,从而最大限度地节约成本,提高边际利润。因此,经济发展的背后,是科技、教育、文化等因素的有力支撑和配合。

可以预料,随着"泛珠三角"区域经济合作的逐步展开,区域内九省两区之间的科技、教育、文化等领域的合作与交流也必将提到议事日程上,并且将成为越来越重要的合作领域。

三、三个重要问题

当前,在"泛珠三角"经济区内,积极推进科技、教育、文化的区域合作,需要特别强调以下几方面:

第一,积极推进科技合作,构建区域科技交流与合作平台,创建区域科技创新体系,以提高整个区域的综合科技实力。

区域经济整合与发展,必然带动科技的交流与合作,并且需要后者的强有力支撑。去年 10 月,广东省与"泛珠三角"各省区签署的《"泛珠三角"区域科技创新合作框架协议》,在科技合作方面迈出重要的一步。根据《协议》,"泛珠三角"区域将实行科技资源的开放和共享,加快推进科技资源的联网共享,相互认可经科技行政管理部门认定的有关资质,建立科技项目合作机制,鼓励和支持区域内高校、科研院所、企业联合承担国家重大科技项目,并围绕"泛珠三角"的特色资源和共性技术开展联合攻关。不过,该《协议》仅属框架性协议,尚有许多原则性、技术性问题和细节需要跟进、落实,以构建区域科技交流与合作平台。

更进一步的合作是建设区域性的科技创新体系,按照"优势互补、互惠互利、合作共生"的基本原则,建立"泛珠三角"区域科技创新体系,以营造科技创新的宏观大环境,提高区域自主创新能力和区域科技综合实力,以适应经济的发展和产业结构的升级转型。

第二,推进区域内的高等教育合作,加强高中级人才的培训与交流,建立人才交流的统一平台。

科技进步需要教育支撑。"泛珠三角"区域内各省区的高等院校都各有其独特的优势和传统,加强区域内高等院校的交流与合作,实行优势互补,有利于提高区域内教育发展的整体水平,为区域经济发展提供科技发展动力和源源不断的人才资源。建议"9+2"省区借鉴科技合作的经验,签署《"泛珠三角"区域教育合作框架协议》,加强区域内各省区教育信息和经济社会发展情况的交流,定期举行教育合作交流活动及教育发展的学术研讨;推进区域内优质教育资源共享,扩大优质教育资源的辐射力;鼓励区域内高等院校开展校际教学合作,推动师资互聘、联合办学、联合攻关等。

目前,制约珠江三角洲经济发展的诸因素中,人力资源质量已成为经济发展的重要"瓶颈"。珠三角人才储备不足已成为未来经济发展的主要隐患。因此,广东省应该加强与香港、澳门以及周边省区的人才交流与合作,积极吸引港澳人才参与广东经济发展。近年来,随着珠江三角洲经济的增长,已经有越来越多的港澳人才愿意北上工作、创业或是合作。据调查,香港已有接近10万个不同层次的技术与管理人员应聘到珠三角工作。从欧盟的经验看,在区域经济合作朝共同市场方向发展时,人才的交流及劳动市场的流动是难以阻挡的,需要一个合理的机制进行疏导。因此,应在加强"泛珠三角"人才交流的基础上,着手构建区域人才交流和培训的统一平台,从而更有效地整合区域人力资源,以适应经济合作与发展的需要。

第三,积极推进区域文化交流,培育及发展"珠江文化"。

"泛珠三角"的概念起源于珠江流域,因此,它不仅仅是个经济的概念,也是一个以珠江为核心的文化概念。有学者早已指出,珠江文化的地域范围包括下游的香港、澳门和中上游的广东等8个省区,与"泛珠三角"所涉及的区域基本一致。这种地域范围的一致性,有利于透过珠江文化的培养支撑"泛珠三角"区经济的发展,通过珠江文化可以将它们联系起来,在同一水域范围内进行合作。因此,有必要推进区域内文化的交流和发展,推动区域内珠江文化的广泛认同感,培育和发挥珠江文化的开放性、领潮性、务实性、兼容性的特点,以利于在区域经济合作中磨平保守的地方观念,消除观念上的隔膜和差异。

四、结语

需要指出的是,在科技、教育和文化的区域合作中,高等院校是重要的载体之一。暨南大学是全国著名侨校,也是进入"211工程"的国家重点大学,创办至今已有近100年的悠久历史,与香港、澳门的高等院校以及海外众多教育机构有着长期、密切的联系,在海外享有良好声誉。目前在2万名研究生和本科生中,有来自世界五大洲56个国家和港澳台3个地区的学生7772名,在2003年全国1533所高校综合实力排名已提升为36名。在区域内科技、教育和文化的合作中,暨南大学将致力于加强与区域内兄弟院校的合作,为"泛珠三角"区域经济发展作出应有贡献。

(2004年6月2日在"泛珠三角"区域合作与发展论坛上的演讲,原载《"泛珠三角"区域合作与发展论坛演讲录》(澳门),2004:32-37。)

关于"发展中国家的工业化道路"论坛的讨论

受世界工程师大会和中国工程院的委托,由我主持在暨南大学开办了"发展中国家的工业化道路"论坛,现在,我就论坛的情况向大家作一简要报告。

"发展中国家的工业化道路"论坛分为中文论坛和英文论坛两大板块,设立了8个议题,于今年5月8日正式开通,9月30日结束,为期145天。在广大工程师及相关人员的积极参加和大力支持下,本次论坛取得了令人满意的成果:有970个注册会员,论坛点击43 634人次,发表主题290个,回帖706篇,共计503 549字(具体情况见表1)。

表 1　论坛的基本数据

	点击人次	发表主题数	回帖数	论坛字数
中文论坛	38 035	266	657	494 233
英文论坛	5 599	24	49	9 316

表2的数据表明,大家对"面对当前资源(能源)、环境等问题,发展中国家的工业化道路如何走"、"信息化如何有效地带动工业化"两个专题的讨论比较热烈,点击人次分别占总量的36%和24.5%,发帖数分别占总量的40.7%和19.6%;其他几个议题的讨论则较为一般。这也反映出当前工程师们的一种思维取向,即大多数人比较注重效益性明显的工业化问题;对于工业化带来的负面影响,以及工程师个人的自身建设,如品德修养、成长道路等问题,则关注度相对较少。

表 2　中文论坛中8个专题的讨论情况

专题名称	点击人次	发帖数	字数
面对当前资源(能源)、环境等问题,发展中国家的工业化道路如何走	13 679	376	270 567
信息化如何有效地带动工业化	9 325	181	84 804
如何克服温室气体带来的问题	1 205	55	21 181
工程师的责任和工程师的社会地位	1 567	45	20 790
如何有效提高大学中工科学生的动手能力;工程教育的实践环节如何建设	2 764	108	49 419

专题名称	点击人次	发帖数	字数
工程技术人员的择业问题(现在中国的普遍现象学理工科的人中有许多人选择与专业无关的工作)	3 251	99	27 107
工程技术人员的伦理道德和工程技术人员成长的道路	1 724	33	10 819
中国的三个产业结构中,服务业的比重仍然偏低,而工业的比重仍在持续增长,怎样使我国三个产业更合理地协调发展	4 520	26	9 546
总计	38 035	923	494 233

下面,我就讨论情况向大家作概括性的介绍。

一、面对当前资源(能源)、环境等问题,发展中国家的工业化道路如何走

(一) 发展中国家的工业化道路

大家的观点颇为一致:绝对不能走一些发达国家"先污染后治理"的路子,需要寻找一条适合本国国情、科技含量高、经济效益好、资源消耗低、环境污染少、人力资源优势得到充分发挥、人类与环境和谐共生、可持续发展的新型工业化道路。

(二) 对于可持续发展的工业化道路,工程师们提出的措施

1. 增强自身科技力量,营造工程创新环境

"科学技术是第一生产力"。国家的工业化程度,终将取决于本国的科技发展水平和工程师的创新能力。政府需要对科技的发展方向进行宏观引导,加大绿色科技的创新力度和政策支持,建立工程应用研发基地,大力培养工程科技精英,重视科技研究与工程制造技术的衔接,鼓励有利于环境保护的工程技术的生成,并尽快转化成生产力。

2. 摒弃传统的工业化发展途径,开拓可持续发展的经济增长模式

(1)推行清洁生产,倡导建立生态工业,将综合预防的环境策略持续应用于生产全过程,构建经济效益、社会效益、环境效益同步规划、同步实施和同步发展的循环经济增长模式。

(2)大力扶持和加快发展信息技术、新材料技术、新能源技术、生态技术等高新技术产业,丰富工业化的结构。并运用信息技术改造传统产业,实现跨越式发展,提高工业化水平和国际竞争力,走复合的新型工业化模式。

(3)强调"开源节流",大力开发推广可再生资源,并提高综合利用和优化配

置水平,走"节约而不奢靡、集约而非粗放"的经济增长模式。

3. 妥善解决制约发展中国家工业化道路的突出问题

妥善解决在国际社会分工格局下,进行经济结构的调整、优化和升级问题;地区之间的均衡发展和资源禀赋优势的充分发挥及其功能互补与竞争的关系问题;第二、三产业的迅速发展与农业的关系,以及新型工业化与农民合法权益的关系问题;新型工业化与发展服务业的关系,以及提高劳动生产率和扩大劳动就业的关系问题;工业化过程中因贫富分化加剧而产生的社会问题,等等。

二、信息化如何有效地带动工业化

各位工程师的主要观点有:

(1) 正确理解信息化的内涵及其和工业化的相互作用。

信息化涉及国民经济和社会生活众多领域,是社会发展过程的特定阶段。以人为本的信息化过程,反映经济发展形态由粗放型向集约型方式过渡。对业界而言,其主要内容表现在产业信息化、企业信息化和产品信息化三个方面。

信息化产生于工业化,反过来又极大地促进工业化的发展。两者相互作用,共同前进。

(2) 要充分利用信息化加速工业向"技术经济模式"的转移,使新型工业的科技含量高,并实现传统产业结构的优化升级。形成以高新技术产业为先导、基础产业和制造业为支撑、服务业全面发展的产业格局,带动工业化发展。

(3) 大力发展信息产业,特别是加速发展具有自主知识产权的信息产业,形成发展中国家的核心竞争力,以及国民经济的先导产业和新的成长链,实现工业化的跨越式发展。

(4) 加强信息基础设施的建设,大力开发不同层次、系统和种类的信息资源,加快建设"信息高速公路",实现共享和利用。重视网络环境下企业信息系统软硬件产品的开发和企业信息化咨询服务体系的建设,为带动工业化发展创造条件。

(5) 在全社会广泛推广和使用信息技术,特别是推进电子商务、电子政务建设,重视培养信息人才,营造有序运行的信息环境,形成信息时代经济发展和管理的新机制。

三、如何克服温室气体带来的问题

大家讨论的焦点是:第一,如何减少温室气体的产生;第二,减少温室气体排放的主要障碍。

(一) 减少温室气体的产生

1. 减少石化燃料的燃烧,从根本上控制二氧化碳、甲烷等温室气体的产生。

采用节能技术,取消高能耗的加工行业;开发利用新能源,并转向低碳和可再生物质燃料,改善农村家庭燃料和能源管理,提高热能利用率;采用零排放技术,减少工艺过程中有毒物质的排放,提倡清洁生产等。

2. 以生物或工程措施将二氧化碳固定储存,如进行碳分离和储存;或者在利用排出气体的余热时,同时回收 CO_2 作为化工原料。

3. 增加温室气体的吸收。大力开展植树造林,利用处理后的生活污水作为绿化用水,加大城市立体空间绿化力度。

4. 由政府采取一定的经济和管制政策,经济政策手段包括征收排放税、碳税或能源税,以及可排放许可等;强制性政策手段涉及技术或性能标准、产品禁令等。

(二)减少温室气体排放的主要障碍

1. 由于技术、经济、政治、文化、社会、行为和体制上的种种壁垒,阻碍了各地区、各部门温室气体减排技术潜力的实现。

2. 国际间的政策协调对于降低减排成本、避免碳泄漏等有着十分积极的意义。《京都议定书》中规定的排放贸易、联合履行(JI)、清洁发展机制(CDM)等措施,主要目的在于降低减排成本。但由于没有一个有效的国际政府,这些措施的实施比较困难。

四、工程师的责任和工程师的社会地位

讨论主要围绕对工程师责任、社会地位的界定,以及两者的相互关系进行:

(一)工程师责任和社会地位的界定

工程师的责任就是按时按质地完成自身负责的项目。工程师不但要积极发挥自己的主观能动性,而且要富于创新精神,促进团队合作,引领技术潮流,指引人类前进。

工程师的社会地位不仅仅是指工程师的福利待遇,还应包括工程师对其从事领域技术问题的权威性,从而引导经营者或领导者用科学的手段去管理或施政。

(二)工程师的责任和社会地位的相互关系

1. 由于特殊国情和教育体制,我国的工程师总量不少,总体质量却不是很高,这无疑影响工程师的整体素质,也影响到他们在社会中的地位。

2. 由于当前的企业主要依靠技术引进,对工程技术的消化吸收不重视,对科技成果转化不积极,因此工程师的责任降低,在一定程度上影响到工程师的社会地位。

3. 由于工程技术专家的工作在相当大程度上是接受经营者管理,自主权存在局限性,因此工程师的责任非常有限,影响创新能力的发挥,社会作用也有所减弱。

4. 工程师要更好地完成社会赋予自身的责任，提高社会地位，必须能综合运用现代科学理论和技术手段，精通经济、善于管理，兼备人文精神和科学精神（而不仅是科学知识），努力使自己成为复合型人才，才能在奉献中获得社会的认可。

五、如何有效提高大学中工科学生的动手能力；工程教育的实践环节如何建设

大家讨论的焦点在于：第一，为什么工科学生动手能力差；第二，如何改变这种现象。

（一）工科学生动手能力差的原因

1. 教育体制方面

（1）现代科技的发展使大学生在校期间需要学习的知识越来越多，造成一些学校理论课程所占比重加大，而教学方法和考试方法未能与时俱进，不利于学生把所学知识用于实践。

（2）传统的实践性教学体系存在工业社会特征，它既建造了实践教育的"流水生产线"，又塑造了人才培养的"单向模式"，妨碍学生综合性实践能力和个性化创新能力的提高，无法适应信息化发展要求。

（3）大部分学校的实验室追求"小而全"，资源不能共享，出现高投入、低效能的现象，相关学科无法融会贯通与相互渗透，抑制了学生的发散思维和动手能力的培养。

2. 社会方面

（1）当前社会上用人单位往往只重文凭，不太注重考察毕业生的实践能力，使工科学生过于追求分数，而忽视动手能力的培养。

（2）社会媒介的评价存在着潜在的因素，媒体上宣传的工程技术方面的学者屈指可数，也在一定程度上挫伤了工科学生学习的积极性。

3. 学生方面

当前学生的优越感太强，没有足够的学习压力和自制力，浪费了许多宝贵的可以动手实践的时间。

（二）对提高大学中工科学生的动手能力及加强工程教育实践环节的建议

1. 建立实践教学和理论课程紧密衔接，工程应用和研究能力相互补充，综合素质和创新精神逐层深化的工程教育实践环节的新型培养模式。

2. 构建教师、设备和环境等实践教学资源可以共享，管理运作机制合理高效，实践教学体系和教育技术创新先进的开放式实践基地，为学生营造一片开拓思维，发挥科学想象力，提高工程能力的广阔天地。

3. 加大实践课时的比重，在实践教学内容中增加综合性和设计性实验类型，设置"基本实践"和"扩展实践"教学模块，提供学科交叉和技术组合的实践环境，为学生发展个性，鼓励创新预留空间。

4. 强化生产实习和毕业设计环节的训练，从中注入工程科技发展动态及学科前沿知识，系统地培养学生科技探索意识，铸造工程创新能力，让学生置身于运用已知，发现不知，探索未知的创新环境下，实现知识深化、能力突破和素质升华。

六、工程技术人员的择业问题

现在，中国学理工科的人中有许多人选择与专业无关的工作。

大家深入剖析了出现这种现象的原因：

(一) 教育存在的问题

1. 一方面是社会发展使技术更新加快，学生在校学习的知识有的已被淘汰；另一方面是学生必须将较多时间放在英语、计算机等公共课程的学习，导致学科知识和实际需要不配套，解决不了具体的工程问题。

2. 大学教育与职业联系不够紧密。一些专业课程设置陈旧，特色不明显，与社会需求脱节，学生觉得"读了几年的专业知识派不上用场"，无法以最快速度在毕业后适应并进入高科技信息社会的发展浪潮中，成为有作为的弄潮儿。

(二) 社会就业形势的影响

在市场经济条件下，社会上对经管类人才的需求有时也大于对理工科人才的需求。

(三) 学生自身方面的原因

1. 目前就读理工科的部分学生，理论知识虽然较为丰富，但由于动手能力相对较差，显示不出优势，不得不另寻他业。

2. 当前不少选择理工科专业的学生是迫于升学压力，并不是自己真心喜欢，在就业时跳槽也就不足为奇了。

3. 在市场经济大潮中，"不以专业限制择业"是绝大部分毕业生的心态和观点，很多人为了追求高薪而找了不对口的工作，这也是无可厚非的现象。

七、工程技术人员的伦理道德和工程技术人员成长的道路

讨论的焦点是：第一，是否要制定工程技术人员的伦理道德标准；第二，工程技术人员的伦理道德与工程技术人员成长的关系。

(一) 工程技术人员的伦理道德标准的制定问题

1. 第一种观点认为应该制定一部道德标准，用以规范工程人员的伦理道德和责任心，在此基础上，再充分发挥行业协会的自律监督作用。

2.第二种观点认为,与其制定道德标准,不如制定完善的工程管理机制。因为工程技术人员的伦理道德是个人的行为,而重要的是当工程技术人员做出违背伦理道德行为时,必须将其对工程造成的损失降到最低。因此,应该建立一套完善的工程管理机制,使工程技术人员的行为成为可控。

3.第三种观点认为,制定一部道德标准以及完善的工程管理机制都是非常必要的,但更重要的是工程技术人员道德修养的提高。因为工程管理机制对工程技术人员所起的只是一种保险作用,是治标不治本的做法。如果工程技术人员能提高自身的道德修养,违背伦理道德的行为自然会减少。

（二）工程技术人员的道德修养与其自身成长道路的密切关系

一方面,学校的教育是其形成良好的基本道德观的重要因素;另一方面,工程技术界的氛围及老一辈工程技术人员对年青一代的影响非常重要。所以,要提高工程技术人员自身的道德修养必须把好这两关。

八、中国的三个产业结构中,服务业的比重仍然偏低,而工业的比重仍在持续增长,怎样使我国三个产业更合理地协调发展

讨论的内容集中在两方面:第一,服务业比重偏低的原因;第二,三个产业合理协调发展的有效措施。

（一）服务业比重偏低的原因

1.我国服务业对外开放程度不高,城市化的总体水平也不高,制约了服务业的发展。

2.居民收入差距加大,高收入阶层的收入更多地转化为金融资产和投资行为,造成消费结构的脱节。

3.外资倾向于工业,对其投资比重大于服务业,也影响了服务业的发展。

4.尽管工业的比重不断加大,但由于自动化程度加深,可提供的就业机会并不是很多,而且相当部分的工资水平仍然较低,对普遍提高消费水平作用不大,对服务业的发展无法起到推动作用。

5.服务业的支撑体系不完善,人力资本和工程技术方面的投资不够,服务基础设施跟不上需要,影响了现代服务业的发展。

6.当前我国服务业主要集中在商贸、餐饮、仓储等传统服务业上,金融、电信、房地产、信息服务、物流等现代服务业发展不足,导致服务业仍处于低层次的结构水平。

（二）三个产业合理协调发展的措施

1.采取有效措施,大力发展服务业,进而提高第三产业的比重。

（1）国家应该在经济管理政策方面对服务业给予优惠,鼓励银行对服务产业的资金投入,搞活服务业的经营机制。

（2）加快旅游、会展、饮食业等行业的发展，并建立有效的预警应急机制，以防范一些紧急情况带来的风险。

（3）服务业发展的当务之急是优化结构，提高水平。重点发展现代服务业；积极开拓新兴服务业，形成新的经济增长点；改造传统服务业，运用现代经营方式和服务技术，提高经营效率。

2. 根据我国人力资源丰富的特点，在大力发展资金技术密集型产业的同时，既要继续发展为生活服务的第三产业，也要大力发展为生产服务的第三产业，如金融、保险、法律等各类中介服务，使我国的人力资源优势得到充分发挥。

3. 改变就业结构，降低第一产业所占比重，通过工业化和与此相联系的城市化进程，把大批农村剩余劳动力转移到第二、第三产业中去，变成城市和乡镇的居民。

（在世界工程师大会分组会议上的报告，上海，2004 年 11 月 5 日。）

加强基础研究　实现科技强省

　　基础研究是人类文明进步的动力,是科技与经济发展的源泉和后盾,是新技术、新发明的先导,也是培养和造就科技人才的摇篮。在综合国力竞争中,基础研究的发展水平已经成为一个民族的智慧、能力和国家科学技术进步的基本标志之一。以基础研究及其所孕育的高新技术原始性创新为主要标志的科技自主创新能力的竞争,已经成为当今世界科技竞争的制高点,乃至国家竞争成败的分水岭。基础研究作为原始创新的源泉、高新技术及其产业发展的先导,对当代科学技术的整体发展、新兴产业群的崛起以及经济和社会的变革产生了巨大的不可估量的推动作用。

　　世界上的发达国家无不对基础研究给予了极大的重视。世界头号科技经济强国——美国,凭借其强大的经济竞争力,形成世界上领先的整体科技实力。美国政府和民间机构所作的调查都得出相同的结论:美国政府对基础研究进行的长期、稳定的支持,是维持美国科技经济竞争力的根本。

　　教育和科学水平是衡量一个国家实力的重要指标。俄罗斯与发展中国家的根本差别不在于其拥有核武器、石油和原材料,而在于其具有非常高的教育水平。尽管最近 10 年俄罗斯基础研究实力有所下降,但俄罗斯是除美国以外的在所有科学领域都进行科学基础研究的国家,研究领域面大而宽,基础研究根基雄厚。英国政府科技投入中的 60% 用于基础研究。保持基础性研究的高水平是当前德国科技政策的核心之一。20 世纪 80 年代始,德国的研究与发展经费中约有 20% 用于基础性研究,这一比例远超过美国的 12%、日本的 13%,此后持续增长,1992 年以后,德国基础研究经费达到并基本保持在 25 亿欧元(占29%)。日本大力推进战略性基础研究,强调“关键的关键,是创造出自己的新技术”。韩国政府在 2003 年投资 1 696 亿韩元加强基础科研和人才培养,以促使基础研究获得长足进步。

　　过去,基础研究的动力主要来自于科学发展过程中的内部矛盾。在社会不断发展的今天,国家、社会方面的需求动力越来越大,越来越直接成为推动基础研究不断发展的力量,使基础研究处于一个非常重要的地位。我国基础研究往往跟踪模仿的多,这在发展初期是可以理解的。当一个国家基础研究水平远远落后于别的国家,而这个国家又想很快地在经济上崛起,那么,直接引进就是最有效的途径,日本、韩国、新加坡等都是靠直接引进别人的科学成果发展起来的。但现在,我国年 GDP 总量已超过 1 万亿美元,经济总量已经列世界第 6 位,开始向中等发达国家水平的目标前进了,我国的基础研究应该到了要提升的新阶段。激烈的国际竞争,对中华民族的自主创新能力提出了新的、更高的要求。在尖端高科技领域,在最前沿的科学领域,在涉及商业利益的高技术领域,在国防科技领域,没有人会把最先进的技术和成果转让给我们,一个基础研究实力薄弱的发展中大国不可能在科技方面掌握自己的命运。忽视基础研究,将会使我国与发达国家的差距继续拉大,未来世界就没有我们的地位。金融风暴中那些缺乏自主创新和知识产权、主要依赖直接引进别人技术而发展起来的经济的虚弱和不堪一击,已经向我们昭示了这一点。

知识经济对人才结构、人才的素质提出了新的要求。科技创新的关键是人才,基础研究是充满活力的创新活动,是培育具有创新精神和创新能力人才的摇篮,激烈的人才竞争使基础研究重要的战略地位更加凸显。首先,考察科学发展史,不难发现,杰出的人才需要培养造就。通过基础研究,不但要出成果,也要培养出高层次的科技人才。科技活动逐渐成为高水平大学培养人才的重要方式。如果一个国家不搞基础研究,是不可能有高的教育水平;凡是教育水平高的高校,教师都在积极从事基础科学研究。其次,基础研究为培养、稳定一支高水平的科研队伍发挥了积极作用。近10年来,我国科研队伍建设得到重视和加强,特别是对优秀中青年科技人才的培养达到了前所未有的程度,各种人才计划相继出台,这些人才计划的实施,使大批优秀青年学者获得了较强的经费支持,他们中的许多人正在逐步成长为我国多学科领域的学术骨干和学科带头人。目前我国有一支近8万人的基础研究队伍,其人员的年龄结构已发生明显变化,中青年科技骨干的比例正在迅速上升,45岁以下的国家自然科学基金项目负责人比例从1986年的12%提高到70%,在国家重点实验室工作的中青年科技骨干的比例已接近50%,参与1998年启动实施的《国家重点基础研究发展规划》项目的35岁以下的青年学者和研究生已占60%以上。

基础学科在整个自然科学体系中占有十分重要的地位和作用。基础研究包括对科学本身的基础研究(纯基础研究)和应用科学技术基础研究(应用基础研究)两个部分。前者是以认识自然现象、探索自然规律、增加人类知识为目的的科学研究,后者是围绕重大应用目标或某种应用技术而进行的基础性科学研究,两者既有区别,又有联系。基础研究是社会与科学发展的基础,由基础科学研究产生的大量新思想、新理论、新效应等为应用科学提供了理论基础。

广东在20世纪90年代后期以来,随着经济建设的迅速发展和工业生产水平的不断提高,劳动密集型产业结构赖以生存和发展的环境发生了根本的改变,广东原有的工业生产低成本和技术领先的优势开始丧失;从市场环境看,市场结构已由卖方市场逐渐转向买方市场,人民消费水平迅速提高,使得消费市场的热点不断向高层次发展,广东必须推动产业结构从劳动密集型转向技术密集型;从经济增长方式来看,随着经济的发展,广东在过去 20 多年的发展过程中所采取的速度型、粗放型增长方式的弊端日显。此外,国家在财税、金融、外贸、价格等方面的改革,使得粗放型经济增长方式的条件不复存在,宏观环境的变化和工业本身的发展规律,都要求广东经济向以高新技术产业为主的效益型、内涵型发展模式转变。

知识经济建立在知识和信息的生产、分配及使用上,高新技术产业是以高新科技为最重要的资源依托。由于知识创新和技术创新的速度加快,劳动者需要不断更新自身的知识与技能,教育与培训有走向终身化的趋势,这些都需要基础研究的支撑。

目前,广东的经济实力和高新技术产业在国内还处于领先地位,但随着长三角、京津等地区的高速发展,开发大西北、振兴东三省步伐的不断加快,广东面临着的知识、技术、人才竞争将越来越激烈。"如无远虑,必有近忧",如果不大力加强基础研究的力度,从根本上解决知识、技术、人才的来源问题,再过若干年,广东的高新技术产业乃至整个经济的发展将会缺乏后劲。

长期以来,我国的基础研究大多还是属于跟踪性的创新,分散重复,缺乏重大科学发现和技术发明,原始创新不多,年轻后备力量不足。但近年来,我国的基础研究开始取得了一些令人振奋的成果:"神州"五号载人航天实验取得圆满成功,成为标志着我国进入世界先进航天大国行列的里程碑;我国国际科技论文数量持续稳定增长,2003 年已跃居世界第 5 位;2003 年来自国内的发明专利申请数量 8 年来首次超过来自外国的申请;连续两届国家自然科学一等奖的产生。这一切都表明,多年来困扰我国科技发展的原始性创新能力不足的状况正在得到改观。更重要的是,我国在以下 3 个方面奠定了基础研究发展的基础。

(1)认识方面,基础研究工作的重要性得到了共识。国家、政府各级领导极为重视基础研究。江泽民同志指出:"基础研究很重要";全国技术创新大会提出:"重大突破性创新要着眼于从基础研究抓起,不断形成新思想、新理论、新工艺,为应用研究和技术开发提供源泉,增强持续创新的能力";高校在认识、观念方面的转变,使高校充分发挥了在科技特别是基础研究方面的潜能、成为科技创新基础研究的一支主力军;广东省也极为重视基础研究,在全国率先建立了省级自然科学基金,累计投入经费超过 2 亿元。

(2)项目到人,观念上有了一个质的改变,"以人为本"、"人比项目更重要"的思想开始被接受并有所体现。教育部组织实施了"跨世纪人才工程",近年又实施《面向 21 世纪教育振兴行动计划》中的"高层次创造性人才工程";中国科学院组织实施了"百人计划",近年在知识创新工程推动下,又推出了"吸引海外杰出人才计划";国家基金中杰出青年基金等人才类板块项目的比重加大。广东省基金的类别结构,开始只有面上项目层。20 世纪 90 年代,广东开始设立青年项目,目前形成了研究团队项目(培养高层次人才队伍)、重点项目、自由申请项目、博士启动项目(培养青年后备力量)等4个层次项目。

(3)投入大大增加,结构趋向合理。2002年,我国基础研究方面的投入达60多亿元,占R&D经费的比重为5%左右,到2005年将上升到8%~10%,接近中等发达国家的水平。2001年以来,广东省每年投入基础研究的经费超过3000万元。建立了一批科技基础条件平台,现有国家、部门重点实验室16个,省重点实验室72个,以通用的实验仪器为例,实验室已达到发达国家中等水平,对人、财、物等方面的投入与建设均达到了一个较高的水平。

但是,目前广东的基础研究还存在以下几个问题:① 在国家层面上的基础研究中,重大创新缺乏,国家级大项目、高级别奖项不多,国家重点实验室、工程中心数量偏少,影响力、辐射力偏弱,对广东省经济社会发展中的关键技术的支撑不够;② 投入产出效益不高,以论文发表情况为例,"九五"期间,被三大索引收录的广东省科技论文数量在全国的排位(第11位),落后于广东受各项基金资助(基础研究)产生的论文数量在国内的排位(第6位),更落后于广东省发表的科技论文数的国内排名(第4位),这表明广东省的基础研究投入产出效益尤其是高水平成果的产出率不高;③ 优秀学术带头人、尤其是中青年学术带头人缺乏(国家杰出青年基金1年资助的人数为160人,而自这项基金设立10年以来,广东省获资助的人数总共不到50人),人才培养无论是在数量上还是在质量上,都远远不能满足广东经济、社会发展的需要。在这样的形势下,针对如何在科技强省战略中使基础研究促进广东省社会、经济向更高层次发展,我们提出如下一些建议:

(1)打造具有区位特色的科学中心。这是科技强省战略实施过程中,使基础研究发挥作用的关键。纵观世界经济中心转移的历程,无论它是在英国、德国还是美国,无不与科学中心的转移密切相关。广东是经济大省、高技术产业大省,随着竞争的日益激烈,要取得更大的发展,必须加强国家、地方目标对基础研究的"需求牵引力",打造具有区位特色的科学中心,使之成为知识、人才、技术的聚集地和辐射中心。

(2)通过加强基础研究,建设有自己特色的创新文化,这是建设文化大省的一个重要组成部分。创新文化有三个层次,第一层次是外部形象、规模、队伍、场地、设备等;第二层次是规章制度和行为规范;第三层次,也是最重要的层次,是价值、观念、道德,这些是创新文化的核心。要克服急于求成、急功近利等各种浮躁思想,大力培养有棱有角、敢于创新的品格,提倡养成"十年磨一剑"的耐性,树立甘于寂寞、以质取胜的精神。希望所有的科研人员,特别是青年科研人员,在这些方面有强烈的意识。写100篇平平常常文章的人,在学术舞台上可能很快就会消失;而写一篇有分量的文章,能引起大量后续研究,使人家都跟着去做,可能会在学术界树立一个里程碑。著名数学家吴文俊先生在获国家最高科学技术奖后讲了一句话："什么是创新？创新就是要别人 follow me，让别人跟着我做，如果我 follow 别人，就不是创新了"。这样一些观念，要成为我们创新文化的精髓。

（3）优化创新环境，实现基础研究资源的合理配置，提高科研的效率。资源配置中最重要的是讲求实效，就是胡锦涛同志在两院院士大会上的报告里面讲的绩效优先，这是非常非常重要的。虽然与发达国家相比，我国目前对基础研究的投入水平并未达到理想程度，但政府近年来的投入水平已创"新高"。正因为如此，科学界和管理部门在讨论基础研究的问题时，不再像过去那样把"投入"当作第一位的问题了，而是讲求怎么把钱花好，把钱用得正确。在很多国家，一些非常贵重的科学仪器，一个大城市只有一套；而我们，现在就有很多套，然而每一套都使用得不足，在每一套上，我们都没有创造出很多新的成果。有时候去参观一些实验室，这些单位要叫人专门去拿钥匙才能把实验室门打开，然后揭开用白布盖着的贵重设备，介绍它的指标有多高，这实在令人忧虑，因为如果再放五年，这些就成为落后的设备。做好规划和布局、增强学科间交叉、注重科学的评估、减少非研究性负担、开放共享的平台，让基础研究产生更好的效益，更好地为科技强省服务，是目前摆在我们面前的紧迫任务。

我国的工业化比欧、美晚了 200 年。近 100 多年来的痛苦探索，使我们明白了一个真理：一个没有强大科技实力的国家，不可能屹立于世界民族之林。在 21 世纪之初，瞻望我国宏伟的发展目标，我们应该更加重视基础科学研究，以实现中华民族伟大复兴的夙愿。

（原载《科技管理研究》，2004，24（5），1-3。）

绿色制造与学科会聚

制造业是我国国民经济的主要组成部分,但是环境的污染和资源的匮乏是我们国家制造业必须面对的两大课题,因此绿色制造就成了中国制造业的必由之路。学科会聚是一种新的研究范式,在绿色制造中有着不可替代的作用,是制造业绿色化的必要手段。我想先讲绿色制造,然后再讲学科会聚。

一

近年来,当人们把浪漫主义应用到科学工程领域,大唱知识经济和网络经济的赞歌,并扬言传统的制造业必然被新技术革命淘汰的时候,我们的制造业却仍然像一个任劳任怨的母亲,在默默无闻地把一碟碟美味佳肴端上饭桌,供这些夸夸其谈的孩子享用。

因为这个调子太高,就好像制造业没用了,但是实际上制造业还在干主要的活。我们要看清楚这一现实。如果说完美的设计、漂亮的方案和伟大的设想是上层建筑的话,那么一向科学严谨、兢兢业业、一丝不苟的制造业,则是实实在在的经济基础,它在任何国家还是占有主导地位的,各国国民生产总值80%以上还是与物质生产和消费紧密相连的。

在今天的中国,制造业工业产值占了国内生产总值(GDP)的1/3,占整个工业生产的4/5。1/3的国家财政来自制造业,8 000多万就业岗位在制造业。制造业是我们国家国民经济的主要的组成部门,是出口的主力军,是就业的重要市场。

但是,事物总是有它的正反两面,正如我们常说的科学是一把双刃剑,制造业在制造它的辉煌的同时,也在侵蚀污染着我们赖以生存的环境。统计的数字非常触目惊心:我们国家的制造业每年产生约55亿吨无害废物和7亿吨有害废物,造成环境污染的排放物有70%归咎于制造业;每年全国大城市有17.8万人死于污染;每年全国因为大气污染损失740万个工作日;世界银行估计,环境污染给中国带来相当于3.5%~8% GDP的损失。

我国是人口众多、资源相对不足、生产率相对低下的国家。我们国家的人均水资源是世界人均水量的1/4,单位面积的污水负荷量是世界平均数的16倍多;我国制造业的劳动生产值为年均每人3.82万元,少得可怜,是美国的4.38%、日本的4.07%、德国的5.56%。这些数据显示了我们跟发达国家的差距,并且我们国家制造业单位产品能耗平均比国际先进水平高出20%~30%。

我们国家制造业虽然 50 多年来有了巨大的发展,但仍然没有走出资源型的经济增长模式。传统的以"高投入、高消耗、高污染、低效益、低产出,追求数量增长而忽略质量"为特征的发展方式不可能长期维持下去。环境污染和资源匮乏是悬在我国制造业头上的两把利剑。由于中国的市场潜力、劳工价格等方面有着比较大的优势,所以发达国家制造业已经或正在向中国实行梯度转移。出于就业压力、经济发展和学习经验的考虑,目前我国制造业承接转移不失为一个良策。但是我们不能因为长期落后,就被永远锁定在欠发达状态。相信通过绿色制造这个路径,使生态和经济协调发展,我们应该并且能够达到发达国家水平。

如果说全球化是中国制造业面临的经营环境,那么绿色化似乎是一种生存哲学、一种价值取向,它充满着温暖的人文关怀。

绿色制造的这个概念,最先是由美国制造工程师学会在 1996 年所发表的绿色制造的蓝皮书《Green Manufacturing》这本书里提出来的。绿色制造的内涵是:它是一种综合考虑环境影响和资源效率的现代制造模式,它的目标是使产品从设计、制造、运输、使用到报废处理的整个产品生命周期中,对环境的副作用最小,资源效率最高。简单地说,绿色制造要综合考虑制造、环境和资源三大问题。在技术层面上,绿色制造包括:绿色产品设计技术、绿色制造技术、产品的回收和循环再制造技术,它是智能生产、精益生产、柔性生产、敏捷制造的延伸和发展。绿色制造是一种大制造、大过程,它学科交叉、观念现代,它不断吸收机械、材料、物理、化学、信息、生物和现代管理技术等方面的最新成果,并不断推动制造科学的发展。

二

其实,人类科学技术发展史就是一个各种学科技术互动融合、交叉发展的历史过程。科学发展的历史更是表明科学发展经历了综合、分化、再综合的过程。在科学萌芽时期,人类只能直观地认识自然界,这种直观地对自然界的认识是综合性的。

18 世纪开始,科学发展沿着分科治学的途径迈进,科学分裂为众多学科,它们又不断地产生亚学科,呈现出一种日趋精细化和逻辑严谨的形态。然而,科学在继续分化的同时,也呈现交叉和融合的趋势。科学的整合始于 20 世纪初的维也纳学派,20 世纪五六十年代后发展加快了。正如伟大的物理学家、量子论的创始人 M·普朗克所说:"科学是内在的整体,被分解为单独的部门不是取决于事物的本质,而是取决于人类认识能力的局限性。实际上存在着由物理学到化学、通过生物学和人类学到社会科学的链条,这是一个任何一处都不能被打断的链条。"这一句话也代表很多学者的态度。人们越来越认识到,解决人类问题的很多重大的复杂的科学问题、社会问题和全球性的问题,不是一门学科就能够单独解决的,而是需要会同相关学科的学者共同努力。相关学科间共同的目标、共同的工作假设、共同的理论模型、共同的研究方法和共同的语言构成科学整合的基础。它是科学技术飞跃发展的产物,是人类文明发展的必然要求。至于现代科学技术,就更是既高度分化又高度交叉。分化向着更精细、更深入方面前进,而交叉又集分化与综合于一体,实现了科学的整体化。学科会聚在分化和综合的方面已经发挥着不可替代的作用。

三

绿色制造要求从产品的初期设计开始就必须考虑学科会聚的特点,从材料的选择、产品的结构功能、生产加工的过程设计、包装和运输的方式都必须考虑资源优化和环境影响。这个过程涉及经济学、计算机科学、机械制造学、材料学、管理学、社会学和环境学等诸多学科内容。简单地说,就是要进行 3P 和 3E 的分析。3P 分析是指生产率(Productivity)、可制造性(Producibility)、可预测性(Predictability)的英文的 3 个字头;3E 分析是指环境(Environment)、能源(Energy)、经济性(Economy)的英文的 3 个字头。通过 3P 和 3E 的分析达到 4R 目标,也就是减量化(Reduce)、再利用(Reuse)、再循环(Recycle)、再制造(Reproduce),将这 4 个 R 作为绿色制造的目标。

至于减量化和再利用,大家都很清楚,因为我们要减少污染,减少资源的消耗。绿色制造要求在产品的生产制造过程中,采用的生产工艺势必最大限度地减少资源的消耗和环境的污染,这对我们中国是特别的重要。去年我们国家统计,我们消耗了世界上总量 30% 多的煤炭、10% 的石油、40% 多的水泥,我们国家的 GDP 高速增长,但是我们国家的资源的消耗过大。我们应该通过绿色制造来减少资源的消耗,要减少环境的污染,要提高材料和能源的循环利用。

这种大制造应该包括:光机电产品的制造、工业流程的制造、材料的制备等。从制造的方法来看,它包括了机械加工方法、高能束加工方法、硅微加工方法、电化学加工方法等。学科和亚学科的会聚,在绿色制造的过程中表现更为具体和精细。这种大制造涉及:管理学科关于可重组企业和可重组制造系统理论、企业管理方法和工业工程理论;计算机学科、半导体学科中的微电子器件和计算机器件的设计与制造;自动化学科的制造过程和制造系统控制理论和方法;光学和光电子学科的器件和仪器的设计与制造、光电测试理论和方法;物理学科中的纳米科学;力学学科中的机电系统动力学问题;机械工程学科中的零件和机器的设计制造理论与方法、机械构件及机电系统性能的模拟仿真;材料学科中的新材料制备科学;冶金学科中的材料成型科学;化学工程中的化工流程科学和化工产品的制造科学;与生物科学交叉的仿生科学和仿生机械学以及会聚技术中的纳米科技、生物技术、信息技术和认知科学。

356

关于会聚技术,这里再多说一句话。2001 年 12 月美国商务部技术管理局、美国国家科学基金会、美国国家科学技术委员会几个部门组织一个圆桌会议,由著名的科学家、工程师、政府官员参加,提出了会聚技术概念。从 2001 年开始,美国每年政府都在组织这个会议。美国现在把这个会聚技术,称作是美国要在 21 世纪要继续在科技经济领域领先的着力点和基础。美国强调的会聚技术是讲 4 个方面,即:纳米科学技术、生物技术、信息技术和认知科学,也就是把以上四大科学技术集中会聚在一起。美国把这个作为整个科学技术最核心的东西,和我们今天讲的学科会聚是很一致的。会聚技术的目标是:如果认知科学家能够想到它,纳米科学家就能够制造它,生物科学家就能够使用它,信息科学家就能够监控它。从这个循环,我们看到了美国 21 世纪的重点,我想我们也该重视这个东西。

四

对绿色制造而言,学科会聚固然需要多学科的参与,但绝不只是强调各学科对制造业面临的困境以及未来发展目标从不同学科的视野的简单介入。绿色制造的学科会聚是一种新的研究范式,在方法论上必须有所发展。不同学科、不同技术领域以及不同专业背景的科学家、学者、工程技术人员、伦理专家、政策分析家、政策制定者要突破学科的壁垒和打破科研机构的条块分割、各自为政的体制上的限制,要根据自己的学术背景、研究方法提出对问题的特定看法,彼此间广泛交流和密切合作,使参与的学科之间没有固定的边界,使研究摆脱单一视野的限制,构成一个多维视野、深层次的体系。

学科会聚是个抽象的概念。它在绿色制造的具体表现是:科研机构、高等学校、产业界和政府间的合作。

绿色制造对全世界漫长而又波澜壮阔的制造历史来说,还是一个概念,而中国制造业的绿色化道路更是刚刚起步,任重道远。即便如此,学科会聚对中国制造业来说,并不是一个遥不可及的梦想。正如制造业的特长便是把图纸变成实物一样,在 21 世纪之初,如何发挥学科会聚的巨大潜力,如何把绿色制造这一崭新的概念变为现实,如何化解环境的危机,如何坚持走可持续发展的道路,中国制造业面临着前所未有的挑战,承载着责无旁贷的责任,更孕育着无限的生机。

(原载《学科会聚与创新平台——高新技术高峰论坛》(潘云鹤、朱经武主编),浙江大学出版社,杭州,2006:15-18。)

大力推动"政产学研金"合作创新
为广东省经济社会发展作贡献

自我国 1978 年改革开放以来,广东社会经济迅猛发展,成为国家经济发展的排头兵,其 GDP 总量已占全国 1/9,源自广东的财政收入占全国财政收入的 1/7,省外贸进出口总额占全国的 1/3。广东省从原来资源贫乏的边远省份一跃而为全国省区第一,实现了经济社会发展的历史性跨越,为国家改革开放和社会主义现代化建设作出了重大贡献。

在经历了 31 年多的飞速发展之后,又碰上了美国次贷引发的金融危机,这使我们广东处在一个前所未有的关键时期。特别是 2008 年 12 月,中央通过《珠江三角洲地区改革发展规划纲要》赋予广东"科学发展、先行先试"的重大使命,从国家战略的角度提出加快改革,增创新优势,更上一层楼,实现经济社会又好又快发展。

中央的殷切期望,人民也要求快速发展,我感到要实现伟大目标,其中的一个关键问题是要培育许多创新型企业。

过去,我们主要靠的是劳动密集型企业,靠来料加工,靠仿制,这在新的时期是不行了。

只有大力推动产学研合作,才能有大批创新型企业出现,才能增强自主创新能力,才能建设现代化产业体系,才能加快转型升级,才能加快经济发展方式转变,才能使广东继续担当全国的排头兵! 这应该成为广东省的一项战略性举措!

产学研合作是一个跨行业,跨部门,跨地区合作的系统工程。实际上,还应在产学研三方面的两头,分别再加上政府和金融机构,即应写为政、产、学、研、金的合作。没有政、金两方面,产学研合作是搞不好的。

政府的地位十分重要,是关键。政府应负责营造科技创新的良好环境,强化政策的激励引导作用,为企业、高等学校、研究所人员营造有利于科技创新的政策环境,引导创新要素向企业集聚,在科技投入、成果奖励、创新平台建设等方面加大扶持力度,同时还应强化考核的促进保障作用。

企业是主体地位,应提升自主研发和技术创新能力,使企业成为研发投入主体,成为技术创新主体,成为创新成果应用主体,这将大力提升企业的核心竞争力,使企业健康发展。

高等学校是重要支撑体系,是坚强后盾,既要培养科技创新人才,又要提供科技创新成果(主要是应用基础理论成果)。

研究院(所)也是重要支撑体,要与高等学校合作,为企业提供能应用的科技创新成果。

所以,高等学校和研究院(所)是创新型企业的生命源泉和基础。

金融机构可为产学研提供投入,提供风险、管理服务,这是产学研的强大支柱。

目前,"政产学研金"合作的核心问题是要完善联盟的组织模式和运作模式,政府起引领作用,金融机构起支柱作用,产学研三个方面组成一个平台,五个方面均要受益才算成功。由于五个方面紧密联系,一损俱损,因此每个方面都要尽力,都要注意协调,在这里,"和为贵"是至理名言。

为此,建议成立"广东省政产学研金合作发展委员会",由省发改委牵头,有关部门如省教育厅、省科技厅、省科协、省风险投资银行、省信息产业厅、省环保局、省农业厅等部门组成,主要负责有关我省推进"政产学研金"合作政策的制定与修订,产学研合作平台的建立,鼓励地方政府、企业与高校协作建立多种形式的产学研开发基地,依托我省已有的国家级、省部级实验室、工程中心来搭建平台,并建立相应的支撑与保障体系,形成集研究开发、中试生产、企业孵化与人才培养于一体的格局,努力培育许多创新型企业,为广东经济社会创新一轮发展做出贡献!

（在广东省委、省政府领导接见院士、专家会上的发言,广州,2010 年 2 月 8 日。）

大规模引进和培训人才
为广东产业结构优化升级服务

改革开放初期,较为宽松的政策环境,相对丰厚的待遇使得广东这片南国改革热土成为当时的人才聚集高地,吸引了众多国内外英才。可以说,国内充裕的廉价劳动力配合广东依靠"三来一补"政策所形成的以劳动密集型产业为龙头的产业发展格局,为广东的经济发展插上了腾飞的翅膀。斗转星移,时空变换。30年后的今天,广东在经历了多年的快速发展之后,正处在一个前所未有的关键时期。一方面,广东在完成基本工业化进程之后,经济结构开始出现工业化中后期与以知识经济为特征的第二次现代化初期的表征,广东未来如何走的问题迫切需要寻找创新的思路。另一方面,发展成本的上升,资源环境压力的增大,产业结构的趋同,整体效率和竞争力减弱等众多问题的累积性爆发,预示着广东传统的以劳动密集型产业为龙头的经济发展格局已经走到了重要的转折点。更为棘手的问题是由于多年来在科技开发与教育投入方面欠账过多,使得我省的人力资源开发能力与速度不仅远远落后于国外先进国家,而且还落后于国内部分先进省市,难以满足广东未来经济发展的需要。

因此,为了从根本上解决我省人才储备匮乏的局面,我们必须站在战略的高度,透彻分析我们拥有的优势与面临的机遇,存在的困难和问题,准确把握我省人才开发的全局与发展思路,全方位实施"人才强省"战略。其关键点在于:一要通过多方位创新,实施广东"人才储备"新战略;二要重点搞好人才的培养工程,开创"人才培养"新模式。

一、目前我省人力资源开发工作存在的问题

(一)科技投入与本省的经济规模相比相对较低

从 2007 年的数据来看,尽管该年广东的科技人员数量排全国第一,但其科技经费内部支出总额为 684.22 亿元,与其他省份相比处在中间行列,远低于江苏(900.15 亿元)和北京(825.42 亿元)。再从 2007 年的人均科技经费支出额来看,广东省科技人员人均科技经费内部支出额为 15.24 万元,略低于全国平均水平(15.62 万元/人),远低于北京(20.55 万元/人)、上海(23.20 万元/人)、江苏(20.55 万元/人)与山东(18.21 万元/人)的指标。而从 2007 年科技经费内部支出总额占 GDP 的比例来看,广东的指标为 2.20%,也低于全国平均水平(2.84%),不仅低于山东(2.31%)、辽宁(2.61%)、浙江(2.71%)等省的指标,更

远低于北京(8.82%)、上海(4.33%)与江苏(3.49%)等省市的指标,详见表1。

表1   2007年广东与其他省份科技人员数量、科技
经费内部支出总额与教育经费占GDP比例

	科技人员数量/人	科技经费内部支出总额/万元	人均科技经费支出额/(万元/人)	科技经费内部支出总额占GDP比例/%	财政性(预算内)教育经费(亿元)占GDP比例/%
全国	4 543 868	70 988 733	15.62	2.84	3.28
北京	401 595	8 254 203	20.55	8.82	3.51
上海	227 867	5 287 128	23.20	4.33	2.65
江苏	437 923	9 001 516	20.55	3.49	1.99
浙江	347 787	5 093 635	14.55	2.71	2.20
广东	448 946	6 842 205	15.24	2.20	1.97
山东	330 500	6 021 574	18.21	2.31	1.77
河南	192 165	2 208 101	11.49	1.47	2.70
辽宁	188 663	2 888 715	15.31	2.61	2.48

注:资料来源于2008年中国统计年鉴,中国统计出版社,2008。

(二)广东的教育投入也相对较低

根据2008年中国统计年鉴的数据显示,广东的财政性(预算内)教育经费(亿元)占GDP的比例(1.97%),仅与江苏(1.99%)、山东(1.77%)的指标相当,不仅远低于北京(3.51%)、上海(2.65%)两个直辖市的指标,更低于河南(2.70%)、辽宁(2.48%)两个中部与东北省份的对应指标。虽然广东近年来迎头赶上,在教育经费总投入方面已达全国第一,但其占财政支出的比重和占GDP的比重仍然较低。如2003—2006年期间,广东教育经费支出年平均增长14%,排在全国第21位;教育经费支出占地区生产总值的比例,排在全国第22位。另据国家有关部门联合公布的《2006年与2007年全国教育经费执行情况统计公告》的数据可知,2006年全国有12个省市区预算内教育拨款增长低于财政经常性收入增长,广东名列其中。2007年全国有12个省市区预算内教育拨款增长仅比财政经常性收入增长高出不超过5%,广东也名列在内。

(三)广东的人力资源区域分布存在较大差距

广东省人才相对集中在经济发达的珠江三角洲。2005年该地区拥有全省近2/3的中专以上学历人才和3/4中级技工以上人才。而经济发展相对滞后的山区和东西两翼,人才比重和人才密度较低。从各类专业技术人才看,珠江三角洲地区占全省的86.97%,东翼占全省的9.77%,西翼占全省的3.19%,山区人

才占全省的 1.32％。珠三角、粤东、粤西的人才密度分别是粤北的 7.8、2.66、1.6 倍,可见人才分布的区域差异之悬殊。从各类专业技术人才的增长情况可知,这几个地区的差异也较大。从 2001 年到 2005 年,珠三角和粤东地区 4 年间增长了 1 倍多,粤西基本没有变化,而粤北却减少了 1/2 多;从每万人拥有的人才分布情况看,珠三角 4 年增长了 36.05％,而其他三个地区不但没有增长,反而都不同程度地降低了,特别是粤北降低了 164.37％。这显示人力资源区域分布差异在不断扩大。

(四) 广东的人力资源总量与质量均处于较低水平

2007 年广东高等学校的在校学生数为 111.97 万人,每万人口普通高校在校学生数增加到 120.34 人。与北京、江苏、上海等地相比还有不小差距,如2007 年,江苏省的普通高校在校学生人数为 156.88 万人。而从高级人才的质量来看,2007 年,广东、江苏、上海、北京四省在校的研究生总数依次为 19 751人、96 546 人、91 763 人、187 414 人,广东不仅与江苏、上海有较大差距,与北京的差距更大,两者相差 8 倍多。从院士的数量来看,广东在全国各省市自治区中排名第八位,84 名院士的数量与江苏省的 315 人、浙江省的 220 人等相比差距不小。

(五) 广东人力资源开发的一体化程度比较低

虽同属一个省份,但广东的众多城市在人力资源引进、人才培养专业设置、高校建设等方面均存在着结构趋同、低水平重复建设等问题。比如广东的大学城数量不少,但缺乏明确的定位与区隔,尚未形成独特的专业培养能力与优势。各大学城内不同高校之间的合作还处在初级阶段,难以对广东的技术创新能力的提高产生积极的影响。再加上各城市在产业结构、经济政策上相互参照,相互模仿,这就使得广州、深圳、珠海、东莞等各城市之间出现了比较严重的零和竞争。而这些城市在人才开发的不少方面基本上各自为政,如人才的准入制度各不相同,人才的激励制度相互攀比,人才的征信制度各自独立,这些都严重阻碍了我省人力资源开发迈向新阶段的步伐。

(六) 广东对人力资源的吸引力不够

第一,30 年基本不变的劳动报酬已经难以吸引蓝领阶层人才的到来,而广东现在的产业结构原本就对高科技创新型人才存在挤出效应,以目前的报酬水平很难吸引到合适的高素质人才。第二,国内其他省市经过多年的发展,经济有了长足的进步,愿意并能够为引进人才付出较高的工资与福利,成为与广东争夺高级人才的重要对手。这在一定程度上加重了广东人才流失的态势。第三,广东虽然已建立了较全面的法律体系,但出于对招商引资工作的重视,司法系统在办案或执行过程中或多或少地会出现难以有效保护劳动者利益等问题,形成广东的劳资纠纷比较多的局面。这也会影响人才来广东的积极性。第四,广东的企业主出于"找快钱"的思想,简单地将人才当作"高级打工仔",而不是看作是一项长期投资。很少有企业主能够从长远战略出发,创造各种条件,鼓励员工通过创新来长期参与企业的运作。

二、开展多方位创新,实施广东"人才储备"新战略

应该看到的是,尽管面临不少困难,但由于广东处在承接国际产业转移的第一线,而自身又需要顺应逐步深化工业化、信息化、城镇化、市场化、国际化的要求,加之粤港澳三地的经济快速融合,必定在人才开发方面为我们提供更加广阔的空间。特别是广东经过 30 年发展所积累的雄厚物质基础与经济实力,成为广东实施战略性人才引进与培养计划的坚强后盾。

(一)首先要转变我省传统的人力开发观念,提倡战略性人才开发观念

过去,我省在引进人才的战略观念上一直采取"人才能用钱买来"的观念,这一观念导致了很多企业,甚至包含政府机构的不当行为——只注重人才引进,却缺乏对人才的有效管理与激励;只看重短期效益,缺乏长远眼光。为此,我们应树立战略性人才开发观念。这一观念的核心是将人才看作是通过培养与开发可以增值的人力资本,并同等关注人的经济需要与精神需求。首先,政府要从人才长远培养开发的角度出发,制定相关的广东人力资源开发政策,持之以恒,一以贯之,以保证政策的长期导向性。其次,要树立人才平等观念,抛弃"外来的和尚好念经"与"学历至上"的错误思想,对外来人才与本地人才、高学历人才与低学历人才、高技能人才与高创新人才、理工类人才与社科类人才都一视同仁,惟贤择用,惟能是用。再次,选择紧跟经济需要、超前筹划的人才资源持续开发战略。在人才引进与培养问题上要树立人才可持续培养的观念,按照人才成长的规律来确定人才产生效益的时间。不能简单地按照产业发展的现实需要来选择人才引进目标,而应根据产业结构演变的规律,超前 3～10 年来引进或培养未来所需要的人才。对于属于基础研究领域的人才,更应采取比较特殊的引进与储备办法。

(二)改善与创新我省人才引进的相关机制

1. 要坚持政府主导,由政府负责制定人才引进的具体标准、评价体系、奖惩制度与相关产业的人才引进目录,确定人才引进工作的大方向与战略问题。但在制定人才引进战略的时候,要注意广泛听取各界意见,引入专家咨询环节。要鼓励企业根据自己的需要适时从国外引进高精尖人才,建立政府补一部分、企业拿一部分的方法来支撑人才能力发展的培养与维持机制所需的经费。

2. 创新政府人才引进工作机制。要开创我省人才引进的新局面,就必须破除一切束缚创新型人才发展的禁锢,简化人才引进工作程序,推进政府职能由管理为主向服务为主转变。充分发挥人才市场在人才资源配置中的主渠道作用,

采用环境引才、项目引才、事业引才、感情引才、高薪引才等多种方式,拓宽高层次创业创新人才引进的绿色通道。尤其应加快建立全省海外留学人员统一信息网络,进一步完善和落实留学归国人员项目资助、创业创新、子女入学等各项扶持政策,使广东成为海外留学人员归国创业创新的热土。

3. 完善我省引进高层次创业创新人才的产业平台。建议政府以高新技术产业园区、科技企业孵化器、大学科技园、留学生创业园等各级各类创业创新载体为依托来建设人才引进平台,加强政策配套和集成支持,完善这些产业平台的企业孵化、技术转化、人才培养、团队建设与风险投资筹措等职能,形成面向海外高层次创新人才、国内与本身高层次创业创新人才等多层面高效的人才引进平台。

4. 完善面向企业的人才引进与培养机制。充分发挥企业在高层次创业创新人才过程中的主体作用。实施"广东省高层次创业创新人才引进与培育计划",建议由省财政每年安排专项经费,重点面向高成长性的科技型中小企业选择引进与培养对象。引导企业加大技术创新和人才开发投入,把高层次创业创新人才的引进和培养纳入企业发展的战略目标,结合企业产品创新和重大项目的实施,吸纳和培养高层次创业创新人才。通过落实多种培养和支持措施,充分发挥企业的主体作用,到2012年左右,初步建成一支具有较强技术创新和经营管理能力,能够带领企业在科技自主创新、发展速度和规模效益以及核心竞争力等方面居于国内同行前列的创业创新领军人才队伍。

5. 要建立既符合国际潮流,又具有广东特色的人才评价机制。目前的评价机制比较偏重于对人才的经济效用的评价,而缺乏对人才的全面评估。为建立更加公正的评价体系,广东省应学习国外先进经验,率先在国内建立第三方人才评估体系,制定相应的地方法规规范人力资源评价机构的发展,在政府、企业之外,建立一个更加公平、更加高效的人才评估体系。评估标准应考虑涉及人才能力与未来发展的众多指标,如人才当前创造的经济效益与未来潜在经济效益,人才的发展前景,人才所拥有的技能与创新能力,能力的适用范围大小,人才的领导能力与培养能力,人才所在专业的衍生影响领域,人才的可替代程度等。

(三) 要稳步推进广东省人才开发的一体化进程

人才开发的一体化是未来一段时间内广东面临的重要工作。为了加快全省人才开发一体化进程,广东省应在遵循市场主导原则、开放自主原则、互惠共享原则、优势互补原则的基础上,着手建立广东省人才开发共享机制、促进机制、互认机制和协调机制。为此要做好以下工作。

1. 逐步统一我省各地人才市场在准入标准、设立程序、营运规则等方面的规定,推进和实行区域内人才流动政策、吸引政策、培训政策和社会保障制度等方面一体化的政策框架,降低区域内人才流动和开发成本,逐步搭建我省区域一体化的人才交流互动平台,促进人才自主、自由的流动。

2. 共同构建公平竞争的人才法制环境和人才生态环境,防止过度竞争和无序竞争,并联手进行区域内人才市场监管和人力资源保护工作,从而真正实现人才的跨市资源配置和资源共享。

3. 充分运用网络技术,构建广东省人才征信系统,建立和健全全省人才信息交换和发布机制,逐步实现全省范围内的人才信息联网,构筑畅通、快捷的人才信息平台。

4. 推进各种资格证书的互认或衔接,实现教育、培训、考试的资源互通、共享及在服务标准上的统一。以组建跨地区或跨市一体化分支机构、技术转让、技术嫁接、科研专家交流等多种形式,共同培养各地的紧缺、急需人才,逐步形成人才共育的全新格局。

5. 适应我省各地区企事业单位和各类人才的不同需要,拓展人事人才服务领域和内容,通过异地人事代理等人才服务项目,搭建区域内共通的人才服务框架,形成区域内统一的公共人事服务体系。

(四)逐步建立人才引进的地区平衡机制

针对广东地域经济发展与人才分布地域不平衡的现状,结合《珠江三角洲地区改革发展规划纲要》对我省各地区的具体定位,根据不同产业发展重点,来确定珠江三角洲、粤东、粤西与粤北地区各自的人才引进目录。为了减少人才倒流现象,除了在政策上要有所偏重之外,我省对粤东、粤西与粤北地区的人才引进工作还应更多地在报酬与用人机制上想办法。在报酬政策上不仅可以沿袭珠江三角洲所采取的成功经验,还可以寻找与尝试新的办法,如技术入股、项目入股、利润分成等报酬分配办法。在用人制度上,为鼓励高层次创新人才到边远山区去创业与创新,可以采取以下措施,如户口留在广州、深圳等城市,工作在边远城市,享受中心城市的工资福利待遇;工作满一定年限,就可以享受相应的职称与福利待遇等,也可以采取定期挂职、技术嫁接、技术指导等方式。

(五)不断改善人才的使用环境

1. 加强政策配套和集成支持。各级政府和相关部门要制定高层次创业创新人才队伍建设的专项政策措施,从财税、金融、政府采购、知识产权保护等方面给予支持,加强各个部门之间政策的配套衔接,整合资源,形成合力。在省级财政支持的基础上,各地也应给予相应的配套支持,政府主导的创业风险投资基金、重大科技成果转化资金、中小企业发展资金以及省市有关部门的产业化项目要向创业创新人才倾斜。把高层次创业创新人才的培养、引进工作与重大工程、重大项目的实施结合起来,以项目为载体,以公共财政为引导,加强对创业创新人才的培育。

2. 加强人才服务体系建设。着力加强以科技中介服务机构为主的人才服务体系建设,注重对创业创新人才的辅导,做好提升创业创新能力培训工作,加强创业创新人才之间的交流与沟通,组织境内外的科技合作与交流等活动,为培育创业创新人才提供专业化、特色化、个性化的服务。

3. 建立和健全科学、合理的人才激励机制。进一步完善与社会主义市场经济体制相适应、与工作业绩紧密联系、鼓励人才创业创新的分配制度和激励机制。坚持按劳分配和按生产要素分配相结合,将人才的收入与岗位职责、工作绩效、实际贡献及成果转化产生的效益直接挂钩,鼓励一流人才作出一流贡献、获得一流报酬,鼓励技术入股、专利入股,允许高层次创业创新人才兼职兼薪。广东应提高给予合格人才的经济报酬,建立平衡划一的报酬等级机制,使同等级人才不管在何地都能得到基本上一致的经济收入。

(六) 建立合理的退出机制

过去我们比较重视人才的引进,而忽视对人才的退出管理。实际上这也是一个需要重视的问题。如果处理不当,就会给未来的人才引进工作带来影响。应采取合理的评估制度,根据人才在不同阶段的具体贡献来评估退出人才的贡献价值,按最终贡献价值给予应有的待遇,不能采取硬性一刀切的政策。对于个别有特殊才能的人才与稀缺人才,可采取灵活的方法安排决定其在广东的具体工作时间,尽力维系其与广东的联系。

三、推进产学研合作,开创广东"人才培养"新模式

要改善我省人才储备目前的困境,不仅要重视人才的引进工作,更应该重视人才的培养工作。为此我省必须审时度势,深入贯彻"科学发展,先行先试"的重要思想,敢于创新与突破旧有的制度与方法,以高校、企业、政府、研究机构为合作主体,从多层面来促进产学研合作,不断提高人才培养的质量与针对性,开创岭南"人才培养"新模式。

(一) 建立战略层面的人才培养咨询与管理机构

广东应该在学习先进的国际或地区人才培养经验的基础上,结合我们广东的特点,建立以下人才培养战略机构:(1) 成立广东省人才培养战略委员会,在省政府的直接领导下,全面负责全省人才培养的战略规划、紧缺专业目录的编制与修改、普通高等教育重点发展专业与核心专业目录的制定与修改、高等职业教育重点发展专业与核心专业目录的制定与修改。(2) 成立广东省产学研合作发展委员会,主要负责有关我省推进产学研合作政策的制定与修订,产学研合作平台的建立,鼓励地方政府、企业与高校协作建立多种形式的产学研开发基地,依托我省已有的国家级、省部级实验室和技术开发中心来搭建平台,并出台建立相应的支撑与保障体系,形成集研究开发、中试生产、企业孵化与人才培养于一体的格局,努力支撑广东现代产业体系的发展。

（二）以高校为主体，全面建立广东人才培养综合体系

人才培养工作是必须持续进行的战略工作，不仅需要冲天的干劲，还需要脚踏实地的措施；不仅需要短时间内见效的临时性举措，更需要放眼世界、长期坚守的战略决断。这一切均需要审时度势，站在广东发展全局的高度，以现有的广东高校教育系统为基础，通过多方位创新，建立一套适合我国国情、反映广东特点的人才培养综合体系。

1. 要继续加大工作力度，办好现有的大学城。对现有的广州、深圳、珠海、东莞等大学城进行全面评估，尤其要分析这些大学城对广东经济发展、产业结构调整与培养高新技术人才和创业创新人才等方面工作的影响，把握其现状与问题。在此基础上，需通过重新明确各个大学城的定位，通过政策扶持与功能完善，以更好地发挥其作用。目前，建议将广州大学城定位于我省最重要的综合性人才教育培养基地。其主要任务是为广东全方位培养高级行政管理人员、商务管理人才、教育类人才、服务类人才、高科技创业创新人才与高级职业技术人才，应瞄准重点产业升级换代与经济发展所需的基础研究专业与科技创新专业培养。深圳大学城应定位于我省珠三角东岸地区的科技创新型人才教育培养中心，其主要任务是为我省珠江三角洲东岸地区与港澳地区培养合格的高科技创新型人才、先进制造业人才、港口服务类人才、金融服务类人才与高级职业技术人才。珠海大学城应定位为我省珠江三角洲西部地区的服务型人才教育培养中心，其主要任务是为我省珠江三角洲西部地区与港澳地区培养合格的旅游休闲类人才、高科技创业创新人才、现代服务类人才、医疗制药等制造业人才与高级职业技术人才。东莞大学城可以定位为我省东部地区的高中级职业技术、技能型人才的培养基地，作为对深圳大学城的有效补充，其主要任务是为深惠莞产业带的飞速发展培养合格的高级制造业人才，尤其是高技能专才。

2. 筹划建设汕头大学城与湛江大学城。作为所在地区的中心城市，汕头与湛江分别在粤东、粤西地区的发展中起着不可替代的作用。但目前来说人才缺乏是限制这两个地区经济社会发展的重要因素。因此，建议省委、省政府总结我省发展大学城的经验教训，在整合当地现有大学教学资源的基础上，根据我省粤东、粤西地区的产业发展规划，适时筹划建设汕头大学城与湛江大学城，明确它们的定位与重点发展专业，引入我国优秀高校，开拓办学思路，出台鼓励政策，善用海外与华侨资源，逐步完善功能，使其成为我省粤东、粤西地区两地的高级人才培养中心。

3. 深化国际合作，提升我省高等教育办学水平。我省应以新的思维和机制推动高等教育发展上水平，继续深化广东省内各高校与国际不同层次高水平大学的合作，强化与香港、澳门各高校的合作与交流，尤其应鼓励省内重点大学率先建成国内一流、国际先进的高水平大学。与国外及港澳台学校开展多层次的科技合作和联合办学，引进和利用国外及港澳台优质教育资源，组建联合学院和联合研究生院，以及具有独立法人资格和独立校区的中外合作学院，开展科学研究和人才培养领域的实质性合作，为广东现代产业的发展培养一大批具有全球视野、具备国际竞争力的复合型高层次人才。

（三）围绕现代产业体系建设的需求，推进产学研紧密合作，创新人才培养模式，着重培养引领行业发展的高素质人才

1. 广东省应尽快出台政策鼓励高校根据广东经济社会发展需求，围绕广东现代产业体系的建设，积极发展和调整优化学科专业，使学校学科门类覆盖广东支柱产业、高新技术产业和重点发展产业，加快培养产业发展紧缺人才。目前应采取优先发展服务类专业（如金融类专业、科技服务专业、商务服务专业、会展管理、信息服务类、旅游类等）、加快发展高精尖的制造类专业（如石油、钢铁、汽车工程、船舶制造工程、核工程、数控机床制造等专业）、大力发展高技术专业（如电子信息工程、生物工程、材料工程、环保工程、新能源工程、海洋工程等专业）。

2. 推进产学研紧密合作，拓宽人才培养渠道。进一步深化高校教育科研体制改革，优化研究生培养模式，强化创业创新意识和能力的培养，提升广东高校培养高层次创业创新人才的能力，使之成为高层次创业创新人才培养中心。适应企业提高经营管理水平的迫切需要，有计划地选拔一批高校优秀研究生和青年教师到国外高校、企业学习进修，为我省高新技术企业培养高素质的经营管理人才。加快建立以企业为主体、产学研紧密合作的有效机制，促进高层次人才培养与产学研合作互动融合。进一步深化人才管理体制改革，打通高校、科研院所和企业之间高层次人才流动通道，为产学研联合培养高层次创业创新人才提供制度保障。目前可制定有关不同系列职称之间的转换政策。

3. 加强创业创新载体建设，建立高层次创业创新人才培育基地。认真借鉴国内外成功经验，进一步加强高新技术产业园区、大学科技园、科技企业孵化器等载体建设，在风险投资、科技基础设施、科技公共服务平台等方面提升水平。吸引、支持省外国家级科研院所、工程技术研究中心、重点实验室等研发机构到广东设立分支机构。探索建立各级各类创业创新载体资源共享、合作研发、联合培养人才的融合互动机制。在继续加大硬件建设的基础上，着力加强为创业创新服务的软件建设，吸引国内外各类创业创新服务资源在载体内的集聚，把创业创新载体建设成为高层次创业创新人才的培育基地。

4. 着力培养能够引领行业发展的高素质人才，把培养掌握产业关键技术并能解决工程实际问题的现代工程师和集专业技术、市场经验和管理才能于一身的科技型企业家作为人才培养的重点；坚持走"产学研合作"人才培养道路，加强与珠三角地区龙头企业的战略合作，以企业需求为导向，探索"订单式"教育培养模式，满足企业对人才个性化的要求。探索研究生培养的新机制，促进复合型创

368

新人才的成长,实行"工作学习交替制"培养模式,鼓励企业与学校联合培养研究生。

（四）建立地区产业人才培养基地

为努力消除我省经济发展的不均衡状态,必须逐步减少或消除珠江三角洲地区与粤东、粤北、粤西等地区的人力资源差距,降低人才倒流比例。建议省委、省政府利用现有的大学城,以及未来拟建的湛江、汕头两地的大学城,并在我省不同地区选择重点城市,设立地区产业人才培养基地。需结合不同地区的产业发展需要,鼓励各高校与企业采取多种形式来共建产业人才培养重点基地,在资金上给予支持,在培养方式上可以采取传统形式与创新形式相结合的办法。如委托培养、定向培养等传统方法,也可采取新的方式——与企业共同在生产一线设置培训现场与考场,采取现场培训或现场考试等方法。

人力资源的引进与培养是关系到我省未来经济社会发展的战略大计,只要遵循"科学发展,先行先试"的原则,抓住我省产业结构调整的战略契机,转变人才开发观念,全方位开拓创新,改善用人环境与相关机制,提高我省高校的人才培养能力与质量,我们就能迎难而上,重新占据人才储备的战略高地。

（原载《民主与决策》(省委书记、省长与省政府智囊面对面交流,首届广东省政府参事决策咨询会纪实)（周义主编),中国评论学术出版社,香港,2010:126-140。）

传承岭南文化　服务文化大省

　　文化,是社会文明进步的先导和重要标杆。在文化因素日益取代自然资源和物质资本并成为决定社会发展最重要因素的今天,文化的地位和作用更受关注。建设"文化大省",是广东省委、省政府在新时期作出的一个很有远见、很有气魄的重大决策,是广东可持续发展的又一重大战略选择,也是广东再次腾飞的一次重大历史机遇。

　　建设"文化大省",必须大力弘扬优秀的传统民族文化。作为中华民族传统文化中最具特色和活力的地域文化之一,岭南文化不但最先接受了欧风美雨的冲击,而且作为中国改革开放的试验区首开风气之先河,逐步形成了底蕴深厚而又富有地域和时代性的文化特色。正是有赖于这种生机勃勃的文化力量的强劲推动,广东创造了举世瞩目的经济辉煌。在建设"文化大省"的进程中,岭南文化这种与时俱进的生命力的重要性更是不言而喻。

　　时代的需要,促使对岭南文化的研究推向深入。《岭南文史》为此进行了长期不懈的努力,他们积极挖掘岭南文史中最具特色和生命力的东西,冀以为当今的文化建设和社会进步提供有益的借鉴和启示。作为广东文化建设的一支生力军,《岭南文史》在当今广东的"文化大省"的建设过程中,在促进经济社会的协调发展中,正在发挥着独特而巨大的作用。

　　鉴往知未来,探古以兴今。《岭南文史》可以当之矣。

（原载《岭南文史》,2004:2。）

光大华侨文化 建设文化大省

一、对建设文化大省的认识

自广东省委九届二次全会提出了建设文化大省的战略部署后,我省各条战线都积极围绕这一重大决定展开了热烈讨论和慎密布置,并根据各自的实际情况针对建设文化大省的工作提出了具体工作思路。今天,政协广东省委员会九届二次会议组织我们与省领导们一起以"弘扬岭南文化,建设文化大省"为主题进行座谈,这是对省委关于建设文化大省这一重要决策的贯彻和落实,是推动我省实现物质文明、政治文明和精神文明全面、协调发展的重要举措。

改革开放初期,广东作为中国改革开放的前沿阵地,在我国经济建设中发挥了桥头堡的重要作用。当我国改革开放的车轮驶入新的历史时期,广东又承担起了率先实现社会主义现代化的光辉使命。《中共广东省委关于认真学习贯彻党的十六大精神的决定》指出:全面建设小康社会,必须与建设经济强省相适应,大力发展社会主义文化,建设文化大省。改革开放以来,广东的经济高速发展,无可厚非地成为全国的经济强省,但在此过程中,其文化的发展与其经济强省的地位并不相称,与经济强省应有的文化地位还有一段距离。正是在这种背景下省委作出了建设文化大省的决定,这为我省今后的文化发展,为我省物质文明、政治文明和精神文明的全面、协调发展指明了方向,提出了新的要求。经济的健康、稳定、持续发展与文化建设密不可分,与参与经济建设的人的素质密不可分,与发展环境的文化内涵密切相关。广东要率先实现社会主义现代化,要全面建设小康社会,要保持强劲的发展态势,必须有相应的文化环境和文化内涵来支撑。因此,我们要把建设文化大省作为一种理念渗入到全省每个人的心中,贯彻到我们的各项事业中去。我们每个公民、每个单位都有义务、有责任为建设文化大省承担力所能及的工作。我们应该认识到,建设文化大省,既是全面建设小康社会、率先实现社会主义现代化的需要,也是满足我省人民群众随着物质文化快速发展而日益增长的精神文化需求的需要。

二、华侨文化是建设文化大省的重要内容

去年5月,省侨办、暨南大学华侨华人研究所等4家单位为贯彻落实省委建设文化大省的决议精神,联合召开了"华侨文化建设与文化大省"研讨会。会议指出,研究华侨华人文化在建设广东省文化大省的工作中有着重要的意义。老

一辈华侨华人的大量出现是中国历史发展的产物,其作为特殊时期产生的特殊群体,依然是中华民族不可分割的一部分。广东作为全国最大的侨乡,华侨渊源历史悠久,华侨文化积淀深厚。华侨文化既是我国文化的重要组成部分,更是广东文化的重要内容。特别是在中国加入世界贸易组织以后,广东省的对外文化交流和贸易进一步扩大了,而华侨华人文化作为其中的一个重要桥梁,发挥了其独特的作用。因此,结合省委建设文化大省的战略部署,进一步加强对华侨文化的研究、宣传,并结合时代的特点进行重新塑造,是推进广东省文化大省建设的一项重要举措。在新的历史时期,建设好华侨文化,对增强民族凝聚力、促进文化开放和经济发展既有重要的现实意义,又有深远的历史意义。

三、暨南大学在光大华侨文化中的优势和作用

暨南大学作为中国第一所由国家创办的华侨学府,在我国高等教育界担负着特殊的使命,享有特殊的地位,发挥着特殊的作用。她是国家联系海外华侨华人和港澳台同胞的一座文化桥梁,负有培养海外华侨华人和港澳台青年的历史使命。我们要通过这座文化桥梁延续和传承中华民族优秀传统文化,努力团结海外华侨华人和港澳台同胞,不断增强民族凝聚力。

文化交流是文化发展和进步的重要内容。暨南大学这座文化桥梁通过传道授业解惑及其得天独厚的地理条件为中西文化交流提供了平台。学校坐落在祖国改革开放前沿的广东,华侨华人带来的西方文化与中华民族优秀传统文化以及广东本土文化在这里融合交汇,广东文化也在与西方文化的交流发展中吸纳了许多西方文明的有益成果,不断发展和进步。在建设文化大省、弘扬华侨文化的过程中,我们要通过文化交流,充分利用华侨华人既熟悉中国文化又熟悉居住地文化的优势,积极发挥华侨华人文化大使的联系作用,吸收异域文化的精华,丰富和发展中国优秀传统文化。

对于海外华侨华人和港澳台同胞来说,民族凝聚力来自于他们对中华民族优秀传统文化的认同和延续。作为传播中华民族优秀传统文化和联系海内外华侨华人亲情的重要桥梁和纽带的暨南大学,以其98年的办学历史见证了这一事实。我们常说,有海水的地方就有华侨存在。在新生代华侨华人比重日益增长的今天,相对于老一辈华侨来说,新生代们对中国历史文化和发展现状知之甚少。但随着中国经济的快速发展以及综合国力的迅速提高,这些新生代的华侨华人了解中国的迫切感和对中国的认同感正与日俱增。在这种特殊时期,暨南大学充分发挥自身优势,积极实践国家赋予的特殊使命,努力创造条件,不断加强基础设施建设,大力提升办学水平和综合实力,吸引更多的海外华侨华人和港澳台同胞青年前来学习。尤其是近两年来,暨南大学在海外及港澳台的招生人

数连创新高,首次达到并超过了海外及港澳台学生与内地学生人数1∶1的比例。这种突破是基于我国综合国力的稳步增强,基于我国高等教育水平的不断提高。自1978年以来,先后有99个国家和地区的华侨华人青年在暨南大学学习和生活过,暨南大学共为上述国家和地区培养各类人才万余人,他们当中的许多人在实践"一国两制"、传播中华民族优秀传统文化和推动我国社会主义现代化建设以及居住地建设中发挥了重要作用。当前,暨南大学共有来自海外52个国家和港澳台3个地区的学生7 480余人,这些人都是文化传播和文化交流的重要载体,他们在暨南大学这一文化摇篮中相互接纳、传播、交流和发展不同民族的文化,共同享受人类的文明成果。也正是由于他们的到来,为我们提供了更多的了解华侨文化、研究华侨文化、发展华侨文化的机会,同时也为我们进一步宣传、弘扬华侨文化创造了条件。

在新的历史时期,暨南大学确立了"侨校＋名校"的发展战略。我们正在努力为海外及港澳台学生创造一个更好的学习生活环境,进一步为传播中华民族优秀传统文化,研究和宣传华侨华人文化做好工作,使华侨文化在这里得到交流、弘扬和发展,为国家精神文明建设和广东省建设文化大省作出新的贡献。

四、对弘扬华侨文化的几点建议

(一) 建立广东省华侨华人博物馆

长期以来,广大华侨华人及港澳台同胞为祖国的建设和发展出谋献策,捐资捐物,殚精竭虑。尤其是改革开放后,他们为祖国的改革开放事业,为改变家乡贫穷落后的面貌作出了不可磨灭的伟大贡献,在中国发展史和华侨史上谱写了光辉的篇章。作为中国最大的侨乡,广东是最大的受益者。要将广东建成文化大省,大力弘扬华侨文化,就应该让人们更多的了解华侨华人在海外奋斗发展的创业足迹,展示华侨华人心系祖国、矢志报国的爱国情怀,铭记华侨华人参与祖国建设和发展的丰功伟绩,激励后辈进一步发扬中华民族伟大的优良传统。因此,我认为省委省政府如果能在广州建设一座华侨华人博物馆,将其作为征集、收藏、展览、宣传与华侨华人有关史实和资料的重要基地,它将能够生动地展示华侨华人的历史,进一步树立侨乡的形象和品牌。

(二) 加大对华侨华人文化建设的支持力度

1. 暨南大学是广东省最重要、最有优势的华侨华人文化教育和研究基地,在广东省华侨华人文化建设中起着不可替代的作用。省委省政府如能进一步支持暨南大学,为学校创造更好的硬件设施和办学环境,暨南大学作为华侨华人进一步了解中国、了解广东的窗口,必将吸引更多的华侨华人来广东学习、工作和投资。暨南大学近几年的跨越式发展已经印证了这一事实。

2. 充分发挥我省高校华侨华人研究机构的学术优势，建立专门基金，有计划的设立有关华侨华人研究的课题，加大对华侨华人历史、现状以及未来发展的研究。

3. 组织海内外华侨历史专家、学者就华侨历史文化进行学术研讨，共同研讨广东华侨历史文化。

（在广东省政协"弘扬岭南文化、建设文化大省"座谈会上的发言，广州，2004年2月11日。）

积极服务海外华侨华人社会

久闻欧华联会在增进欧洲华侨华人社团的团结协作,促进欧洲各国与中国的经贸合作和文化交流,反对"台独"、推动祖国和平统一大业方面始终进行着积极的努力,并取得了显著的成绩,我感到由衷的敬佩!今天,能够被邀参加第十二届欧华联会,我感到非常的高兴!

21世纪是知识经济的时代,华侨华人作为各居住国的一个有机组成部分,在经济全球化的浪潮中,同样无法规避知识经济带来的巨大挑战。只有培养华侨华人优良的综合素质,增强自身的竞争力,很好地融入知识经济发展的潮流,才能谋求更好的发展空间。培养高素质人才,已成为华侨华人在21世纪成功进步的关键。为此,暨南大学进行了长期不懈的努力。

暨南大学是中国第一所由国家创办的华侨学府,素有"华侨最高学府"之称,由国务院侨务办公室直接领导。暨南大学是中国第一所面向海外及港澳台招收留学生的大学,是目前中国拥有海外及港澳台学生最多的大学,也是学科最齐全的大学,是包括理、工、医、文、史、经、管、法、教育专业的综合性大学。"暨南"二字出自《尚书·禹贡》篇:"东渐于海,西被于流沙,朔南暨,声教讫于四海。"意即面向中国南方(华侨华人分布最广的东南亚地区)传播中华文化。学校的前身是1906年清政府创立于南京的暨南学堂。1923年迁往上海。1927年更名为国立暨南大学。抗日战争期间,迁址福建建阳。1946年迁回上海。1949年9月合并于复旦大学、上海交通大学等学校。1958年在广州重建,直属教育部领导,由时任广东省委书记的陶铸兼任校长。1970年至1978年初,学校因"文革"的影响而被迫停办。1978年,暨南大学在广州原校址复办。

历经百年风雨洗礼的暨南大学,已是国家面向21世纪重点建设的大学,在广东省90多所高校中位居第三位,在全国1 500多所高校的综合实力排行榜中已跃居前50名左右。学校设有17个学院,38个系,63个科研机构,52个本科专业,89个硕士学位授权学科,34个博士学位授权学科,6个博士后站;现有专职教师1 373人,其中中国工程院院士2人,中国科学院院士2人,博士生导师115人,教授255人,副教授559人;在校各类学生28 968人,其中全日制学生19 996人,包括研究生4 372人,本科生14 112人,海外及港澳台学生7 772人,生源来自世界五大洲的55个国家和港澳台3个地区。

目前,学校在广州、深圳、珠海三地共有4个校区,校园占地总面积174万平方米。校舍建筑面积107万平方米,图书馆藏书180余万册。学校设有6所国家级三甲附属医院，即广州华侨医院、深圳市人民医院、珠海市人民医院、广州红十字会医院、清远市人民医院和江门市五邑中医院，1 所专科医院即深圳眼科中心，1 所直属医院即深圳华侨城医院。附属医院共有职工 6 399 人，病床4 319张。

本着"宏教泽而系侨情"的办学宗旨，暨南大学始终积极贯彻"面向海外、面向港澳台"的办学方针，恪守"忠信笃敬"之校训，将为"侨"服务作为学校的神圣使命，注重以中华民族优秀的传统文化培养造就人才。自建校至今，暨南大学共培养了来自世界五大洲 95 个国家和港澳台 3 个地区的各类人才 10 余万人。他们从暨南大学毕业后奔赴五湖四海，走向世界各地，在增进海外华侨华人的团结、谋求更好的发展空间、促进祖籍国的经济建设和社会进步方面，取得了巨大的成绩；他们在大力弘扬中华民族优秀传统文化、积极推动中西文化的合作与交流、促进人类文明的发展方面，进行了不懈的努力；他们在反对任何形式的分裂祖国的行为和言论、为早日实现国家统一方面，做出了积极的贡献。

同时，学校面向科技发达以及华侨华人分布较多的国家积极开展对外学术和教育交流，和世界五大洲 22 个国家和地区的 60 多所高等院校和文化机构签订了双边协议或建立了学术交流关系，是中国第一所在世界五大洲都建有姊妹学校的大学。暨南大学充分利用中华文化这一促进海外华侨华人团结发展、增强凝聚力的有效动力，在开展对外交流的过程中，大力传播中华文化，增进世界华侨华人社区团之间的了解与协作，促进华侨华人的发展。

当此民族振兴、盛世再现之际，海外华侨华人的进步和发展，不但有利于居住国的经济繁荣和社会进步，而且有利于推进中国的现代化建设，有利于促进中国的统一和民族复兴。我们深信，在世界华侨华人的努力下，在社会各界的大力支持下，暨南大学一定能够为提升海外华侨华人的综合竞争力做出更大的贡献！

今天参加欧华联会，向大家介绍暨南大学，这是你们的学校，希望你们关心这个学校的成长和发展，多多在侨胞中宣传这所学校，并将自己的子女送到我们的学校来读书，我们一定用最好的方式将他们培养成才。

（在欧洲华侨华人社团联合会第十二届年会上的讲话，英国伯明翰市，2004 年 4 月 16 日。）

市校联合　共同进步

　　今天，我们在著名的中国"四大名镇"之一、在国家历史文化名城——佛山隆重举行全面合作协议签字仪式，我感到由衷的高兴！在此，我代表暨南大学3万余名师生员工向黄龙云书记、梁绍棠市长，向所有为今天签约工作顺利举行而辛勤工作的同志们，表示衷心的感谢！

　　本着"合作发展、互惠互利"的原则，暨南大学将与佛山市人民政府在文化教育、科学研究、科技开发、成果转化、人才培养、科技信息交流等方面开展全面合作。这是双方积极贯彻十六大提出的"科技兴国"战略，以实际行动促进"广佛经济圈"的发展，切实贯彻《泛珠三角区域合作框架协议》精神的重要举措；是暨南大学发挥高校科技创新力在地方经济建设和社会进步中的先行作用，更加主动地为经济与社会发展服务的具体体现。

　　暨南大学是中国第一所由国家创办的华侨学府，素有"华侨最高学府"之称，是中国历史上最悠久的大学之一，是中国第一所招收留学生的大学，也是目前中国拥有境外学生最多的大学，其前身是1906年清政府创立于南京的暨南学堂。"暨南"二字出自《尚书·禹贡》篇："东渐于海，西被于流沙，朔南暨，声教讫于四海。"意即"向东直达大海，往西传播至极远之地，既到南又到北，使声威教化达到世界各地"。当时的创办者就将"朔南暨"中的两字颠倒为"暨南"，取朝向南方办学之意，因为当时华侨华人分布最广的就是东南亚地区，这就是说要将中华文化远远传播到海外。本着"宏教泽而系侨情"的办学宗旨，暨南大学始终恪守"忠信笃敬"的校训，积极贯彻"面向海外、面向港澳台"的办学方针，要求学子们做到"言忠信，行笃敬"，注重以中华民族优秀的传统文化培养造就人才。在近百年的办学历程中，已为海外106个国家和港澳台3个地区输送了各类人才20余万人。据不完全统计，学校校友中，已有2位中共中央政治局常委，5位中国和外国副总理，1位外国议长，6位全国人大常委会副委员长，以及一些院士、著名学者和著名企业家等。暨南大学不但培养出国内的领导人，而且还培养出外国领导人，这在中国高校中是独一无二的。

　　自1996年成为国家"211工程"大学以来，学校根据高等教育发展规律，结合自身的"侨校"特色，在国内高校中创造性地采取了许多敢为天下先的改革措施，使学校的综合实力日渐增强，办学规模不断壮大，办学层次稳步提高，在海内外的影响日益扩大。暨南大学现已在广东省93所高校中居第三位，在全国1700余所高校的综合实力排行榜中已跃居前50名左右。学校的科研经费已连续两年超过 1 亿元,科技成果喜人,科研成果涉及生物医药、基因技术、医疗器械、电子信息、石油化工、新材料、环保产品、经济管理等科技领域;学校已四次独立组团参加了深圳高交会,并在港澳和泰国举行科技成果推介会,多次得到国家领导人和海内外企业家的关注和赞赏。

学校在广州、深圳、珠海三地拥有 4 个校区,设有 20 个学院 44 个系 56 个本科专业,涵盖了文、史、经、管、法、理、工、医、教育等九大学科门类。在 20 个学院中,深圳旅游学院是中国内地首家通过世界旅游管理专业教育质量认证的高等旅游学院,国际学院是我国第一所采用全英语授课的学院,珠海学院是在珠海第一所培养出本科生和专科生的学院。深圳和珠海两个特区的首批研究生也是我校培养出来的。我校也是新中国第一所设有医学院的综合性大学,医学院现有 6 所国家级三甲附属医院。

目前,学校拥有 90 个硕士学位授权学科,36 个博士学位授权学科,6 个博士后站;在校工作的中国工程院院士和中国科学院院士 7 人;教师中拥有博士学位的 497 人,占专任教师的 1/3,高于全国设有研究生院大学的平均水平。学校现有全日制学生 23 752 人,其中本科生 16 336 人,研究生 6 074 人,来自世界五大洲 71 个国家和港澳台 3 个地区的学生 10 892 人。在校的本科海外及港澳台地区学生与内地学生比为 1∶1,数量为全国高校之冠,国际化特色更加明显。特别是近两年报考我校并被录取的海外及港澳台学生,均大于全国其他所有高校的总和。暨南大学已成为海外华侨华人和港澳台地区学生到中国大陆求学的首选高校。

暨南大学校本部位于广州,与佛山市同位于"广佛经济圈";大而言之,双方均处在中国最具经济实力和发展活力之一的珠江三角洲经济区以内,开展市校全面合作具有得天独厚的地理优势和历史传统。佛山市的气候温润适宜,雨量充足,自古就是富饶的鱼米之乡,自然条件优良;城市历史悠久,文化底蕴深厚,人文和自然旅游资源丰富,是国家历史文化名城。佛山在古代已经是商贾云集、工商业发达的岭南重镇,是中国四大名镇和"四大聚"之一;在近代更是得风气之先,成为我国近代民族工业的发源地之一,诞生了中国的第一批近代工业。新中国成立后,特别是改革开放以来,佛山的经济和社会各项事业迅猛发展,城市实力不断增强,经济总量迅速增长,蕴含着巨大的发展潜力,双方有着广泛的合作空间。

对佛山市人民政府和暨南大学来讲,此次签约仪式均具有里程碑式的重要意义。这不但有利于充分发挥双方的优势,实现自然资源与科技资源的合理配置,促进佛山市传统产业的改造升级和高新技术产业的发展,推动佛山市的整体经济发展,从而在一定程度上加快佛山市建设小康社会的步伐;而且有利于暨南大学面向国民经济建设主战场,以市场为导向,将科技成果转化为现实生产力,走教学、科研、社会服务协调发展之路，在为社会发展做出更大的贡献的同时实现自身的发展。

双方开展的全面合作，对于珠江三角洲经济区的建设与发展，也必将起到积极而重要的作用。作为珠江三角洲经济区的中部重要工业城市，佛山一直是联系珠江三角洲经济区东部和西部的枢纽。与暨南大学开展全面合作后，佛山市人民政府在承接珠江三角洲经济区的产业转移方面、在促进整个珠江三角洲经济区的产业优化组合方面，必将发挥更加积极的作用，进而促进珠江三角洲经济区的发展。

在今后的合作过程中，暨南大学将积极发挥智力资源和技术人才优势，使高校的科技创新与经济发展、文化繁荣和社会进步紧密结合，为佛山市的经济发展和社会进步做出新的贡献。我们相信，只要双方本着"市校联合、科学规划、市场引导、共同推进"的原则，充分发挥各自的优势，针对经济发展和社会进步的问题组织联合攻关，就一定能够实现预期的合作目标。

最后，祝愿我们的合作取得圆满成功。

（在暨南大学与佛山市人民政府全面合作协议签字仪式上的讲话，佛山，2005 年 10 月 18 日。）

关于高考的一点浅见

目前我国实行一年一度的全国统一高校招生考试制度,其对中国大众的影响之巨已是人所共知。在一定时期内,高考仍然不失为选拔人才的一种较好方式。作为一种客观存在,急需我们研究解决的是如何使高考制度进一步完善,从而实现内容科学、形式灵活、录取公平的高考,将学生引向身心健康发展的正确方向上,努力发挥出高考积极的导向作用。为此,我提出以下两点建议:

一、采取由国家统一命题、由教育部和各省市协商招生数量和划定录取分数线的做法

目前,已经进行的高考内容改革主要体现在命题方面,诸多省市可以自行命题。由此而产生的多套命题班子的运作,多种高考试卷的印制,不但耗费了大量的人力物力,造成了成本的增加和监控难度的加大,而且因为高考试卷难度系数的不同,使高考分数难以反映省市间的教育水平差异,从而导致国家宏观管理的困难。教育资源最发达的地方,如北京、上海等地,院校多,名额多,考分低;教育不发达的地方,如西藏、新疆、青海、内蒙古这些地区,教育水平较低,考分低;其他省份的考分则普遍较高。由于考核标准的不统一,导致国家教育部门对各地的基础教育状况难以有准确的了解和把握,不利于对基础教育的宏观把握和指导。

若实行由国家统一命题、由教育部和各省市协商招生数量和划定录取分数线的做法,不但保证了试卷对考生的原始公正性,保证了试卷考核内容与教学大纲的一致性;而且可以兼顾不同省市间的教育水平,保证本地域有一定数量的学生被高校录取。由于试卷一致,对各省市基础教育水平状况的衡量便有了一个客观标尺,从而使作为教学成效检测手段的成绩一目了然,更加具有客观性与可比性。一方面,国家教育管理部门可以借助高考这种形式了解国家各地域的教育水平和教育质量,从而更好地发挥高考的导向作用;另一方面,也可以根据考试成绩找出基础教育工作薄弱的地区,有针对性地加大指导和扶植力度,从而逐步缩小地域间的教育水平差距,整体提高我国基础教育的水平。

二、采取实行全国统一考试科目,只考语文、数学、外语、综合四门课程的做法

1999 年,教育部《关于进一步深化普通高等学校招生考试制度改革的意见》

启动了新一轮的高考改革,也就是"3＋X"科目设置方案。"3"指语文、数学、外语,"X"指由高等学校从高中科目中(包括综合)自行确定一科或几科考试科目。1999 年,广东省率先实行了"3＋X"科目设置方案,2000 年推广到五省,2001 年扩大到十三个省,2002 年全国各省市都实行了"3＋X"科目设置方案,全面进入了新一轮高考科目设置改革。

在各省市实行的"3＋X"高考科目设置方案归纳起来主要有三种:"3＋文科综合/理科综合","3＋不同专业的考试科目要求","3＋大综合＋学生自选科目"。上述种种"3＋X"方案的设置,要么是提早进行文理分科,不利于学生形成全面的知识结构,在一定程度上影响了学生的素质教育;要么是选考的学科数目太多,变相地增加了学生的学习负担,不利于创新能力的培养,与呼声渐高的学生减负相背离。

有鉴于此,我建议采取只考语文、数学、外语、综合(历史、地理、物理、化学、生物)四科的做法,从考试科目数量和考试内容方面做一理性的规定。因为从知识结构方面讲,考试科目数量设置适当,才能反映学生的知识水平。同时,应该利用较少的考试内容来达到高等学校在选拔新生方面对相关能力的要求。考试科目的改革和考试内容的改革是紧密关联的,只有将两者全盘考虑、整体进行,才是完整意义上的改革,才有可能比较全面地做到有助于中学推进素质教育,有助于我国基础教育健康的发展。

(原载《科学中国人》,2005(9):13。)

激励民办专科学校升为本科学校

我国的民办教育尤其是民办高等教育经过 20 年的风风雨雨,现已开始迈入一个新的发展阶段,其主要标志之一便是民办专科院校积极努力升格为本科院校。

"专升本热"不仅反映了专科层次学校追求向更高层次发展的一种期盼和要求,更反映了我国本科教育中仍旧突出的供需矛盾。当前,我国高等教育资源特别是优质资源仍很紧缺,与日益增长的高等教育需求形成了强烈反差,高等教育供给水平仅能满足大约 1/6 适龄人口的需求,而且在其中也仅有 45％ 左右的青年能够获得接受本科教育的机会。因此,允许有条件的民办专科院校升格为本科,无论是在促进学校的发展、教师的成长、人才的培养方面,还是在优化国家教育资源、提高国民素质方面,均具有很重要的意义。

由于条件所限,且发展时间短,目前我国民办学校的教学水平和教育质量良莠不齐,但这并不能否定民办学校的美好发展,西方发达国家私立学校的发展就能很好地说明这一点。长期以来,利用社会力量办学是西方发达国家的一贯做法,公众对私立学校的认可程度明显高于公立学校。经过多年发展,西方发达国家的私立学校办学质量明显高于公办学校,且大多为世界著名高等学府,如英国的牛津大学、剑桥大学,美国的哈佛大学、麻省理工学院、斯坦福大学等,均为世界著名的私立大学。

所以,为了使民办学校有较好的发展,我们应当采取"区别对待、积极引导"的措施,激励民办专科学校升格为本科。

首先,在宏观上对民办专科院校升本科要加强引导,合理规划,分步实施,掌握好专科院校升格为本科的发展速度和节奏,防止出现一哄而起的情况。对于教学质量优异、办学水平较高的民办专科院校,应当允许其升为本科。

其次,要制定专科院校升格为本科的标准,并严格审核程序,保证专科院校升格为本科的必要办学条件和质量。这些标准包括学校的硬件设施、管理水平、经费保障、招生条件、学生毕业的标准、教师的标准等多个方面。

再次,政府要建立一套完整、系统、尽可能具有操作性的制度、法令,诸如经费的筹集、支出,人员的聘用、晋级,生源的录取、管理、分配,课程、专业的设置等,都应有一套相应制度与之对应,以明确、可行的法律和法规去规范民办学校,以保证民办院校的教学质量。

(向广东省政协提交的建议,广州,2005 年 6 月。)

学会普通话　走遍天下都不怕

　　普通话是 13 亿中国人共同的语言，也就是说，是世界上最多人使用的语言，"学会普通话，走遍天下都不怕"。学会它有特别重要的意义，它将会使香港的明天更美好。长期以来，暨南大学在普通话培训方面与香港的有关单位进行了多次积极有效的合作，已经与香港警务督察协会合作成功举办了 56 期"香港警务人员普通话培训班"，在香港公务员队伍中引起了强烈反响。经过香港民政事务总署和暨南大学的共同努力，今天，我们又迎来了第一期"香港民政事务总署公务员普通话研习班"开学典礼！各位新学员的到来，不仅为美丽的暨南园增添了诸多喜庆气氛，也为具有百年历史的暨南大学输入了新鲜血液。

　　华文学院是暨南大学面向海外开展汉语、中华文化及预科教育的专门学院，其前身是成立于 1953 年的广州华侨学生补习学校。学院现为国务院侨务办公室"华文教育基地"，被中国国家对外汉语教学领导小组办公室确定为"支持周边国家汉语教学重点院校"，也是中国华南地区办学规模最大、办学实力较强的对外汉语教学和华文教育的专门学院。学院现设有留学生非学历教育、学历教育、海外汉语教师培训、对外汉语本科和硕士研究生教育、预科教育，目前在院学生近 2 000 名，分别来自 40 多个国家和地区。在这里我要向各位宣布一个好消息，我校申报的"华文教育"本科专业已经获得国家教育部批准，成为目前国内高校开设的首个华文教育本科专业！她的设立符合当今海外华文教育和侨务工作形势发展的迫切需要，符合我校学科建设和发展的需要，充分体现了我校的办学特色和优势。

　　各位新学员，你们现在来到了暨南大学学习，虽然学习时间短，但仍然是暨南大学历史中的一名学生，因此，你们从今天开始就成为一名光荣的暨南人。我真诚地希望大家珍惜在暨南大学的这段学习时光，充分利用大学的优越条件，坚持学习的自主性、学习的开放性和学习的可持续性，在努力学习普通话的同时，注意改善自己的知识结构，提高自己的综合素质，做到学有所成、学有所用，为将来在工作岗位上做出更大成绩打好基础。学校从事华文教育的教学、科研和管理人员，也一定以高度的责任感和使命感，重视这次普通话研习班，以现代的教育理念和在过去普通话培训中取得的成绩指导我们的教学和管理工作，从而在这一次的普通话培训中取得更好效果。同时，我也希望各位新学员珍惜"暨南人"这一光荣称谓，恪守"忠信笃敬"的校训，并将其作为立身之本和行事准则，大力弘扬中华文化，积极光大暨南精神，做一个名副其实的暨南人。

　　最后，祝第一期"香港民政事务总署公务员普通话研习班"取得圆满成功。

（在香港民政事务总署公务员普通话研习班开学典礼上的讲话，广州，2005 年 3 月 21 日。）

探索的脚步

　　一路走来,经过阵痛与洗礼,《科技创新与品牌》迎来了自己的周岁生日。尽管她刚满周岁,还太年轻,还太稚嫩,但十二本装帧精美的杂志,记录着我们的理想和追求,记录着各界的扶持与呵护。

　　《科技创新与品牌》杂志诞生于"建设创新型国家"的大环境之中。创刊伊始,本刊遵循办刊宗旨,将报道重点放在科技人才、创新成果、品牌建设上。本刊邀请了袁隆平、闵恩泽等24位院士以及各界知名人士组成编委会,邀请中国名牌战略推进委员会副主任艾丰,知名学者、北京科协副主席王渝生等担任本刊顾问。一年来,杂志参与了国家多项重大活动报道。我们连续报道了20余位院士,报道了40余项创新成果,报道了一系列的知名品牌……作为2008年"两会"上会媒体,"两会"期间采访报道了近50位人大代表和政协委员。作为第十一届北京科博会的特别协办媒体,全程参加了会议并担任了分论坛的主持人。

　　我们相信,当您在经意与不经意间翻开这本杂志的时候,您会为科学家们献身祖国科技事业的精神所感动,会为丰硕的学术业绩所震撼,会为琳琅满目的创新产品所吸引,会为民族品牌的生长壮大所激励,甚至会从对政府官员和企业家们的访谈中,领悟到科学发展观的深刻内涵,倾听到改革开放的脚步声,感觉到科学发展的道路越走越宽,科学发展的步伐越迈越大……

　　三十年的改革开放,中国面临的机遇前所未有,挑战也前所未有。刚刚过去的短短几个月间,中华民族经历了风生水起、山崩地裂的考验,大自然的重创和国际社会的杂音,一次次击打着民族的神经,但对奥运的热切期盼和对死难同胞的沉痛哀悼,使民族的脊梁更加挺拔、坚强,仰之弥高,望之弥坚。让世界进一步认识了中国,进一步认识了这个伟大的民族!毫无疑问,这是一笔最宝贵的精神财富,是改革开放三十年精神和物质成果的历史见证。

　　面对机遇和挑战,胡锦涛总书记在谈到科技、创新和品牌时明确指出:

　　——当今世界,谁掌握了先进科学技术,谁就掌握了经济社会发展的主动权。

　　——提高自主创新能力,建设创新型国家,这是国家发展战略的核心,是提高综合国力的关键。

　　——造就一批具有国际竞争力的企业,创造一批具有核心知识产权和高附加值的国际著名品牌。

　　当《科技创新与品牌》杂志站在创刊一周年的新的起点时,面对总书记的讲话以及大自然的昭示,我们深感责任重大,任重道远。在新形势下,我们将以邓小平理论和"三个代表"重要思想为指导,深入贯彻落实科学发展观,努力丰富内容,创新形式,提高针对性,增强可读性,让《科技创新与品牌》杂志更好地为科技发展服务,为自主创新服务,为品牌建设服务,为广大读者服务,在建设创新型国家的道路上,让我们与广大读者成为知心朋友,让我们并肩同行!

(原载《科技创新与品牌》,2008(7):1。)

关于完善我省应对台风灾害
预防措施的建议

由于我国疆域辽阔,山脉多,海岸线长,地质构造和地理环境复杂,自然灾害频繁,是世界上遭受自然灾害最严重的国家之一。灾害种类多,分布地域广,发生频率高,造成的损失严重,年均 3 亿多人次受灾,倒塌房屋 300 多万间,经济损失超过 2 000 亿元。近期,如四川汶川地震有 69 225 人遇难,374 640 人受伤,17 939 人失踪,公路受损里程达 53 295 公里,受损供水管道达 48 275.5 公里;甘肃舟曲特大山洪泥石流灾害造成 1 156 人死亡,588 人失踪。在我省台风年年有,每次到来均有很大损失。面对这些常常发生的灾害,我们国家已积累了许多应对方法,并及时进行了许多处理,减少了许多损失。但是,主要的方法还是应急处理,尚缺乏预防措施。如果事前预防措施得力,必将大幅度减少人的死伤和财物的损失。

为此,建议:

先将各种自然灾害分门类,根据历史上的积累数据,以严重、中等和一般三个等级,划分可能发生灾害地区,然后针对每一地区制定该地区进行工程建设的规范和设计标准。同时,在可能发生严重自然灾害地区,编写相应防御和应对灾害来临对策的教材,列入初中或小学高年级教学必读课程,使每一位公民在少年时代就掌握应对灾害的知识和能力,这样年复一年,我国所有人就都具备了防灾的本领。那么,当灾害来临时,就必将使人的生命和财物的损失减少到最低程度。显而易见,这种办法与现有临时措施相比较,人的死伤最少,经济损失也最少。

先在我省沿海的城乡初中或小学高年级开设应对台风课程,应是明智之举。在粤东地震带内的城乡中小学,还应加开预防地震灾害的课程。

(原载《省政府参事建议》,第 81 期,2010 年 12 月 20 日。)

结　语

喜获丰硕成果　笑迎百年华诞

伴随着新春的脚步,我们步入了学校百年华诞的 2006 年,在这令人振奋的美好时节,我校第六届教代会暨第十届工代会第二次会议隆重举行。首先,我代表学校党政领导对本次大会的召开表示热烈的祝贺!向一年来辛勤工作在学校各个领域的全体教职员工表示衷心的感谢和诚挚的问候!

自学校在 1996 年成为国家"211 工程"重点大学后的 10 年时间里,在国务院侨办、广东省委省政府的直接领导下,我校教职员工积极努力,开拓进取,采取了许多在全国高校中具有首创性的改革措施,使学校的综合实力不断增强,办学水平不断提高,在海内外的影响不断增大,成功实现了跨越式发展,已连续 5 年稳居全国 1 577 所高校的前 50 所名校之列,今年网大排名,我校居第 42 位。

概括来说,自"九五"以来的 10 年时间里,学校一直在努力做好两件事:一是竭力提升学校的品牌,二是大力改善教职工的工作、生活环境和福利待遇。今天,我们可以骄傲地说,这两项工作均取得了令人欣喜的成绩,借此机会,我想同大家一起对学校的主要工作进行一次回忆。

一、为提升学校品牌所采取的改革性措施

一所高校能否取得更快更好的发展,关键在于是否制定了正确的发展战略。自 1996 年成为国家"211 工程"大学以来,学校根据自身侨校特色和高校发展规律,确立了"侨校＋名校"的发展战略。因为只有更好地保持"侨校"特色,学校才有可能为海外及港澳台地区输送更多的优秀人才;也只有使暨南大学成为"名校",海外及港澳台地区的学生家长才会把他们的子女送到暨南大学来读书,所以,"侨校"和"名校"是不可分割的一个整体。为此,学校遵循"严、法、实"的办学原则(即从严治校、从严治教、从严治学,依法治校和实事求是),按照"发挥优势、深化改革、保证重点、改善条件、提高质量"的发展思路,与时俱进,开拓创新,在国内高校中创造性地采取了许多敢为天下先的改革措施。

(一)坚决推行学分制改革。为适应学校生源的世界性特征,学校率先施行与国际接轨的弹性学分制,即标准学分制,学生可以自主选择教师、自主选择课程、自主选择学习时间、自主选择学习进度,学生修满规定的学分数,就可毕业,这样学生可以提前毕业,也可推迟毕业,有力促进了由保姆式教育向现代化教育的转变。

(二)对内地、海外及港澳台两类学生制定不同的培养目标、培养方案和教学要求。为更好地进行因材施教,学校对海外及港澳台学生采取"面向世界、应用为主",对内地学生采取"加强基础、目标上移"的教育目标培养人才,将内地学生培养成为德智体全面发展的社会主义事业建设者和接班人;将香港学生培养成为热爱祖国,拥护"一国两制",拥护香港基本法的专业人才;将澳门学生培养成为热爱祖国,拥护"一国两制",拥护澳门基本法的专业人才;将台湾学生培养成为热爱祖国,拥护"一国两制",反对"台独"的专业人才;将华侨学生培养成为热爱祖国,维护祖国和平统一的专业人才;将华人学生培养成为热爱中华文化、热爱故乡的专业人才。

(三)实行规范学期制。为了更有利于教师安排教学、学生安排学习时间,也为了配合学分制的实施,学校将每学期的时间固定为20周,其中16周授课时间、2周复习时间、2周考试时间。

(四)率先实行教授上基础课制度。使新生在低年级即获得坚实的基础知识,效果良好。

(五)强调英语、计算机语言和汉语的"三语"教学。学校将英语、计算机语言和汉语列为全校学生的必修课,同时还采取了一些有力措施,推动学生学好"三语"。

(六)在全国首先实行课堂教学三重评估制度。每学期由学生、校院系领导和听课专家组对课堂教学质量进行评估,根据评估结果采取了一系列奖惩结合、以奖为主的措施,使教风好转、课堂教学质量明显提高,现已被国内许多高校参照使用。

(七)大力加强校风、学风、考风建设。率先在全国取消补考,实行重修制度,这项改革措施已在全国推广;同时,又采用包括每学期实行4周复习考试期等多种措施,学风得到大大改善。自2001—2002学年上学期开始,首创一次可容纳800余人的大型考场,将不同专业、不同年级的学生混排考试,最大限度杜绝作弊,保持诚信美德,这一全国首创性举措受到了许多高校及新闻媒体的广泛关注。同时,学校还通过强化考试过程的管理,采取建试题库、分AB试卷、加强考场管理、抽查各专业试卷等措施,促使教师认真对待考务。

(八)大力调整办学重心。学校通过采取大力发展研究生教育,积极发展华文教育,稳定本科教育,不办专科教育等措施适时提升办学重心,优化办学结构。

（九）实行春秋两季招生、春秋两季毕业制度。学校于 1998 年率先在全国实行春秋两季招生，同时也实行春秋两季毕业，以利于学生及时入学、就业。

（十）率先在世界五大洲设立报名点，方便了学生咨询和报名。

（十一）深入改革预科教育。从 2001 年开始，学校停止招收预科内招生；并根据海外和港澳台学生的实际情况，将单一的一年制预科，改为三种学制：半年制、一年制和三年制，增强了预科教育对海外及港澳台学生的吸引力。

（十二）第一个成立实行全英语教学的国际学院。为适应国家经济的高速发展，适应海内外学生学习需要，学校于 2001 年在我国率先成立了全英语教学的国际学院。目前，该学院已开办了临床医学、国际经济与贸易、会计学、食品质量与安全、药学、行政管理等 6 个专业。

（十三）注重学科建设。在"211 工程"和国家、省部级重点学科建设中，将优势力量集中、组合，并投入大量的资金和人力，采取许多有力措施，终于形成了暨南大学的学科优势。

（十四）在全国高校中第一个建立校史馆。在展现博大精深的中华文化和学校辉煌成就的同时，也在潜移默化中培养了内地学生及华侨和港澳台学生的爱国爱校精神，增强了海外华人学生对中华文化的认同感。

（十五）深入改革人事分配制度。学校制定了全新的量化考核指标和管理方法，实行新的分配体制，即校内工资制度，以便优劳优酬、多劳多酬，充分发挥个人潜能，调动教职工教学科研积极性，被媒体称为"暨大模式"。

（十六）大力鼓励教师从事科学研究。从 1996 年开始，学校用"教学、科研"双中心目标取代了过去单一的"教学中心"目标，并对教师的科研成果进行量化考核，将考核结果直接与校内工资挂钩。使学校教师的科研项目、科研经费、科研论文、成果推广快速增长，同时也促进了教学质量的提高。

（十七）第一个在世界五大洲均建有姊妹学校的大学。为使大学走向国际化、现代化，学校已同世界五大洲 26 个国家和港澳地区的 72 所高等院校和文化机构建立了学术交流关系，使暨南大学的文凭在世界名牌大学中普遍得到承认。

（十八）实行交换生制度。为了更好地培养国际化、现代化人才，培养精英人才，暨南大学较早地实行了交换生制度。我校学生只需交纳国内大学学费，便可到姊妹大学接受一定年限的教育。迄今为止，我校已向国外的姊妹大学交换了 200 余名学生。

（十九）努力改善师资结构。学校尽力引进有博士学位的老师和学科带头人，大力提升教师水平。目前，学校教师中有两院院士 7 人，博士学位拥有者 502 人；博士生导师 127 人，硕士生导师 482 人。

（二十）稳妥地调整教职工比例。为实现工作效益最大化，经过多年调整，学校在现有教职工 4 000 人的规模下，专职教师、教辅人员、党政干部的比例已经达到 3∶1∶1。

（二十一）有计划地对教师进行培训。为提高教师水平,学校每年划拨一定经费选派有培养潜力的教师到国外进修;同时,学校还准许每年有 15％ 的教师攻读更高一级学位。

（二十二）集中进行财务管理。1996 年开始,学校实行把各院系和各部处资金集中起来实行一级财务管理、奖金全由学校统一发放的改革措施,对各单位的账户进行了清理,并加大了监管力度,不准做假账,禁止搞"小金库",实行"收支两条线",既有助于廉政建设,保护干部,预防腐败,又使学校的办学经费大幅增加。

（二十三）稳步推进机构改革。本着"精减、效能、统一"的原则,学校先后进行了两次大规模机构改革,裁减了 11 个部处和一些科级机构;原则上不进党政干部,而注重引进专业教师,使教师数量比重增大,而教职工总数仍保持不变。

（二十四）全面推进校园信息化建设。学校的网络线接入了所有的教室、教工和学生宿舍、办公场所,每间教室均装有多媒体教学设备,各校区之间也实现了联网,并且是广东第一所接入世界互联网的高校;逐步提升校园的网络化管理程度,积极倡导无纸化办公;同时,大力加强电化教学和多媒体资源库建设,并一直走在全国高校前列。学校在信息化建设方面取得的突出成绩也引起了社会的广泛关注,自 2004 年 10 月校园网站改版后,日平均访问量和浏览量分别达到1.5 万人次左右。

（二十五）大力推进依法治校。学校把近年来制定的有关教学、科研及行政管理的 200 多个制度性文件,编纂成《暨南大学文件汇编·行政管理卷》《暨南大学文件汇编·教学科研卷》,作为学校日常管理的主要依据。

（二十六）重视提高干部的管理水平。2004 年,学校组织部处和直属单位一把手赴美国威斯康星州立大学等大学进行管理培训和经验交流,成效显著。去年 10 月,学校又组织各学院院长到澳大利亚格里菲斯大学进行管理培训。今年,学校还将组织各学院党委书记到澳大利亚格里菲斯大学进行管理培训。

（二十七）实行干部轮岗制度。此举不仅大大激活了干部的活力、创造力,有利于干部的全面发展和工作的开拓创新;而且有利于让年轻有为的干部脱颖而出,发挥才干,为学校的发展培养高素质的干部队伍。

（二十八）面向海内外招聘 10 个学院的院长。学校于去年聘任了包括著名表演艺术家张铁林在内的 10 位院长,其中海外 4 人、国内 3 人、校内 3 人,充分表明了学校容纳国际人才和不同文化的信心和胸襟。

（二十九）实行政企分开。为进一步突出学校的教学科研中心,简化职能,并且进一步增强学校的科技成果转化能力,学校成立了后勤集团、科技产业集团。使学校发展有了坚实的后勤保障,也进一步增强了学校为社会服务的能力。

（三十）率先开展联合办学。学校于1993年得到香港中国旅行社等企业赞助，在深圳开办了旅游学院，开校企联合办学的先河；1998年与珠海市政府合作办学，成立珠海学院，成为中国第一个在珠海开办全日制高等教育的大学。学校已在珠海特区培养了当地首批专科生、本科生和硕士研究生，同时也在深圳特区培养了当地首批硕士研究生。2004年10月，学校又与广东省知识产权局签订合作协议，共同创办了华南地区首所集教学和科研为一体的知识产权学院。

（三十一）全国第一个实行校医联合办学。从1996年开始已在广州、深圳、珠海、清远、江门等地先后共建了7所附属医院，其中5所是国家级三甲医院，为医学院改善了办学条件。

（三十二）采取多种措施全面进行反腐倡廉。在1996年设立信访办公室，并实行每周校长接待日制度，接受群众监督，解决实际问题。为进一步加强对财务、招生、基建和设备采购等方面的审计监督，切实做好反腐倡廉工作，学校在2002年与广东省检察院签订了《共同预防职务犯罪协议书》，成为全国第一个与省检察院合作共同预防职务犯罪的高校，受到上级领导和多方面好评。

二、改革措施对提升学校品牌所起的作用

上述的许多改革措施，不仅具有针对性，适应了学校自身的侨校特色；而且具有普遍性，符合了当前高等教育发展规律，因而使学校在近几年的工作中取得了显著成绩。与改革前的1995年相比，暨南大学在许多方面都取得了令人振奋的进步，成功实现了跨越式发展。

（一）"211工程"建设明显进步了

2002年7月，学校"九五""211工程"子项目以全优的成绩通过验收，11月成功进入"十五""211工程"建设阶段。鉴于"九五"建设的优异成绩，"十五"期间，国务院投入了5.1亿元专项基建资金，国家"211工程"协调办公室投入2 800万元专项资金，改变了"九五"期间国家对我校"211工程"建设分文未投的状况。同时，省政府的投入也由"九五"的5 000万元增加到"十五"的8 000万元。本周，学校"十五""211工程"项目再一次以全优的成绩通过验收。

（二）对海外及港澳台学生的吸引力增大了

在大前年、前年和去年连续三年的对外招生工作中，暨南大学均取得骄人成绩，报考并被学校录取的海外及港澳台学生数，均大于全国其他高校的总和。

（三）国际化特色更加鲜明了

在校的海外及港澳台学生突破万人大关，达到10 609人，占全日制学生比由20％增长到45％，特别是在校攻读博士、硕士学位的海外及港澳台研究生达843人，约占全国总数的1/4。1995年，只有16个国家的学生在校学习，今天的在校学生分别来自世界五大洲71个国家。

（四）校园面积和建筑面积扩大了

校区由原来的 3 个增加到 4 个,新增了珠海学院,校园占地面积增长 55.4%。学校的基础建设虽然有较大部分是拆旧建新,但校园建筑面积仍由 46 万平方米增加到 107 万平方米,新建的校舍面积达 83.81 万平方米;其中,在进入"211 工程"建设以前动工、1996 年竣工的校舍建筑面积 13.73 万平方米,进入"211 工程"建设以后动工(包括正在施工)的校舍建设面积达 70.08 万平方米。

（五）硬件设施改善了

学校固定资产总值由 1995 年的 2.7 亿元增至 17.2 亿元,较上年增长 9%,是 1995 年的 6 倍多;图书藏量由 135 万册增至 278.5 万册,较上年增长 29%,是 1995 年的 2 倍多;教学科研仪器设备由 4 985 万元增至 2.33 亿元,较上年增长 12%,是 1995 年的 4 倍多。

（六）办学规模变大了

学校各类学生已由 13 012 人增加到 30 499 人,较上年增长 7%,是 1995 年的 2.3 倍;全日制学生由 8 824 人增加到 23 752 人,较上年增长 8%,是 1995 年的 2.7 倍,相当于在原有基础上新办了一所暨南大学。其中,来自世界五大洲 71 个国家和港澳台 3 个地区的各类学生 10 609 人,较上年增长 20%,是 1995 年的 5.4 倍,数量为全国高校之冠。

（七）办学层次提高了

学校博士、硕士研究生跨过 6 000 人大关,达到 6 074 人,较上年增长 20%,是 10 年前的 10 倍;研究生与本科生之比由 1995 年的 1∶8.74 上升到今年的 1∶2.7;专科生由 2 472 人减为零。

（八）学科建设水平提升了

本科专业由 30 个增加到 56 个,是 1995 年的 1.9 倍;硕士学位授权学科增加到 131 个,较上年增长 47%,是 1995 年的 2.6 倍;一级学位授权学科实现零的突破,达到 6 个,现共有博士学位授权学科 54 个,较上年增长 59%,是 1995 年的 7.7 倍;博士后站实现零的突破,达到 6 个;实现了国家重点学科、国家工程中心、国家重点基地零的突破。教学系由 21 个增至 44 个;学院数由 7 个增至 20 个,涵盖了文、史、经、管、法、理、工、医、教育等九大学科门类。学校还成为招收和培养高级管理人员工商管理硕士(EMBA)、工商管理硕士(MBA)、会计学硕士(MPACC)、公共管理硕士(MPA)、临床医学硕士、口腔医学硕士、工程硕士试点学校。

（九）师资队伍结构改善了

现在学校工作的中国科学院和中国工程院院士 7 人,实现了无院士的突破;具有博士学位的教师 634 人,较上年增长 15%,是 1995 年的近 8 倍,在专职教师中的比例达 1/3,超过全国设有研究生院大学 1/4 的平均水平。

（十）学生素质提高了

连续几年,学校本科学生就业率均达90%以上。2000年,在全国最受欢迎的大学评比中,学校名列第18位。学生的科技创新能力有了较大提高,在2004中国—宁波科技创业计划大赛中,共有来自美国、加拿大、英国、法国的留学生和国内20个省市的869个项目参赛,我校报送的5件作品全部进入了复赛,其中《暨鹰生物股份有限责任公司创业计划》获得国家新秀创业计划奖,这是我校学生创业计划作品首次在国家科技部主办的创业大赛中获奖,实现了历史性突破。在历届"挑战杯"科技创新大赛中,学校均取得优异成绩,如在第八届"挑战杯"全国大学生课外学术科技作品竞赛中,我校报送的6件作品获得3个二等奖、3个三等奖,总成绩位居广东高校第二名、全国高校并列第十五名,并成为下一届"挑战杯"竞赛的发起高校。学生的信念、责任和服务意识也有了显著增强,2001年,我校Warm Touch青年志愿者服务队被共青团中央、中国青年志愿者协会授予"全国百个优秀青年志愿服务先进集体"荣誉称号。在中央电视台举办的"2004泰豪杯全国大专辩论会"中,我校辩论队获得亚军。作为一所体育强校,1996年以来,学校运动员在国际国内比赛中共荣获金牌290余枚,其中国际比赛金牌56枚,特别是在近三届全国大学生运动会中均名列全国高校前八名。

（十一）科研实力增强了

学校科研经费已连续三年过亿元,去年更达到1.5亿元,是1995年的38倍。学校教职工发表的各类论文及撰写的科研报告总数有3 000多篇,是1995年的5.6倍;其中被三大索引(SCI、EI、ISTP)收录的高水平论文297篇,较上年增长25%,是1995的32倍。

（十二）综合实力提升了

学校在不同机构的综合实力排行榜中的位置不断上升,已连续4年在全国1 577所高校中位居前50所名校之列。2002年,学校被《中国高等教育评估》杂志评为77所研究型大学之一,名列第53位;2004年名列第46位。在中国网大的中国大学综合实力排行榜中,学校在1998—2005年的排名依次为87位、72位、60位、40位、37位、36位、51位、42位。

（十三）办学效益更加优良了

全校的教职工和专任教师人数变化小,1995年分别为3 601人和1 036人,目前为4 003人和1 484人,且学校所获上级经费投入并未大幅增长,但学校完成的任务却成倍增加,显然办学效益更加优良。在2002年广东管理科学研究院"中国'211工程'大学教师人均效率排名"中,我校在全国高校中排名第41位。

（十四）海内外声誉进一步提高了

伴随学校整体实力的提升,不少学校要求成为暨南大学的二级学院。2005年9月,深圳市政府委托深圳市教育局向我校提出在深圳市建立校区的动议,深圳市政府将无偿向学校提供大鹏湾 4.79 平方公里的土地（拥有海岸线 4 公里），并且为学校建好相关基础设施。泰国社会更热情邀请暨南大学开办曼谷学院，却因泰国有关方面未批准而搁浅。

2005 年 11 月 7 日—11 日，暨南大学还承办了第一届亚洲大学生田径锦标赛，这是国际大学生在我国举行的首次比赛，更是第一次由一所高校承办国际性体育赛事。在大家的共同努力下，整个比赛以高水平、无作弊、无投诉、无意外、无损伤的圆满效果赢得了与会人员的高度评价。而且，我校运动队以 14 枚金牌 9 枚银牌 7 枚铜牌的优异成绩位居参赛的 19 个国家和地区 40 所高校之首。

三、师生员工生活工作环境、学习条件的改善

在倡导教师爱岗敬业、乐于奉献的同时，学校更注意从工作、生活方面关心广大教职员工；随着整体水平和综合实力的提升，学校也拥有了可以进一步改善师生员工生活工作环境、学习条件的经济实力。

第一，教职工的住房条件有了大幅改善。自进入"211 工程"建设以来，学校兴建了总面积为 23.8 万平方米的教工住宅。1995 年，校本部教职工家庭住房总面积为 169 775 平方米，人均住房面积为 13.5 平方米；2005 年，校本部教职工家庭住房总面积为 320 343 平方米，人均住房面积为 23.74 平方米。与 1995 年相比，上述两项面积分别增长 89％和 76％。

第二，我校财政总收入和教职工的工资待遇也不断增长和提高。2005 年，学校四个校区加上附属第一医院的收入达到 13.001 1 亿元，是 1995 年 2.261 3 亿元的 5.8 倍。十年来，学校财政除 2004 年出现过赤字外，年年有节余，去年尚盈余 2 431 万元。1995—2005 年，我校教职工人均年收入分别为 8 254.12 元、12 545.69 元、20 210.31 元、22 354.60 元、26 710.35 元、35 157.82 元、43 734.80 元、65 694.57 元、78 000 元、88 000 元、88 900 元，2005 年与 1995 年相比增长近 10 倍。

第三，我校附中、附小、幼儿园的新校舍均已建成，教学质量也有了较大提高，加上对教职工子女上大学读书的照顾，进一步解决了教职员工的子女教育问题，解除了大家的后顾之忧。

第四，学校努力为教职员工创造一个安静、安全、舒适的生活环境，积极进行住宅小区物业管理工作，并拨出专款补贴教职员工的物业管理费用，以使广大教职员工享受到专业的物业管理服务。

而且，学生的学习和生活条件也有了较大改善。1995 年，学校学生宿舍面积为 81 686 平方米，现在的学生宿舍面积为 282 564 平方米，是 1995 年的 3.5 倍。同时，新的教学大楼、图书馆建设工程正在积极进行，重点实验室数目、实验仪器设备总值和计算机数量也在稳步增加。

各位老师、代表们,暨南大学能够取得今天的成绩,与国务院侨办和广东省委省政府的正确领导及校董、校友和社会各界的支持是分不开的,更是全体教职员工解放思想、实事求是、勇于改革、敢于创新的结果。正是在大家的共同努力下,我校采取的多项创新性改革措施才能成功,学校从而实现了跨越式发展。在此,我也代表学校党政领导对广大教职员工的大力支持和不懈努力表示衷心的感谢和崇高的敬意!

在肯定工作的同时,我们应看到学校仍存在着诸多不足,还有许多急需加强的地方,如:国家级重点课题和重点学科数目太少,高水平、标志性的成果还不多;学校的硬件条件还不够好,有待尽快改善;学生管理和德育工作仍需进一步改进;师资队伍质量有待进一步提高,等等。

而且,我们更应该清楚地认识到,学校当前正处在艰苦的向上攀登时期,正处于上升到一流大学的关键阶段,这既是机遇,也是挑战。我希望在各位代表的引导下,全校教职员工能更好地保持并发扬"爱国爱校、团结奋进"的暨南精神,消除一切不利于团结的消极因素,增强集体凝聚力,心往一处想,劲往一处使,以全新的姿态、崭新的面貌投入到新阶段的工作中去,为开创我校工作的新局面,为把暨南大学早日建设成为高水平的研究型大学而不懈努力。

(在暨南大学第六届教代会暨第十届工代会第二次会议上的讲话,2006 年 1 月 13 日。)

离任校长时的讲话

今天宣布新任校长的任命,在此,我衷心的向胡军同志表示热烈的祝贺!

我来到暨南大学工作,转眼已经14年多了!抚今追昔,感慨万千!借此机会,向领导和同志们表达我的真诚感谢,同时汇报一下自己的感想。

当年离开上海时,许多朋友以为我调往山东济南工作。当时,我想,暨南大学这样悠久的历史已被人遗忘,真是太可惜了。来校后,又了解到这所学校被人称为"花花公子大学",校园面貌也不好,让人感到特别伤心、特别可惜。

为此,我感到肩上担子沉重,责任大。我暗下决心,要办事公正、公平、公开,要认真、务实,要多为国家、为人民、为全校师生员工多办好事,力争尽快把学校形象改变过来。同时,要在任期内干干净净做事。

在国务院侨务办公室和广东省委省政府的领导下,在前任校长所打的基础之上,在领导班子的合作共事之下,得到全校师生员工的大力支持,我担任了4年副校长、10年校长,并兼3年多党委书记,现在我很愉快的离开校长岗位。回顾这14年,可以说,事做得十分辛苦、十分艰难,在改革时甚至还要冒着"枪林弹雨"。归结起来,做了让人感到欣慰的两件事:

1. 把学校办成名校,为侨务工作、为祖国统一大业工作作更多贡献。

按照"面向海外、面向港澳台"的办学方针,根据学校的实际情况,在教学、科研、行政管理、干部工作、党风廉政等方面提出了一系列改革措施,提出了"侨校＋名校"的发展战略,提出了"从严治党、从严治校、从严治教、从严治学,依法治校和实事求是"的"严、法、实"三字的办学原则,在领导的关心和大家的支持下,应该说,办名校之事有了成效,令我感到欣慰。

学校已由一般学校提升为国家重点大学。由教学型大学提升成研究型大学,学校在国内外的声誉大大提升,在全国1 577所高校的综合实力排行榜中,已连续5年排在50位以前,今年网大排名第42位。在广东省104所高校中升至第3位。

学校在保持教职工4千人的前提下,提高效率,做大做强。在校各类学生已达30 499人,较10年前的13 012人翻了一番多;本科生由5 377人增至16 336人,增长2倍;研究生由615人增至6 074人,增长9倍;为祖国现代化和侨务工作、港澳台工作做了更多实事,培养了更多人才。

学校的侨校特色更加鲜明,为侨务工作、为香港澳门回归和巩固发展工作、为台湾回归工作、祖国统一大业以及中华文化传播做了贡献。今日的海外及港澳台学生跨过 1 万人大关,达到 10 609 人;生源国家遍布全球五大洲,达到 71 个;其数量是 10 年前的 5 倍和 4.5 倍。特别是近 3 年海外及港澳台的新生数,均大于全国其他高校的总和。国际化性质更加突出。

学校办学层次上升。早在 1996 年就停办了专科。研究生数量得到快速增长,研究生与本科生数量之比由 1∶8.7 上升为 1∶2.7。一级学科博士点实现了零的突破,达到 6 个;二级学科博士点达到 40 个,为 10 年前的近 6 倍;硕士点达到 131 个,为 10 年前的 2.6 倍。国家重点学科、国家重点基地、国家工程中心等实现了零的突破。科研经费达到 1.5 亿元,为 10 年前的 38 倍。三大索引(SCI、EI、ISTP)的学术论文达到近 300 篇,为 10 年前的 32 倍。

学校的师资质量水平上升,实现了零院士的突破,有博士学位老师达 634 人,为 10 年前的近 8 倍。

学校的财力有了较大好转,去年全校总收入达到 13 亿元,较 10 年前的 2.26 亿元增长近 5 倍。而且学校未欠债,这在全国高校中罕见,仅学校下属二级学院,即珠海学院借款 2.85 亿元。学校的固定资产达到 17.2 亿元,较 10 年前的 2.7 亿元增长 5 倍多。学校的净资产达到 18 亿元,较 10 年前的 3.6 亿元增长 4 倍。学校的科研教学设备资产达到 2.33 亿元,较 10 年前的 0.49 亿元增长 4.8 倍。学校的图书达到 278.53 万册,为 10 年前 134.7 万册的 2 倍。校园土地达到 174.4 万平方米,为 10 年前 112.3 万平方米的 1.6 倍,增加的土地不仅分文未花,而且新办的珠海学院不仅增强了学校的办学实力,并且使广州校本部校园重建改造得到可能。记得当时有人给我提意见,说珠海学院是"拖垮暨南大学的陷阱"。有的甚至说,异地办学要"犯政治错误"。今天,事实胜于雄辩。正如去年教育部周济部长视察我校珠海学院时,当场表扬了我校:"这不是异地办校,这是暨南大学校本部的延伸。"十年来,学校新建房屋达 83.8 万平方米(包括上届领导班子开始修建且未完工的 13.7 万平方米和正在修建尚未完工的 23.2 万平方米),校园建筑面积达到 107 万平方米,为 10 年前 46.4 万平方米的 2.3 倍。新建房屋总投资达 16 亿元。

2. 师生员工生活条件得到了改善

经过十年的努力,全校教职员工的平均年收入由 10 年前的 8 千元增长为去年的 88 900 元,增长 10 倍。

全校教职工家庭人均住房面积由 10 年前的 13.5 平方米增长到现在的 23.74 平方米,增长近 1 倍。

为附属的中学、小学和幼儿园新修了校园,实施了照顾教职员工子女的上学优惠政策,解除了教职员工的后顾之忧。

大学生的生活和学习条件也得到了大大的改善。

在此,我要再次感谢侨办和省委、省政府领导的关心和支持,感谢领导班子同志们的合作以及全校师生员工的共同努力和支持！

除了上述两点欣慰以外，我还有两点遗憾。

1. 2001年，珠海市人民政府赠送我校5 800亩唐家湾土地以及1亿元建校经费开办新的校园。

2. 最近，深圳市人民政府赠送我校7 200亩大梅沙东面土地以及校园建筑物免费修建，以开办新的校园。

上述两件事未获领导批准，失去了未来发展机遇，对此深表遗憾。

记得5年前，某市还看不起我校，曾发文件宣布不招收我校的毕业生，而现在盛情邀请我们去办学，令人感慨。

由于自己能力有限，还有许多事情未做好，请大家谅解。

最后，我衷心希望新的领导班子把工作做得更好，衷心祝愿暨南大学的明天更美更好，为国家现代化和侨务工作作出更大贡献！

深深感谢各位领导的关心和鼓励，深深感谢领导班子同志们的倾力协作，深深感谢全校师生员工以及校友们的热情支持！

（此文是在2006年1月14日离任暨南大学校长会上的讲话。）